Schnellübersicht
AutoCAD 14

Werner Sommer
Hermann Knauer

Markt&Technik
Buch- und Software-
Verlag GmbH

SCHNELL-
ÜBERSICHT

AutoCAD 14
AutoCAD 14
AutoCAD 14
AutoCAD 14
AutoCAD 14
AutoCAD 14
AutoCAD 14
AutoCAD 14
AutoCAD 14
AutoCAD 14
AutoCAD 14

Die Deutsche Bibliothek – CIP-Einheitsaufnahme

Sommer, Werner:
AutoCAD 14 / Werner Sommer ; Hermann Knauer. – Haar bei
München : Markt und Technik, Buch- und Software-Verl., 1997
  (Schnellübersicht)
  ISBN 3-8272-5312-8

10   9   8   7   6   5   4   3   2

02   01   00   99   98

ISBN 3-8272-5312-8

© 1998 by Markt&Technik Buch- und Software-Verlag GmbH,
Hans-Pinsel-Straße 9b, D-85540 Haar bei München/Germany
Alle Rechte vorbehalten
Einbandgestaltung: Grafikdesign Heinz H. Rauner, München
Satz: CD GmbH, Neuler
Druck: Schoder Druck, Gersthofen
Dieses Produkt wurde mit Desktop-Publishing-Programmen erstellt
und auf chlorfrei gebleichtem Papier gedruckt
Printed in Germany

Was finden Sie in dieser Schnellübersicht?

Tips zur Schnellübersicht:

■ **Lesen Sie das Kapitel »Arbeiten mit der Schnellübersicht AutoCAD 14«**
Sie finden hier eine ausführliche Anleitung zum effektiven Einsatz der Schnellübersicht.

■ **Lassen Sie die Schnellübersicht offen aufliegen**
Das handliche Buch findet immer einen freien Platz.

■ **Klappen Sie das Inhaltsverzeichnis aus**
Sie finden hier schnell das richtige Kapitel.

■ **Suchen Sie ein Kapitel nach den Registermarken**
Die Nummern auf den Marken ermöglichen ein schnelles Auffinden.

■ **Nutzen Sie die Verweise für weitere Informationen**
In jedem Kapitel sind umfangreiche Verweise, mit deren Hilfe weitere Beschreibungen gefunden werden.

Tabellenübersicht

Nachfolgend finden Sie eine Auflistung der Tabellen, die in dieser Schnellübersicht enthalten sind.

Übersicht aller Tabellen

Inhaltsverzeichnis

Vorwort

Mit zunehmender Leistungsfähigkeit von Personalcomputern und ihrer Software wird es für den Anwender immer schwieriger, die Übersicht über alle Funktionen der eingesetzten Software zu behalten. In den meisten Fällen wird nur ein Teil der angebotenen Möglichkeiten genutzt, mit denen er sich im Laufe der Zeit zurechtfindet. In einführenden Schulungen können nur die wichtigsten Funktionen gelehrt und verstanden werden.

So bleibt sowohl für neue Anwender als auch für solche, die schon einige Erfahrungen mit der eingesetzten Software haben, ein Informationsdefizit. Beide möchten bisher unbekannte oder wenig genutzte Funktionen schnell und unkompliziert nachschlagen können.

Für diese Anwendergruppen ist die Reihe »Schnellübersicht« entwickelt worden. Sie besteht aus Nachschlagewerken zu Standardprogrammen und Programmiersprachen, die in kompakter und übersichtlicher Form schnelle Antworten auf die Fragen geben, die bei der täglichen Arbeit mit dem jeweiligen Programm auftreten.

■ Die Beschreibungen sind problemorientiert aufgebaut, und miteinander verwandte Themen sind auch in räumlicher Nähe zueinander zu finden.

■ Alle Informationen werden so vermittelt, wie sie bei der praktischen Arbeit benötigt werden.

■ Eine Übersicht auf der Titelseite gibt einen schnellen Überblick darüber, welche Themenkreise wo zu finden sind.

■ Ein ausklappbares Inhaltsverzeichnis erleichtert das Auffinden der Lösungen zu einem bestimmten Problem.

■ Ein einheitlicher Aufbau der Kapitel erleichtert die schnelle Erkennung und Umsetzung der benötigten Informationen.

■ Zahlreiche Querverweise erschließen den Zugriff auf weiterführende Informationen.

■ Das handliche Format vermeidet Platzprobleme am Arbeitsplatz.

■ Alle Bücher sind nach einheitlichen Prinzipien gegliedert. So finden Sie sich in weiteren Schnellübersichten für andere Softwareprodukte sofort zurecht.

Damit schließt sich die Lücke zwischen umfangreichen und unhandlichen Programmhandbüchern und knappen Übersichtskarten. Die Schnellübersicht bietet ein Maximum an übersichtlich gegliederter Information auf wenig Raum. Die praktischen Erfahrungen des Autorenteams garantieren den praxisgerechten Aufbau jedes Buches.

Wir wünschen Ihnen viel Erfolg mit der Schnellübersicht für AutoCAD 14.

Das Autorenteam

Arbeiten mit der Schnellübersicht AutoCAD 14

Beachten Sie die folgenden Tips zum Arbeiten mit der Schnellübersicht. Damit können Sie diesen handlichen Helfer effektiv einsetzen und Informationen schnell finden.

Tips

- **Stellen Sie Ihre Schnellübersicht in unmittelbare Nähe Ihrer Tastatur.** So können Sie jederzeit bei Auftreten eines Problems schnell zum richtigen Buch greifen und nachschlagen.
- **Klappen Sie das Inhaltsverzeichnis aus.** In diesem kompakten ausklappbaren Inhaltsverzeichnis finden Sie schnell das richtige Kapitel zu jedem Problem.
- **Lassen Sie die Schnellübersicht offen an Ihrem Arbeitsplatz liegen.** Das handliche Buch findet immer einen freien Platz. Jetzt haben Sie bei Auftreten eines weiteren Problems Ihre Schnellübersicht sofort griffbereit und müssen nur noch das richtige Kapitel aufschlagen.

So schlagen Sie ein Problem nach

- **Suchen Sie im ausklappbaren Inhaltsverzeichnis nach Ihrem Problem.** Suchen Sie hier nach dem entsprechenden Kapitel, in dem Ihr Problem beschrieben sein könnte. In der Auflistung der Unterthemen finden Sie schnell das richtige Kapitel mit Kapitel- und Seitennummer.
- **Schlagen Sie das gewünschte Kapitel auf.** Die Registermarken mit Kapitelnummern ermöglichen Ihnen ein schnelles Auffinden.

So schlagen Sie einen Begriff nach

- **Suchen Sie im Stichwortverzeichnis nach dem Begriff.** Das Stichwortverzeichnis finden Sie am Ende des Buches.

Typischer Aufbau eines Kapitels

■ **Kapitelbeschreibung:** Nach der Überschrift folgt eine kurze allgemeine Beschreibung.

■ **Beschreibung der Ausführung:** Unter der Überschrift »Ausführung« finden Sie eine Beschreibung zur Ausführung des angegebenen Problems. Unter den meisten Ausführungspunkten folgt eine Erläuterung zu dieser speziellen Ausführung. Falls Sie schon Erfahrungen mit der Software haben, können Sie diese Erläuterungen überspringen.

■ **Anmerkungen:** In den darauffolgenden Anmerkungen sind Tips und Spezialitäten zu dem vorhergehenden Ausführungspunkt gesammelt. Falls es sich für Sie um eine neue Programmfunktion handelt, sollten Sie diese Anmerkungen durchlesen, andernfalls können Sie sie kurz überfliegen. Sie finden hier immer Tips, die Ihnen die weitere Arbeit mit dem Programm erleichtern.

■ (→ x.x) Bei jeder Erwähnung eines Punktes, zu dem Sie nähere Erläuterungen in einem anderen Kapitel nachschlagen können, finden Sie einen entsprechenden Verweis.

Wenn Sie diese Tips beachten, wird das handliche Buch ein nützlicher Helfer bei Ihrer Arbeit mit AutoCAD 14 werden.

Schreibweisen

In dieser Schnellübersicht werden die folgenden Schreibweisen zur Unterscheidung von Textelementen verwendet.

■ KAPITÄLCHEN. Für Menübefehle und Schaltflächen.

■ *Kursivschrift*. Für Titel und Einträge in Dialogfenstern.

■ `Schreibmaschinenschrift`. Für Beispiele und Listings.

1 Grundfunktionen

Start von AutoCAD 14

1.1 Start von AutoCAD 14

Mit AutoCAD 14 kann nur gearbeitet werden, wenn das Programm auf der
Festplatte installiert ist. Dabei werden alle erforderlichen Programm- und Da-
tendateien in ein Unterverzeichnis kopiert, das normalerweise, wenn keine
Änderungen vorgenommen werden, den Namen *\Programme\AutoCAD R14*
bekommt. Der Vorgang wird vom Installationsprogramm (→ 10.4) weitgehend automatisch ausgeführt. Wir gehen davon aus, daß dies bereits erfolgt
ist, ansonsten finden Sie die Installation im Kapitel 10.4 beschrieben.

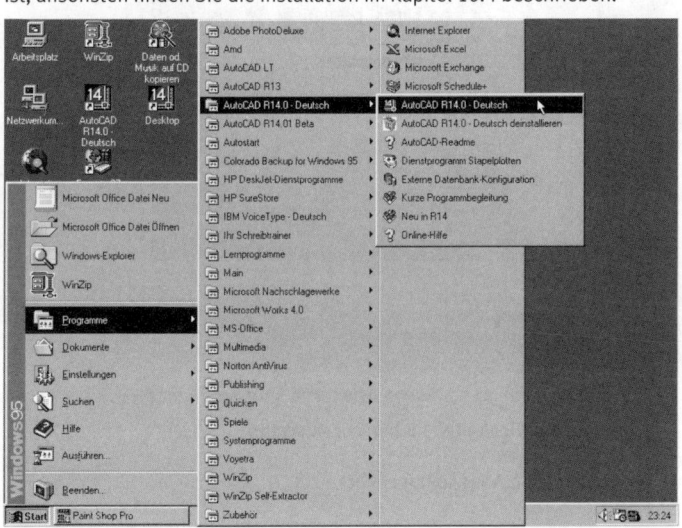

Abbildung 1.1: Start aus dem Startmenü von Windows 95 bzw. Windows NT 4.0

Ausführung: AutoCAD starten

1. Computer einschalten und Windows 95 bzw. Windows NT 4.0 hochfahren.
2. AutoCAD R14 aus dem Startmenü wählen (→ Abbildung 1.1).
3. Bei der Installation wird eine Verknüpfung auf dem Desktop angelegt. Mit einem Doppelklick auf das Symbol kann Auto-CAD 14 ebenfalls gestartet werden.

AutoCAD 14 wird gestartet. Nach einiger Zeit erscheint der Zeichenbildschirm von AutoCAD auf dem Bildschirm. Wenn AutoCAD 14 geladen ist, erscheint ein Dialogfenster (→ Abbildung 1.2) in dem die Setup-Methode gewählt werden kann. Das Dialogfenster ist ähnlich dem des Befehls **Neu** (→ 1.11).

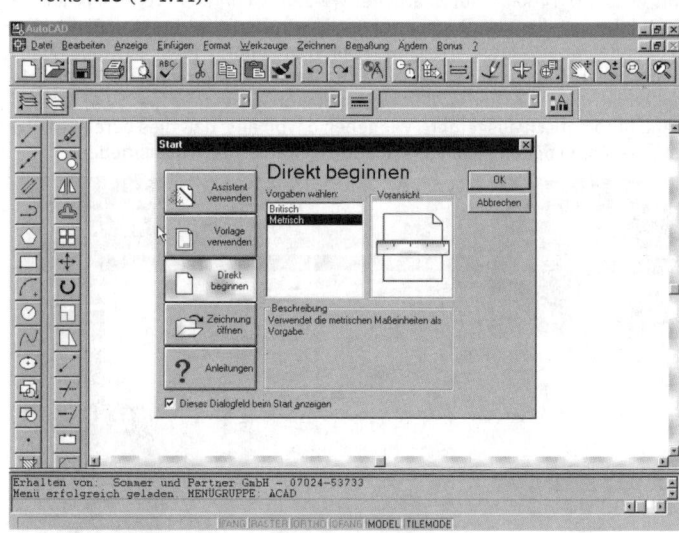

Abbildung 1.2: Dialogfenster beim Start von AutoCAD 14

Folgende Möglichkeiten stehen zur Auswahl:
■ Setup abbrechen:
  ◆ Schaltfläche **Abbrechen** anklicken.

■ **Setup durchführen:**
◆ Setup-Methode in der linken Spalte von Schaltflächen auswählen. Die oberen 3 Schaltflächen entsprechen denen des Befehls **NEU** (➜ 1.11). Die Schaltfläche **ZEICHNUNG ÖFFNEN** ruft den Befehl **ÖFFNEN** auf (➜ 1.11). Mit der Schaltfläche **ANLEITUNGEN** werden Erläuterungen zum Setup im mittleren Fenster ausgegeben.
◆ Schaltfläche **OK** anklicken.

1.2 Der AutoCAD 14 Bildschirm

Nach dem Start von AutoCAD 14 erscheint der Zeichenbildschirm. Zeichnungen können neu erstellt werden oder bereits gespeicherte geöffnet und bearbeitet werden (→ 1.11).

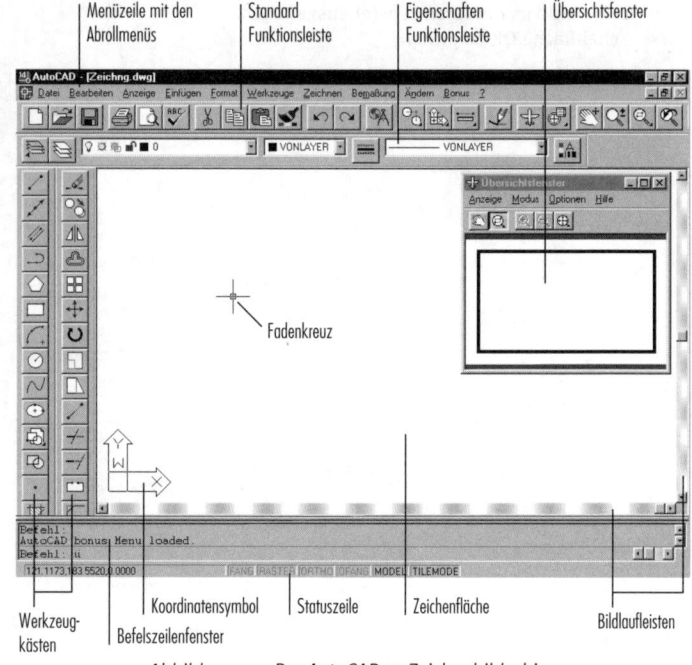

Menüzeile mit den Abrollmenüs · Standard Funktionsleiste · Eigenschaften Funktionsleiste · Übersichtsfenster · Fadenkreuz · Werkzeug-kästen · Koordinatensymbol · Befelszeilenfenster · Statuszeile · Zeichenfläche · Bildlaufleisten

Abbildung 1.3: Der AutoCAD 14 Zeichenbildschirm

1.2.1 Der Zeichenbildschirm

Der AutoCAD 14 Zeichenbildschirm setzt sich aus folgenden Bereichen zusammen:

■ **Zeichenfläche:**

Den größten Teil des Bildschirms nimmt die Zeichenfläche in der Bildschirmmitte ein. Alles was in der Zeichnung erstellt wird, wird darauf dargestellt.

■ **Fadenkreuz:**
Das Fadenkreuz kann mit dem Zeigegerät (Maus oder Lupe bzw. Stift des Grafiktabletts) bewegt werden. Es besteht aus einer senkrechten und waagrechten Linie. Der Schnittpunkt der Linien zeigt auf die momentane Eingabeposition. Um den Schnittpunkt befindet sich das Fangfenster zur Anwahl von Zeichnungsobjekten (→ 4.2).

■ **Bildlaufleisten:**
An den Bildlaufleisten am unteren und rechten Rand der Zeichenfläche läßt sich der Zeichnungsausschnitt auf der Zeichenfläche verschieben. Die Bildlaufleisten lassen sich mit den Voreinstellungen (→ 10.5) aus- und einschalten.

■ **Menüzeile mit Abrollmenüs:**
Befehle lassen sich aus den Abrollmenüs wählen. Durch Anklicken eines Begriffs in der Menüzeile wird das Menü aktiviert.

■ **Befehlszeilenfenster:**
Am unteren Rand der Zeichenfläche befindet sich das Befehlszeilenfenster. Hier werden der Befehlsdialog und die Bedienereingaben protokolliert. Das Befehlszeilenfenster läßt sich in der Größe verändern und auch frei am Bildschirm verschieben.

■ **Standard-Funktionsleiste:**
Wichtigste Befehle lassen sich mit Werkzeugsysmbolen in der **Standard-Funktionsleiste** (unter der Menüzeile) anwählen. Die Symbole sind identisch mit denen bei Microsoft Office Programmen. Die **Standard-Funktionsleiste** kann wie ein Werkzeugkasten aus- und eingeschaltet werden und auf dem Bildschirm verschoben werden.

■ **Funktionsleiste Eigenschaften:**
Wichtige Zeichnungseinstellungen lassen sich mit Werkzeugsymbolen und Abrollmenüs in einer weiteren Funktionsleiste unter der **Standard-Funktionsleiste** vornehmen. Auch diese Leiste kann wie ein Werkzeugkasten aus- und eingeschaltet und auf dem Bildschirm verschoben werden.

■ **Werkzeugkästen:**
Alle Befehle lassen sich auch in Werkzeugkästen anwählen. Werkzeugkästen lassen sich entweder am Bildschirmrand festsetzen (andocken) oder frei auf dem Bildschirm plazieren.

■ **Übersichtsfenster:**
Im Übersichtsfenster wird die gesamte Zeichnung angezeigt. Zoom-Befehle können dort direkt ausgeführt werden (→ 6.2).

■ **Statuszeile:**
Am unteren Bildschirmrand werden verschiedene Statusinformationen (→ 2.1) der Zeichnung angezeigt.

1.2

Der AutoCAD 14 Bildschirm

17

1.2.2 Das Windows-Anwendungsfenster

Alle Bedienelemente von AutoCAD 14 befinden sich in einem Windows-Anwendungsfenster. Eine Ausnahme bildet das Übersichtsfenster. Dabei handelt es sich um ein eigenes Windows-Anwendungsfenster. Jedes Windows-Programm enthält eine Reihe gleichartiger Elemente:

■ **Titelzeile:**

Die Titelzeile mit dem Programm- und Zeichnungsnamen. Klickt man mit dem Zeigegerät in die Titelleiste und hält die Maustaste fest, kann das Fenster auf der Arbeitsfläche verschoben werden.

■ **Windows-Systemmenü:**

Das Windows-Systemmenü für das Anwendungsfenster befindet sich in der linken oberen Ecke des Anwendungsfensters. Es wird durch Anklicken mit der Maus aktiviert und beinhaltet die Funktionen:

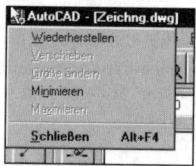

Abbildung 1.4: Das Windows-Systemmenü

◆ **WIEDERHERSTELLEN**: Zur Wiederherstellung der vorherigen Größe des Fensters nach **VOLLBILD** oder **SYMBOL**.

◆ **VERSCHIEBEN**: Zum Verschieben des Fensters auf der Arbeitsfläche (mit den Cursortasten oder der Maus).

◆ **GRÖSSE ÄNDERN**: Zur Änderung der Fenstergröße.

◆ **MINIMIEREN**: Schaltet das Fenster in die Taskleiste herunter.

◆ **MAXIMIEREN**: Vergrößert das Fenster auf maximale Größe.

◆ **SCHLIESSEN** oder [Alt]+[F4]: Schließen des Fensters.

■ **Schaltflächen rechts oben:**

◆ Linkes Symbol: Herunterschalten des Fensters in die Task-Leiste.

◆ Mittleres Symbol: Maximieren des Fensters bzw. herunterschalten auf die ursprüngliche Größe (wenn es maximiert ist).

◆ Rechtes Symbol: Schließen des Fensters.

■ **Fensterrand:**

Wird mit der Maus auf den Fensterrand geklickt und die Maustaste festgehalten, kann die Fenstergröße verändert werden.

1.3 Befehle und Optionen

Alle Aktionen in AutoCAD 14 werden durch die Auswahl von Befehlen gestartet. Die Befehle lassen sich grob in folgende Gruppen einteilen:

- **Dateibefehle (→ 1.11):**
  Befehle zum Starten von neuen Zeichnungen und Laden und Speichern von vorhandenen Zeichnungen.
- **Zeichnungshilfen (→ 2):**
  Befehle zur Steuerung der Zeichnungshilfen wie Raster, Fang usw. sowie der Layer, der Farbe und des Linientyps usw.
- **Zeichenbefehle (→ 3):**
  Befehle zum Zeichnen geometrischer Grundelemente sowie von Symbolen und Schraffuren.
- **Editierbefehle (→ 4):**
  Befehle zur Änderung bestehender Zeichnungsobjekte wie löschen, kopieren, schieben, brechen, abrunden, facettieren, spiegeln, drehen, strecken, versetzen usw.
- **Bemaßungs- und Beschriftungsbefehle (→ 5):**
  Befehle zum Beschriften und zur normgerechten Bemaßung von Zeichnungen. Möglich sind Linear-, Radius-, Durchmesser- und Winkelmaße sowie eine spezielle Koordinatenbemaßung.
- **Anzeigebefehle (→ 6):**
  Befehle zur Änderung der Vergrößerung und des Ausschnittes sowie der Teilung des Bildschirms in Fenster und der Darstellung von 3-dimensionalen Objekten.
- **Blöcke, Attribute, externe Referenzen und Gruppen (→ 7):**
  Teile einer Zeichnung können mit Befehlen zu sogenannten Blöcken zusammengefaßt werden, die sich an anderer Stelle oder in einer anderen Zeichnung einfügen lassen. Den Blöcken können Attribute zugeordnet werden. Darüber hinaus kann in einer Zeichnung eine andere als externe Referenz eingefügt werden. Außerdem lassen sich aus Objekten der Zeichnung Gruppen bilden.
- **Bilddateien, Dateibefehle und Zusatzfunktionen (→ 8):**
  Bilddateien lassen sich in der Zeichnung plazieren und bearbeiten. Dafür und für die Dateiverwaltung, Betriebssystemfunktionen, Zeitverwaltung usw. sind ebenfalls Befehle verfügbar.
- **Ausgabebefehle (→ 9):**
  Befehle zur Ausgabe der fertigen Zeichnung und zum Austausch mit anderen Programmen.

1.3.1 Befehlsoptionen

Die meisten Befehle lassen sich in verschiedenen Varianten verwenden. Man spricht bei AutoCAD 14 von **Befehlsoptionen**. Meist wird bei der Auswahl eines Befehls die Liste der Optionen im Befehlsanfragebereich angezeigt.

In den meisten Befehlen ist eine Option vorgewählt, sie ist in der Liste durch < > -Zeichen hervorgehoben. Diese vorgewählte Option kann ohne weitere Eingabe übernommen werden. Wenn eine andere Option als die vorgewählte gewünscht wird, kann der Name der Option über die Tastatur eingegeben werden. Es genügen aber meist schon ein bis zwei Buchstaben als Kurzzeichen. Sie sind in der Optionsliste mit Großbuchstaben dargestellt (nicht immer die ersten Buchstaben).

Beispiel: Optionsliste des Befehls PEDIT

```
Befehl: PEDIT
Polylinie wählen:
Schliessen/Verbinden/BReite/BEarbeiten/kurve Angleichen/
Kurvenlinie/kurve Löschen/LInientp/Zurück/eXit <X>:
```

Die Befehlsoptionen oder deren Kürzel können auf der Tastatur eingegeben werden. Werden Befehle aus den Abrollmenüs, den Werkzeugkästen oder vom Tablettmenü gewählt, stehen meist schon mehrere Varianten des Befehls zur Auswahl, bei denen bestimmte Optionen vorgewählt sind.

1.3.2 Transparente Befehle

Verschiedene Befehle können **transparent** verwendet werden, das heißt, sie können jederzeit (auch bei der Arbeit mit anderen Befehlen) eingegeben werden. Dazu muß der Eingabe des Befehlsnamens ein »'« vorangestellt werden.

Beispiel: Eingabe eines transparenten Befehls

```
Befehl: LINIE
Von Punkt: 80,210
Nach Punkt: 'PAN
>>Mit ESC oder Eingabetaste beenden oder rechte Maustaste<<
>>klicken, um das Pop-Up-Menü zu aktivieren.<<
Nehme LINIE-Befehl wieder auf
Nach Punkt:
```

In bestimmten Fällen können transparente Befehle nicht ausgeführt werden, nämlich dann, wenn dadurch eine Regenerierung der Zeichnung erforderlich würde (➔ 6.8):

```
** Benötige Regenerierung -- ist nicht transparent
Nehme LINIE-Befehl wieder auf
Nach Punkt:
```

Werden transparente Befehle aus den Menüs oder Werkzeugkästen gewählt, werden sie automatisch im transparenten Modus aktiviert.

1.3.3 Englische Namen für Befehle und Optionen

Jede nichtenglische Version von AutoCAD kann auch mit den englischen Befehlen und Optionen bedient werden. Dazu wird der entsprechenden Eingabe ein Unterstrich »_« vorangestellt.

Beispiel: Englische Bedienung

```
Befehl: _LINE
Von Punkt: 80,200
Nach Punkt: 150,200
Nach Punkt: 150,280
Nach Punkt: 80,280
Nach Punkt: _CLOSE oder nur _C
```

1.4 Befehlseingabe auf der Tastatur

Befehle können durch Eingabe des Befehlsnamens über die Tastatur aktiviert werden. Er kann nur dann eingegeben werden, wenn in der letzten Zeile des Befehlszeilenfensters die Meldung

    Befehl:

angezeigt wird. Die Eingabe des Namens wird mit `⏎` oder `Leertaste` abgeschlossen.

Im weiteren Verlauf des Buches wurde darauf verzichtet, bei jedem Befehl darauf hinzuweisen, daß er auch auf der Tastatur eingegeben werden kann, da dies immer möglich ist.

Ausführung: Befehlswiederholung

Wird auf die Befehlsanfrage nur `⏎` oder die `Leertaste` eingegeben, so wird der zuletzt verwendete Befehl wiederholt. `⏎` und die `Leertaste` haben im Befehlsdialog von AutoCAD dieselbe Wirkung.

Ausführung: Befehlsabbruch

Wurde ein falscher Befehl gewählt, wird er durch Drücken der Taste `Esc` abgebrochen.

Ausführung: Optionswahl

■ Die Befehlsoption wird ausgewählt, indem der Optionsname oder das Kurzzeichen eingegeben wird. Das Kurzzeichen ist der Großbuchstabe, mit dem die Option in der Optionsliste geschrieben ist.

■ Bei Befehlen mit vielen Optionen besteht das Kurzzeichen aus bis zu 3 Buchstaben. Die Optionseingabe muß ebenfalls mit `⏎` abgeschlossen werden.

■ Die in der Optionsliste in <> Zeichen gesetzte Option ist vorgewählt und kann mit `⏎` gewählt oder gleich der geforderte Wert eingegeben werden.

■ Befehle und Optionen können auch mit ihren englischen Namen eingegeben werden. Dazu wird wie beim englischen Befehlsnamen ein Unterstrich vorangestellt.

1.4.1 Befehlszeilenfenster und Textfenster

Am unteren Bildschirmrand befindet sich das Befehlszeilenfenster. Dort werden alle Eingaben protokolliert und die Optionslisten der gewählten Befehle angezeigt.

Ausführung: Befehlszeilenfenster verändern

Das Fenster läßt sich auf verschiedene Arten ändern:

■ **Fenster vergrößern:**
Mit der Maus an die Fensterumrahmung klicken, Maustaste festhalten und in die gewünschte Richtung ziehen. Solange das Fenster am unteren Rand der Zeichenfläche fixiert ist, kann nur die Höhe des Fensters an der oberen Trennlinie verschoben werden.

■ **Fenster frei plazieren:**
Mit der Maus an den Fensterrand klicken, festhalten und Fenster an beliebige Stelle schieben.

■ **Fenster festsetzen:**
Soll das Fenster wieder am unteren oder am oberen Rand festgesetzt werden, Fenster wie oben beschrieben am unteren Bildschirmrand verschieben und auf dem unteren oder oberen Rand der Zeichenfläche ablegen. Es wird dann automatisch angedockt. Wird beim Verschieben die Taste Strg gedrückt, dann wird das Andocken verhindert. Das Fenster wird über die anderen Bedienelemente gelegt.

■ **Fenster durchblättern:**
Mit den Bildlaufleisten am unteren und rechten Fensterrand läßt sich in den Befehlszeilen blättern.

Ausführung: Textfenster einblenden

Soll mehr Text dargestellt werden, kann mit der Taste F2 zum Textfenster umgeschaltet werden. Dabei handelt es sich um ein eigenes Windows-Anwendungsfenster, das bildschirmfüllend oder über die anderen Fenster gelegt werden kann. Nochmaliges Drücken der Taste F2 blendet das Textfenster wieder aus (➜ Abbildung 1.5). Ist das Textfenster nicht bildschirmfüllend, kann es auch ausgeblendet werden, indem wieder auf die Zeichnung geklickt wird.

Ausführung: Befehlszeilen- und Textfenster

Im Befehlszeilen- oder Textfenster kann Text mit der Maus markiert werden. Wird die rechte Maustaste gedrückt, erscheint ein Pop-Up-Menü (➜ Abbildung 1.5). Folgende Funktionen stehen zur Verfügung:

■ **IN BEFEHLSZEILE EINFÜGEN:**
Fügt den Text aus der Zwischenablage in die Befehlsanfrage. Damit kann ein häufig benötigter Befehl wiederholt werden, indem er immer wieder ins Befehlszeilenfenster kopiert wird.

■ **KOPIEREN:**
Der markierte Text wird in die Windows-Zwischenablage kopiert.

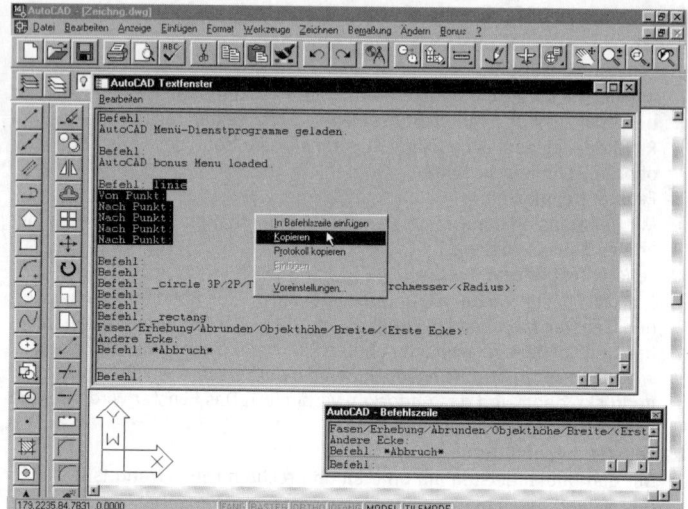

Abbildung 1.5: Befehlszeilenfenster, Textfenster und Pop-Up-Menü im Textfenster

■ **PROTOKOLL KOPIEREN:**

Der komplette Inhalt des Textfensters wird in die Windows-Zwischenablage kopiert.

■ **EINFÜGEN:**

Setzt den Inhalt der Zwischenablage an die Cursorposition.

■ **VOREINSTELLUNGEN...:**

Verzweigt zum Befehl **VOREINSTELLUNGEN** (→ 10.5).

1.5 Abrollmenüs und Pop-Up-Menü

Befehle werden in der Regel nicht auf der Tastatur eingegeben, sondern aus dem Abrollmenü gewählt.

■ Unter der Titelzeile befindet sich die Menüzeile. Klickt man auf den gewünschten Eintrag, wird das Menü abgerollt. Das Menü kann auch aktiviert werden, wenn die [Alt]-Taste und der in der Menüzeile unterstrichene Buchstabe gedrückt werden.

■ Ein weiterer Klick aktiviert den gewünschten Befehl. Das kann auch wieder mit dem unterstrichenen Buchstaben auf der Tastatur erfolgen, diesmal allerdings ohne die [Alt]-Taste.

■ Einträge in den Menüs, die mit > gekennzeichnet sind, aktivieren weitere Abrollmenüs. Der Weg durch die Menüs wird sichtbar, da alle gewählten Menüs am Bildschirm aufgeblättert bleiben (→ Abbildung 1.6).

■ Felder, die mit »...« abgeschlossen sind, aktivieren Dialogfenster zur Eingabe weiterer Werte.

■ Ist ein Abrollmenü aktiviert und wird mit dem Mauszeiger auf einen Eintrag des Menüs gezeigt, verschwindet die Statuszeile am unteren Bildschirmrand, und ein kurzer Hilfetext wird an der Stelle angezeigt. Der Text enthält eine Kurzbeschreibung der Menüfunktion.

■ Falsch gewählte Befehle werden durch Wahl eines neuen Befehls oder mit [Esc] abgebrochen.

■ Befehle stehen in den Abrollmenüs oft mehrfach zur Verfügung und können mit verschiedenen Optionen gewählt werden.

■ Zur Auswahl von Befehlen aus den Menüs und zur Eingabe von Punkten wird immer die *Pick-Taste* verwendet. Das ist die linke Taste auf der Maus bzw. die erste Taste auf dem Eingabegerät des Grafik-Tabletts. Die weiteren Tasten sind wie folgt belegt:

Rechte Maustaste bzw. Taste 2	wie [↵]
Mittlere Maustaste bzw. Taste 3 bzw. [↵] und rechte Maustaste	Pop-Up-Menü aktivieren (→ unten)
Taste 4	Abbruch, wie [Esc]

■ Mit der dritten Taste des Zeigegeräts bzw. mit [0] und der zweiten Taste wird ein Pop-Up-Menü (→ Abbildung 1.7) an der Position des Fadenkreuzes auf den Bildschirm gebracht. Daraus können die Objektfangfunktionen (→ 2.6) oder Punktefilter (→ 1.14) gewählt werden.

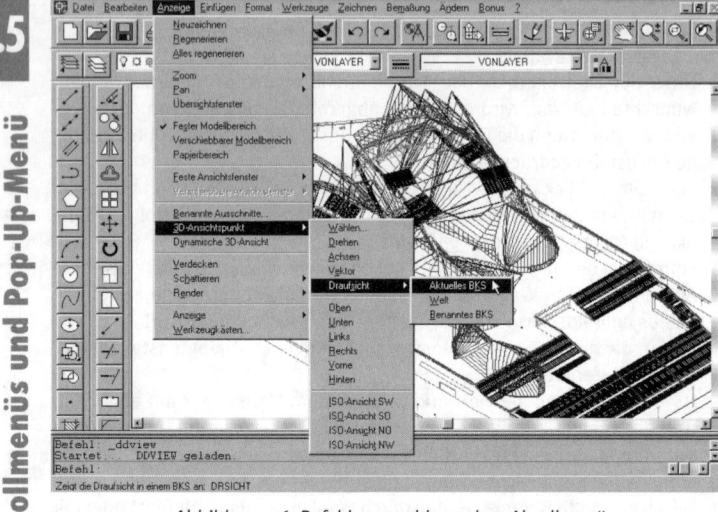

Abbildung 1.6: Befehlsauswahl aus dem Abrollmenü

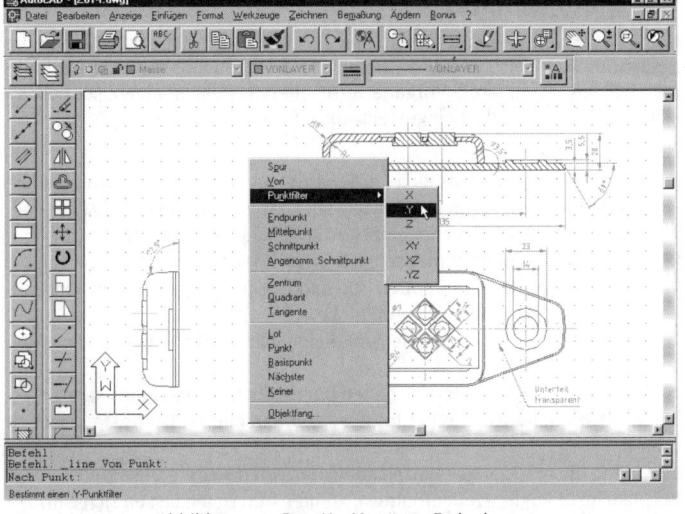

Abbildung 1.7: Pop-Up-Menü am Fadenkreuz

1.6 Dialogfenster

Mit vielen Befehlen werden Dialogfenster aufgerufen. Sie vereinfachen die Bedienung zum Teil wesentlich. Befehle und Optionen lassen sich darin direkt wählen, Parameter, Vorgabewerte oder Systemvariablen können so schnell und übersichtlich eingestellt werden.

Anmerkungen

■ Bei den Feldern kann es sich um Schaltfelder handeln, die nur angeklickt werden müssen. Wenn sie aktiviert sind, ist das durch ein Kreuz gekennzeichnet. Wird das Feld nochmal gewählt, verschwindet das Kreuz.

■ Felder mit Text oder numerischen Werten lassen sich editieren, wenn sie angeklickt werden. Ein Doppelklick markiert den ganzen Eintrag. Eine Eingabe überschreibt den vorherigen Wert.

■ Mit der ⌨-Taste können die Funktionsfelder der Reihe nach angefahren werden.

■ Durch Eingabe des unterstrichenen Buchstabens eines Feldes kann es aktiviert werden. Schaltfelder lassen sich dann mit der Leertaste umschalten.

■ Felder, die mit »...« gekennzeichnet sind, rufen weitere Dialogfenster auf.

■ Manche Dialogfenster enthalten Listenfenster. Damit lassen sich Einträge aus einer Liste auswählen. Die Liste kann mit dem senkrechten Schieber an der rechten Seite durchgeblättert werden (➜ Abbildung 1.8).

■ In manchen Listenfenstern ist Mehrfachauswahl möglich.

■ Zusätzlich enthalten einige Dialogfenster Bildmenüs. Jedem Eintrag im Listenfenster entspricht ein Bild im Bildmenü. Die Auswahl erfolgt durch Anklicken von Bild oder Listeneintrag. Beide werden markiert.

■ Dialogfenster mit Listenfenstern und Bildmenüs können meist durch einen Doppelklick auf das gewünschte Bildfeld oder den Listeneintrag beendet werden.

■ Mit dem Feld **OK** werden die Änderungen bestätigt und das Dialogfenster abgeschaltet.

■ Mit dem Feld **ABBRECHEN** wird das Dialogfenster abgeschaltet, Änderungen werden nicht ausgeführt.

■ Mit dem Feld **HILFE...** wird der Befehl **HILFE** (➜ 1.15) aktiviert, und es erscheint das Dialogfenster für die Hilfefunktionen.

■ Mit der Systemvariablen **FILEDIA** können die Dialogfenster zur Dateiauswahl abgeschaltet werden. Dateinamen müssen dann eingetippt werden.

- Mit **CMDDIA** läßt sich das Plot-Dialogfenster abschalten (→ 9.1). Die Anfragen erfolgen dann im Dialog.
- Alle Funktionen in Dialogboxen lassen sich auch durch Befehle ausführen, die nur im Befehlszeilenfenster arbeiten. Dadurch ist es möglich, beliebige Befehlsabläufe und Befehlskombinationen durch Menüeinträge oder in Werkzeugsymbolen zu automatisieren. In der vorliegenden Schnellübersicht sind beide Befehlsvarianten enthalten, z.B.: Befehl **DDUNITS** mit Dialogfenster bzw. Befehle **EINHEIT** und **AFLAYER** für dieselben Funktionen im Befehlszeilenfenster.
- Verschiedene Befehle lassen sich in AutoCAD 14 mit Dialogfenstern oder im Befehlszeilenfenster ausführen. Mit einem »-« vor dem Befehlsnamen wird der Befehl ohne Dialogfenster ausgeführt. Dazu muß der Befehl auf der Tastatur eingegeben werden.

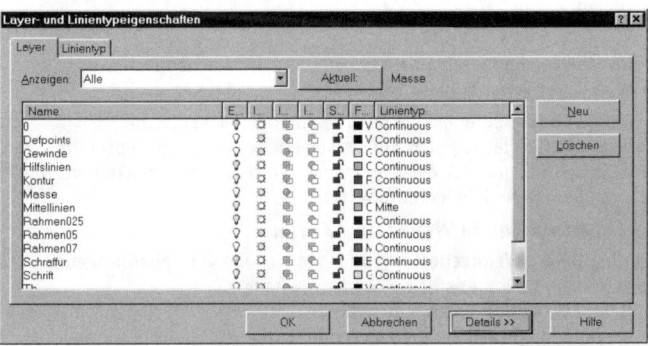

Abbildung 1.8: Beispiel, Dialogfenster zur Layersteuerung

1.7 Werkzeugkästen

Die meisten Befehle lassen sich auch mit Werkzeugsymbolen anwählen. Diese sind in Werkzeugkästen und Funktionsleisten zusammengefaßt. Hinter manchen Werkzeugsymbolen liegen Flyoutmenüs, die weitere Auswahlmöglichkeiten bieten.

Mit den Werkzeugsymbolen lassen sich die Befehle meist auch mit unterschiedlichen Optionen anwählen. In der Standardeinstellung befindet sich auf dem Bildschirm:

- **Standard-Funktionsleiste:**
  Microsoft Office kompatible Werkzeugsymbole mit Grundfunktionen wie laden und sichern, drucken, ausschneiden und einfügen usw.
- **Funktionsleiste Eigenschaften:**
  Zeichnungseinstellungen wie Layer, Farbe, Linientyp und Änderungsfunktionen.
- **Werkzeugkasten Zeichnen:**
  Mit den Zeichenbefehlen am linken Rand der Zeichenfläche.
- **Werkzeugkasten Ändern:**
  Mit den Editierbefehlen am linken Rand der Zeichenfläche.

Werkzeugkästen lassen sich auf verschiedene Arten am Bildschirm anordnen. Dazu wird zunächst der gewünschte Werkzeugkasten aktiviert. Das erfolgt mit dem Befehl **WERKZEUGKASTEN**.

Ausführung: Befehl WERKZEUGKASTEN

Mit dem Befehl **WERKZEUGKASTEN** lassen sich die verfügbaren Werkzeugkästen in einem Dialogfenster ein- und ausschalten.

1. Befehl **WERKZEUGKASTEN** auswählen
   - Abrollmenü **ANZEIGE, WERKZEUGKÄSTEN...**
   - Rechtsklick auf ein beliebiges Werkzeugsymbol
   - Tablettfeld **R3**

   In der Liste können die Werkzeugkästen durch Anklicken markiert werden, die angezeigt werden sollen. Zwei weitere Schalter steuern das Aussehen der Werkzeugkästen:

   GROSSE WERKZEUGSYMBOLE: Ist der Schalter eingeschaltet, werden große Symbole angezeigt.

   QUICKINFO ANZEIGEN: Ist der Schalter eingeschaltet, wird am Mauszeiger eine Information zu dem Befehl angezeigt, wenn man mit dem Mauszeiger ca. eine Sekunde auf einem Symbol bleibt.

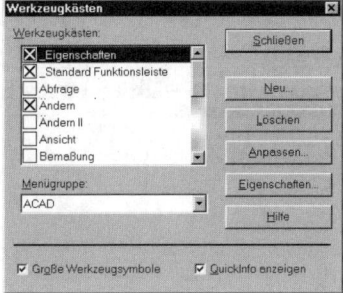

Abbildung 1.9: Dialogfenster zur Wahl der Werkzeugkästen

Ausführung: Werkzeugkästen anordnen

Werkzeugkästen lassen sich auf verschiedene Arten am Bildschirm anordnen.

■ Werkzeugkästen können sich fest am Rand der Zeichenfläche befinden (angedockt) oder sind frei plazierbar (→ Abbildung 1.10).

■ Werkzeugkästen lassen sich verschieben, indem man auf den Rand klickt und mit gedrückter Maustaste den Werkzeugkasten an die gewünschte Stelle zieht. Kommt man in die Nähe des Bildschirmrandes, wird automatisch angedockt. Durch Drücken der Taste Strg läßt sich das automatische Andocken verhindern.

■ Frei plazierbare Werkzeugkästen lassen sich durch einen Klick in der linken oberen Ecke schließen.

■ Hinter Werkzeugsymbolen, die in der rechten unteren Ecke ein Symbol »>« haben, verbirgt sich ein Flyoutmenü (→ Abbildung 1.11). Hält man beim Anklicken die Maustaste gedrückt, wird es ausgefahren. Mit gedrückter Maustaste fährt man auf das gewünschte Symbol und läßt dort los. Der darunterliegende Befehl wird ausgeführt.

■ Das zuletzt gewählte Werkzeugsymbol aus einem Flyoutmenü bleibt im Werkzeugkasten oben.

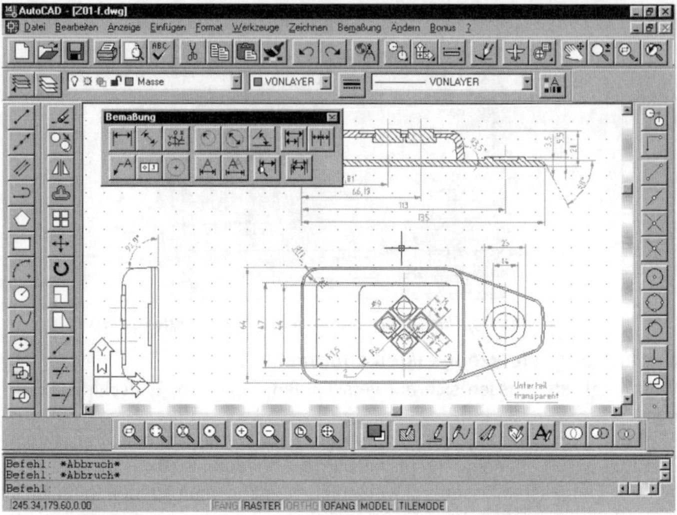

Abbildung 1.10: Werkzeugkästen angedockt und frei plazierbar

■ Bleibt man mit dem Mauszeiger auf einem Werkzeugsymbol, wird nach ca. 1 sec. am Cursor eine Erläuterung zu dem Befehl angezeigt, das sogenannte Quickinfo (→ Abbildung 1.11). Gleichzeitig verschwindet die Statuszeile am unteren Bildschirmrand. Statt dessen wird dort ein kurzer Hilfetext angezeigt.

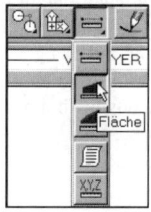

Abbildung 1.11: Werkzeugkasten mit Flyoutmenü

1.8 Befehlsauswahl aus dem Bildschirmseitenmenü

Viele Befehle lassen sich aus dem Bildschirmseitenmenü wählen. Es befindet sich rechts neben der Zeichenfläche. Wird das Fadenkreuz dorthin bewegt, erscheint ein Cursorfeld. Wird es auf einem Begriff positioniert, wird er invers dargestellt. Durch Anklicken wird die Funktion aktiviert.

Das Bildschirmseitenmenü ist hierarchisch aufgebaut. Befehle sind in Gruppen zusammengefaßt. Wird eine Befehlsgruppe ausgewählt, so erscheint das zugehörige Untermenü. Oft reicht der Platz für diese Untermenüs nicht aus. Durch Auswahl der Felder *nächste* oder *vorher* kann in den Menüs geblättert werden. Ist ein Befehl gewählt, werden die Befehlsoptionen ebenfalls zur Auswahl angezeigt und können übernommen werden. Aus jedem Untermenü gelangt man durch Auswahl der Felder:

AUTOCAD	ins Bildschirm-Hauptmenü,
* * * *	ins Untermenü Objektfang (➜ 2.6),
DIENST	ins Untermenü Objektwahl und Einstellungen und
LETZTES	ins zuletzt angezeigte Menü.

Das Bildschirmseitenmenü kann in mit dem Befehl VOREINSTELLUNGEN ein- und ausgeschaltet werden (➜ 10.5). Es wird für die Befehlsauswahl zwar nicht unbedingt benötigt, da alle Befehle auch in den anderen Menüs zur Verfügung stehen und dort auch schneller und übersichtlicher angewählt werden können. Deshalb ist es in der Standardkonfiguration nicht eingeschaltet.

Da aber Optionen bei vielen Befehlen nur im Bildschirmseitenmenü direkt angewählt werden können, ohne daß die Tastatur benützt werden muß, kann es hilfreich sein. Trotzdem wird meist zugunsten der Zeichenfläche auf das Bildschirmseitenmenü verzichtet.

Falsch gewählte Befehle können durch Anwahl eines neuen Befehls oder durch Eingabe von ⎋Esc abgebrochen werden.

1.9 Tablettmenü

Wird ein Grafik-Tablett verwendet, kann die verfügbare Tablettfläche in einen Zeigebereich und maximal 4 Menübereiche aufgeteilt werden (→ 10.3). Die Felder in den Menübereichen können mit Befehlen, Optionen, Ziffern oder Makros belegt werden. Eine Menüdatei mit 4 Menübereichen wird mit Auto-CAD 14 geliefert, ebenso eine Tablettfolie mit den aufgedruckten Symbolen zur Auflage auf dem Grafik-Tablett. Um auch andere Tablettgrößen verwenden zu können, wird die Auflage als Zeichnungsdatei mit AutoCAD 14 geliefert (*TABLET14.DWG* → Abbildung 1.12). Sie kann in der gewünschten Größe ausgeplottet und auf dem Tablett befestigt werden. Durch Zeigen auf das entsprechende Befehlsfeld und Drücken des Pick-Knopfes wird der Befehl aktiviert. Falsch vom Tablett gewählte Befehle können durch Auswahl eines neuen Befehls oder durch [Esc] abgebrochen werden.

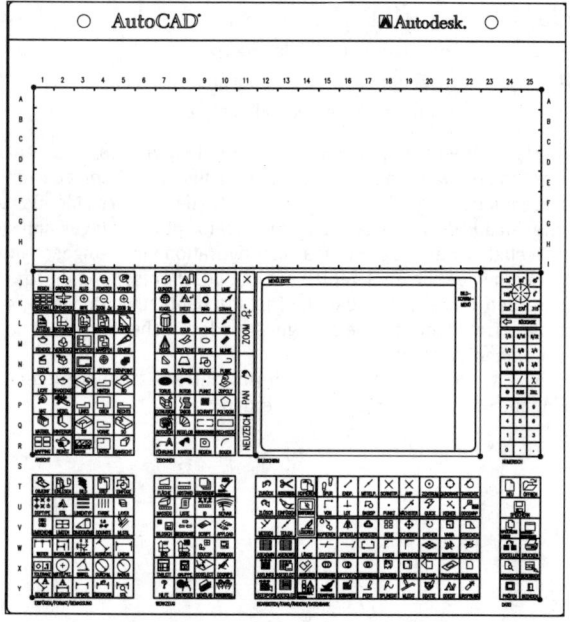

Abbildung 1.12: Standard-Tablettmenü

1.10 **Vorlagen**

Bevor gezeichnet werden kann, ist es meist erforderlich, eine ganze Reihe von Grundeinstellungen für die Zeichnung vorzunehmen.

Um das nicht jedesmal neu machen zu müssen, können diese Einstellungen in einer Vorlagendatei gespeichert werden.

■ Als Vorlage kann eine normale Zeichnung verwendet werden. Sie muß dazu aber als Vorlagendatei (Dateierweiterung *.DWT*) in einem Unterverzeichnis der AutoCAD 14 Programmdateien gespeichert werden. Normalerweise handelt es sich dabei um das Verzeichnis *\Programme\AutoCAD R14\Template*.

■ Eine ganze Reihe von Vorlagen mit DIN-, ANSI-, ISO- und JIS-Zeichnungsrahmen für verschiedene Papierformate werden mitgeliefert.

■ Es können aber auch eigene Vorlagen mit eigenem Zeichnungsrahmen und Schriftfeld angelegt werden.

■ Eine neue Zeichnung kann aber auch ohne Vorlage begonnen werden. Die Einstellungen lassen sich dann mit dem SETUP-ASSISTENTEN in verschiedenen Dialogfenstern vornehmen.

■ Eine neue Zeichnung kann auch ohne Grundeinstellungen und Vorlage begonnen werden. Alle Einstellungen lassen sich dann mit den entsprechenden Befehlen vornehmen.

Anmerkungen

Wenn eigene Vorlagen erstellt werden, sollten möglichst folgende Einstellungen vorgenommen werden bzw. folgende Objekte vorgezeichnet werden:

■ Layer mit zugehöriger Farbe- und Linientypdefinition (→ 2.9),

■ Bemaßungsvariable und Bemaßungsstile (→ 5.6),

■ Textstile (→ 5.9),

■ Laden der benötigten Linientypen und Festlegung des Linientypenfaktors (→ 2.9),

■ Verschiedene Standard BKS,

■ eventuell Zeichnungsrahmen und Schriftfeld (verschiedene Vorlagen für die benötigten unterschiedlichen Formate und Maßstäbe).

1.11 Zeichnungen öffnen und sichern

Um eine neue Zeichnung zu beginnen, eine gespeicherte Zeichnung zur Bearbeitung auf den Bildschirm zu holen oder eine Zeichnung zu speichern, stehen verschiedene Befehle zur Verfügung.

Bei den folgenden Befehlen werden Dialogfenster zur Auswahl der Dateinamen verwendet. Dazu muß die Systemvariable FILEDIA auf 1 gesetzt sein (Standardeinstellung). Bei 0 wird der Dateiname im Dialogbereich angefragt.

Ausführung: AutoCAD 14 neu starten

Wenn das Programm gestartet wird, erscheint ein Dialogfenster (→ Abbildung 1.13) auf dem Bildschirm, aus dem die Funktionen des Befehls NEU und ÖFFNEN (→ unten) gewählt werden können.

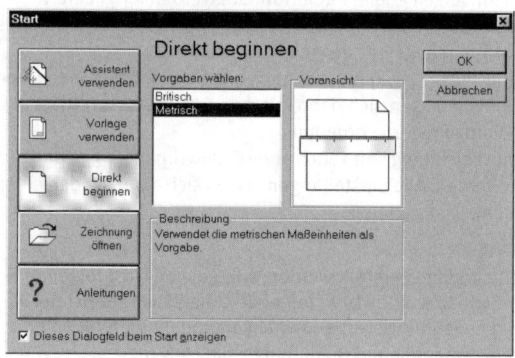

Abbildung 1.13: Dialogfenster nach dem Start von AutoCAD 14

Folgende Möglichkeiten stehen im Dialogfenster mit den Schaltflächen auf der linken Seite zur Auswahl:

- ASSISTENT VERWENDEN, VORLAGE VERWENDEN, DIREKT BEGINNEN und ANLEITUNGEN: Entspricht den Funktionen des Befehls NEU (→ unten).
- ZEICHNUNG ÖFFNEN: Öffnen einer gespeicherten Zeichnung. Die zuletzt bearbeiteten Zeichnungen werden in der Liste in der Mitte des Dialogfensters angezeigt und können per Doppelklick geladen werden. Soll eine andere Zeichnung geöffnet werden, kann der Eintrag WEITERE DATEIEN... doppelt angeklickt werden. Es erscheint das Dialogfenster des Befehls ÖFFNEN (→ unten).

Ausführung: Befehl NEU

Mit dem Befehl **NEU** wird eine neue Zeichnung begonnen.

1. **Befehl NEU auswählen**
   - ◆ Abrollmenü **DATEI, NEU...**
   - ◆ Tablettfeld **T24**
   - ◆ Symbol in der **STANDARD-FUNKTIONSLEISTE**

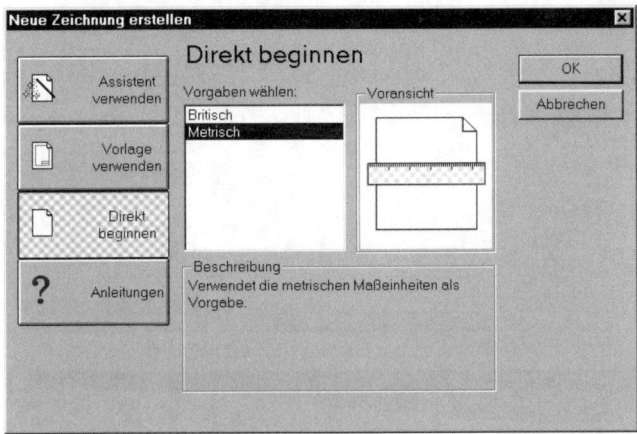

Abbildung 1.14: Dialogfenster beim Beginn einer neuen Zeichnung

Verschiedene Methoden zum Beginn einer neuen Zeichnung stehen zur Auswahl:

■ **ASSISTENT VERWENDEN:**

Alle Grundeinstellungen für die neue Zeichnung werden in Dialogfenstern abgefragt. Dazu kann **SCHNELLSTART** oder **BENUTZERDEFINIERT** in der mittleren Liste gewählt werden.

◆ **SCHNELLSTART:** Diese Methode besteht aus 2 Schritten, die in einem Dialogfenster mit zwei Registerkarten abgefragt werden (→ Abbildung 1.15). In *Schritt 1: Einheiten* kann die Zahlendarstellung für die Zeichnungseinheiten gewählt werden. Im metrischen System eignen sich nur die Auswahlmöglichkeiten *Dezimal* oder *Wissenschaftlich* (exponentielle Darstellung). Wird die Einstellung gewechselt, verändert sich im rechten Bild die Beispieldarstellung. Mit den Schaltflächen **WEITER** ›› und ‹‹ **ZURÜCK** lassen sich die Registerkarten durchblättern. **FERTIG**

1.11

Zeichnungen öffnen und sichern

37

beendet das Dialogfenster und führt den Befehl aus. Die Registerkarten lassen sich auch am Register durchblättern.

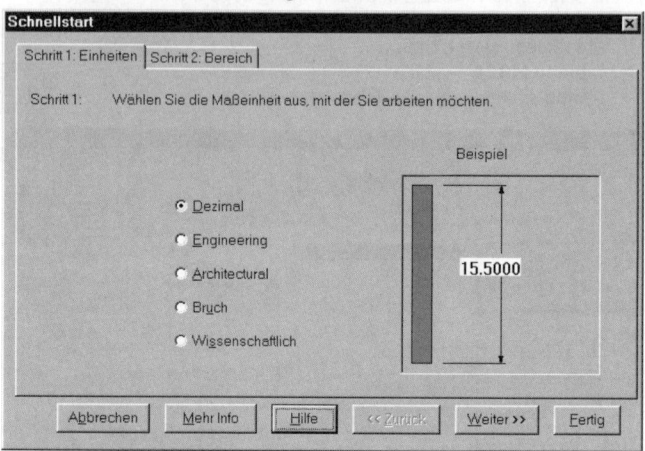

Abbildung 1.15: Schnellstart, Schritt 1: Einheiten

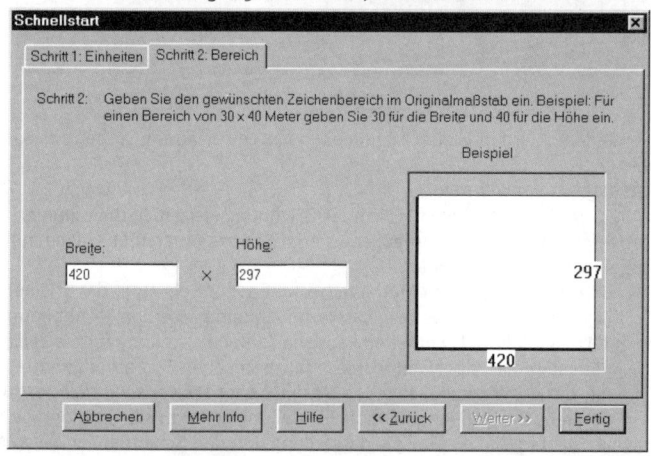

Abbildung 1.16: Schnellstart, Schritt 2: Bereich

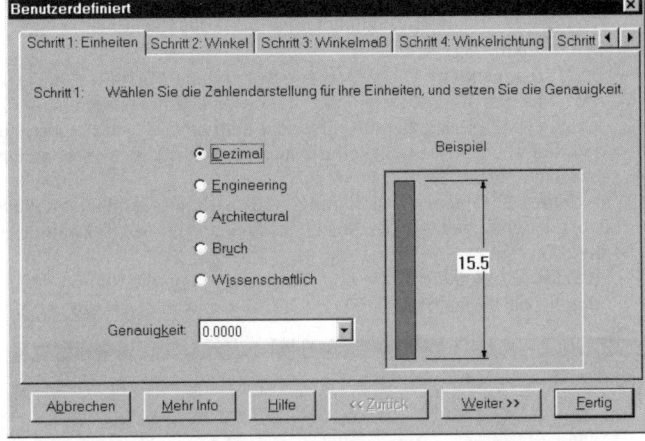

Abbildung 1.17: Benutzerdefiniert, Schritt 1: Einheiten

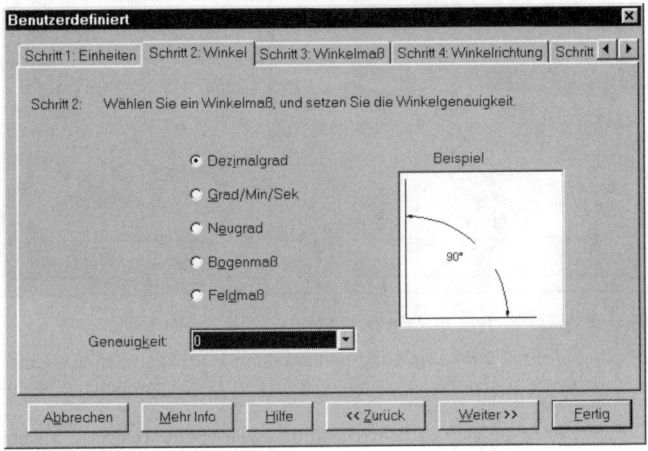

Abbildung 1.18: Benutzerdefiniert, Schritt 2: Winkel

1.11

Zeichnungen öffnen und sichern

In *Schritt 2: Bereich* (➔ Abbildung 1.16) kann die Breite und Höhe für die neue Zeichnung in Originalmaßen (nicht das Papiermaß) eingegeben werden.

◆ **BENUTZERDEFINIERT:** Diese Methode besteht aus 7 Schritten, die in einem Dialogfenster mit sieben Registerkarten abgefragt werden (➔ Abbildung 1.17). Der 1. Schritt entspricht dem beim **SCHNELLSTART**, nur daß hier noch die Genauigkeit der angezeigten und gemessenen Einheiten eingestellt werden kann.

In *Schritt 2: Winkel* (➔ Abbildung 1.38) kann die Zahlendarstellung und die Genauigkeit für die Winkelmessung und -anzeige gewählt werden.

In *Schritt 3: Winkelmaß* (➔ Abbildung 1.19) kann die Null Grad Richtung für die Winkelbemaßung und -anzeige gewählt werden.

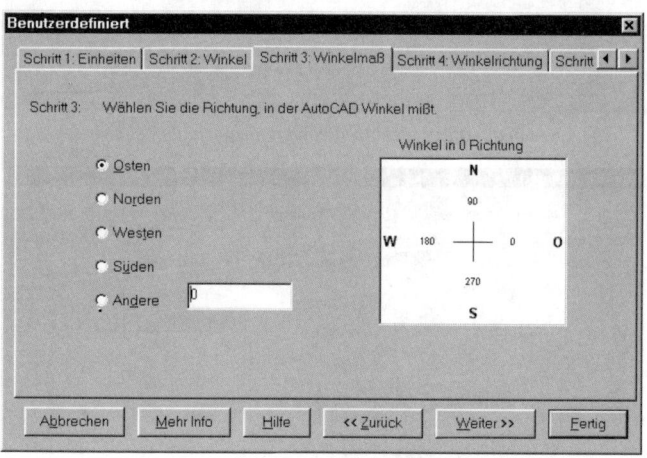

Abbildung 1.19: Benutzerdefiniert, Schritt 3: Winkelmaß

In *Schritt 4: Winkelrichtung* (➔ Abbildung 1.20) kann die Winkelmeßrichtung (Uhrzeigersinn oder gegen den Uhrzeigersinn) eingestellt werden.

Schritt 5: Bereich entspricht Schritt 2 beim **SCHNELLSTART** (➔ Abbildung 1.16). Dort kann die Breite und Höhe für die Zeichnung in Originalmaßen (nicht das Papiermaß) eingegeben werden.

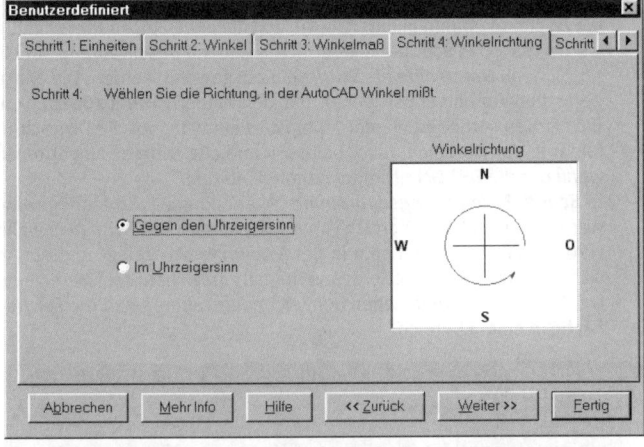

Abbildung 1.20: Benutzerdefiniert, Schritt 4: Winkelrichtung

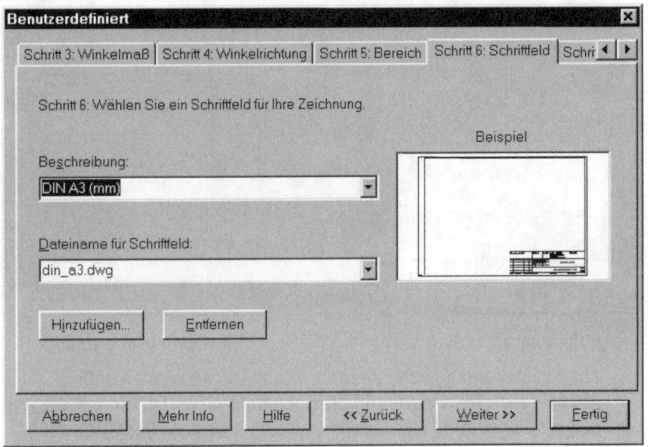

Abbildung 1.21: Benutzerdefiniert, Schritt 6: Schriftfeld

In *Schritt 6: Schriftfeld* (→ Abbildung 1.21) kann gewählt werden, ob ein Zeichnungsrahmen mit Schriftfeld in die neue Zeichnung eingefügt werden soll. Das Schriftfeld kann im Abrollmenü *Beschreibung* oder im Abrollmenü *Dateiname für Schriftfeld* ausgewählt werden. Die Einträge in den Abrollmenüs können mit den Feldern **HINZUFÜGEN...** und **ENTFERNEN** verändert werden. Hier ist es sinnvoll, nur die DIN-Schriftfelder in den Abrollmenüs zu belassen und alle anderen zu entfernen, wenn nur die DIN-Schriftfelder benötigt werden.

In *Schritt 7: Zeichnungsanordnung* (→ Abbildung 1.22) kann gewählt werden, ob der Papierbereich verwendet werden soll. Wird *Ja* gewählt, wird der Zeichnungsrahmen in den Papierbereich gelegt und ein Ansichtsfenster in der Größe des verfügbaren Zeichenbereichs erzeugt. Bei Auswahl von *Nein* liegen der Zeichnungsrahmen und die Zeichenfläche in einem Bereich.

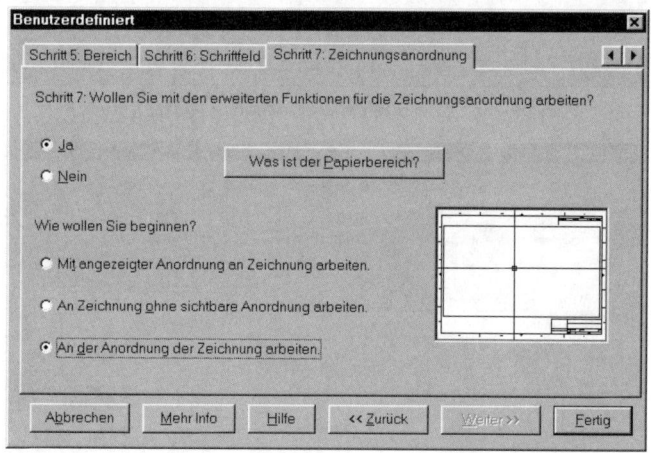

Abbildung 1.22: Benutzerdefiniert, Schritt 7: Zeichnungsanordnung

Zusätzlich kann gewählt werden, wie gestartet werden soll:
- *Mit angezeigter Anordnung an Zeichnung arbeiten*, um mit der angezeigten Anordnung im Modellbereich zu arbeiten (**TILEMODE** = 0).
- *An Zeichnung ohne sichtbare Anordnung arbeiten*, um mit **TILEMODE** = 1, ohne sichtbaren Zeichnungsrahmen und Schriftfeld an der Zeichnung zu arbeiten.

42

◆ *An der Anordnung der Zeichnung arbeiten,* um bei der angeziegten Anordnung im Papierbereich zu arbeiten (**TILEMODE** = 0).

Näheres zu Papierbereich und Modellbereich sowie der Systemvariablen **TILEMODE** ist in Kapitel 6.7 zu finden.

■ VORLAGE VERWENDEN:

Die neue Zeichnung wird mit einer Vorlage gestartet (➜ 1.9). Die Vorlage kann aus der Liste in der Mitte des Dialogfensters (➜ Abbildung 1.23) gewählt werden. Im Fenster rechts daneben wird die Vorlage in der Voransicht angezeigt. Als Vorlagen werden in der Liste Dateien mit der Dateierweiterung *.DWT* im Verzeichnis *\Programme\AutoCAD R14\Template* angezeigt. Mit einem Doppelklick auf den Eintrag **WEITERE DATEIEN...** können weitere Vorlagen mit dem Windows-Dateiwähler aus beliebigen Verzeichnissen gewählt werden.

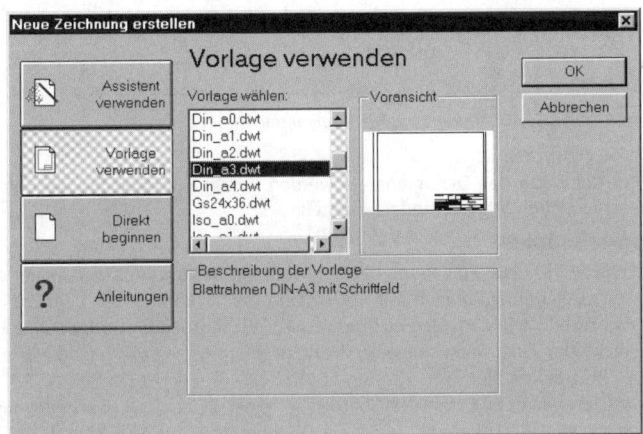

Abbildung 1.23: Start mit Vorlage

■ DIREKT BEGINNEN:

Zeichnung wird ohne weitere Voreinstellungen begonnen. Es kann lediglich gewählt werden, ob mit metrischen oder britischen Maßeinheiten (➜ Abbildung 1.24) gearbeitet werden soll.

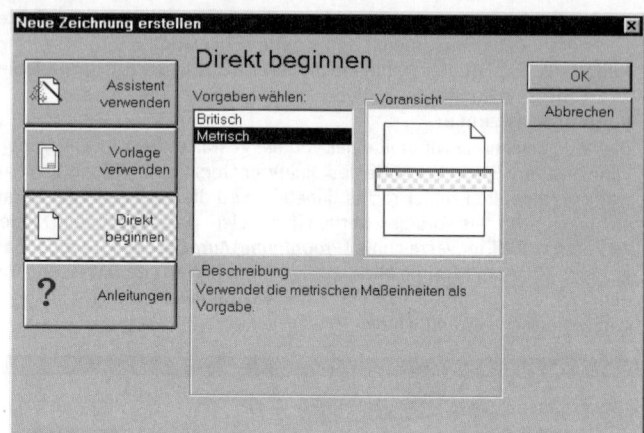

Abbildung 1.24: Neue Zeichnung direkt beginnen

■ **ANLEITUNGEN:**

In der Mitte des Dialogfensters werden Kurzanleitungen für die unterschiedlichen Startmethoden angezeigt.

Anmerkungen

■ Wurde die neue Zeichnung mit der Methode **BENUTZERDEFINIERT** mit einem Zeichnungsrahmen mit Schriftfeld erstellt, können die Einträge im Schriftfeld mit dem Befehl **DDATTE** (→ 7.2) bearbeitet werden. Dies ist nicht der Fall, wenn mit einer Vorlage gestartet wurde und diese ein Schriftfeld enthielt.

■ Wurde vor dem Befehl **NEU** bereits an einer Zeichnung gearbeitet und nicht gesichert, kommt zuerst ein Dialogfenster auf den Bildschirm, in dem gewählt werden kann, was mit der bisherigen Zeichnung geschehen soll (→ Abbildung 1.25).

■ Wird das Feld *Ja* gewählt, erscheint das Dialogfenster zur Dateiauswahl, um festzulegen, unter welchem Namen die Datei gesichert werden soll (→ unten Befehl **SICHALS**). Falls die Zeichnung schon einmal gesichert wurde, wird sie unter diesem Namen ohne weitere Anfrage erneut gesichert.

■ Bis die Zeichnung das erste Mal gesichert wird, hat sie den Namen *Zeichng.DWG*.

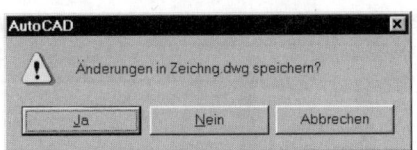

Abbildung 1.25: Dialogfenster Zeichnungsänderung

Ausführung: Befehl KSICH

Mit dem Befehl KSICH wird die aktuelle Zeichnung unter ihrem Namen gesichert.

1. Befehl KSICH auswählen
   - ◆ Abrollmenü DATEI, SPEICHERN
   - ◆ Tablettfeld U24-25
   - ◆ Symbol in der STANDARD-FUNKTIONSLEISTE

Der Befehl wird ohne weitere Anfragen ausgeführt. Wurde die Zeichnung aber noch nie gesichert, muß der Dateiname wie beim Befehl SICHALS (→ unten) eingegeben werden.

Ausführung: Befehl SICHALS

Mit dem Befehl SICHALS wird die Zeichnung unter einem neuen Namen gesichert.

1. Befehl SICHALS auswählen
   - ◆ Abrollmenü DATEI, SPEICHERN UNTER...
   - ◆ Tablettfeld V24

Anmerkungen

■ Das Dialogfenster zur Sicherung entspricht dem Standardfenster in Windows 95 bzw. Windows NT 4.0, wie er in allen Windows-Anwendungen verwendet wird. Alle Funktionen sind identisch mit dem Microsoft-Standard.

■ Im Abrollmenü *Speichern in* wird das Laufwerk und der Pfad ausgewählt.

■ In der darunterliegenden Liste werden alle bereits vorhandenen AutoCAD-Zeichnungsdateien und Unterverzeichnisse aufgelistet.

■ Im Feld *Dateiname* kann der Name eingetragen werden, unter dem die Zeichnung gespeichert werden soll.

■ Eine Dateierweiterung muß nicht angegeben werden, Zeichnungsdateien werden immer mit der Dateierweiterung *.DWG* gespeichert. Wird die Zeichnung als Vorlage (→ unten) gespeichert, wird automatisch die Dateierweiterung *.DWT* verwendet.

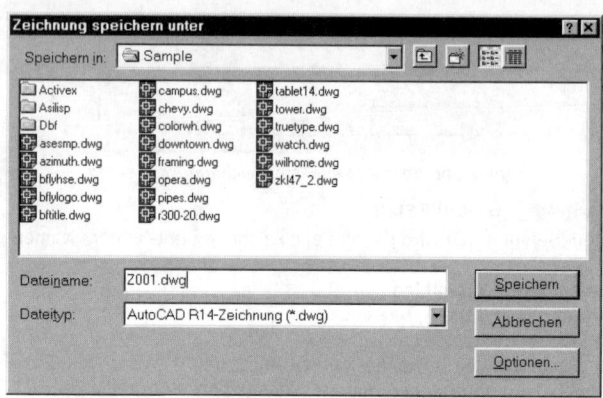

Abbildung 1.26: Dialogfenster zum Sichern einer Zeichnung

■ Im Abrollmenü *Dateityp* kann gewählt werden, in welchem Format die Zeichnung gespeichert werden soll. Zur Auswahl stehen:
- ◆ AutoCAD R 14-Zeichnung (*.dwg)
- ◆ AutoCAD R 13/LT95-Zeichnung (*.dwg)
- ◆ AutoCAD R 12/LT2-Zeichnung (*.dwg)
- ◆ Zeichnungsvorlagendatei (*.dwt)

■ Auf Diskette oder Festplatte werden immer zwei Versionen einer Zeichnung gespeichert. Die Datei mit der Erweiterung *.DWG* entspricht dem Zeichnungsstand bei der letzten Speicherung.

■ Wird erneut gespeichert, wird die Dateierweiterung der bereits vorhandenen Zeichnungsdatei in *.BAK* (Backup-Datei=Sicherungsdatei) umbenannt und der momentane Zeichnungsstand in der Datei mit der Erweiterung *.DWG* gesichert.

■ **Wichtig:** Wurde die Zeichnung schon einmal gesichert und nun unter einem neuen Namen gespeichert, wird anschließend an der Zeichnung mit dem neuen Namen weitergearbeitet.

Ausführung: Befehl ÖFFNEN

Mit dem Befehl ÖFFNEN kann eine bereits gespeicherte Zeichnung zur Bearbeitung geladen werden.

1. Befehl ÖFFNEN auswählen

◆ Abrollmenü **DATEI**, **ÖFFNEN**
◆ Tablettbereich **T25**
◆ Werkzeugfeld in der **STANDARD-FUNKTIONSLEISTE**

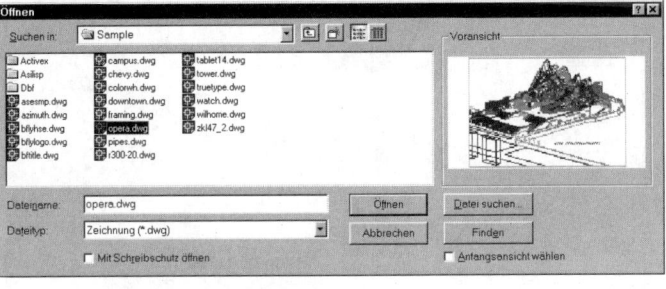

Abbildung 1.27: Dialogfenster zum Öffnen einer Zeichnung

Anmerkungen

■ Wurde eine momentan in Arbeit befindliche Datei seit dem letzten Sichern geändert, erscheint das Dialogfenster zur Auswahl, ob die aktuelle Zeichnung gesichert werden soll (➔ Abbildung 1.25). Wurde die Zeichnung noch nie gesichert, muß zuerst der Dateiname eingegeben werden (➔ Befehl **SICHALS**, oben).

■ Laufwerk und Pfad können im Abrollmenü *Suchen in* eingestellt werden (➔ Abbildung 1.28).

■ In der darunterliegenden Liste kann die gewünschte Datei markiert werden. Der Dateiname wird dann in das Feld *Dateiname* übernommen. Er kann aber auch in dieses Feld eingetragen werden. Mit **ÖFFNEN** wird die Zeichnung geladen.

■ Im Abrollmenü *Dateityp* kann gewählt werden, welches Zeichnungsformat geladen werden soll. Zur Auswahl stehen:
◆ Zeichnung (*.dwg)
◆ DXF (.dxf), für Dateien im DXF-Austauschformat
◆ Zeichnungsvorlagendatei (*.dwt)

■ Wird das Feld *Anfangsansicht wählen* eingeschaltet, kann danach in einem weiteren Dialogfenster der Ausschnitt gewählt werden, der auf den Bildschirm gebracht werden soll. Voraussetzung ist, daß Ausschnitte (➔ 6.3) in der Zeichnung gesichert sind.

1.11

Zeichnungen öffnen und sichern

47

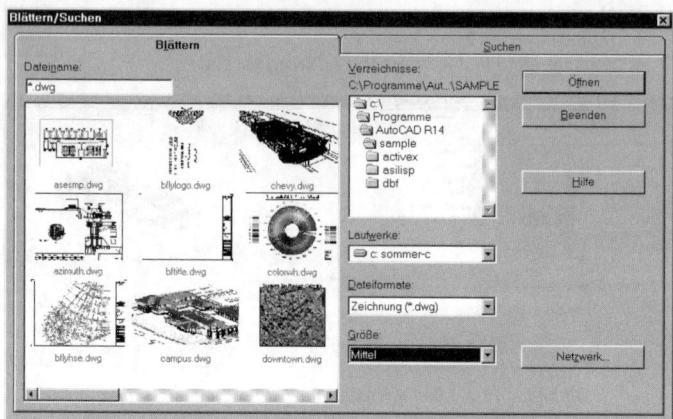

Abbildung 1.28: Dialogfenster Datei suchen, Blättern

■ Wird das Feld *Mit Schreibschutz öffnen* eingeschaltet, kann die Zeichnung zwar bearbeitet, die Änderungen aber nicht gesichert werden.

■ Im rechten Feld wird eine Voransicht der markierten Zeichnung angezeigt.

Ausführung: Schaltfläche DATEI SUCHEN

Mit der Schaltfläche DATEI SUCHEN... wird ein weiteres Dialogfenster mit 2 Registerkarten eingeblendet.

■ Standardmäßig ist die Registerkarte *Blättern* aktiv, in der alle Zeichnungen des aktuellen Verzeichnisses in der Voransicht gezeigt werden (→ Abbildung 1.28). Auf der Registerkarte können Laufwerk und Pfad der anzuzeigenden Zeichnungen sowie die Größe der Voransichtsbilder in einem Abrollmenü eingestellt werden.

■ Auf der Registerkarte *Suchen* kann eine Datei nach verschiedenen Kriterien gesucht werden (→ Abbildung 1.29). Beim *Suchkriterium* kann ein Dateiname vorgegeben werden. Wildcards (z.B.: *A*.DWG* für alle Zeichnungsnamen die mit A beginnen) können verwendet werden. Bei *Dateiformate* kann wieder wie oben gewählt werden:

◆ Zeichnung (*.dwg)
◆ DXF (.dxf), für Dateien im DXF-Austauschformat
◆ Zeichnungsvorlagendatei (*.dwt)

48

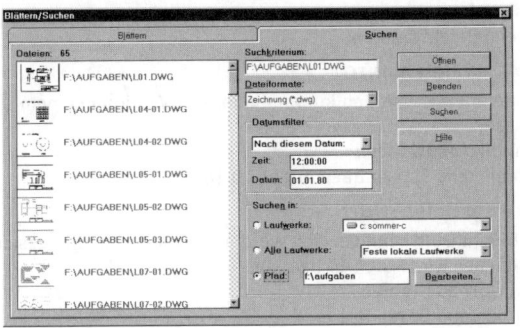

Abbildung 1.29: Dialogfenster Datei suchen, Suchen

■ Beim **DATUMSFILTER** kann eingestellt werden, ob nur Zeichnungen gesucht werden sollen, die vor oder nach einem bestimmten Datum erstellt wurden. Bei der *Suchposition* kann gewählt werden, welche Laufwerke bzw. welche Pfade durchsucht werden sollen.

Ausführung: Zuletzt bearbeitete Dateien öffnen

Die vier zuletzt bearbeiteten Zeichnungen werden im unteren Bereich des Abrollmenüs **DATEI** aufgelistet. Durch Anklicken wird die entsprechende Datei ohne weitere Auswahl erneut geöffnet.

Ausführung: Zeichnung öffnen per »Ziehen und Ablegen«

Viele Funktionen lassen sich in AutoCAD 14 per »Ziehen und Ablegen« (Drag and Drop) ausführen. Zeichnungen lassen sich nach dieser Methode öffnen. Dazu ist wie folgt vorzugehen:

◆ AutoCAD 14 ist gestartet.
◆ In einem zweiten Fenster den Windows-Explorer öffnen.
◆ Im Verzeichnisbaum die gewünschte Zeichnungsdatei suchen.
◆ Anklicken, festhalten und ins AutoCAD 14 Fenster ziehen.
◆ Loslassen und die Zeichnung wird geöffnet.

Ausführung: Befehl WIEDERHERSTELLEN

Mit dem Befehl **WIEDERHERSTELLEN** kann eine fehlerhaft gespeicherte Zeichnung wiederhergestellt werden, soweit dies noch möglich ist.

1. Befehl **WIEDERHERSTELLEN** auswählen
   ◆ Abrollmenü **DATEI, DIENSTPROGRAMME >, WIEDERHERSTELLEN...**

1.11

Zeichnungen öffnen und sichern

49

2. **Befehlsanfrage:**
   Wie beim Befehl ÖFFNEN.

Ausführung: Befehl INFO

Mit dem Befehl INFO werden Informationen zur Version in einem Dialogfenster angezeigt.

1. **Befehl INFO AUSWÄHLEN**
   ◆ Abrollmenü ?, INFO ÜBER AUTOCAD 14...

Ausführung: Befehl QUIT

Mit dem Befehl QUIT kann gewählt werden, ob die Zeichnung gesichert werden soll, danach wird AutoCAD beendet.

1. **Befehl QUIT auswählen**
   ◆ Abrollmenü DATEI, BEENDEN
   ◆ Tablettfeld Y25
   ◆ Tastenkombination Alt + F4

Wurde die Datei seit dem letzten Sichern geändert, erscheint das Dialogfenster zur Wahl, ob die aktuelle Zeichnung gesichert werden soll (→ Abbildung 1.25). Wurde die Zeichnung noch nie gesichert, muß der Dateiname wie beim Befehl SICHALS im Dialogfenster eingegeben werden.

1.12 Koordinatensysteme

Damit jeder Punkt in einer Zeichnung lokalisiert werden kann, liegt der Zeichnung ein kartesisches Koordinatensystem zugrunde.

- **Weltkoordinatensystem:**
  Es existiert ein festes Koordinatensystem, das nicht verändert werden kann, das sogenannte **Weltkoordinatensystem (WKS)**.

- **Benutzerkoordinatensysteme:**
  Zusätzlich kann der Benutzer beliebig viele Koordinatensysteme definieren, die frei im Raum liegen können. Diese sogenannten **Benutzerkoordinatensysteme (BKS)** erlauben es, die Konstruktionsebene beliebig festzulegen und schnell zu wechseln (→ Abbildung 1.30).

Anmerkungen

- Jeder Punkt in der Zeichnung wird durch seinen Abstand vom Koordinatenursprung in X-, Y- und Z-Richtung bestimmt.
- Wird eine 2-dimensionale Zeichnung erstellt, muß der Z-Anteil nicht angegeben werden. Er wird in diesem Fall auf die aktuelle Erhebung gesetzt (→ 2.10).
- Wird ein 3-dimensionales Objekt dargestellt, können Zeichnungspunkte mit drei Koordinatenanteilen eingegeben werden. Der Z-Anteil kann mit der Erhebung auf einen konstanten Wert festgelegt werden (→ 2.10).
- Die normale Darstellung auf dem Bildschirm entspricht der Draufsicht. Die positive Z-Achse kommt auf den Betrachter zu.

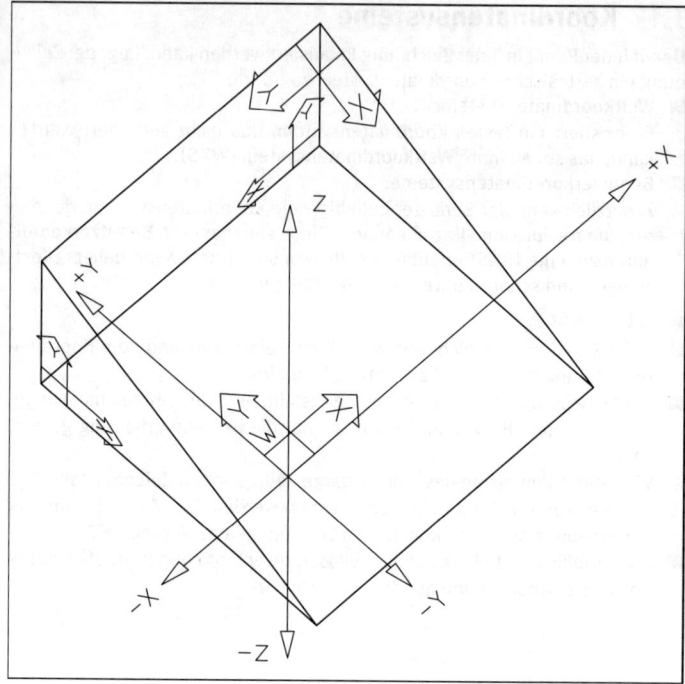

Abbildung 1.30: Welt- und Benutzerkoordinatensysteme

1.13 Koordinateneingabe

Koordinaten können auf verschiedene Arten eingegeben werden.

1.13.1 Koordinateneingabe über die Tastatur

Beim exakten maßstäblichen Zeichnen müssen die Koordinaten der Zeichnungspunkte als numerische Werte über die Tastatur eingegeben werden.

- Einheiten von Strecken und Winkeln können mit dem Befehl DDUNITS bzw. EINHEIT festgelegt werden (→ 2.7).
- Die Werte beziehen sich auf das momentan aktive Koordinatensystem. Sollen sie abweichend davon auf das Weltkoordinatensystem bezogen werden, ist den Koordinatenwerten das Zeichen »*« voranzustellen.
- Koordinatenangaben beziehen sich in der Regel auf den Nullpunkt des aktuellen Koordinatensystems. Sie können auch auf den zuletzt eingegebenen Punkt bezogen werden, sogenannte relative Koordinaten, durch vorangestelltes »@« gekennzeichnet.

Folgende Koordinatenformate sind möglich:

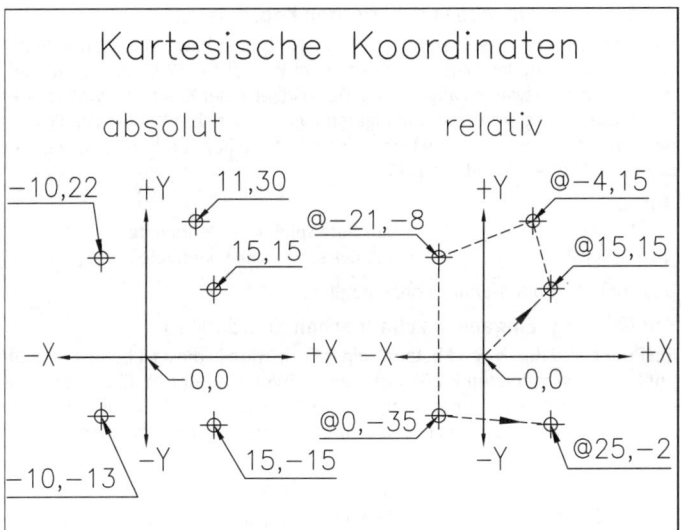

Abbildung 1.31: Absolute und relative kartesische Koordinaten

Ausführung: Eingabe in kartesischen Koordinaten

Ein Punkt wird durch seinen Abstand in X-, Y- und Z-Richtung vom Ursprung des aktuellen Koordinatensystems bzw. vom letzten Punkt angegeben (→ Abbildung 1.31).

Format

X,Y,Z bzw. X,Y	absolute Koordinate
@dx,dy,dz bzw. @dx,dy	relative Koordinate

Ausführung: Eingabe in Polarkoordinaten

Ein Punkt wird durch den Abstand und den Winkel vom Ursprung des aktuellen Koordinatensystems bzw. vom letzten Punkt angegeben. Der Winkel wird zur X-Achse entgegen dem Uhrzeigersinn gemessen (→ Abbildung 1.32).

Format

A<W	absolute polare Koordinate
@A<W	relative polare Koordinate

Das Format ist nur 2-dimensional möglich.

Ausführung: Eingabe in sphärischen Koordinaten

Ein Punkt wird durch seinen Abstand vom Nullpunkt bzw. vom letzten Punkt, seinem Winkel in der XY-Ebene und seinem Winkel zur XY-Ebene des aktuellen Koordinatensystems angegeben. Der Winkel in der XY-Ebene wird von der X-Achse aus entgegen dem Uhrzeigersinn gemessen. Der Winkel zur XY-Ebene ist positiv, wenn der Punkt über der XY-Ebene liegt und negativ, wenn er darunter liegt (→ Abbildung 1.33).

Format

A<W1<W2	absolute sphärische Koordinate
@A<W1<W2	relative sphärische Koordinate

Das Format ist nur 3-dimensional möglich.

Ausführung: Eingabe in zylindrischen Koordinaten

Ein Punkt wird durch den Abstand seiner Projektion in die XY-Ebene vom Nullpunkt bzw. vom letzten Punkt aus, seinem Winkel in der XY-Ebene und seinem Abstand in Z-Richtung angegeben (→ Abbildung 1.33). Der Winkel in der XY-Ebene wird von der X-Achse aus entgegen dem Uhrzeigersinn gemessen.

Format:

A<W,Z	absolute zylindrische Koordinate
@A<W,Z	relative zylindrische Koordinate

Das Format ist nur 3-dimensional möglich.

(Randbeschriftung: Koordinateneingabe)

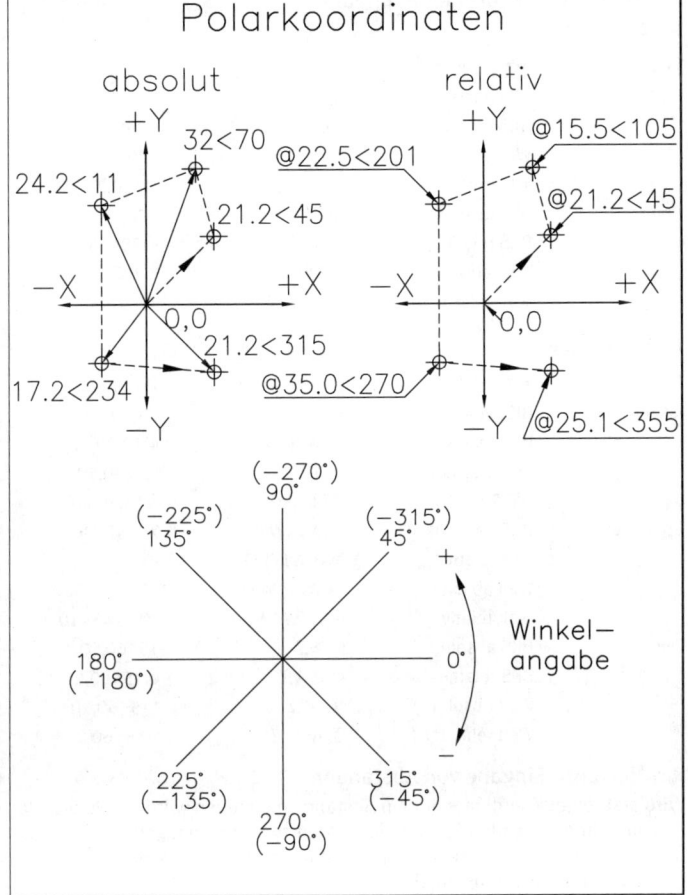

Abbildung 1.32: Absolute und relative Polarkoordinaten

Ausführung: Koordinatenformate

■ 2D-Formate:

Typ	Eingabeart	Format	Beispiel
Kartesisch	BKS absolut	X,Y	20,30
	BKS relativ	@dx,dy	@10,20
	Welt absolut	*X,Y	*20,30
	WELT relativ	@*dx,dy	@*10,20
Polar	BKS absolut	A<W	20<45
	BKS relativ	@A<W	@20<45
	Welt absolut	*A<W	*20<45
	Welt relativ	@*A<W	@*20<45

■ 3D-Formate:

Typ	Eingabeart	Format	Beispiel
Kartesisch	BKS absolut	X,Y,Z	20,30,10
	BKS relativ	@dx,dy,dz	@10,20,40
	Welt absolut	*X,Y,Z	*20,30,10
	WELT relativ	@*dx,dy,dz	@*8,20,40
Sphärisch	BKS absolut	A<W1<W2	20<45<30
	BKS relativ	@A<W1<W2	@8<45<30
	Welt absolut	*A<W1<W2	*20<45<30
	Welt relativ	@*A<W<W2	@*8<45<10
Zylindrisch	BKS absolut	A<W,Z	15<60,10
	BKS relativ	@A<W,Z	@15<60,10
	Welt absolut	*A<W,Z	*15<60,10
	Welt relativ	@*A<W,Z	@*5<60,8

Ausführung: Eingabe von Abständen

Wird statt einer Koordinate nur ein Abstand eingegeben, wird der Punkt relativ zum vorhergehenden Punkt gesetzt, und zwar im eingegebenen Abstand und in der Richtung des momentanen Standorts des Fadenkreuzes.

■ Beispiel für Abstandsangabe

```
Befehl: LINIE
Von Punkt: 0,0
Nach Punkt: 100
```

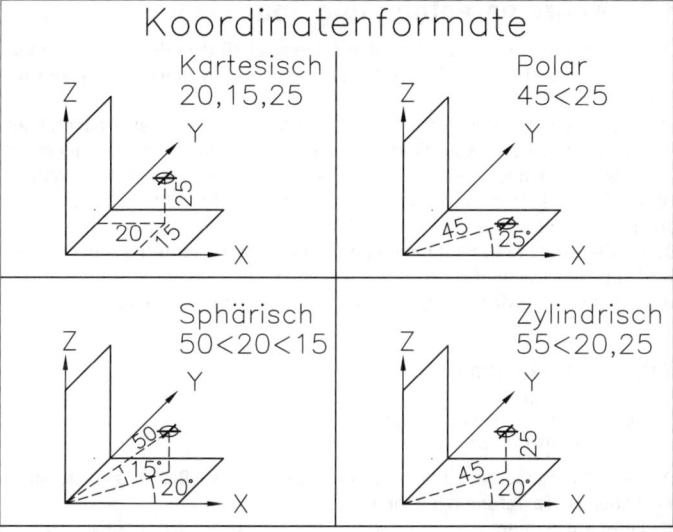

Abbildung 1.33: Koordinatenformate

Anmerkung

■ Die Eingabe von Abständen ist nur dann sinnvoll, wenn der Fang (➔ 2.2) eingestellt ist oder der Ortho-Modus (➔ 2.2) aktiv ist.

1.13.2 Koordinateneingabe mit dem Zeigegerät

Koordinaten können auch mit dem Zeigegerät eingegeben werden. Dazu muß das Fadenkreuz auf dem Bildschirm mit dem Zeigegerät auf die entsprechende Stelle positioniert werden und der Pick-Knopf gedrückt werden. Die Koordinaten des Punktes werden übernommen. Mit den Zeichenhilfen wie Fang (➔ 2.2) und der Koordinatenanzeige (➔ 2.1) sowie dem Objektfang (➔ 2.6) kann die Positionierung des Fadenkreuzes exakt auf den gewünschten Punkt gebracht werden.

1.14 Koordinatenfilter und Spur

Bei der Koordinateneingabe mit dem Zeigegerät können die Koordinatenanteile eines Punktes in mehreren Eingaben mit dem Objektfang (→ 2.6) bestimmt werden.

Man sucht bei der Bestimmung eines Punktes beispielsweise nach einem Punkt mit derselben X-Koordinate und wählt ihn mit dem Filter und einem Objektfang aus. Danach wird ein weiterer Punkt mit dem Objektfang ermittelt, zum Beispiel ein Punkt mit derselben Y-Koordinate. Koordinatenteile können auch eingetippt werden.

Diese Möglichkeit der Bestimmung eines Punktes in mehreren Durchgängen wird **Filterung** genannt.

Wenn gefiltert werden soll, gibt man auf eine Punktanfrage ein:

```
.X, .Y, .Z, .XY, .XZ, .YZ
```

Beispiel zur Filterung

```
Befehl: LINIE
Von Punkt: .XY von (Koordinateneingabe mit dem Zeigegerät)
von (benötigt Z): 5
```

Der erste Punkt wurde mit dem Zeigegerät in X- und Y-Richtung bestimmt, Z wird über die Tastatur eingegeben.

■ Filter auswählen
  ◆ Pop-Up-Menü des Objektfanges, **PUNKTFILTER ›**, Untermenü für die Filterfunktionen (→ Abbildung 1.34)
  ◆ Filter auf der Tastatur eingeben

Anmerkungen

■ In Abbildung 1.35, a wurde die X-Koordinate auf den Schnittpunkt (Punkt A) des Quadrats gesetzt. Die Y-Koordinate wurde im zweiten Durchgang festgelegt. Sie wurde auf den Schnittpunkt des Teils B gesetzt. Damit sitzt der Mittelpunkt des Kreises am Schnittpunkt der beiden Hilfslinien.

■ In Abbildung 1.35, b werden jeweils 2 Koordinaten gefiltert. Punkt 1 wird mit **.XZ** und Objektfang **MITTELPUNKT** gefangen. Der Y-Anteil wird mit dem Objektfang **SCHNITTPUNKT** ermittelt. Punkt 2 kann direkt mit dem Objektfang **MITTELPUNKT** gefangen werden. Bei Punkt 3 wird mit **.X** und Objektfang **MITTELPUNKT** und der YZ-Anteil nochmal mit dem Objektfang **MITTELPUNKT** gewählt.

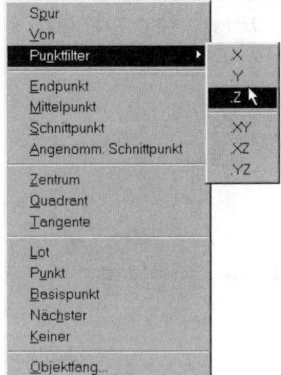

Abbildung 1.34: Auswahl von Koordinatenfiltern

Ausführung: Die Funktion SPUR

Einfacher wird das Filtern von Koordinaten mit der Spur-Funktion. Existiert in der Zeichnung ein Bezugspunkt für X und einer für Y, kann der gesuchte Punkt damit ermittelt werden.

1. **Spur-Funktion auswählen**
   - ◆ Pop-Up-Menü des Objektfangs, Funktion **SPUR**
   - ◆ Tablettfeld **T15**
   - ◆ Symbol in einem Flyoutmenü der **STANDARD-FUNKTIONSLEISTE**

Beispiel zur Spur-Funktion

```
Befehl: LINIE
Von Punkt: Spur
Erster Punkt für Spur
Nächster Punkt (EINGABETASTE drücken, um Spur zu beenden):
```

Anmerkungen

■ Nachdem die Spur-Funktion gewählt ist, wird ein Bezugspunkt für X und Y mit einer Objektfangfunktion gewählt und die Auswahl mit ⏎ beendet. Der resultierende Punkt ergibt sich aus dem Schnittpunkt der Hilfslinien, die durch diese beiden Punkte gehen. Der Ortho-Modus wird bei der Spur-Funktion automatisch eingeschaltet.

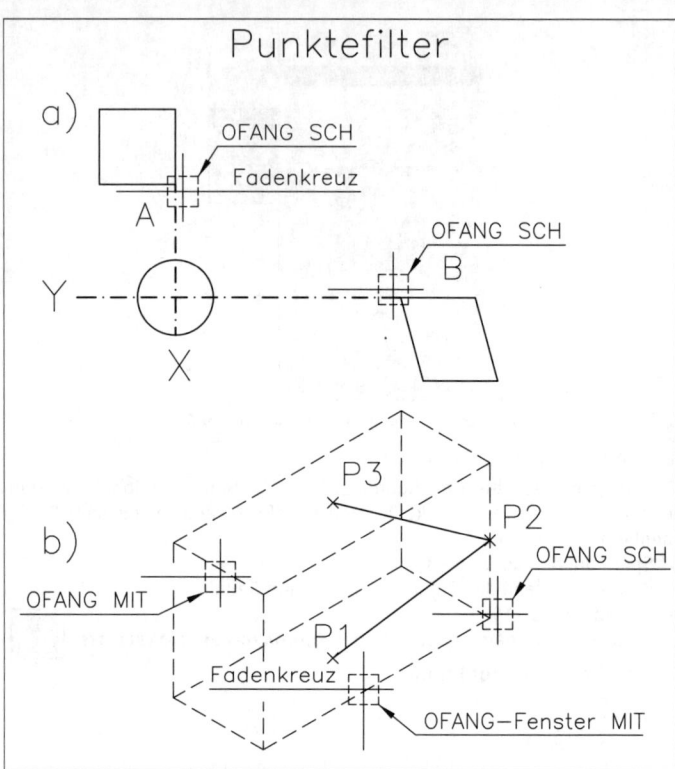

Abbildung 1.35: Koordinatenfilter

■ Es gibt zwei mögliche Punkte, je nachdem durch welchen Punkt eine vertikale und durch welchen eine horizontale Hilfslinie verläuft. In der Richtung, wie vom ersten Punkt weggefahren wird, liegt der Punkt.

■ Die zweite Anfrage wird wiederholt, und es kann ein weiterer Punkt eingegeben werden. Der Punkt ergibt sich dann aus dem zweiten und dritten Punkt.

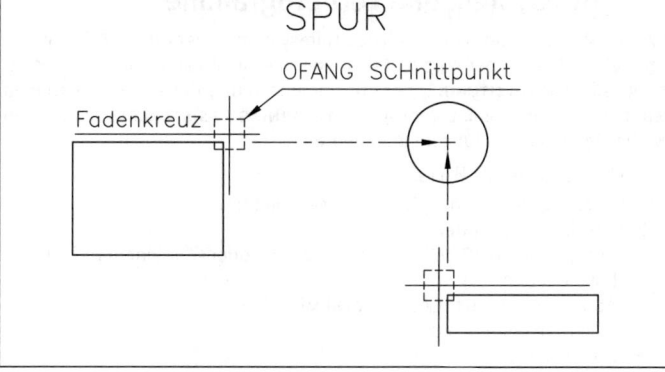

Abbildung 1.36: Beispiel zur Spur-Funktion

1.15 Hilfesystem und Lernprogramme

In AutoCAD 14 ist ein umfangreiches Hilfesystem integriert. Es besteht aus dem Befehl **HILFE**, einer Kurzübersicht über die wichtigsten Funktionen **KURZE PROGRAMMBEGLEITUNG...**, der Zusammenstellung der neuen Funktionen **NEU IN R14...** und einem Lernprogramm **LEARNING ASSISTANCE**. Dazu werden jeweils eigene Anwendungsfenster geöffnet.

Ausführung: Befehl HILFE

Erklärungen werden mit dem Befehl **HILFE** angefordert.

1. Befehl HILFE auswählen
- ◆ Auf der Tastatur ? bei der Befehlsanfrage oder '? in einem Befehlsdialog eingeben
- ◆ Abrollmenü **?, AUTOCAD HILFETHEMEN...**
- ◆ Funktionstaste ⊡ drücken
- ◆ Tablettfeld **Y7**
- ◆ Symbol in der **STANDARD-FUNKTIONSLEISTE**

Wird die Hilfe von der Befehlsanfrage gestartet, kommt das Dialogfenster mit drei Registerkarten auf den Bildschirm. Die Karte mit dem Hilfeindex ist normalerweise aktiv (➔ Abbildung 1.37).

Abbildung 1.37: Hilfeindex

Durch Eingabe eines Begriffs im oberen Feld, werden in der Liste darunter die Themen zu diesem Begriff aufgelistet. Wird ein Thema markiert, kann die Hilfe dazu mit der Schaltfläche **ANZEIGEN** in einem weiteren Fenster auf den Bildschirm gebracht werden (→ Abbildung 1.38).

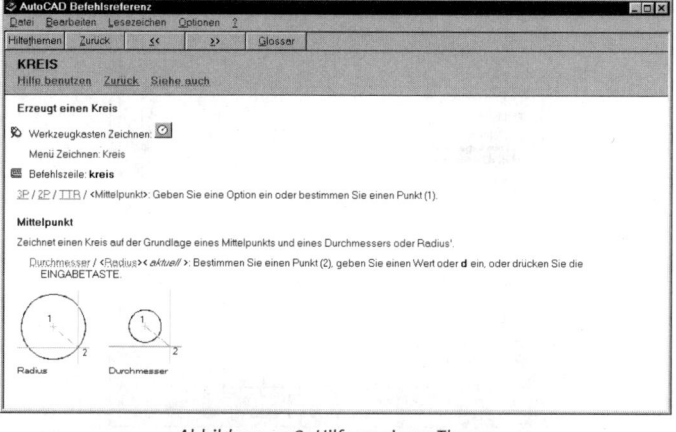

Abbildung 1.38: Hilfe zu einem Thema

Mit der Registerkarte **Suchen** kann man nach einem beliebigen Stichwort innerhalb des Hilfetextes suchen. Mit der Registerkarte **Inhalt** kommt man zum Inhaltsverzeichnis des Hilfetextes (→ Abbildung 1.39).

Wie bei einem Buch erhält man ein Inhaltsverzeichnis, dessen Kapitel aufgeblättert werden können. Klickt man einen Abschnitt an, erscheint wieder die Hilfe im Fenster (→ Abbildung 1.38).

Anmerkungen

- Die Hilfe-Funktion läuft in einem eigenen Windows-Anwendungsfenster ab.
- Wird die Hilfe-Funktion in einem Befehlsdialog aktiviert, erscheinen direkt Erläuterungen zu diesem Befehl (→ Abbildung 1.38).
- Das Hilfe-Fenster kann transparent aufgerufen werden, das heißt, nach Beenden des Fensters wird der vorherige Befehl weitergeführt.

■ Grün hervorgehobene Einträge sind Querverweise. Fährt man mit der Maus darauf, erscheint ein Handcursor. Klickt man den Begriff an, erscheint die Erläuterung dazu in einem eigenen Fenster.

Abbildung 1.39: Hilfeinhalt

Ausführung: Abrollmenü ?

Aus dem Abrollmenü ? lassen sich außer dem Befehl **HILFE** auch spezielle Programme aktivieren:

1. **KURZE PROGRAMMBEGLEITUNG...**
   Automatische Präsentation mit allen wichtigen Funktionen von AutoCAD 14 (➜ Abbildung 1.40).

2. **NEU IN R14...**
   Präsentation aller Neuerungen von AutoCAD 14.

3. **LEARNING ASSISTANCE**
   Lernprogramm in englischer Sprache, das separat installiert werden muß und von CD-ROM abgearbeitet wird.

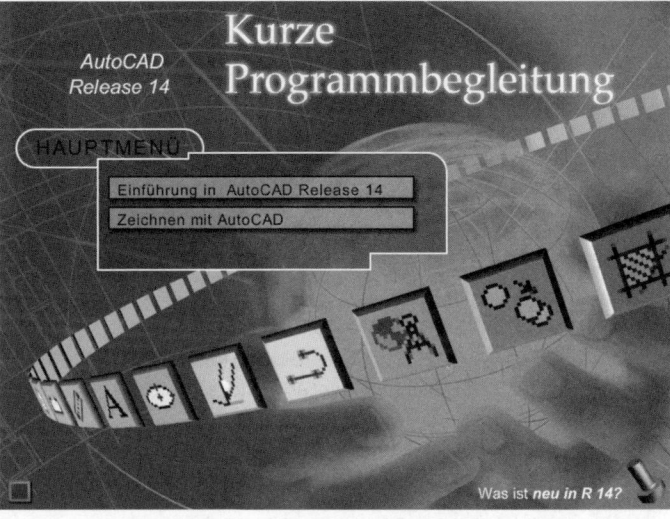

Abbildung 1.40: Kurze Programmbegleitung

2 Zeichenhilfen

2.1 Statuszeile

Am unteren Bildschirmrand befindet sich die Statuszeile (→ Abbildung 2.1).
Dort werden folgende Informationen angezeigt:

`150.0000,90.0000 ,0.0000`   `FANG RASTER ORTHO OFANG MODELL TILEMODE`

Abbildung 2.1: AutoCAD Statuszeile

■ **Koordinatenanzeige:**
Links in der Statuszeile werden mitlaufende Koordinaten angezeigt
(→ 2.5). Sie geben die aktuelle Fadenkreuz-Position an (X,Y,Z). Das Format
der Anzeige kann mit dem Befehl **DDUNITS** bzw. **EINHEIT** beeinflußt werden
(→ 2.7). Ein Doppelklick auf das Anzeigefeld schaltet die Anzeige aus und
wieder ein. Ist sie aus, wird sie trotzdem bei jeder Punkteingabe aktualisiert. Innerhalb von Zeichen- oder Editierbefehlen hat die Koordinatenanzeige drei Zustände: Ein mit relativer polarer Anzeige, ein mit absoluter
Anzeige und aus. Auch diese Umschaltung erfolgt per Doppelklick auf
dem Anzeigefeld oder mit der Taste $\boxed{\text{F6}}$. Außerdem kann die Koordinaten-
anzeige auch im Abrollmenü **OPTIONEN, KOORDINATEN-ANZEIGE** umgeschaltet werden.

■ **Statusfelder, mit Doppelklick umschaltbar:**
  ◆ **FANG:** Fang ein/aus (→ 2.2 und 2.5)
  ◆ **RASTER:** Raster ein/aus (→ 2.2 und 2.5)
  ◆ **ORTHO:** Ortho-Modus ein/aus (→ 2.2 und 2.5)
  ◆ **OFANG:** Dialogfenster Objektfang, Befehl **OFANG** (→ 2.6)
  ◆ **MODELL:** Umschaltung zwischen Modell- und Papierbereich (→ 6.7)
  ◆ **TILEMODE:** Umschaltung zwischen **TILEMODE** 0 und 1 (→ 6.7)

■ Wird mit dem Mauszeiger auf einen Menüeintrag oder ein Symbol gezeigt,
wird in der Statuszeile ein Hilfetext angezeigt (→ Abbildung 2.2).

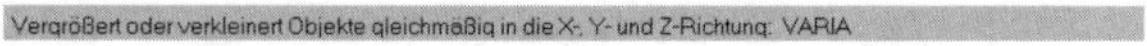

`Vergrößert oder verkleinert Objekte gleichmäßig in die X-, Y- und Z-Richtung: VARIA`

Abbildung 2.2: Hilfetext in der Statuszeile

2.2 Raster, Fang und Ortho-Modus

Verschiedene Zeichenhilfen erleichtern die Punkteingabe und das orthogonale Zeichnen.

Ausführung: Befehl RASTER

Zur leichteren Plazierung von Punkten kann hinter die Zeichnung ein Punkte-Raster gelegt werden. Mit dem Befehl **RASTER** wird der Punkteabstand des Rasters gewählt und das Raster aus- und eingeschaltet.

1. Befehl RASTER auswählen
   - ◆ Auf der Tastaur eingeben
   - ◆ Funktionstaste [F7] (nur Raster ein- und ausschalten)
   - ◆ Doppelklick auf das Feld **RASTER** in der Statuszeile (nur Raster ein- und ausschalten)

2. Befehlsanfrage:
   ```
   Befehl: RASTER
   Rasterwert(X) oder Ein/AUs/Fang/ASpekt <aktueller Wert>:
   ```

   Optionen:
   WERTEINGABE: Wird ein numerischer Wert eingegeben, wird der Abstand auf diesen Wert gesetzt. Wird dem Wert ein X angehängt, ist der Abstand gleich dem Fangwert mal dem eingegebenen Wert.
   E (EIN): Schaltet das **RASTER** mit dem gesetzten Abstand ein.
   AU (AUS): Schaltet das Raster aus.
   AS (ASPEKT): Mit dieser Option können unterschiedliche Punkteabstände für die beiden Achsen festgelegt werden.
   ```
   Horizontaler Wert (X):
   Vertikaler Wert (X):
   ```

Anmerkungen

- ■ Das Raster ist auf der XY-Ebene des aktuellen BKS ausgerichtet.
- ■ Das Raster ist nur eine optische Hilfe, es kann nicht mit der Zeichnung ausgegeben werden.
- ■ Das Raster kann in jedem Ansichtsfenster andere Werte haben.
- ■ Ist das Raster zu dicht gewählt, erscheint eine Fehlermeldung, ein größerer Rasterabstand muß gewählt werden.
- ■ Wird dem Rasterwert ein X angehängt, wird der eingegebene Wert als Multiplikationsfaktor verwendet. Der Fangwert (→ unten) wird damit multipliziert und ergibt den Rasterwert.

Ausführung: Befehl FANG

Die Koordinateneingabe mit dem Zeigegerät kann vereinfacht werden, wenn ein unsichtbares Fangraster über die Zeichnung gelegt wird. Das Fadenkreuz springt auf die Fangpunkte. Mit dem Befehl FANG wird der Fangmodus eingestellt und aus- und eingeschaltet.

1. **Befehl FANG auswählen**
   - Auf der Tastatur eingeben
   - Funktionstaste F9 drücken (nur Fang ein- und ausschalten)
   - Doppelklick auf das Feld FANG in der Statuszeile (nur Fang ein- und ausschalten)

2. **Befehlsanfrage:**
   Befehl: FANG
   Fangwert oder Ein/AUs/ASpekt/Drehen/Stil <aktueller Wert>:

Optionen:

WERTEINGABE: Bei Eingabe eines numerischen Wertes wird das Fangraster aktiviert und der Punkteabstand auf diesen Wert gesetzt.

E (EIN): Schaltet den Fangwert ein.

AU (AUS): Schaltet den Fangwert aus.

AS(ASPEKT): Festlegung unterschiedlicher Werte in X und Y.
Horizontaler Wert:
Vertikaler Wert:

D (DREHEN): Drehen des Fangrasters um einen festzulegenden Punkt und um einen wählbaren Winkel.

S (STIL): Das Fangraster kann für isometrische Darstellungen ausgerichtet werden. Das Fadenkreuz und damit das Fangraster wird gedreht. Durch Wahl der isometrischen Zeichenebene (→ 2.3) wird zwischen den einzelnen isometrischen Ebenen umgeschaltet. Mit der Option STIL kann gewählt werden, ob im Standard- oder im isometrischen Modus gezeichnet werden soll. Beim isometrischen Stil wird der Wert für den vertikalen Fang abstand erfragt.

Anmerkungen

- Das Fadenkreuz zur Punkteingabe kann mit dem Zeigegerät nur noch auf die Rasterpunkte plaziert werden.
- Der Fangmodus kann in jedem Ansichtsfenster unterschiedlich gesetzt werden.
- Das Fangraster kann, muß aber nicht, mit dem optischen Raster übereinstimmen.

Ausführung: Befehl ORTHO

Mit dem Ortho-Modus ist es möglich, nur horizontal oder vertikal zu zeichnen. Mit dem Fadenkreuz wird nur der Abstand zum letzten Punkt eingegeben. Ist der horizontale Abstand vom letzten Punkt zum Fadenkreuz größer als der vertikale, wird horizontal weitergezeichnet und umgekehrt. Mit dem Befehl ORTHO wird der Ortho-Modus aus- und eingeschaltet.

1. **Befehl ORTHO auswählen**
   - ◆ Funktionstaste [F8] drücken
   - ◆ Doppelklick auf das Feld **ORTHO** in der Statuszeile
2. **Befehlsanfrage:**
   ```
   Befehl: ORTHO
   Ein/Aus <aktueller Zustand>:
   ```

   Optionen:
   E (EIN): Schaltet den Ortho-Modus ein.
   A (AUS): Schaltet den Ortho-Modus aus.

2.3 Wahl der isometrischen Zeichenebene

Mit dem Befehl FANG (➔ 2.2) kann ein isometrischer Zeichenstil gewählt werden. Das Fangraster wird dabei so gedreht, daß isometrisches Zeichnen in den verschiedenen Ebenen sehr einfach möglich ist. Beim Zeichnen kann die aktuelle isometrische Zeichenebene umgestellt werden.

Ausführung: Befehl ISOEBENE

Mit dem Befehl **ISOEBENE** wird die isometrische Ebene gewählt.

1. **Befehl ISOEBENE auswählen**
   - ◆ Auf der Tastatur eingeben
   - ◆ Funktionstaste [F5] (umschalten auf nächste Ebene)
2. **Befehlsanfrage:**
   ```
   Befehl: ISOEBENE
   Links/Oben/Rechts/<Schalter>:
   ```

Optionen:

L (LINKS): Schaltet auf die linke Ebene um.

R (RECHTS): Schaltet auf die rechte Ebene um.

O (OBEN): Schaltet auf die obere Ebene um.

⏎ : Schaltet auf die nächste isometrische Ebene.

Anmerkungen

- ■ Das Fadenkreuz ist entsprechend der Isometrie ausgerichtet.
- ■ Es wird aber trotzdem eine 2D-Zeichnung erzeugt.
- ■ Die Koordinaten entsprechen der X- und Y-Richtung des Koordinatensystems.

2.4 Tablettmodus

Wird ein Grafik-Tablett verwendet, kann das Tablett in verschiedene Menübereiche und einen Bildschirmzeigebereich aufgeteilt werden oder auf die Koordinaten einer Papierzeichnung kalibriert werden.

Ausführung: Befehl TABLETT

Mit dem Befehl TABLETT kann der Tablettmodus gesteuert werden.

1. **Befehl TABLETT auswählen**
   - ◆ Abrollmenü WERKZEUGE, TABLETT >, Untermenü für Optionen
   - ◆ Tablettfeld X7
   - ◆ Funktionstaste F4 drücken (Ein- und Ausschalten des Tablettmodus)

2. **Befehlsanfrage:**
   ```
   Befehl: TABLETT
   Option (Ein/Aus/KA1/KFg):
   ```

   Optionen:
   E (EIN): Schaltet den Tablettmodus ein (Digitalisierung einer Papierzeichnung). Vorher muß mit der Option KFG konfiguriert worden sein.
   A (AUS): Schaltet den Tablettmodus aus.
   KA (KAL): Kalibrierung des Tabletts auf die Papierzeichnung. In einem Dialog werden zwei, drei oder mehr Punkte der Papierzeichnung und deren Koordinaten erfragt. Die Option schaltet den Tablettmodus ein.
   KFG (KFG): Einrichtung bestimmter Bereiche für Tablettmenüs und Zeigebereich im Dialog. Nach der Konfiguration muß diese Funktion zur Anpassung des Tablettmenüs durchgeführt werden.

Anmerkungen

- Normalerweise kann das Fadenkreuz im Bildschirmzeigebereich des Tabletts über den ganzen Bildschirm bewegt werden.
- Ist dagegen der Tablettmodus aktiv, wird das Fadenkreuz nur noch innerhalb der bei der Kalibrierung festgelegten Koordinaten bewegt. Dadurch kommt es vor, daß bei einem ungünstigen Bildschirmausschnitt das Fadenkreuz gar nicht erscheint.
- Es ist aber möglich, eine Papierzeichnung zu übertragen.
- Dafür steht jedoch nur der Bildschirmzeigebereich des Tabletts zur Verfügung.
- Bei größeren Zeichnungen muß eventuell mehrfach neu kalibriert werden oder umkonfiguriert werden (kein Menübereich und ganze Fläche für den Bildschirmzeigebereich → 10.3).

- Wird nur mit zwei Punkten kalibriert, lassen sich Verzerrungen der Zeichnung nicht ausgleichen.
- Bei einer Kalibrierung mit drei Punkten lassen sich unterschiedliche Verzerrungen in horizontaler und vertikaler Richtung, Drehungen und Verschiebungen zum Teil ausgleichen.
- Werden noch mehr Punkte für die Kalibrierung verwendet, lassen sich unterschiedliche Verzerrungen in Teilbereichen der Zeichnung ausgleichen.
- Ist nur eine Maus angeschlossen, kann der Befehl nicht verwendet werden.

2.5 Funktionstasten und Dialogfenster, Zeichnungshilfen

Die meisten der in den Kapiteln 2.1 bis 2.4 beschriebenen Befehle und Funktionen lassen sich mit Funktionstasten oder mit einem Dialogfenster steuern und einstellen.

Funktionstasten

Folgende Funktionstasten und Tastenkombinationen können benutzt werden (auch während eines Befehlsdialogs):

`↵`	Aufruf der Hilfe-Funktion.
`F2`	Einblendung des Textfensters.
`F3`	Schaltet den Objektfang ein und aus
`F4`	Schaltet den Tablettmodus ein und aus.
`F5`	Umschaltung der Isoebene.
`F6`	Einmaliges Betätigen schaltet die mitlaufende Koordinatenanzeige in der Statuszeile (→ 2.1) ein, nochmaliges Drücken schaltet auf polare Anzeige um und erneutes Drücken schaltet die mitlaufende Anzeige wieder aus. Koordinaten werden dann nur bei einer Punkteingabe angezeigt.
`F7`	Schaltet das Raster ein und aus.
`F8`	Schaltet den Ortho-Modus ein und aus.
`F9`	Schaltet den Fang ein und aus.
`F10`	Schaltet die Statuszeile ein und aus.
`Strg`+`A`	Schaltet die Gruppenwahl ein und aus (→ 7.4).
`Strg`+`B`	Schaltet den Fang ein und aus, wie `F9`.
`Strg`+`C`	Befehl **COPYCLIP** (→ 9.5).
`Strg`+`D`	Umschaltung der Koordinatenanzeige, wie `F6`.
`Strg`+`E`	Umschaltung der Isoebene, wie `F5`.
`Strg`+`F`	Schaltet den Objektfang ein und aus, wie `F3`.
`Strg`+`G`	Schaltet das Raster ein und aus, wie `F7`.
`Strg`+`J`	Startet den zuletzt ausgeführten Befehl erneut.
`Strg`+`K`	Schaltet die Objektanwahl um.
`Strg`+`L`	Schaltet den Ortho-Modus ein und aus, wie `F8`.
`Strg`+`M`	Startet den zuletzt ausgeführten Befehl erneut.

Strg + N	Befehl **NEU**	
Strg + O	Befehl **ÖFFNEN**	
Strg + P	Befehl **PLOT**	
Strg + S	Befehl **KSICH**	
Strg + T	Schaltet den Tablettmodus ein und aus.	
Strg + V	Befehl **CLIPEINFÜG** (→ 9.5)	
Strg + X	Befehl **AUSSCHNEIDEN** (→ 9.5)	
Strg + Y	Befehl **ZLÖSCH**	
Strg + Z	Befehl **Z**	
Esc	Befehlsabbruch	
Entf	Löschen von Objekten mit Griffen.	
↵	Startet den zuletzt ausgeführten Befehl erneut.	

Ausführung: Befehl DDRMODI

Mit dem Befehl **DDRMODI** wird ein Dialogfenster auf den Bildschirm gebracht, mit dem die Zeichnungshilfen eingestellt werden können.

1. Befehl **DDRMODI** auswählen
   - ◆ Abrollmenü **WERKZEUGE, ZEICHNUNGSHILFEN...**
   - ◆ Tablettfeld **W10**

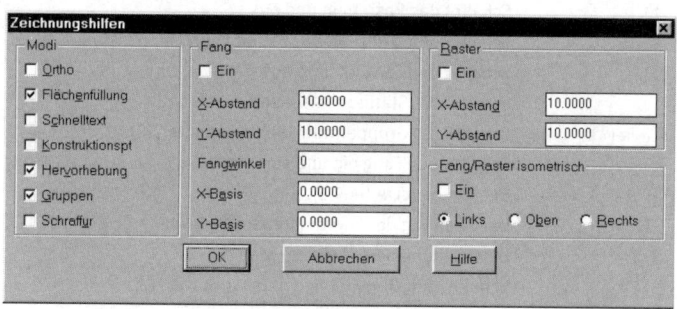

Abbildung 2.3: Dialogfenster zur Einstellung der Zeichnungshilfen

■ **Modi:**

Ortho: Schaltfeld für den Ortho-Modus (→ 2.2).

Flächenfüllung: Schaltfeld für den Füllmodus bei Polylinien und Solids (→ 3.5 und 3.6), Umschaltung zwischen gefüllter und nicht gefüllter Darstellung.

Schnelltext: Schaltfeld für die Schnelltextanzeige auf dem Bildschirm (→ 6.8). Texte werden nur mit ihrem Begrenzungsrahmen angezeigt.

Konstruktionspt.: Jede Punkteingabe setzt einen Konstruktionspunkt auf den Bildschirm. Mit diesem Schalter kann die Anzeige der Konstruktionspunkte unterdrückt werden.

Hervorhebung: Bei der Objektwahl (→ 4.1) werden gewählte Objekte hervorgehoben dargestellt. Mit diesem Schalter kann das unterdrückt werden.

Gruppen: Schaltet die Gruppenwahl ein und aus (→ 7.4).

Schraffur: Ist der Schalter ein, werden bei Anwahl einer Assoziativschraffur die Grenzobjekte immer mit gewählt.

■ **Fang:**
Einstellung der Fangwerte (→ 2.2).

■ **Raster:**
Einstellung der Rasterwerte (→ 2.2).

2.6 Der Objektfang

Der Objektfang ist das wichtigste Hilfsmittel für die Konstruktion. Er kann bei jeder Punkteingabe benutzt werden. Neue Punkte können so auf geometrisch definierte Stellen bereits gezeichneter Objekte gesetzt werden, zum Beispiel:

■ Linie am Endpunkt eines Bogens ansetzen.

■ Mittelpunkte zweier Kreise mit einer Linie verbinden.

■ Tangente von einem Punkt an einen Kreis zeichnen usw.

Ausführung: Objektfang für eine Punkteingabe aktivieren

Bei jeder Punkteingabe kann der Objektfang aktiviert werden und ein Modus ausgewählt werden. Die Wahl gilt für eine Eingabe. Bei der nächsten muß der Vorgang, falls gewünscht, wiederholt werden, wenn der Objektfang nicht fest eingestellt ist (→ unten, Befehl **Ofang**).

1. **Objektfang aktivieren**

   ◆ Name des Objektfangs (auch Kurzzeichen z.B.: SCH für Schnittpunkt) vor der Punkteingabe über Tastatur eingeben.

   ◆ Aus dem Pop-Up-Menü (→ Abbildung 2.3) vor der Punkteingabe Fangfunktion wählen. Das Pop-Up-Menü wird durch den dritten Knopf auf dem Zeigegerät aktiviert. Bei einer Zwei-Tasten-Maus kann das Pop-Up-Menü mit der ⓪- oder ⌜Strg⌟-Taste und der rechten Maustaste aktiviert werden.

   ◆ Vom Tablettbereich **T16-22** und **U16-21** vor der Punkteingabe.

   ◆ Symbole in einem Flyoutmenü der **STANDARD-FUNKTIONSLEISTE** oder im Werkzeugkasten **OBJEKTFANG**.

■ **Beispiel für Befehlsanfrage:**
```
Befehl: LINIE
Von Punkt: SCH (über eine der oben beschriebenen Arten)
_int von:
```

Anmerkungen

■ Sobald ein Objektfang gewählt wurde und man kommt in die Nähe eines gesuchten Punktes, wird an dem Punkt das Symbol für den entsprechenden Objektfang angezeigt. Wird dann die Pick-Taste gedrückt, wird der Punkt gewählt, auch dann, wenn sich das Fadenkreuz nicht direkt auf dem Punkt befindet.

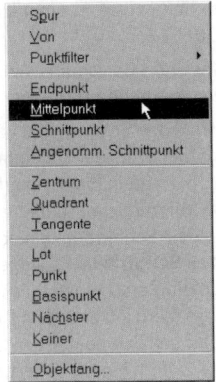

Abbildung 2.4: Pop-Up-Menü zur Wahl des Objektfangs

■ Befinden sich auf dem Objekt mehrere Punkte, auf die diese Bedingung zutrifft (zum Beispiel die beiden Endpunkte einer Linie), oder sind in unmittelbarer Nähe des Fadenkreuzes mehrere Objekte mit den gesuchten Punkten, lassen sich mit der ⌷-Taste die Punkte durchblättern. Das Symbol für den entsprechenden Objektfang wird nacheinander an jedem Punkt angezeigt.

■ Wird ein Symbol für einen Objektfang angezeigt und man hält das Fadenkreuz für ca. 1 sec. still, wird am Fadenkreuz eine Erklärung, der sogenannte Tip, für den gefundenen Punkt angezeigt (➜ Abbildung 2.5).

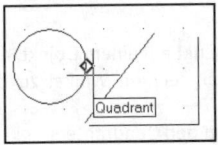

Abbildung 2.5: Gefundener Fangpunkt mit Tip

Ausführung: Die verschiedenen Objektfangmodi

■ **ZEN (ZENtrum):** Fängt das Zentrum eines Kreises oder Kreisbogens, ein Teil der Kreisperipherie muß sich in der Nähe des Fadenkreuzes befinden (➜ Abbildung 2.6, a).

■ **END (END**PUNKT**):** Fängt den Endpunkt einer Linie oder eines Bogens (→ Abbildung 2.6, b).

■ **BAS (BAS**ISPUNKT**):** Fängt den Basispunkt eines Symbols, eines Textes oder eines Blocks (→ Abbildung 2.6, c).

■ **SCH (SCH**NITTPUNKT**):** Fängt den Schnittpunkt von Objekten (→ Abbildung 2.6, d). Anders arbeitet dieser Objektfang, wenn sich die Objekte nicht scheiden aber aufeinander zulaufen. Dann wird bei dieser Methode der konstruierte Schnittpunkt gefangen. Ist bei der ersten Wahl nur ein Objekt aber kein Schnittpunkt in der Nähe des Fadenkreuzes, wird auf den **ERWEITERTEN SCHNITTPUNKT** umgeschaltet. Das Symbol und der Tip für diese Fangfunktion erscheinen. Klickt man das Objekt an, wird ein weiterer Punkt verlangt. Wird jetzt mit dem Fadenkreuz auf ein weiteres Objekt gefahren, erscheint das Symbol für den Schnittpunkt am virtuellen Schnittpunkt der Objekte, sofern einer existiert. Klickt man das zweite Objekt an, wird dieser Punkt gefangen (→ Abbildung 2.7, a).

■ **ANGENOMMENER SCHNITTPUNKT:** Fängt den in der momentanen Ansicht sichtbaren Schnittpunkt zweier Objekte, die beliebig im Raum übereinander liegen. Nachdem beide Objekte gewählt wurden, wird der Punkt auf dem ersten Objekt gefangen. Bei Objekten in einer Ebene arbeitet die Fangfunktion wie die Funktion **SCHNITTPUNKT**.

■ **MIT (MIT**TELPUNKT**):** Fängt den Mittelpunkt einer Linie oder eines Bogens (→ Abbildung 2.6, e).

■ **NÄC (NÄC**HSTER**):** Fängt den Punkt auf einem Objekt, der dem Fadenkreuz am nächsten ist (→ Abbildung 2.6, f).

■ **PUN (PUN**KT**):** Fängt einen Punkt in der Nähe des Fadenkreuzes (→ Abbildung 2.6, g).

■ **LOT (LOT):** Fängt den Punkt auf einem Objekt, der vom zuletzt eingegebenen Punkt einen rechten Winkel zu dem Objekt bildet (→ Abbildung 2.6, h).

■ **QUA (QUA**DRANT**):** Fängt den Quadrantenpunkt eines Kreises oder Bogens (→ Abbildung 2.6, i).

■ **QUI (QUI**CK**):** Schnellfangmodus, der nur zusammen mit einem anderen Fangmodus verwendet werden kann. Bei großen Zeichnungen verkürzt sich die Bearbeitungszeit. Es wird nicht mehr die ganze Zeichnung nach Fangpunkten durchsucht.

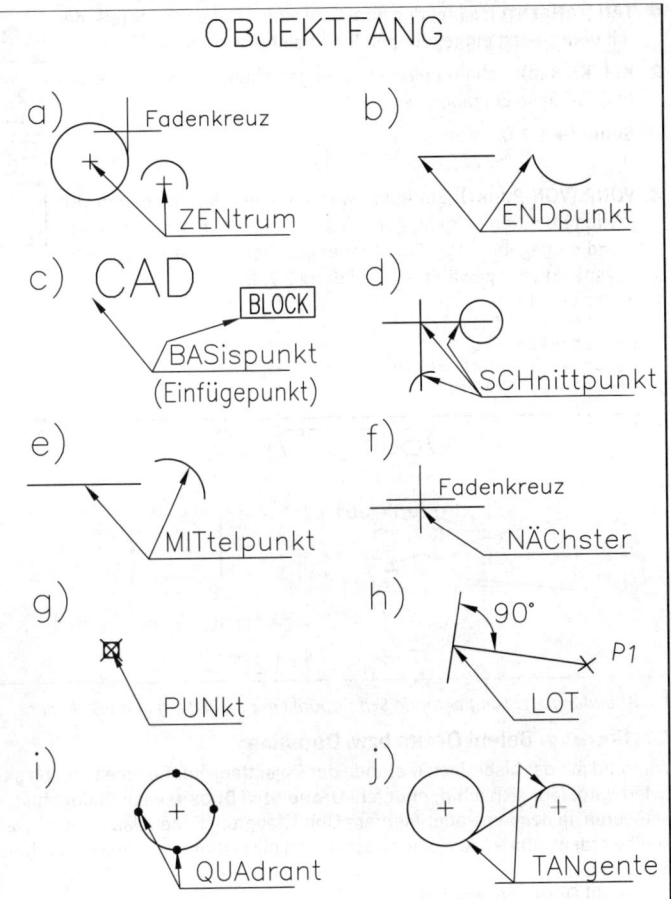

Abbildung 2.6: Objektfangfunktionen

■ **TAN (TANGENTE):** Fängt den Punkt auf einem Bogen oder Kreis, der mit dem zuletzt eingegebenen Punkt eine Tangente bildet.

■ **KEI (KEINER):** Schaltet einen fest eingestellten Objektfang (→ unten) für diese Eingabe aus.

■ **SPUR:** (→ 1.14).

■ **VONP (VON PUNKT):** Ein Punkt wird mit einer der bisherigen Objektfangfunktionen gefangen. Zusätzlich wird ein relativer Abstand eingegeben. Der Punkt im angegebenen Abstand vom Bezugspunkt wird gewählt (→ Abbildung 2.7, b).

```
Befehl: LINIE
Von Punkt: _from
Basispunkt: END
_endp von: Punkt wählen
<Abstand>: @12,8
```

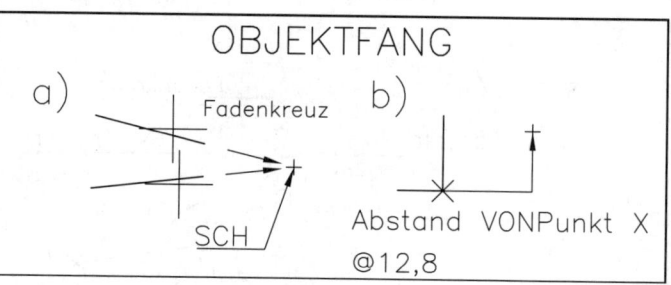

Abbildung 2.7: Fangmethode Schnittpunkt mit 2 Objekten und VONPunkt

Ausführung: Befehl OFANG bzw. DDOSNAP

Während mit der bisherigen Methode der Objektfang nur für eine Eingabe aktiviert wird, läßt sich mit dem Befehl OFANG bzw. DDOSNAP ein Dialogfenster aktivieren, in dem eine oder mehrere Objektfangfunktionen dauerhaft eingestellt werden können. Außerdem lassen sich die Optionen für den Objektfang festlegen.

1. Befehl OFANG auswählen
   ◆ Abrollmenü WERKZEUGE, OBJEKTFANG...
   ◆ Doppelklick auf das Feld OFANG in der Statuszeile (nur wenn noch kein fester Objektfang eingestellt ist. Ist schon einer eingestellt, schaltet man ihn damit ein und aus)

◆ Symbol in einem Flyoutmenü der **STANDARD-FUNKTIONSLEISTE**
◆ Tablettfeld **U22**

Registerkarte *Objektfang*
◆ Im oberen Teil der Registerkarte (→ Abbildung 2.8) kann der feste Objektfang an den Schaltfeldern gewählt werden. Es lassen sich auch mehrere Fangfunktionen gleichzeitig einschalten. Beim Klicken eines Punktes gilt immer das angezeigte Symbol am Fangpunkt.
◆ Die Symbole vor den Schaltfeldern entsprechen denen, die in der Zeichnung angezeigt werden.
◆ Die Schaltfläche **ALLE LÖSCHEN** löscht alle festen Einstellungen.
◆ Mit dem Schieberegler *Größe der Pickbox* wird die Größe des Fangfensters eingestellt (wenn im AutoCAD-13-Modus gearbeitet wird). Ansonsten wird damit eingestellt, wie nahe an ein Objekt herangefahren werden muß, um die Fangpunkte zu aktivieren.

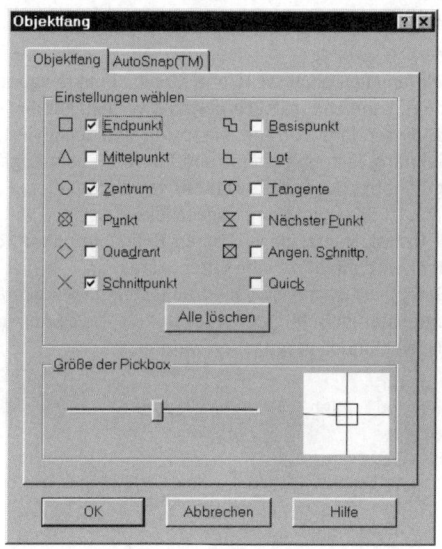

Abbildung 2.8: Dialogfenster Objektfang, Registerkarte Objektfang

Registerkarte *AutoSnap (TM)*:

◆ In der zweiten Registerkarte (→ Abbildung 2.9) können die Einstellungen für den AutoSnap (dynamischer Objektfang) vorgenommen werden. Wenn der Schalter *Markierung* eingeschaltet ist, werden die Symbole an den Geometriepunkten angezeigt, und Sie können sie mit der ⌨-Taste durchblättern. Nur so ist der *AutoSnap* sinnvoll.

◆ Der Schalter *Pickbox anzeigen* schaltet das Fangfenster zu. AutoCAD 12 und 13 Umsteiger bekommen so den AutoSnap mit dem gewohnten Aussehen ihrer bisherigen AutoCAD-Version.

◆ Der Schalter *Magnet* bewirkt, daß die Symbole auch dann angezeigt werden, wenn sich das Fadenkreuz nur in der Nähe befindet.

◆ Der Schalter *Tip* schaltet die Tips zu den Fangpunkten aus und ein.

◆ Mit dem Schieberegler *Markierungsgröße* wird die Größe der Symbole an den Fangpunkten verändert.

◆ Im Abrollmenü *Markierungsfarbe* kann die Farbe der Symbole gewählt werden.

Anmerkungen

■ Ist ein Objektfang fest eingestellt, und für eine Punkteingabe wird ein anderer benötigt, kann er zusätzlich gewählt werden. Für diese eine Punkteingabe hat dieser dann Vorrang, die festen sind deaktiviert.

■ Ist ein Objektfang fest eingestellt, und für eine Punkteingabe wird kein Objektfang benötigt, kann **KEI (KEIner)** gewählt werden. Für diese eine Punkteingabe ist der Objektfang abgeschaltet.

■ Der Befehl **OFANG** ersetzt den früheren Befehl **DDOSNAP**, der aber aus Gründen der Kompatibilität beibehalten wurde.

■ Wird der Befehl **OFANG** mit einem vorangestellten »-« gestartet, läuft er ohne Dialogfenster im Befehlszeilenfenster ab. Die Optionen und Einstellungen müssen manuell vorgegeben werden.

```
Befehl: -OFANG
Objektfang-Modi: Sch für Schnittpunkt
```

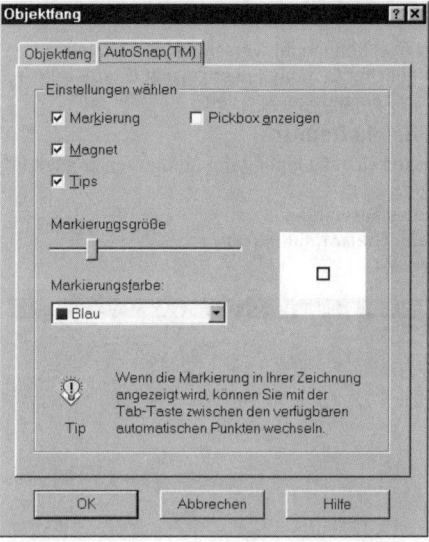

Abbildung 2.9: Dialogfenster Objektfang, Registerkarte AutoSnap

2.7 Formate und Einheiten

Strecken und Winkel können mit verschiedenen Einheiten und Formaten sowie in unterschiedlicher Genauigkeit angezeigt (Statuszeile → 2.1) und in die Bemaßungen (→ 5) eingetragen werden.

Ausführung: Befehl DDUNITS

Mit DDUNITS lassen sich die Einheiten und die Genauigkeit in einem Dialogfenster einstellen.

1. **Befehl DDUNITS auswählen**
   ◆ Abrollmenü FORMAT, EINHEITEN...
   ◆ Tablettfeld **V4**

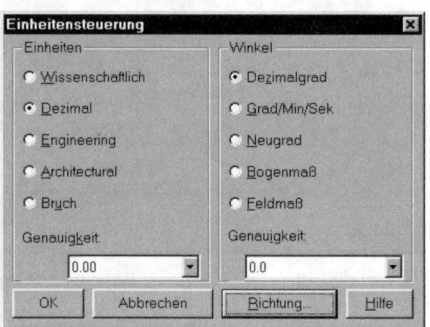

Abbildung 2.10: Dialogfenster zur Einstellung der Einheiten

Anmerkungen

■ Einheiten und Winkel lassen sich in Format und Genauigkeit getrennt einstellen.

■ Mit der Schaltfläche RICHTUNG... läßt sich ein weiteres Dialogfenster aktivieren, in der die 0-Grad Richtung und die Winkelmeßrichtung festgelegt werden können (→ Abbildung 2.11).

■ Werden die Einstellungen während der Bemaßung verändert, gelten sie nur für die folgenden Maßtexte.

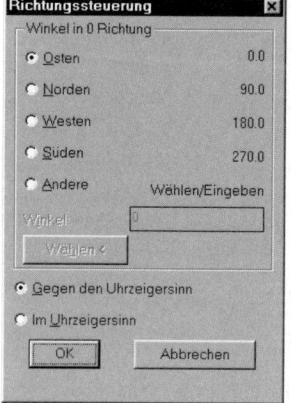

Abbildung 2.11: Dialogfenster zur Einstellung der o-Grad Richtung und der Winkelmeßrichtung

Ausführung: Befehl EINHEIT

Mit dem Befehl **EINHEIT** lassen sich Format und Genauigkeit einstellen. Die Funktionen entsprechen denen des Befehls **DDUNITS**. Der Befehl läuft jedoch im Textfenster ab.

1. **Befehl Einheit auswählen**
   ◆ Nur auf der Tastatur einzugeben
2. **Befehlsanfrage:**
   Befehl: EINHEIT

Einheitensystem	(Beispiele)
1. Wissenschaftlich	1.55E+01
2. Dezimal	15.50
3. Engineering	1'-3.50"
4. Architectural	1'-3
5. Brucho	15

Mit Ausnahme von Engineering und Architectural können diese Formate mit allen Grundmaßeinheiten verwendet werden. Zum Beispiel eignet sich der Dezimalmodus gut für metrische und britische Dezimaleinheiten.

```
Auswahl eingeben, 1 bis 5 <2>:
Anzahl Dezimalstellen 0 bis 8 <4>:
```

Winkelmaßeinheiten	(Beispiele)
1. Dezimal Grad	45.0000
2. Grad/Min./Sek.	45d0'0"
3. Neugrad	50.0000g
4. Bogenmaß	0.7854r
5. Feldmaß	N 45d0'0" E

Auswahl eingeben, 1 bis 5 <1>:
Anzahl Dezimalstellen für anzuzeig. Winkel (0 bis 8) <0>:
Winkelrichtung 0:

Osten	3 Uhr	= 0
Norden	12 Uhr	= 90
Westen	9 Uhr	= 180
Süden	6 Uhr	= 270

Winkelrichtung eingeben <0.00>:
Sollen Winkel im Uhrzeigersinn gemessen werden <N>:

2.8 Festlegung der Limiten

Die Zeichnung kann an einer beliebigen Position im Weltkoordinatensystem liegen. Sie wird von einem Rechteck begrenzt, das durch den linken unteren und den rechten oberen Eckpunkt festgelegt ist, den sogenannten Limiten.

Ausführung: Befehl LIMITEN

Mit dem Befehl LIMITEN können die Limiten festgelegt und eine Limitenkontrolle ein- und ausgeschaltet werden.

1. **Befehl LIMITEN auswählen**
   ◆ Abrollmenü FORMAT, LIMITEN
2. **Befehlsanfrage:**
   ```
   Befehl: LIMITEN
   Ein/Aus/Linke untere Ecke <aktueller Wert>:
   ```

   Optionen:
   E (EIN): Die Limitenkontrolle wird eingeschaltet. Punkte außerhalb der Limiten werden nicht angenommen.
   A (AUS): Die Limitenkontrolle wird ausgeschaltet.
   Punkteingabe: Legt die linke untere Limite fest, danach wird die obere rechte Limite abgefragt.
   ```
   Rechte obere Ecke <aktueller Wert>:
   ```

Anmerkungen

- In AutoCAD 14 wird immer 1:1 gezeichnet. Soll die Zeichnung später in einem anderen Maßstab geplottet werden, dann wird auf eine, um den Maßstab vergrößerte oder verkleinerte Zeichenfläche gezeichnet. Soll zum Beispiel auf einem DIN- A4- Blatt im Querformat gezeichnet werden, das nachher 1:1 geplottet werden soll, dann liegen die Limiten nach Abzug eines unbedruckbaren Randes bei 0.00,0.00 (linke untere Limite) und 280.00,197.00 (rechte obere Limite). Soll dieses Blatt 1:100 geplottet werden, dann vergrößert sich der Zeichenbereich entsprechend, und die Limiten liegen bei 0.00,0.00 (linke untere Limite) und 28000.00,19700.00 (rechte obere Limite).

- In AutoCAD 14 wird nur in Zeichnungseinheiten gearbeitet. Ob diese Einheiten mm, m oder km darstellen, ist beim Zeichnen nicht wichtig. Lediglich beim Plotmaßstab muß dies berücksichtigt werden. Wird beispielsweise auf dem DIN- A4- Blatt im Querformat in m gezeichnet und das Blatt soll später im Maßstab 1:100 geplottet werden, dann ergeben sich Limiten von 0.00,0.00 (linke untere Limite) und 28.00,19.70 (rechte obere Limite). Beim Plotten entspricht dann eine Zeichnungseinheit 10 mm auf dem Papier. Entsprechend muß der Plotmaßstab (→ 9.1) eingestellt werden.

■ Oft fällt die linke untere Limite mit dem Nullpunkt des Koordinatensystems zusammen. Das muß aber nicht so sein, der Nullpunkt kann überall in der Zeichnung liegen.

■ Die Limiten können beim Zoomen (→ 6.1) und beim Plotten (→ 9.1) als Konstanten benutzt werden.

■ Das Raster (→ 2.2) wird nur innerhalb der Limiten angezeigt.

■ Ist die Limitenkontrolle eingeschaltet, werden beim Zeichnen nur Punkte angenommen, die sich innerhalb der Limiten befinden.

■ Modellbereich und Papierbereich haben unterschiedliche Limiten (→ 6.7).

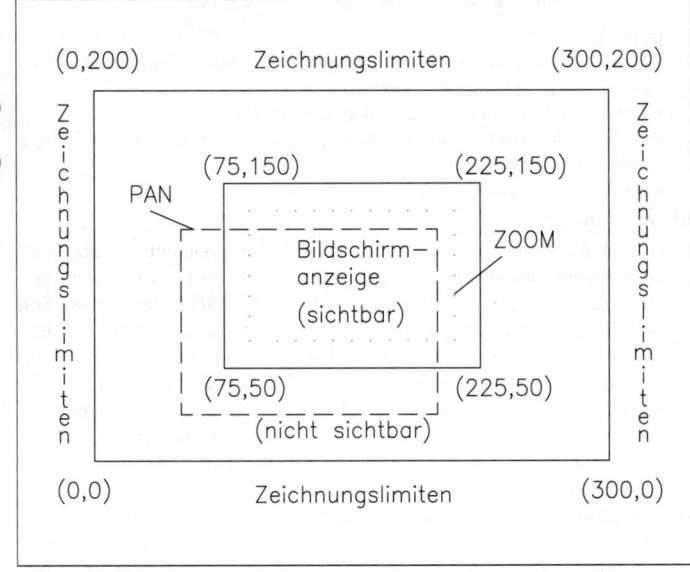

Abbildung 2.12: Zeichnungslimiten und Bildschirmanzeige

2.9 Layer und Linientypen

Zeichnungsobjekte können auf verschiedenen Ebenen gezeichnet werden, sogenannten Layern. Man kann sich dabei aufeinandergelegte Folien vorstellen, die alle oder nur teilweise am Bildschirm angezeigt werden können.

Eigenschaften von Layern

- Es wird immer auf dem aktuellen Layer gezeichnet.
- Man kann einzelne Layer ein- und ausschalten, frieren oder tauen und so nur Teile der Zeichnung anzeigen oder ausplotten.
- Es können beliebig viele Layer angelegt werden. Der Layer 0 ist immer vorhanden.
- Zusammengehörende Teile sollten auf einem Layer sein.
- Layer werden mit Namen versehen. Diese können bis zu 32 Zeichen lang sein und dürfen sich aus Buchstaben, Ziffern und den Sonderzeichen - _ $ I zusammensetzen. Der Name sollte einen Bezug zum Inhalt haben.
- Jedem Layer wird eine Farbe und ein Linientyp zugeordnet. Alle Objekte, die darauf gezeichnet werden, erhalten normalerweise die Farbe und den Linientyp (→ 2.11) dieses Layers.
- Neue Layer erhalten zuerst immer die Farbe Weiß (Farbnummer 7) und den Linientyp *CONTINUOUS* (ausgezogene Linien).
- Layer, die längere Zeit nicht benötigt werden, sollten gefroren werden, da dadurch der Bildschirmaufbau beschleunigt wird. Beim Tauen eines Layers muß regeneriert werden.
- Layer, die nur kurzfristig nicht gebraucht werden, schaltet man besser aus. Beim Einschalten ist dann keine Regenerierung erforderlich.
- Layer können nur dann wieder gelöscht werden, wenn darauf keine Objekte gezeichnet wurden.

Ausführung: Befehl LAYER bzw. DDLMODI

Mit dem Befehl **LAYER** wird das Dialogfenster zur Layersteuerung auf den Bildschirm geholt. Alle Layereinstellungen können dort vorgenommen werden (→ Abbildung 2.13).

1. Befehl **LAYER** auswählen
   - ◆ Abrollmenü **FORMAT, LAYER...**
   - ◆ Symbol in der Funktionsleiste **EIGENSCHAFTEN**
   - ◆ Tablettfeld **U5**

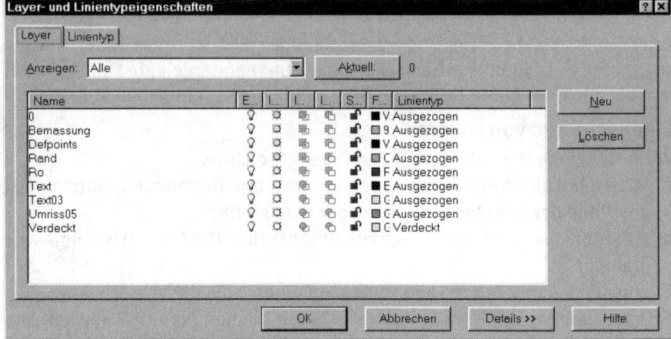

Abbildung 2.13: Dialogfenster für die Layersteuerung, Registerkarte Layer

Registerkarte *Layer*

◆ In der Mitte des Dialogfensters befindet sich die Liste aller Layer in dieser Zeichnung. Die Sortierung in der Liste kann geändert werden, indem man auf das entsprechende Titelfeld der Liste klickt. Die Liste wird dann nach diesem Feld sortiert. Ein weiterer Klick in das Titelfeld sortiert die Liste absteigend, ein Klick auf ein anderes Titelfeld sortiert nach diesem Feld.

◆ Im Abrollmenü **Anzeigen** kann die Liste gefiltert werden. So lassen sich beispielsweise nur alle eingeschalteten oder gefrorenen Layer usw. wählen.

◆ Die Feldbreite kann verändert werden, wenn man den Trennstrich in der Titelzeile verschiebt. Ein Doppelklick auf den Trennstrich stellt die Breite so ein, daß der breiteste Eintrag dargestellt werden kann.

◆ In der ersten Spalte der Liste wird der Layername angezeigt. Klickt man einen Layer an, wird er markiert. Nur so kann er bearbeitet werden. Es lassen sich auch mehrere Layer gleichzeitig markieren und damit auch bearbeiten. Wenn ein Layer markiert ist und mit gedrückter ⓪-Taste ein weiterer Layer angeklickt wird, wird dieser Layer und alle in der Liste dazwischen markiert. Klickt man dagegen mit gedrückter [Strg]-Taste einen weiteren Layer an, wird dieser zusätzlich markiert. Die Layer dazwischen bleiben unverändert.

◆ Sollen alle Layer markiert werden, drückt man die rechte Maustaste. Ein Menü mit zwei Einträgen erscheint am Cursor. Mit dem Eintrag **AL-**

2.9

Layer und Linientypen

90

LES WÄHLEN werden alle Layer markiert. Mit dem Eintrag **ALLES LÖ-SCHEN** werden die Markierungen wieder entfernt.

◆ Klickt man auf die Schaltfläche **AKTUELL**, wird der markierte Layer zum aktuellen Layer und neben der Schaltfläche angezeigt.

◆ Sind ein oder mehrere Layer markiert, kann auf ein Symbol in der Layerliste geklickt werden, und der Status wird umgeschaltet. Die Layer müssen aber nicht unbedingt markiert sein, klicken Sie nur auf das entsprechende Symbol in der Liste und es wird ebenfalls umgeschaltet und der Layer gleichzeitig markiert. Auch hier können die ⌂ - oder ⌈Strg⌉-Tasten verwendet werden. Die Symbole (von links nach rechts) haben folgende Funktionen:

Glühlampe ein	Layer ein
Glühlampe aus	Layer aus
Sonne	Layer getaut
Eiskristall	Layer gefroren
Sonne mit Fenster	Layer im aktuellen Ansichtsfenster getaut
Eiskristall mit Fenster	Layer im aktuellen Ansichtsfenster gefroren
Sonne mit leerem Fenster	Layer in einem neuen Ansichtsfenster getaut
Eiskristall mit leerem Fenster	Layer in einem neuen Ansichtsfenster gefroren
Vorhängeschloß offen	Layer entsperrt
Vorhängeschloß geschlossen	Layer gesperrt

◆ Klickt man auf die Schaltfläche **NEU,** wird ein neuer Layer in die Liste eingefügt. Sie erhalten zunächst die fortlaufend numerierten Namen *Layer1, Layer2* usw.

◆ Neue Layer haben erstmal die Farbe *Weiß* und den Linientyp *CONTI-NUOUS*.

◆ In der ersten Spalte der Liste wird der Layername angezeigt. Klickt man den Namen an, wird er markiert. Beim zweiten Klick (kein Doppelklick, Pause dazwischen) kann der Name überschrieben werden. Mit einem weiteren Klick wird der Cursor gesetzt, und der Name kann geändert werden.

◆ Markiert man einen Layer und klickt auf die Schaltfläche **LÖSCHEN**, verschwindet der Layer aus der Liste. Befinden sich Objekte auf dem Layer, erscheint eine Fehlermeldung, der Layer wird nicht gelöscht.

◆ Um einem oder mehreren Layern eine neue Farbe zuweisen zu können, müssen diese markiert sein. Klickt man dann auf das Farbfeld oder den Farbnamen in der Liste bekommt man ein Dialogfenster zur Farbwahl (→ 2.10, Befehl FARBE).

◆ Um einem oder mehreren Layern einen neuen Linientyp zuweisen zu können, müssen auch diese markiert sein. Klickt man dann auf den Linientypennamen in der Liste, bekommt man ein Dialogfenster zur Auswahl des Linientyps. Darin erscheinen nur die Linientypen, die bereits in der Zeichnung geladen sind (→ Befehl LINIENTP).

◆ Klickt man auf die Schaltfläche DETAILS >>, wird das Dialogfenster erweitert (→ Abbildung 2.14). Alle oben beschriebenen Funktionen für markierte Layer lassen sich in Abrollmenüs und mit Schaltfeldern vornehmen. Die Schaltfläche DETAILS << bringt wieder die verkürzte Form.

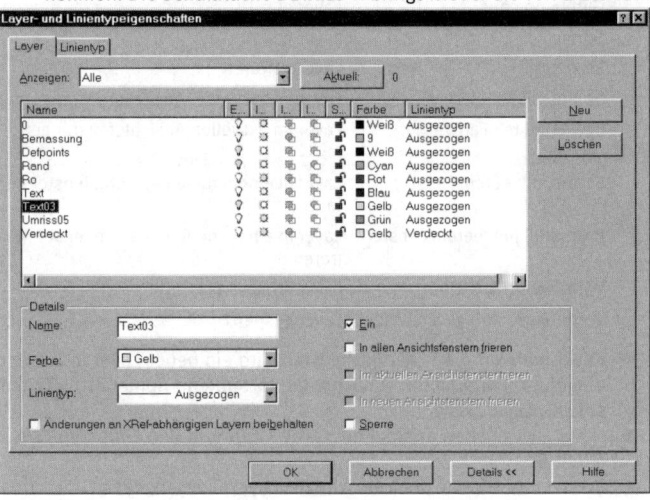

Abbildung 2.14: Dialogfenster für die Layersteuerung, Registerkarte Layer erweitert

Registerkarte *Linientyp*

◆ Diese Registerkarte schaltet zum Befehl LINIENTP bzw. DDLTYPE um (→ unten, Befehl LINIENTP).

Anmerkungen

■ Der Befehl **LAYER** ersetzt den früheren Befehl **DDLMODI**, der aber aus Gründen der Kompatibilität beibehalten wurde.

■ Wird der Befehl **LAYER** mit einem vorangestellten »-« gestartet, läuft er ohne Dialogfenster im Befehlszeilenfenster ab. Die Optionen und Einstellungen müssen manuell vorgegeben werden.

```
Befehl:-LAYER
?/Mach/SEtzen/Neu/EIn/Aus/FArbe/Ltyp/FRieren/Tauen/SPer-
ren/ENtsperren:
```

Ausführung: Abrollmenü Layersteuerung im Werkzeugkasten EIGENSCHAFTEN

Im Werkzeugkasten **EIGENSCHAFTEN** befindet sich ein Abrollmenü, in dem die wichtigsten Funktionen zur Layersteuerung einfach vorgenommen werden können.

1. Layersteuerung

◆ Abrollmenü im Werkzeugkasten **EIGENSCHAFTEN**

◆ **Abrollmenü aktivieren:** Auf Anzeigefeld oder Pfeil klicken.

◆ **Aktuellen Layer wechseln:** Anderen Layernamen in der Liste anklicken, der Layer wird zum aktuellen Layer.

◆ **Layerstatus ändern:** Auf das entsprechende Symbol vor dem Layernamen klicken, und der Status wird geändert. Die Symbole sind identisch mit denen im Dialogfenster des Befehls **LAYER**.

Abbildung 2.15: Abrollmenü zur Layersteuerung

Anmerkung

■ Die Farbe des Layers kann nicht geändert werden. Das Anklicken des Farbfelds hat keine Funktion.

Ausführung: Aktuellen Layer durch Objektwahl setzen

Im Werkzeugkasten **Eigenschaften** befindet sich ein weiteres Werkzeug-symbol. Damit kann der aktuelle Layer auf den Layer gesetzt werden, auf dem ein vorhandenes Objekt liegt. Dieses muß nur angeklickt werden.

1. **Anwahl des Befehls**
   ◆ Symbol im Werkzeugkasten **Eigenschaften**

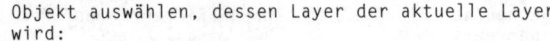

2. **Befehlsanfrage:**
   ```
   Objekt auswählen, dessen Layer der aktuelle Layer
   wird:
   XY ist jetzt der aktuelle Layer.
   ```
   Wird ein Objekt angeklickt, wird der Layer dieses Objekts zum aktuellen Layer.

Ausführung: Befehl Aflayer

Wird mit Mehrfachansichten gearbeitet (Systemvariable **Tile-mode=0** → 6.7), kann die Sichtbarkeit in den einzelnen Fenstern unterschiedlich gesetzt wer-den. Während der Befehl **Layer** die Sichtbarkeit global, das heißt in allen Lay-ern, beeinflußt, kann mit dem Befehl **Aflayer** die Einstellung für ein oder meh-rere Fenster vorgenommen werden.

So kann zum Beispiel ein Layer mit Beschriftungen nur in einem Fenster sicht-bar gemacht werden oder bestimmte Teile der Zeichnungen in einem Fenster gefroren werden.

1. **Befehl Aflayer auswählen**
   ◆ Nur auf der Tastatur einzugeben

2. **Befehlsanfrage:**
   ```
   Befehl: AFLAYER
   ?/Frieren/Tauen/Rücksetz/Neufrier/Afsvorg:
   ```

   Optionen:

   ?: Auflistung aller gefrorener Layer für ein Ansichtsfenster.

   F (Frieren): Frieren eines oder einer Auswahl in einem oder in mehreren wählbaren Ansichtsfenstern.

   T (Tauen): Tauen eines oder einer Auswahl in einem oder in mehreren wählbaren Ansichtsfenstern.

   R (Rücksetz): Rücksetzen eines Layers auf seinen Sichtbarkeitsstatus, wie er mit der Option **Afsvorg** gesetzt ist.

   N (Neufrier): Mit dieser Option können Layer erzeugt werden, die in allen Ansichtsfenstern gefroren sind. Die Funktion ist hilfreich, wenn schon mehrere Fenster existieren, und es soll ein Layer erzeugt werden, der nur in einem sichtbar sein soll. In diesem Fall wird er mit dieser Option erzeugt und nur im gewünschten mit der Option **Tauen** sichtbar gemacht. Werden später neue Fenster erzeugt, ist der Layer in diesen auch gefroren.

A (Afsvorg): Vorgabe für die Sichtbarkeit eines Layers. Damit wird vorgegeben, wie ein Layer in einem neu erzeugten Ansichtsfenster dargestellt wird (gefroren oder getaut).

Ausführung: Befehl Linientp bzw. Ddltype

Mit dem Befehl **Linientp** bzw. **Ddltype** wird der aktuelle Linientyp festgelegt bzw. Linientypen geladen. Alle Einstellungen werden im selben Dialogfenster (→ Abbildung 2.16) wie beim Befehl **Layer**, aber in der Registerkarte **Linientp** vorgenommen.

1. **Befehl Linientp auswählen**
   ◆ Abrollmenü **Format, Linientyp...**
   ◆ Symbol im Werkzeugkasten **Eigenschaften**
   ◆ Tablettfeld **U3**

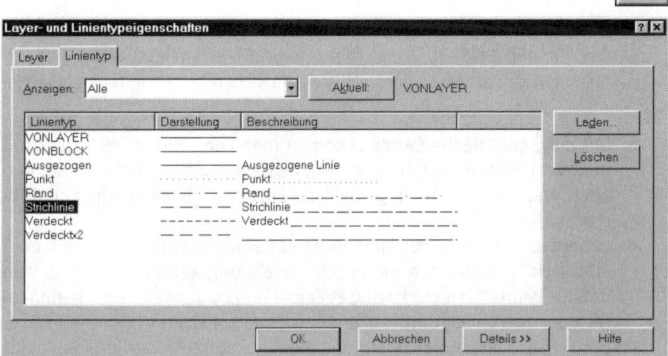

Abbildung 2.16: Dialogfenster zur Auswahl des Linientyps, Registerkarte Linientyp

Registerkarte *Linientyp*:
◆ In diesem Dialogfenster kann der aktuelle Linientyp geändert werden. Markiert man einen Linientyp in der Liste und klickt auf die Schaltfläche **Aktuell**, wird dieser zum aktuellen Linientyp gemacht. Alle Objekte, die von jetzt an gezeichnet werden, werden mit diesem Linientyp gezeichnet.
◆ Normalerweise sollte Sie den aktuellen Linientyp immer auf der Einstellung *VONLAYER* belassen. Die Objekte werden mit dem Linientyp gezeichnet, der dem aktuellen Layer zugeordnet ist. Nur so erhält die

Zeichnung eine eindeutige Struktur. Ist kein Layer vorhanden, dem dieser Linientyp zugeordnet ist, erzeugt man einen neuen Layer, dem dieser Linientyp zugewiesen wird und macht diesen zum aktuellen Layer.

◆ Genauso wie beim Befehl **LAYER** können die Sortierung und die Spaltenbreite verändert werden. Ebenso lassen sich Linientypen markieren und die Markierung wieder entfernen.

◆ Ein oder mehrere markierte Linientypen können mit der Schaltfläche **LÖSCHEN** gelöscht werden. Das geht aber nur dann, wenn Sie in der Zeichnung nicht verwendet wurden und keinem Layer zugeordnet sind.

◆ Im Abrollmenü **ANZEIGE** kann die Liste der Linientypen reduziert werden. So lassen sich mit den Einstellungen anzeigen:

Alle	Alle Linientypen anzeigen
Alle verwendeten	Alle, auf denen Objekte gezeichnet wurden
Alle nicht verwendeten	Alle, auf denen sich keine Objekte befinden
Alle Xref abhängigen	Alle, die zu externen Referenzen gehören
Alle nicht Xref abhängigen	Alle, die nicht zu externen Referenzen gehören

◆ Mit der Schaltfläche **LADEN...** kommt man zum Dialogfenster zum Laden von Linientypen (siehe unten). Dasselbe Dialogfenster erhält man auch, wenn man in der Registerkarte *Layer* die gleichnamige Schaltfläche anklickt.

◆ Linientypen sind in der Linientypendatei in einem bestimmten Maßstab definiert. Werden Sie in eine Zeichnung geladen, kann es sein, daß der Maßstab nicht zu dieser Zeichnung paßt. Meist erscheinen unterbrochene Linien dann als ausgezogene Linien.

◆ Der Faktor kann in der Zeichnung global eingestellt werden, das heißt, er gilt für alle unterbrochenen Linien in dieser Zeichnung. Der globale Saklierfaktor kann in diesem Dialogfenster verändert werden, wenn auf die Schaltfläche **DETAILS>>** geklickt wird. Wie in der Layersteuerung wird das Fenster größer, und es ergeben sich zusätzliche Einstellmöglichkeiten (➔ Abbildung 2.17).

◆ Im Feld *Globaler Skalierfaktor* stellt man den Faktor ein, der für die ganze Zeichnung gilt. Soll die Zeichnung später in einem anderen Maßstab als 1:1 geplottet werden, trägt man hier einen entprechenden Wert ein, zum Beispiel 10, wenn 1:10 geplottet werden soll oder 0.1 bei 10:1.

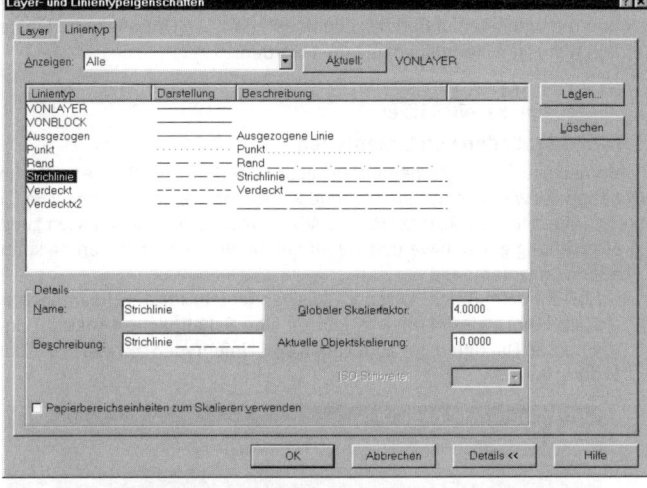

Abbildung 2.17: Dialogfenster zur Auswahl des Linientyps, Registerkarte Linientp, erweitert

- ◆ Im Feld *Aktuelle Objektskalierung* kann zusätzlich ein Korrekturfaktor eingestellt werden, mit4 dem der globale Skalierfaktor multipliziert wird. Alle Objekte, die danach gezeichnet werden, werden um diesen Faktor korrigiert. Dieser Faktor wird mit dem Objekt gespeichert und kann nachträglich mit den Änderungsfunktionen geändert werden.
- ◆ Außerdem besteht die Möglichkeit, den Namen und die Beschreibung des Linientyps in den gleichnamigen Feldern zu ändern.
- ◆ Mit der Schaltfläche **DETAILS <<** wird das Dialogfeld wieder verkleinert.

Registerkarte *Layer*:
- ◆ Diese Registerkarte schaltet zum Befehl **LAYER** bzw. **DDLMODI** um (→ oben, Befehl **LAYER**).

Anmerkungen
- ■ Der Befehl **LINIENTP** ersetzt den früheren Befehl **DDLTYPE**, der aber aus Gründen der Kompatibilität beibehalten wurde.

■ Wird der Befehl **LINIENTP** mit einem vorangestellten »-« gestartet, läuft er ohne Dialogfenster im Befehlszeilenfenster ab. Die Optionen und Einstellungen müssen manuell eingegeben werden.

```
Befehl:-LINIENTP
?/Erzeugen/Laden/Setzen:
```

Ausführung: Laden von Linientypen

Linientypen sind in Linientypendateien gespeichert, die die Dateierweiterung *.LIN* haben. Es wird je eine Linientypendatei für metrische und englische Einheiten mitgeliefert: *ACADISO.LIN* und *ACAD.LIN*. Linientypen müssen zuerst in die Zeichnung geladen werden, bevor mit ihnen gezeichnet werden kann.

1. Laden von Linientypen

◆ Sowohl beim Befehl **LAYER** im Auswahlfenster für die Linientypen als auch beim Befehl **LINIENTP** gibt es eine Schaltfläche **LADEN...** Damit wird das Dialogfenster zum Laden von Linientypen aktiviert (→ Abbildung 2.18).

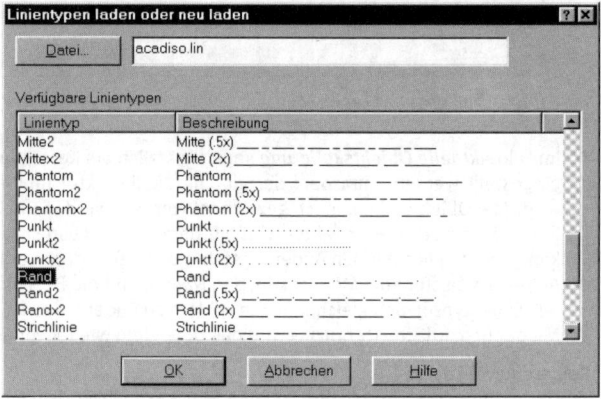

Abbildung 2.18: Dialogfenster zum Laden von Linientypen

◆ Mehrere Linientypendateien stehen jetzt zur Verfügung. Bei metrischen Einheiten sollte die Linientypendatei *ACADISO.LIN* verwendet werden. Dieser Name erscheint auch als Vorgabe im Feld **DATEI** des Dialogfensters. Soll eine andere Linientypendatei geladen werden, klickt man auf das Feld **DATEI** und wählt im Dateiwähler die entsprechende Datei aus.

Layer und Linientypen

◆ In der Liste darunter sind alle Linientypen, die in der gewählten Linien-typendatei gespeichert sind, aufgelistet. Markiert man alle Linienty-pen, die geladen werden sollen, und klickt auf **OK**, werden Sie in die Zeichnung übernommen.

Ausführung: Abrollmenü LINIENTYPEN im Werkzeugkasten EIGENSCHAFTEN

Im Werkzeugkasten **EIGENSCHAFTEN** befindet sich ein Abrollmenü, in dem der aktuelle Linientyp gewählt werden kann.

1. **Linientypen**
   ◆ Abrollmenü im Werkzeugkasten **EIGENSCHAFTEN**
   ◆ **Abrollmenü aktivieren:** Auf Anzeigefeld oder Pfeil klicken.
   ◆ **Aktuellen Linientyp wechseln:** Anderen Linientyp in der Liste anklik-ken, der Linientyp wird zum aktuellen Layer.

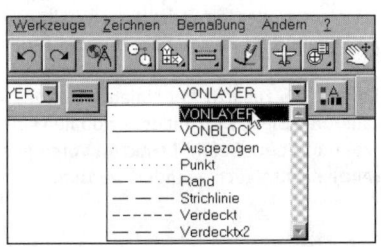

Abbildung 2.19: Abrollmenü zum Setzen des aktuellen Linientyps

Anmerkung

■ Normalerweise immer auf *VONLAYER* eingestellt lassen und den Linientyp über den aktuellen Layer steuern!

Ausführung: Befehl LTFAKTOR

Der globale Linientypenfaktor kann auch mit dem Befehl **LTFAKTOR** gesetzt werden.

1. **Befehl LTFAKTOR auswählen**
   ◆ Nur auf der Tastatur einzugeben
2. **Befehlsanfrage:**
   ```
   Befehl: LTFAKTOR
   Neuer Faktor <1.00>:
   ```

Anmerkungen

■ Wird der aktuelle Linientyp geändert, werden alle folgenden Objekte mit dem neuen Linientyp gezeichnet. Vorher gezeichnete Objekte werden nicht geändert.

■ Wird der Linientyp *VONBLOCK* vergeben, werden die Objekte mit dem Linientyp *CONTINUOUS* gezeichnet, bis sie zu einem Block (➔ 7) zusammengefaßt werden. Wenn der Block eingefügt wird, wird er mit dem aktuellen Linientyp gezeichnet.

■ Der globale Skalierfaktor gilt für alle Objekte in der Zeichnung.

■ Wird der Faktor geändert, wird die Zeichnung regeneriert und alle Objekte angepaßt.

■ Von jedem Linientyp existieren in der Datei *ACADISO.LIN* drei Varianten: *MITTE*, *MITTE2* und *MITTEX2*. Der Linientyp mit der Erweiterung *2* kennzeichnet den Linientyp, dessen Strichlängen halb so lang sind wie beim normalen. Die Erweiterung *X2* zeigt an, daß die Strichlängen doppelt so lang sind.

■ Jedem Objekt kann ein zusätzlicher Linientypfaktor zugewiesen werden, die Objektskalierung. Diese wird mit dem globalen Linientypenfaktor multipliziert. Er kann mit dem Befehl **LTFAKTOR** voreingestellt oder mit dem Befehl **DDCHPROP** nachträglich geändert werden.

2.10 Aktuelle Einstellungen

Verschiedene Zeichnungsparameter lassen sich auf aktuelle Werte einstellen. Alle neu gezeichneten Objekte werden dann damit gezeichnet. Vorhandene Objekte werden durch die Umstellung nicht verändert, sie müssen bei Bedarf geändert werden.

Ausführung: Befehl DDLCOLOR

Mit dem Befehl **DDLCOLOR** wird die aktuelle Farbe festgelegt, also die Farbe, mit der alle weiteren Objekte gezeichnet werden. Die Auswahl erfolgt in einem Dialogfenster (→ Abbildung 2.20).

1. **Befehl DDCOLOR auswählen**
   ◆ Abrollmenü **FORMAT, FARBE...**
   ◆ Tablettfeld **U4**

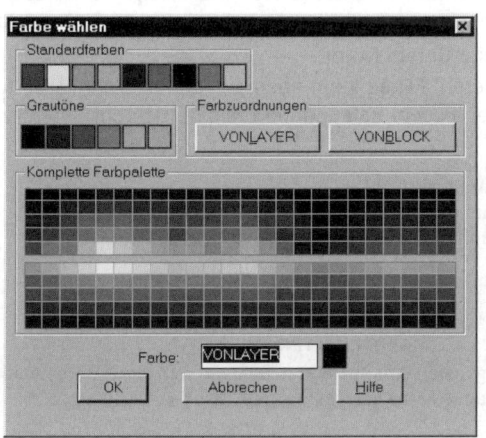

Abbildung 2.20: Dialogfenster zur Auswahl der aktuellen Farbe

Anmerkungen

■ Wird die aktuelle Farbe geändert, werden alle folgenden Objekte mit der neuen Farbe gezeichnet. Vorher gezeichnete Objekte bleiben erhalten.

■ Wird ein Farbfeld angeklickt, wird die Farbnummer übernommen.

■ Farbwerte von 1 bis 255 sind möglich, 1 bis 7 sind Standardfarben und können auch mit dem Farbnamen eingegeben werden:

1	Rot	5	Blau
2	Gelb	6	Magenta (Karminrot)
3	Grün	7	Weiß
4	Cyan (Dunkelblau)		

- Es ist sinnvoll, immer mit der Farbe **VONLAYER** zu zeichnen. Die Objekte übernehmen dann die Farbe von dem Layer, auf dem sie gezeichnet werden. Nur so ist gewährleistet, daß beim Wechsel des aktuellen Layers auch eine andere Farbe aktiv ist. Ändert man die Zuordnung der Farbe zum Layer, ändern sich alle Objekte dieses Layers. Voraussetzung ist aber, daß alle Objekte mit der Farbeinstellung **VONLAYER** gezeichnet wurden.
- Wird die Farbe **VONBLOCK** vergeben, werden die Objekte weiß gezeichnet, bis sie zu einem Block (→ 7.1) zusammengefaßt werden. Wenn der Block eingefügt wird, erhält er die Farbe, die bei der Einfügung aktuell ist.

Ausführung: Befehl FARBE

Mit dem Befehl **FARBE** kann ebenfalls die aktuelle Farbe festgelegt werden. Bei diesem Befehl ohne Dialogfenster im Befehlszeilenfenster.

1. **Befehl FARBE auswählen**
   ◆ Nur auf der Tastatur einzugeben
2. **Befehlsanfrage:**
   Befehl: FARBE
   Neue Objektfarbe <aktuelle Einstellung>:

Ausführung: Abrollmenü FARBE im Werkzeugkasten EIGENSCHAFTEN

Im Werkzeugkasten **EIGENSCHAFTEN** befindet sich ein weiteres Abrollmenü, in dem die aktuelle Farbe gewählt werden kann (→ Abbildung 2.21).

1. **Farben**
   ◆ Abrollmenü im Werkzeugkasten **EIGENSCHAFTEN**
   ◆ **Abrollmenü aktivieren:** Auf Anzeigefeld oder Pfeil klicken.
   ◆ **Aktuelle Farbe wechseln:** Andere Farbe in der Liste anklicken, die Farbe wird zur aktuellen Farbe. Mit dem Eintrag **ANDERE**... wird das Dialogfenster des Befehls **DDCOLOR** aktiviert.

Anmerkung

- Normalerweise immer auf **VONLAYER** eingestellt lassen und die Farbe über den aktuellen Layer steuern!

Abbildung 2.21: Abrollmenü zum Setzen der aktuellen Farbe

Ausführung: Befehl ERHEBUNG

Dreidimensionale Objekte lassen sich auf einfache Art dadurch erzeugen, daß man zweidimensionale Objekte mit Erhebung und Objekthöhe zeichnet:

◆ **Erhebung:** Abstand des Ojektes von der aktuellen XY-Ebene
◆ **Objekthöhe:** Höhe des Objektes

Alle neuen Objekte werden mit der aktuellen Erhebung und Objekthöhe gezeichnet. Mit dem Befehl ERHEBUNG kann die aktuelle Erhebung und die aktuelle Objekthöhe festgelegt werden.

1. **Befehl ERHEBUNG auswählen**
   ◆ Nur auf der Tastatur einzugeben
2. **Befehlsanfrage:**
   ```
   Befehl: ERHEBUNG
   Neue aktuelle Erhebung <aktueller Wert>:
   Neue aktuelle Objekthöhe <aktueller Wert>:
   ```

Ausführung: Objekthöhe einstellen

Mit einer weiteren Funktion läßt sich die Objekthöhe einstellen, ohne daß die Erhebung abgefragt wird. Dabei wird die Systemvariable THICKNESS verändert.

1. **Funktion auswählen**
   ◆ Abrollmenü FORMAT, OBJEKTHÖHE
   ◆ Tablett V3
   ```
   Befehl: '_thickness
   Neuer Wert für THICKNESS <0.00>:
   ```

2.11 Festlegung des Multilinienstils

In AutoCAD kann mit Multilinien gezeichnet werden. Dabei handelt es sich um:

◆ Spezielle Linienobjekte, die aus bis zu 16 parallelen Linien bestehen,
◆ sie werden mit dem Befehl **MLSTIL** definiert,
◆ sie können mit dem Befehl **MLEDIT** (➔ 4.10) bearbeitet und
◆ mit dem Befehl **MLINIE** (➔ 3.8) gezeichnet werden.

Die Anzahl der Linien, den Linientyp der einzelnen Linien, die Füllung und der Abschluß wird im Multilinienstil definiert.

Ausführung: Befehl MLSTIL

Mit dem Befehl **MLSTIL** können in einem Dialogfenster (➔ Abbildung 2.22) neue Stile erzeugt und bereits vorhandene bearbeitet werden.

1. **Befehl MLSTIL auswählen**
    ◆ Abrollmenü **FORMAT**, **MULTILINIENSTIL...**
    ◆ Tablettfeld **V5**

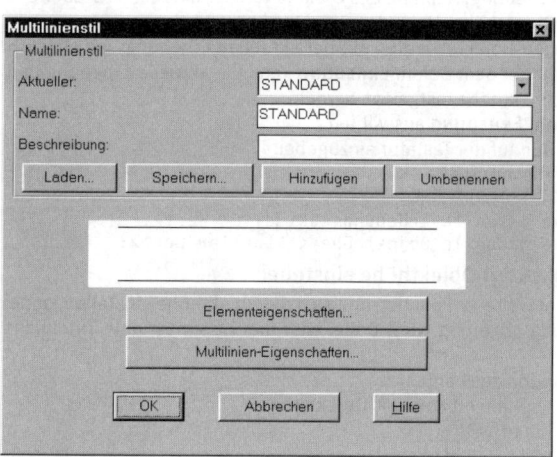

Abbildung 2.22: Dialogfenster zum Multilinienstil

2. **Wechseln des aktuellen Multilinienstils:**
    Wählen des gewünschten Multilinienstils im Abrollmenü *Aktueller* des Dialogfensters.

3. **Laden von Multilinienstilen:**
   Schaltfläche **LADEN...** anklicken, ein weiteres Dialogfenster erscheint (siehe Abbildung 2.23). Hier sind alle Multilinienstile, die sich in der gewählten Multiliniendatei befinden, aufgelistet. Standardmäßig ist die Datei *ACAD.MLN* gewählt. **.MLN* ist die Dateierweiterung für Multilinienstildateien. *ACAD.MLN* enthält nur den Stil *STANDARD*. Mit der Schaltfläche **DATEI...** kann eine andere Multilinienstildatei gewählt werden.

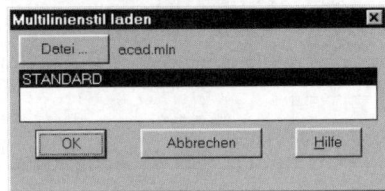

Abbildung 2.23: Dialogfenster zum Laden von Multilinienstilen

4. **Hinzufügen eines neuen Multilinienstils:**
   Im Abrollmenü für den aktuellen Stil einen Stil auswählen, der dem neu zu erzeugenden am nächsten kommt. Im Feld *Name* einen neuen Namen eintragen und eventuell im Feld *Beschreibung* einen beschreibenden Text. Auf die Schaltfläche **HINZUFÜGEN** klicken, und der aktuelle Multilinienstil wird dupliziert. Der Stil kann dann geändert werden (→ unten). Mit der Schaltfläche **SPEICHERN...** kann der Stil in einer Multilinienstildatei gespeichert werden.

5. **Umbenennen eines Multilinienstils:**
   Im Abrollmenü für den aktuellen Stil den Stil auswählen, der umbenannt werden soll. Neuen Namen im Feld *Name* und eventuell im Feld *Beschreibung* einen neuen Beschreibungstext eintragen. Auf die Schaltfläche **UMBENENNEN** klicken, und der aktuelle Multilinienstil wird umbenannt.

6. **Ändern der Elementeigenschaften eines Multilinienstils:**
   Im Abrollmenü für den aktuellen Stil den Stil auswählen, der geändert werden soll. Auf die Schaltfläche **ELEMENTEIGENSCHAFTEN...** klicken, um die Linienelemente zu ändern. In einem weiteren Dialogfenster (→ Abbildung 2.24) ändern Sie die Zusammensetzung der Liniensegmente.
   In der oberen Liste sind alle Linienelemente enthalten, die der Stil enthält. Gespeichert ist der Abstand eines Linienelements von der Null-Linie der Multilinie. Die Null-Linie ist die Linie an der die Multilinie beim Zeichnen plaziert wird. Auf der Null-Linie, muß sich kein Linienelement befinden. Außerdem kann jedem Linienelement ein Linientyp und eine Farbe zuge-

ordnet werden, die in der Regel auf **VONLAYER** eingestellt sind, davon aber auch abweichen können.

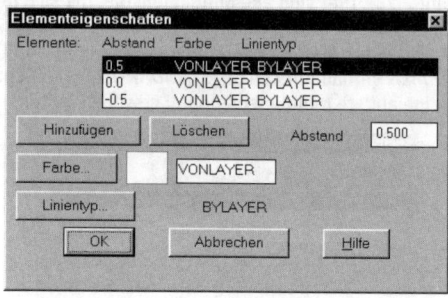

Abbildung 2.24: Dialogfenster für die Zusammensetzung der Multilinie

Mit der Schaltfläche **HINZUFÜGEN** wird ein neues Linienelement hinzugefügt und mit der Schaltfläche **LÖSCHEN** das markierte gelöscht. Ein neu hinzugefügtes Linienelement hat immer den Abstand 0, das heißt, es liegt auf der Null-Linie. Markieren und einen neuen Abstand in das Feld *Abstand* eintragen, bestätigen mit ⏎, und der eingetragene Abstand wird übernommen. Ebenso kann die *Farbe* und der *Linientyp* des markierten Elements verändert werden. Dazu auf das Feld **FARBE...** oder **LINIENTYP...** klicken und in den weiteren Dialogfenstern die gewünschten Eigenschaften auswählen.

7. **Ändern der Multilinien-Eigenschaften eines bestehenden Multilinienstils:**

   Im Abrollmenü für den aktuellen Stil den Stil auswählen, der geändert werden soll. Auf die Schaltfläche **MULTILINIEN-EIGENSCHAFTEN** klicken. In einem weiteren Dialogfenster (→ Abbildung 2.25) das Aussehen der Linie ändern.

   Ist der Schalter *Verbindung zeigen* eingeschaltet, werden an jedem Stützpunkt Trennstellen gezeichnet. Im Feld *Anschlußstücke* wird eingestellt, ob die Multilinien mit einer Linie am Start und am Ende abgeschlossen werden sollen. Zusätzlich können die äußeren Linien mit einem Bogen verbunden werden. Hat die Multilinie mehr als 3 Linienelemente, lassen sich auch die inneren mit einem Bogen verbinden. Außerdem kann der Winkel des Anfangs- und Endstücks eingestellt werden. Wenn der Schalter *Füllung* eingeschaltet ist, wird die Multilinie ausgefüllt gezeichnet. Mit

der Schaltfläche **FARBE...** kann im Dialogfenster zur Farbauswahl die Füll-
farbe bestimmt werden.

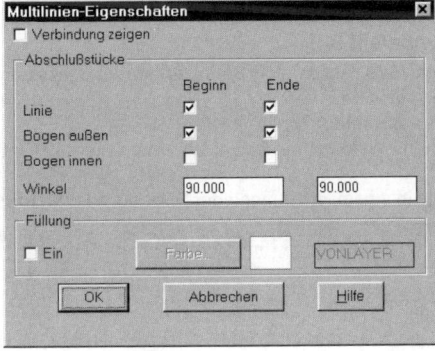

Abbildung 2.25: Dialogfenster für das Aussehen der Multilinie

Festlegung des Multilinienstils

2.12 Benutzerkoordinatensysteme

Benutzerkoordinatensysteme (→ 1.12) können beliebig innerhalb des festen Weltkoordinatensystems (WKS) definiert werden.

Ausführung: Befehl BKS

Mit dem Befehl **BKS** lassen sich Benutzerkoordinatensysteme definieren, wechseln und speichern.

1. **Befehl BKS auswählen**
   - ◆ Abrollmenü **WERKZEUGE, BKS >,** Untermenü für alle Optionen des Befehls
   - ◆ Symbole in einem Flyoutmenü der **STANDARD-FUNKTIONSLEISTE**

2. **Befehlsanfrage:**
   ```
   Befehl: BKS
   Ursprung/zAChse/3Punkt/Objekt/ANsicht/X/Y/Z/Vorher/Holen/
   Sichern/Löschen/?/<Welt>:
   ```

   Optionen:

   U (URSPRUNG): Neues BKS durch Ursprungsverschiebung in einer bis drei Achsen definieren.

   AC (ZACHSE): Neues BKS durch neuen Ursprung und Punkt auf der positiven Z-Achse definieren.

   3P (3PUNKT): Neues BKS durch Ursprung, Punkt auf der positiven X-Achse und Punkt in der positiven XY-Ebene definieren.

   O (OBJEKT): Neues BKS wird an einem Objekt ausgerichtet.

   AN (ANSICHT): Neue XY-Ebene des BKS wird parallel zum Bildschirm ausgerichtet. Der Ursprung wird vom alten übernommen.

   X/Y/Z: Neues BKS wird durch Rotation um eine der angegebenen Achsen bestimmt. Der Winkel muß eingegeben werden.

   V (VORHER): Das zuletzt definierte BKS wird zurückgeholt, die 10 letzten bleiben gespeichert (Tablettfeld **K1**).

   H (HOLEN): Gespeichertes BKS holen. Mit ? wird eine Liste der gespeicherten BKS angezeigt.

   S (SICHERN): Benennen und Speichern des momentanen BKS.

   L (LÖSCHEN): Löschen eines gespeicherten BKS.

   ?: Anzeige einer Liste der gespeicherten BKS.

   W (WELT): Setzt das BKS auf das WKS (Tablettfeld **J1**).

Anmerkungen

- Ein Wechsel des BKS hat keinen Wechsel der Ansicht zur Folge.
- Wird die Systemvariable **UCSFOLLOW** auf 1 gesetzt, wird beim BKS-Wechsel die Draufsicht auf das BKS angezeigt.
- In jedem Ansichtsfenster ist dasselbe BKS aktiv (→ 6.4 und 6.7).

Ausführung: Befehl DDBKS

Mit dem Befehl **DDBKS** kann ein Dialogfenster auf den Bildschirm gebracht werden, mit dem sich zwischen bereits definierten BKS umschalten oder ein BKS durch Vorgabe eines Namens sichern läßt.

1. **Befehl DDBKS auswählen**
   - ◆ Abrollmenü **WERKZEUGE**, **BKS** ›, **BENANNTES BKS...**
   - ◆ Tablett **W8**
   - ◆ Symbol im Flyoutmenü der **STANDARD-FUNKTIONSLEISTE**

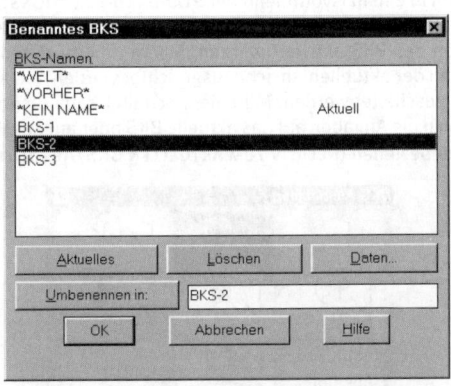

Abbildung 2.26: Dialogfenster zur BKS-Umschaltung

2. **Aktuelles BKS wechseln:** BKS in der Liste durch Anklicken aktivieren. Der Name wird in das Namenfeld übernommen. Feld **AKTUELLES** anwählen. In der Liste wird das BKS mit *Aktuell* markiert.
3. **BKS sichern:** BKS mit Namen **KEIN NAME** durch Anklicken aktivieren. **KEIN NAME** im Namenfeld überschreiben. Danach **UMBENENNEN IN:** anwählen.
4. **BKS umbenennen:** BKS durch Anklicken aktivieren. Name im Namenfeld überschreiben. Danach **UMBENENNEN IN:** anwählen.

5. **BKS-Informationen anzeigen lassen:** BKS in der Liste durch Anklicken aktivieren. Der Name wird in das Namenfeld übernommen. **DATEN...** anwählen, es erscheint ein Dialogfenster, in dem Informationen zum BKS angezeigt werden.

6. **BKS löschen:** BKS durch Anklicken aktivieren. Feld **LÖSCHEN** anwählen. Das BKS wird aus der Liste entfernt.

Ausführung: Standard-BKS auswählen

Mit dem Befehl **DDUCSP** läßt sich ein Dialogfenster (→ Abbildung 2.27) aktivieren, mit dem sich Standard-Benutzerkoordinatensysteme auswählen lassen.

1. **Befehl DDUCSP anwählen.**
   ◆ Abrollmenü **WERKZEUGE, BKS >, BKS-AUSRICHTUNG...**
   ◆ Tablett **W9**
   ◆ Symbol in einem Flyoutmenü der **STANDARD-FUNKTIONSLEISTE**
   Aus dem Bildmenü kann das WKS und verschiedene Standard ausrichtungen des BKS aktiviert werden. Mit weiteren Feldern kann das BKS an der aktuellen Ansicht ausgerichtet werden und auf das vorherige BKS geschaltet werden. Mit einem Schalter kann umgeschaltet werden, ob sich die Angaben auf das aktuelle BKS oder auf das Weltkoordinatensystem beziehen (**RELATIV ZUM AKTUELLEN BKS/ABSOLUT ZUM WKS**).

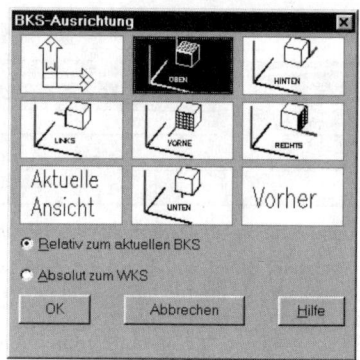

Abbildung 2.27: Dialogfenster für Standard BKS

Ausführung: Befehl BKSYMBOL

Zur Orientierung wird links unten am Bildschirm ein Symbol angezeigt, das mit dem Befehl **BKSYMBOL** gesteuert wird.

1. **Befehl BKSYMBOL auswählen**
   ◆ Abrollmenü **ANZEIGE**, **ANZEIGE >**, **BKS SYMBOL >**, Untermenü für die Optionen

2. **Befehlsanfrage:**
   ```
   Befehl: BKSYMBOL
   Ein/AUs/ALles/Keinursprung/Ursprung <aktueller Status>:
   ```

   Optionen:
   EIN: Schaltet die Symbolanzeige ein.
   AUS: Schaltet die Symbolanzeige aus.
   AL (ALLES): Änderungen an der Symbolanzeige werden in alle Ansichtsfenster übernommen.
   K (KEIN URSPRUNG): Symbol wird immer links unten angezeigt.
   U (URSPRUNG): Symbol wird am Koordinatenursprung angezeigt.

Anmerkungen

■ Das Symbol zeigt die Richtung der X- und Y-Achsen.

■ »W« zeigt an, daß im WKS gearbeitet wird (➜ Abbildung 2.28).

■ Ein »+« zeigt an, daß das Symbol am Ursprung des Koordinatensystems liegt (➜ Abbildung 2.28, zweites Symbol von links).

■ Wird eine Box an der Kreuzung der Achsen angezeigt, wird das Koordinatensystem aus der positiven Z-Richtung betrachtet (➜ Abbildung 2.28, die beiden linken Symbole). Fehlt die Box, wird die XY-Ebene von unten betrachtet (➜ Abbildung 2.28, drittes Symbol von links).

■ Wird parallel zur XY-Ebene auf das Koordinatensystem geschaut, wird ein zerbrochener Bleistift gezeigt (➜ Abbildung 2.28). Eine Punktwahl mit dem Zeigegerät ist dann nicht möglich.

■ Wurde mit der dynamischen Ansicht (➜ 6.6) eine perspektivische Darstellung gewählt, wird ein perspektivischer Würfel angezeigt (➜ Abbildung 2.28, zweites von rechts).

■ Im Papierbereich (➜ 6.7) wird ein dreieckiges Symbol angezeigt (➜ Abbildung 2.28, rechts).

2.12

Benutzerkoordinatensysteme

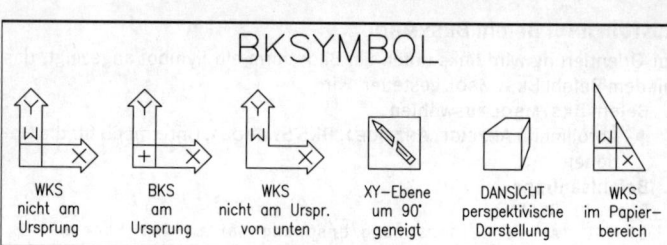

Abbildung 2.28: Verschiedene BKS-Symbole

3 Zeichenbefehle

Vorbemerkungen

Zeichenbefehle werden immer dann verwendet, wenn neue Elemente gezeichnet werden sollen. Neue Objekte werden mit den aktuellen Einstellungen gezeichnet (Layer, Farbe und Linientyp).

Gezeichnet wird mit Koordinaten. Sie werden eingegeben:

◆ als numerische Werte über die Tastatur (→ 1.13),
◆ mit der Maus oder dem Zeigegerät des Grafik-Tabletts,
◆ mit der Maus oder dem Zeigegerät des Grafik-Tabletts und dem Fangmodus (→ 2.2) als Hilfsmittel oder
◆ mit der Maus oder dem Zeigegerät des Grafik-Tabletts und dem Objektfang (→ 2.6) als Hilfsmittel.

Anmerkungen

■ Alle Punkte können auch mit 3-dimensionalen Koordinaten eingegeben werden. Die meisten 2D-Objekte können nur parallel zum aktuellen BKS konstruiert werden. Wird nur der X- und Y-Anteil der Koordinate angegeben, wird für den Z-Anteil die aktuelle Erhebung übernommen (→ 2.10). Ist die Objekthöhe größer als Null, entsteht ein 3D-Objekt, das um die Objekthöhe hochgezogen ist.

■ Alle wichtigen Zeichenbefehle befinden sich im Werkzeugkasten **ZEICHNEN**. Beim Zeichnen und Konstruieren ist es sinnvoll, diesen einzuschalten. Nach der Installation befindet sich der Werkzeugkasten angedockt am linken Rand der Zeichenfläche.

3.1 Punkt

In einer Zeichnung lassen sich Punkte setzen, auf die beim Konstruieren mit dem Objektfang **Punkt** zugegriffen werden kann.

Ausführung: Befehl **Punkt**

Der Befehl **Punkt** wird verwendet, um Punkte in der Zeichnung zu setzen.

1. **Befehl Punkt auswählen**
   - ◆ Abrollmenü **Zeichnen**, **Punkt** ›, Einzelner **Punkt** bzw. **Mehrere Punkte** (im Wiederholmodus)
   - ◆ Tablettfeld **09**
   - ◆ Symbol im Werkzeugkasten **Zeichnen**
2. **Befehlsanfrage:**
   `Befehl: PUNKT`
   `Punkt:`
   Punkteingabe durch Koordinatenwerte oder Zeigegerät.

Anmerkungen

- Punkte sind in der Zeichnung kaum sichtbar. Sie können als Konstruktionshilfen verwendet werden. Sie lassen sich aber durch spezielle Markierungssymbole sichtbar machen. Der Objektfang Punkt (→ 2.6) läßt sich auf Punkte anwenden.
- Durch Veränderung zweier Systemvariablen (→ 8.6) läßt sich das Aussehen der Punkte verändern: **Pdmode** bestimmt die Form der verwendeten Punktsymbole (siehe dazu auch das Dialogfenster in Abbildung 3.1).
- Die Systemvariable **Pdsize** legt die Größe der Punktsymbole fest. Ein positiver Wert gibt die absolute Größe an, ein negativer eine Prozentzahl, die das Verhältnis zur Bildschirmgröße angibt. Die Symbole werden dann immer, unabhängig vom Zoomfaktor, gleich groß dargestellt.
- Größe und Form bereits gezeichneter Symbole werden erst bei der nächsten Regenerierung an die neuen Einstellungen angepaßt.

Ausführung: Befehl **Ddptype**

Mit dem Befehl **Ddptype** wird ein Dialogfenster aktiviert, in dem Form und Größe des Punktsymbols festgelegt wird. Damit werden die Systemvariablen **Pdmode** und **Pdsize** übersichtlich eingestellt.

1. **Befehl Ddptype auswählen**
   - ◆ Abrollmenü **Format**, **Punktstil...**
   - ◆ Tablettfeld **U1**
- Gewünschtes Symbol anklicken.

■ **Größe einstellen:** Wert eingeben und mit den Schaltern festlegen, ob der Wert in Prozent zur Bildschirmhöhe interpretiert wird (Größe proportional zum Bildschirm) oder als Größe in Zeichnungseinheiten.

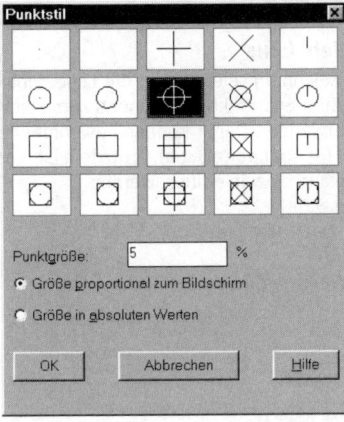

Abbildung 3.1: Dialogfenster zur Auswahl der Punktsymbole

3.2 Liniensegmente

Liniensegmente lassen sich mit den Befehlen **LINIE**, **DLINIE**, **KLINIE** und **STRAHL** erzeugen. Der Befehl **BAND** erzeugt breite Liniensegmente. Mit dem Befehl **SKIZZE** können Freihandlinien gezeichnet werden.

Ausführung: Befehl LINIE

Das elementarste Zeichnungselement ist die Linie. Liniensegmente werden durch die Eingabe ihrer Endpunkte gezeichnet. Zum Zeichnen von Linien wird der Befehl **LINIE** verwendet. Damit können zusammenhängende Linienzüge gezeichnet werden (→ Abbildung 3.2 a). Trotzdem ist jedes Segment ein einzelnes Objekt und kann einzeln editiert werden.

1. Befehl **LINIE** auswählen
   ◆ Abrollmenü **ZEICHNEN**, **LINIE**
   ◆ Tablettfeld **J10**
   ◆ Symbol im Werkzeugkasten **ZEICHNEN**

2. Befehlsanfrage:
```
Befehl: LINIE
Von Punkt:
Nach Punkt:
```

Optionen:

PUNKTEINGABE: Neues Liniensegment anfügen. Vom jeweils letzten Punkt wird eine Gummibandlinie gezogen (→ Abb. 3.2, a).

W (WEITER): Wird bei der ersten Punktabfrage diese Option oder ⏎ eingegeben, wird der Linienzug am zuletzt gezeichneten Punkt angesetzt.

Z (ZURÜCK): Löscht das zuletzt gezeichnete Liniensegment.

S (SCHLIESSEN): Schließt die Linienfolge zu einem Polygon.

⏎ : Beendet den Linienzug.

Ausführung: Befehl KLINIE

Mit dem Befehl **KLINIE** lassen sich Hilfslinien (Konstruktionslinien) auf verschiedene Arten erzeugen. Dabei handelt es sich um spezielle Zeichenobjekte, die ohne Anfang und Ende über den gesamten Zeichenbereich gehen und als Hilfsliniennetz zur Konstruktion von Zeichnungsobjekten verwendet werden können (→ Abb. 3.2, b).

1. Befehl **KLINIE** auswählen
   ◆ Abrollmenü **ZEICHNEN**, **KONSTRUKTIONSLINIE**
   ◆ Tablettfeld **L10**
   ◆ Symbol im Werkzeugkasten **ZEICHNEN**

2. Befehlsanfrage:

```
Befehl: KLINIE
HOr/Ver/Win/HAlb/Abstand/<von Punkt>:
```

Optionen:

PUNKTEINGABE: Zeichnet Konstruktionslinien durch diesen und weitere Punkte, die danach abgefragt werden.

HO (HORIZONTAL): Zeichnet horizontale Konstruktionslinien durch einen Punkt.

V (VERTIKAL): Zeichnet vertikale Konstruktionslinien durch einen Punkt.

W (WINKEL): Zeichnet Konstruktionslinien unter einem vorgegebenen Winkel durch wählbare Punkte.

```
HOr/Ver/Win/HAlb/Abstand/<von Punkt>: W
Bezug/<Winkel eingeben (0.0000)>:
```

Der Winkel kann numerisch eingegeben werden. Mit der Option **BEZUG** läßt sich ein Liniensegment wählen und ein Winkelwert eingeben. Der Winkel der Konstruktionslinien ist gleich dem Winkel des Liniensegments plus dem eingegebenen Wert.

HA (WINKELHALBIERENDE): Zeichnet winkelhalbierende Konstruktionslinien. Vorgegeben werden muß ein Punkt für den Winkel-Scheitelpunkt und den Winkel-Startpunkt. Jeder Winkel-Endpunkt erzeugt eine neue Winkelhalbierende.

A (ABSTAND): Zeichnet Konstruktionslinien in einem bestimmten Abstand:

```
HOr/Ver/Win/HAlb/Abstand/<von Punkt>: A
Abstand oder durch Punkt <durch Punkt>: Abstand eingeben
z.B. 5
Linienobjekt wählen:
Zu versetzende Seite?
Linienobjekt wählen:
Zu versetzende Seite?usw.
```

oder durch einen Punkt:

```
HOr/Ver/Win/HAlb/Abstand/<von Punkt>: A
Abstand oder durch Punkt <durch Punkt>: P
Linienobjekt wählen:
Durch Punkt:
Linienobjekt wählen:
Durch Punkt:    usw.
```

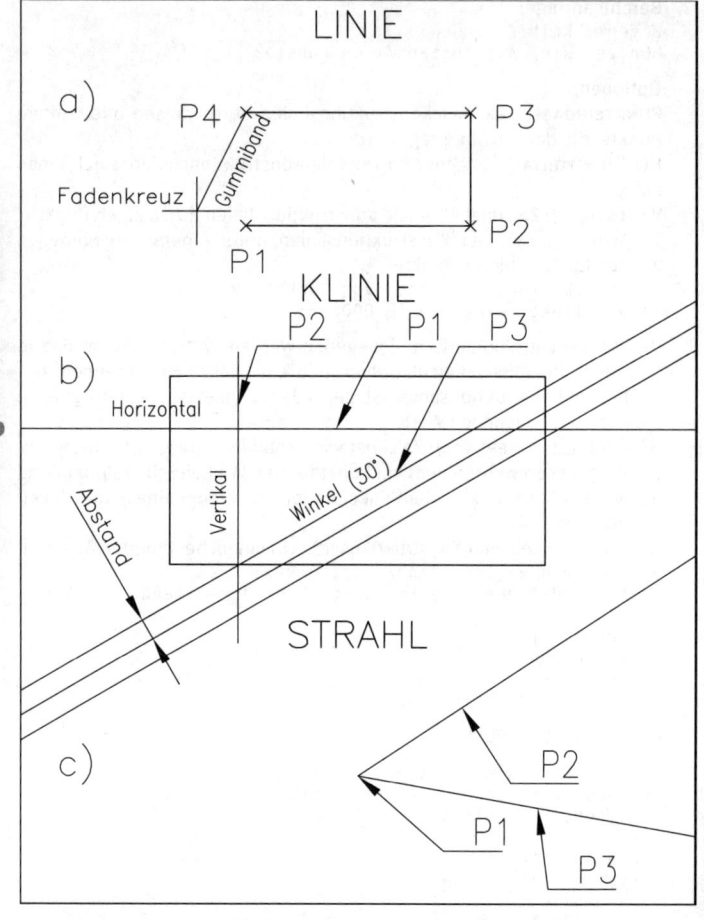

Abbildung 3.2: Beispiele zu den Befehlen LINIE, KLINIE und STRAHL

Anmerkung

■ Nachdem eine Option beim Befehl **Klinie** gewählt wurde, bleibt der Befehl im Wiederholmodus. Jede Eingabe erzeugt eine neue Konstruktionslinie. ⏎ beendet die Eingabe.

Ausführung: Befehl **Strahl**

Mit dem Befehl **Strahl** lassen sich Hilfslinien (Konstruktionslinien) von einem Punkt ausgehend zeichnen. Ein Strahl beginnt in einem Punkt und geht bis ins unendliche (→ Abbildung 3.2, c).

1. Befehl **Strahl** auswählen
   ◆ Abrollmenü **Zeichnen**, **Strahl**
   ◆ Tablettfeld **K10**
2. Befehlsanfrage:
```
Befehl: STRAHL
Von Punkt:
Durch Punkt:
Durch Punkt:usw.
```

Anmerkung

■ Zeichnet eine Schar von Strahlen vom Startpunkt durch die eingegebenen Punkte. Jede Eingabe erzeugt einen neuen Strahl. ⏎ beendet die Eingabe.

Ausführung: Befehl **Band**

Der Befehl **Band** dient zur Konstruktion von Liniensegmenten mit einer wählbaren Breite.

1. Befehl **Band** auswählen
   ◆ Auf der Tastatur eingeben
2. Befehlsanfrage:
```
Befehl: BAND
Bandbreite <aktuell>:
Von Punkt:
Nach Punkt:
Nach Punkt:
```

Mit der ersten Anfrage wird die Breite des Bandes festgelegt. Daraufhin werden in Folge die Koordinaten der Endpunkte der Liniensegmente eingegeben. Der Befehl wird mit ⏎ abgeschlossen.

Anmerkungen

■ Die Endpunkte der Segmente liegen auf der Mittelline.
■ Die Bandbreite ist für das ganze Band konstant.

- Zu beachten ist, daß ein Segment erst gezeichnet wird, wenn der Endpunkt des nächsten Segmentes festgelegt wurde.
- Die Trennlinien der Segmente werden automatisch ermittelt.
- Anfang und Ende des Bandes sind rechtwinklig.
- Ist der Füllmodus ausgeschaltet, werden Bänder nur mit Rand- und Trennlinien gezeichnet, ansonsten ausgefüllt.
- Wird der Modus gewechselt, werden die bereits existierenden Elemente erst nach der nächsten Regenerierung neu gezeichnet.

Ausführung: Befehl FÜLLEN

Mit dem Befehl FÜLLEN kann festgelegt werden, ob Bänder, 2D-Polylinien, Ringe (→ 3.5) und Solid-Flächen (→ 3.6) ausgefüllt oder nur mit Rand- und Verbindungslinien dargestellt werden sollen.

1. **Befehl FÜLLEN auswählen**
   - Auf der Tastatur eingeben
   - Mit dem Schalter FLÄCHENFÜLLUNG im Dialogfenster des Befehls DDRMODI (→ 2.5)
2. **Befehlsanfrage:**
   ```
   Befehl: FÜLLEN
   EIN/AUS <aktueller Modus>:
   ```

Anmerkung

- Wird der Modus umgeschaltet, erscheinen bereits gezeichnete Objekte erst nach einer Regenerierung im anderen Modus.
- Schraffuren und Füllflächen (→ 3.12) lassen sich ebenfalls mit dem Befehl ein- und ausschalten.
- Die Befehle PLINIE (→ 3.5) und MLINIE (→ 3.8) ersetzen den Befehl BAND, sie sind wesentlich flexibler und vielseitiger einsetzbar.

Ausführung: Befehl SKIZZE

Mit dem Befehl SKIZZE lassen sich Freihandlinien zeichnen.

1. **Befehl SKIZZE auswählen**
   - Auf der Tastatur eingeben
2. **Befehlsanfrage:**
   ```
   Befehl: SKIZZE
   Skizziergenauigkeit <aktueller Wert>:
   Skizzieren. Feder eXit Quit Speichern Löschen Verbinden.
   ```

Bei der ersten Anfrage wird die Skizziergenauigkeit in Zeichnungseinheiten abgefragt. Abbildung 3.3, a und b zeigt Freihandlinien mit unterschiedlicher Skizziergenauigkeit.

Optionen:

F (FEDER): Die Feder ist das Zeichengerät beim Skizzieren. Sie kann mit der Taste ⌨ oder dem Pick-Knopf gehoben und gesenkt werden. In gesenktem Zustand kann damit gezeichnet werden. Skizzierte Linien werden erst gespeichert, wenn der Befehl beendet oder Option **S (SPEICHERN)** gewählt wird.

X (EXIT): Speichern und Beenden des Befehls **SKIZZE**.

Q (QUIT): Ignorieren aller Linien seit dem letzten Speichern und Beenden.

S (SPEICHERN): Speichert die skizzierten Linien.

L (LÖSCHEN): Löscht alle nicht gespeicherten Linien bis zum Fadenkreuz.

V (VERBINDEN): Setzt am Endpunkt der skizzierten Linien an.

. (PUNKT): Bei gehobener Feder wird eine Linie vom Endpunkt der Skizze zum Fadenkreuz gezogen (→ Abbildung 3.3, c).

Anmerkungen

■ Bei gesenkter Feder wird jede Bewegung des Fadenkreuzes übernommen. Optionen können nur mit gehobener Feder oder durch Tastatur gewählt werden.

■ Wird die Systemvariable **SKPOLY** auf den Wert 1 gesetzt, werden Polylinien erzeugt. Hat sie den Wert 0, werden Liniensegemente erzeugt.

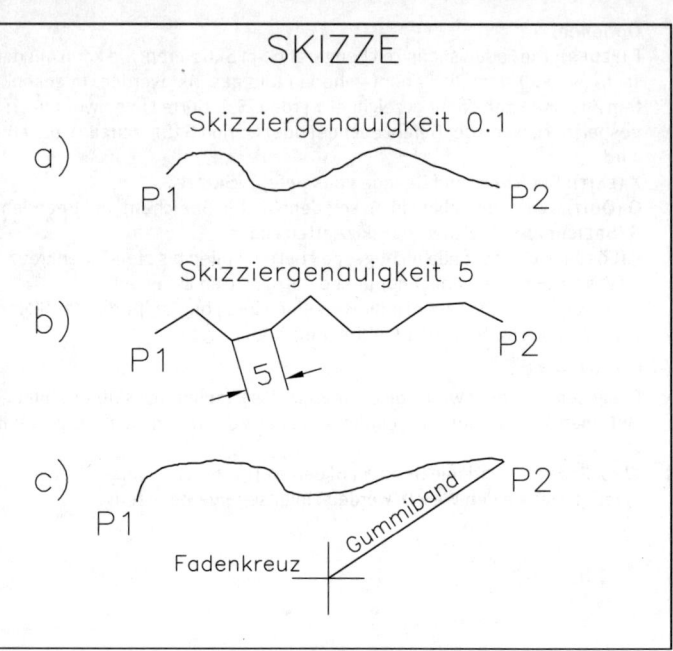

Abbildung 3.3: Beispiele zum Skizzieren

3.3 Kreise und Bögen

Für Kreise und Bögen stehen zwei Befehle mit verschiedenen Optionen für vielfältige Konstruktionsmöglichkeiten zur Verfügung.

Ausführung: Befehl KREIS

Zum Zeichnen von Kreisen stehen vier Methoden zur Auswahl. Alle Varianten werden mit dem Befehl KREIS aktiviert.

1. Befehl KREIS auswählen
   ◆ Abrollmenü ZEICHNEN, KREIS >, Untermenü für die Optionen
   ◆ Tablettfeld J9
   ◆ Symbol im Werkzeugkasten ZEICHNEN

2. Befehlsanfrage:
```
Befehl: Kreis
3P/2P/TTR/<Mittelpunkt>:
```

Optionen:

PUNKTEINGABE: Der eingegebene Punkt wird als Mittelpunkt interpretiert. Danach muß der Radius oder der Durchmesser festgelegt werden.
```
Durchmesser/<Radius>:
```
Der Wert für den Radius kann sofort eingegeben werden. Soll mit dem Durchmesser gezeichnet werden, muß zuerst die Option D (DURCHMESSER) und dann der Wert dafür angegeben werden (➜ Abbildung 3.4, a und b). Radius und Durchmesser können als numerische Werte oder als Koordinaten bzw. Punkte eingegeben werden. Dabei wird der Abstand vom Mittelpunkt bis zu der Koordinate als Radius bzw. Durchmesser genommen.

2P (2-PUNKTE-KREIS): Zur Bestimmung des Kreises werden 2 Durchmesserendpunkte abgefragt (➜ Abbildung 3.4, c).

3P (3-PUNKTE-KREIS): Zur Bestimmung des Kreises werden 3 Punkte auf der Peripherie abgefragt (➜ Abbildung 3.4, d).

TTR (TANGENTE-TANGENTE-RADIUS): Es werden 2 Linien (und/oder Kreise) und ein Radius abgefragt. Die Linien bilden die Tangenten für den zu konstruierenden Kreis. Bei der Wahl wird der Objektfang TAN (➜ 2.6) automatisch aktiviert. Der Kreis berührt die Elemente tangential und wird mit dem vorgegebenen Radius gezeichnet (➜ Abbildung 3.4, c).

Anmerkung

■ Im Abrollmenü ZEICHNEN sind die Methoden in einem Untermenü direkt anwählbar. Zusätzlich ist dort auch die Methode TAN,TAN,TAN zu finden. Dabei handelt es sich um eine Variante der Dreipunktmethode, bei der bei jedem Punkt der Objektfang TANGENTE aktiviert wird. Damit lassen sich Inkreise zeichnen (➜ Abbildung 3.4, f).

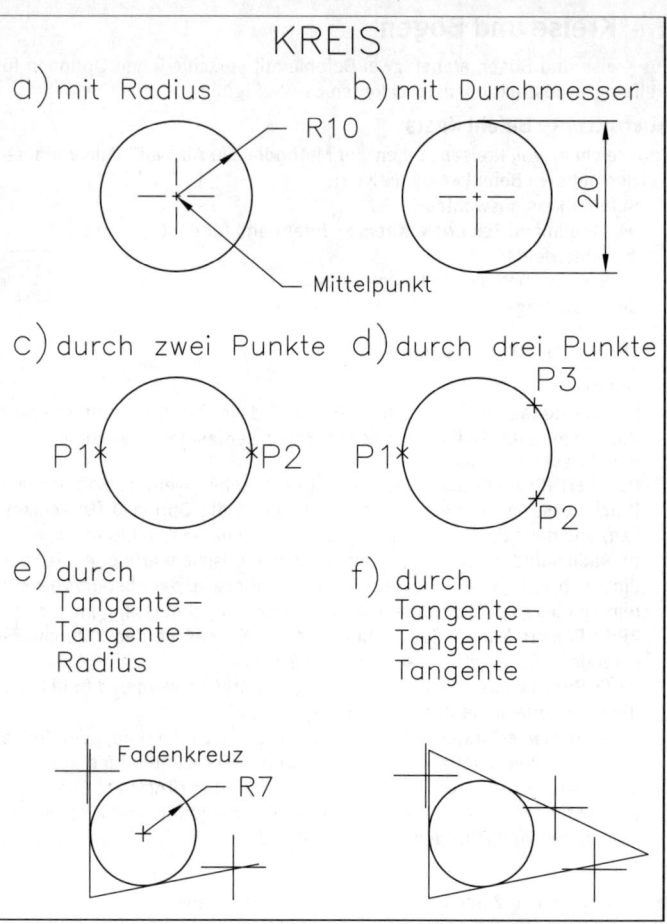

Abbildung 3.4: Konstruktionsmethoden beim Befehl KREIS

Ausführung: Befehl Bogen

Zur Konstruktion von Bögen (Teilkreise) stehen verschiedenste Konstruktionsmethoden zur Verfügung. Alle Varianten werden mit dem Befehl Bogen aktiviert.

1. **Befehl Bogen auswählen**
   ◆ Abrollmenü Zeichnen, Bogen >, Untermenü für die Optionen
   ◆ Tablettfeld **R10**
   ◆ Symbol im Werkzeugkasten Zeichnen

   Die 3-Punkte-Methode ist die Standard-Variante:

2. **Befehlsanfrage:**
   ```
   Befehl: BOGEN
   Mittelpunkt/<Startpunkt>:
   Mittelpunkt/Endpunkt/<Zweiter Punkt>:
   Endpunkt:
   ```

   Konstruktionsmethoden:
   Für die Standardmethode sind 3 Punkte notwendig, der Startpunkt, ein zweiter Punkt und der Endpunkt des Bogens.

   Bei den anderen Varianten muß vor der Punkteingabe die entsprechende Option (Kurzzeichen), gefolgt von ⏎, eingegeben werden. Die Option legt die Größe fest, die als nächstes eingegeben werden soll.

   Aus den Parametern und deren Eingabereihenfolge lassen sich die verschiedensten Konstruktionsmethoden ableiten. Im Abrollmenü und im Werkzeugkasten für den Befehl Bogen werden 11 verschiedene Methoden angeboten.

   3-Punkte-Bogen: Bogen aus Startpunkt, zweitem Punkt und Endpunkt (➔ oben und Abbildung 3.5, a).

   Startpunkt, Mittelpunkt, Endpunkt: Eingabe von Startpunkt, Mittelpunkt und Endpunkt. Beim Endpunkt reicht die Angabe des Endpunktes der Winkellinie, auf der der Endpunkt liegen soll (➔ Abbildung 3.5, b).

   Startpunkt, Mittelpunkt, Winkel: Eingabe von Startpunkt, Mittelpunkt und dem eingeschlossenen Winkel. Positive Winkel erzeugen den Bogen gegen den Uhrzeigersinn, negative im Uhrzeigersinn (➔ Abbildung 3.5, c).

   Startpunkt, Mittelpunkt, Sehnenlänge: Eingabe von Start- und Mittelpunkt und der Länge der Sehne des Bogens. Bei positiver Sehnenlänge wird der kleinere Bogen erzeugt, bei negativer der größere (➔ Abbildung 3.6, a).

   Startpunkt, Endpunkt, Radius: Eingabe von Startpunkt, Endpunkt und Radius. Bei positivem Radius wird der kleinere Bogen gezeichnet, bei negativem der größere (➔ Abbildung 3.6, b).

STARTPUNKT, ENDPUNKT, WINKEL: Eingabe von Startpunkt, Endpunkt und Winkel. Positive Winkel erzeugen Bögen gegen den Uhrzeigersinn, negative im Uhrzeigersinn (→ Abbildung 3.6, c).

STARTPUNKT, ENDPUNKT, RICHTUNG: Eingabe von Startpunkt, Endpunkt und Startrichtung des Bogens. Die Richtung gibt die tangentiale Startrichtung vor (→ 3.7, a). Sie kann als Koordinate oder Winkeleingabe festgelegt werden.

MITTELPUNKT, STARTPUNKT, ENDPUNKT

MITTELPUNKT, STARTPUNKT, WINKEL

MITTELPUNKT, STARTPUNKT, SEHNENLÄNGE

Wie oben, nur andere Eingabereihenfolgen.

WEITER: Setzt tangential an den letzten Bogen oder die letzte Linie an. Es muß nur noch der Endpunkt angegeben werden (→ Abbildung 3.7, b).

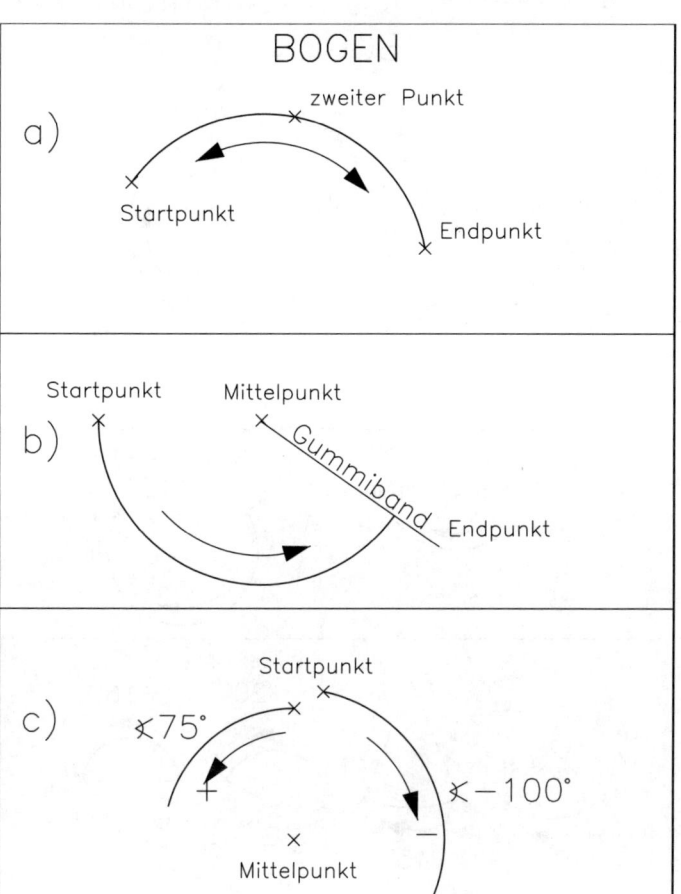

Abbildung 3.5: Bogenkonstruktionen 1

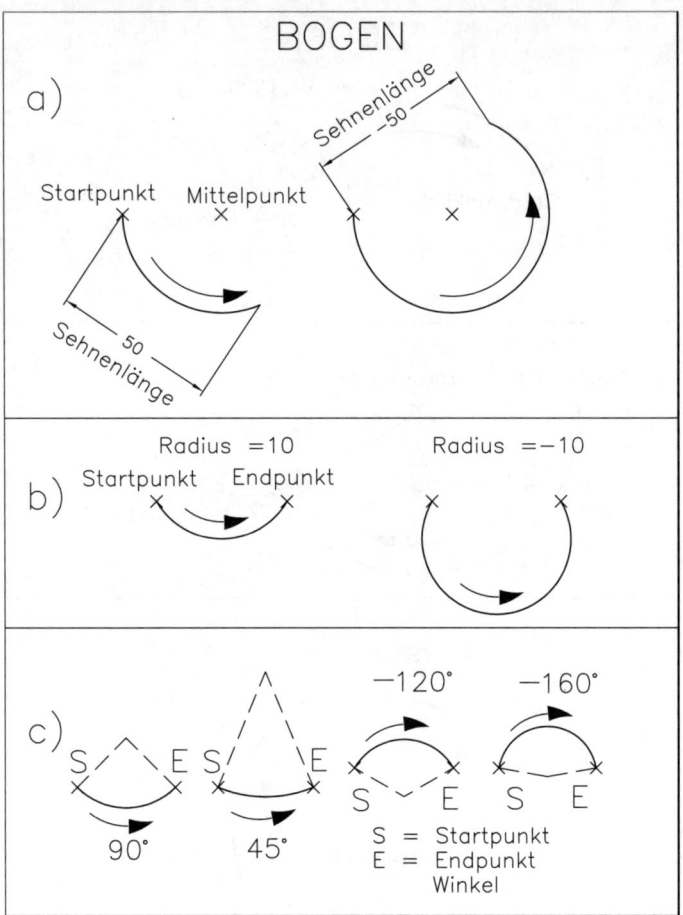

Abbildung 3.6: Bogenkonstruktionen 2

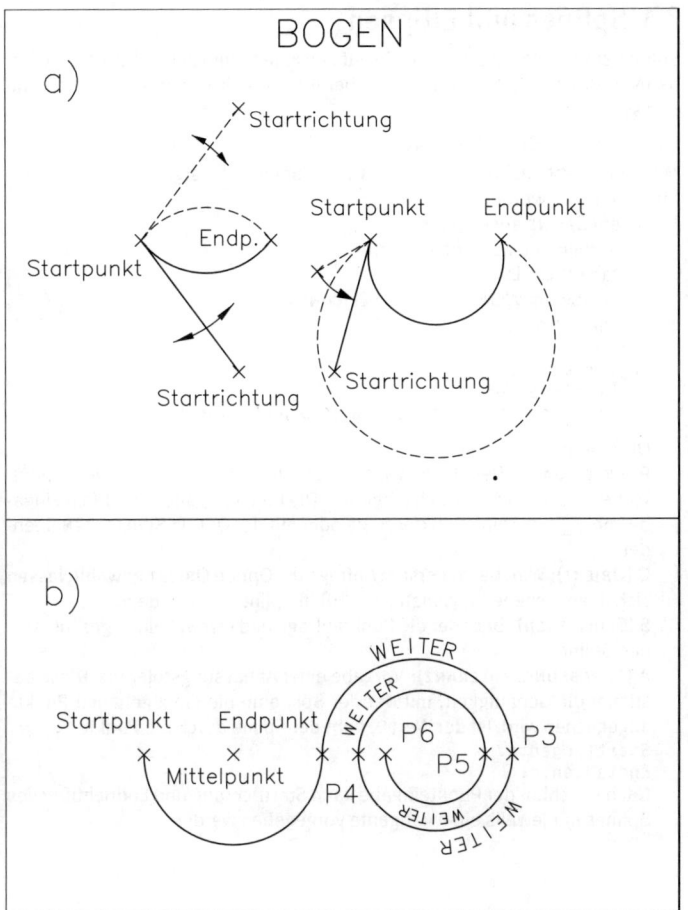

Abbildung 3.7: Bogenkonstruktionen 3

3.4 Splines und Ellipsen

Splines sind geglättete Kurven, die auf den Funktionen der NURBS-Mathematik (Non-Uniform Rational B-Spline) beruhen. Damit lassen sich Kurven und Ellipsen zeichnen.

Ausführung: Befehl Spline

Mit dem Befehl **Spline** können geglättete Kurven mit festgelegten Stützpunkten gezeichnet werden.

1. Befehl **Spline** auswählen
   ◆ Abrollmenü **Zeichnen**, **Spline**
   ◆ Tablettfeld **L9**
   ◆ Symbol im Werkzeugkasten **Zeichnen**

2. Befehlsanfrage:
```
Befehl: Spline
Objekt/<erster Punkt>:
Punkt eingeben:
Schliessen/Anpassungstoleranz/<Punkt eingeben>:
```

Optionen:

Punkteingabe: Der Punkt wird als Stützpunkt des Splines verwendet. Weitere Punkte lassen sich eingeben. Die Punkteingabe wird durch Eingabe von ⏎ auf eine Punktanfrage oder mit der Option **Schliessen** beendet.

O (Objekt): Wird bei der ersten Anfrage die Option **Objekt** gewählt, lassen sich angeglichene Polylinien (➔ 4.10) in Splines umwandeln.

S (Schliessen): Beendet die Punktanfrage und erzeugt einen geschlossenen Spline.

A (Anpassungstoleranz): Vorgabe einer Anpassungstoleranz. Diese bestimmt die Genauigkeit, mit der der Spline an die eingegebenen Punkte angeglichen wird. Ist der Wert 0, geht der Spline durch die Punkte.
```
Starttangente:
Endtangente:
```
Nach Abschluß der Punkteingabe kann Startrichtung und Endrichtung des Splines mit jeweils einer Tangente vorgegeben werden.

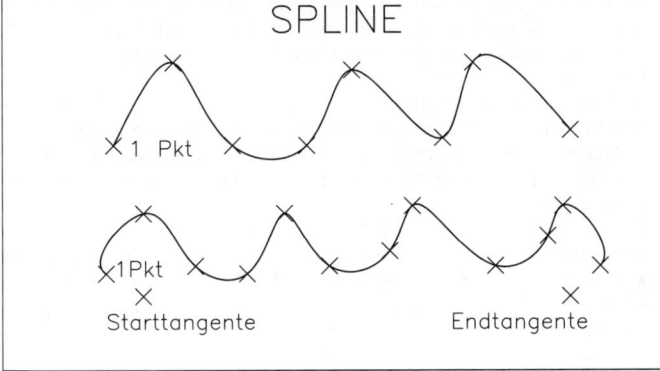

Abbildung 3.8: Kurven mit dem Befehl SPLINE

Ausführung: Befehl ELLIPSE

Ellipsen können auf verschiedene Arten mit dem Befehl **ELLIPSE** konstruiert werden. Sie werden aus Spline-Kurven erzeugt. Ist die Systemvariable **PEL-LIPSE** auf den Wert 1 gesetzt, werden Ellipsen aus Polylinienbögen gezeichnet (wie in AutoCAD 12 bzw. AutoCAD LT 2.0 oder in früheren Versionen).

1. **Befehl ELLIPSE auswählen**
   - ◆ Abrollmenü **ZEICHNEN, ELLIPSE >,** Untermenü für die Optionen
   - ◆ Tablettfeld **M9**
   - ◆ Symbol im Werkzeugkasten **ZEICHNEN**

2. **Standardmethode:**
   ```
   Befehl: ELLIPSE
   Bogen/Mittelpunkt/<Achsenendpunkt 1>:
   Achsenendpunkt 2:
   Drehung/<Abstand der anderen Achse>:
   ```
   Wird bei der ersten Anfrage ein Punkt eingegeben, wird dieser als Achsenendpunkt interpretiert. Die Option **MITTELPUNKT** bei der ersten Anfrage schaltet auf die andere Konstruktionsmethode um (→ unten). Mit der nächsten Anfrage wird der zweite Endpunkt der ersten Achse festgelegt. Die dritte Anfrage ermittelt die halbe Länge der anderen Achse (→ Abbildung 3.9, a).
   Wird bei dieser Anfrage die Option **DREHUNG** gewählt, kommt eine weitere Anfrage:
   ```
   Drehung um Hauptachse:
   ```

131

Die zuerst festgelegte Achse wird in diesem Fall als Durchmesserlinie eines Kreises behandelt, der, um einen Winkel von 0 bis 89,4 Grad gedreht, auf die Zeichenebene projiziert wird (→ Abbildung 3.9, b). Der Winkelwert kann eingegeben werden.

■ **Zeichnen von Ellipsenbögen:**

Wird bei der ersten Anfrage die Option **BOGEN** angewählt, arbeitet der Befehl normal weiter. Am Schluß wird noch ein Start- und Endwinkel für den Bogen angefragt und ein Ellipsenbogen gezeichnet (→ Abbildung 3.9, d).

```
Parameter/<Start Winkel>:
Parameter/Eingeschlossen/<Ende Winkel>:
```

Statt des Endwinkels kann auch der eingeschlossene Winkel angegeben werden. Die Option **PARAMETER** verlangt die gleiche Eingabe wie bei den Winkeln, der elliptische Bogen wird jedoch mit Hilfe der folgenden parametrischen Vektorgleichung erzeugt:

$$p(u) = c + a* \cos(u) + b* \sin(u)$$

Dabei ist c der Mittelpunkt der Ellipse, a und b sind die Haupt- bzw. Nebenachse.

■ **Angabe von Mittelpunkt und zwei Achsen:**

```
Bogen/Mittelpunkt/<Achsenendpunkt 1>: M
Mittelpunkt der Ellipse:
Achsenendpunkt:
<Abstand der anderen Achse>/Drehung:
```

Wird bei der ersten Anfrage die Option **MITTELPUNKT** gewählt, wird die Ellipse durch den Mittelpunkt und die Achsenendpunkte festgelegt (→ Abbildung 3.9, c). Auch hier kann bei der letzten Anfrage die Option **DREHUNG** gewählt werden (→ oben).

■ **Im eingeschaltetem isometrischem Fangmodus:**

Ist der isometrisch Fangmodus eingeschaltet (→ 2.3), kann der Befehl **ELLIPSE** auch dazu benützt werden, um in isometrischen Darstellungen Kreise zu zeichnen. Diese werden dann als Ellipsen dargestellt. Die erste Anfrage beim Befehl **ELLIPSE** ändert sich:

```
Befehl: Ellipse
Bogen/Mittelpunkt/Isokreis/<Achsenendpunkt 1>:
```

Bei der Wahl der Option **I (ISOKREIS)** wird angefragt:

```
Kreismittelpunkt:
<Kreisradius>/Durchmesser:
```

Eingegeben werden die Maße des Kreises, wie er in der Draufsicht erscheinen würde. Der Kreis wird in der Zeichnung als Ellipse auf der momentan aktiven isometrischen Zeichnungsebene gezeichnet (→ 2.3). Abbildung 3.9, e zeigt 3 Kreise auf den verschiedenen isometrischen Ebenen.

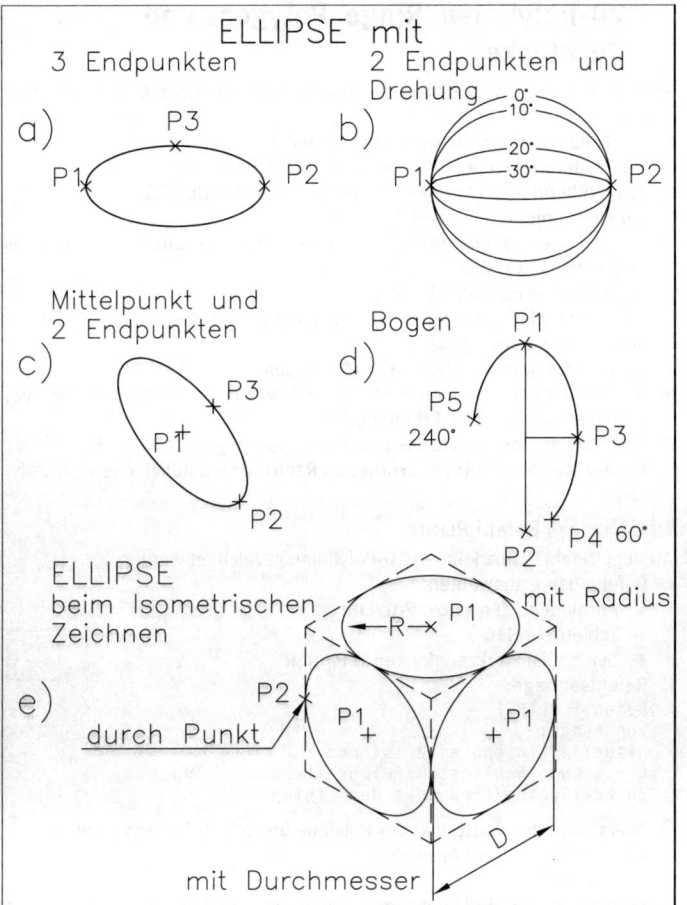

ELLIPSE mit

3 Endpunkten

a) P1 ×————— P3 ×—————× P2

2 Endpunkten und Drehung

b) 0° 10° 20° 30° P1 ×—————× P2

Mittelpunkt und 2 Endpunkten

c) P3 × P1 ＋ P2 ×

Bogen

d) P1 × P5 × 240° P3 × P4 60° P2 ×

ELLIPSE beim Isometrischen Zeichnen

e) durch Punkt

mit Radius ←—R—× P1

P2 × P1 ＋ P1 ＋

mit Durchmesser D

Abbildung 3.9: Beispiele zum Befehl **ELLIPSE**

3.5 2D-Polylinien, Ringe, Polygone und Rechtecke

Die Polylinie ist das vielseitigste Zeichnungselement in AutoCAD 14. Polylinien können:

- aus Linien- und Bogensegmenten bestehen,
- in Linienbreite 0 oder mit einer Breite gezeichnet werden,
- ausgefüllt oder nicht ausgefüllt werden (→ Füllmodus 3.2),
- mit allen Linientypen gezeichnet werden,
- konisch oder parallel gezeichnet werden, Anfangs- und Endbreite jedes Segments ist wählbar,
- geschlossene Elemente bilden,
- insgesamt oder an einzelnen Scheiteln editiert werden,
- durch eine Kurve angenähert werden,
- abgerundet oder facettiert (→ 4.10) werden.
- Jeder Stützpunkt kann nur durch X- und Y-Koordinaten festgelegt werden, sie haben alle dieselbe Erhebung.
- Eine Berechnung von Fläche und Umfang ist möglich.
- Mit den Befehlen RING, POLYGON und RECHTECK entstehen ebenfalls Polylinien.

Ausführung: Befehl PLINIE

Mit dem Befehl PLINIE können 2D-Polylinien gezeichnet werden.

1. **Befehl PLINIE auswählen**
   - ◆ Abrollmenü ZEICHNEN, POLYLINIE
   - ◆ Tablettfeld **N10**
   - ◆ Symbol im Werkzeugkasten ZEICHNEN

2. **Befehlsanfrage:**
   ```
   Befehl: PLINIE
   Von Punkt:
   Aktuelle Linienbreite ist nnn
   Kreisbogen/Schliessen/Halbbreite/sehnenLänge/
   Zurück/Breite/<Endpunkt der Linie>:
   ```

Zuerst wird der Startpunkt der Polylinie festgelegt. Danach steht eine Liste von Optionen zur Auswahl.

Optionen:

PUNKTEINGABE: Ein Liniensegment wird vom letzten zum eingegebenen Punkt mit der aktuellen Start- und Endbreite gezeichnet. Die Punkte liegen bei breiten Segmenten in der Mitte.

K (KREISBOGEN): Schaltet in den Kreisbogenmodus um.

S (SCHLIESSEN): Verbindet den zuletzt eingegebenen Punkt mit dem Start-punkt.

L (SEHNENLÄNGE): Ein Liniensegment mit wählbarer Länge wird im glei-chen Winkel an das letzte Segment angehängt. War das letzte Segment ein Kreisbogen, wird tangential angesetzt, und die Längenangabe ent-spricht der Sehnenlänge.

Z (ZURÜCK): Nimmt das zuletzt eingegebene Element zurück.

B (BREITE): Eine Anfangs- und Endbreite kann für das nachfolgende Seg-ment festgelegt werden. Die Breite 0 entspricht normalen Linien, andere Werte ergeben Bänder. Die Bänder werden ausgefüllt gezeichnet, wenn der Füllmodus eingeschaltet ist (→ 3.2). Ansonsten werden nur die Rand-linien gezeichnet. Werden Anfangs- und Endbreite auf denselben Wert festgesetzt, ergeben sich parallele Bänder (→ Abbildung 3.10, a), bei un-terschiedlichen Werten konische (→ Abbildung 3.10, a und b).

H (HALBBREITE): Wie Option **B (BREITE)**, nur daß die Halbbreite angegeben werden kann (→ Abbildung 3.10, c).

Ausführung: Befehl PLINIE mit Option K (KREISBOGEN)

Wird die Option **K (KREISBOGEN)** gewählt, können der Polylinie Kreisbogen-segmente angehängt werden. Die Methoden entsprechen denen beim Befehl **BOGEN**. Sie stehen jedoch nicht per Menü zur Verfügung. Durch Wahl der ent-sprechenden Optionen kann aber wie beim Befehl **BOGEN** konstruiert werden. Eine Reihe von Unteroptionen stehen zur Auswahl:

```
Winkel/Mittelpunkt/Schliessen/RIchtung/Halbbreite/LInie/
RAdius/zweiter Pkt/Zurück/Breite/<Endpunkt des Bogens>:
```

Optionen:

PUNKTEINGABE: Der Punkt wird zum Bogenendpunkt. Der Bogen verläuft tangential zum letzten Element.

W (WINKEL): Vorgabe des Spannwinkels des Bogens, daraufhin wird Mit-telpunkt, Radius oder Endpunkt verlangt.

M (MITTELPUNKT): Normalerweise wird ein Bogen tangential an das letzte Segment angefügt. Ist dies nicht gewünscht, kann mit dieser Option ein unabhängiger Mittelpunkt sowie der Winkel, die Sehnenlänge oder der Endpunkt eingegeben werden.

S (SCHLIESSEN): Schließen der Polylinie mit einem Kreisbogen, der tan-gential an das letzte Segment anschließt.

RI (RIchtung): Startrichtung und Endpunkt des Bogens kann gewählt werden, die Richtung wird als Koordinate oder als Winkel festgelegt.

LI (LINIE): Umschaltung in den Linienmodus.

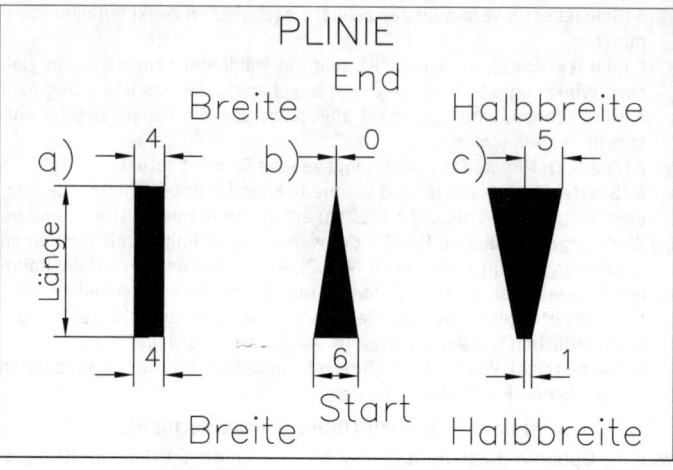

Abbildung 3.10: Beispiele zum Befehl PLINIE

RA (RADIUS): Vorgabe des Bogenradius. Zusätzlich wird der eingeschlossene Winkel oder der Endpunkt verlangt.

P (ZWEITER PUNKT): Vorgabe eines zweiten und des Endpunktes für einen 3-Punkte-Bogen.

Die Optionen **B (BREITE)**, **H (HALBBREITE)** und **Z (ZURÜCK)** haben dieselbe Wirkung wie im Linienmodus.

Ausführung: Befehl RING

Mit dem Befehl RING können ausgefüllte und nicht ausgefüllte Ringe mit Innen- und Außendurchmesser gezeichnet werden.

1. **Befehl RING auswählen**
   - ◆ Abrollmenü ZEICHNEN, RING
   - ◆ Tablettfeld **K9**

2. **Befehlsanfrage:**
   ```
   Befehl: RING
   Innendurchmesser <aktuell>:
   Aussendurchmesser <aktuell>:
   Ringmittelpunkt:
   ```

Durch die drei Anfragen wird die Geometrie bestimmt (→ Abbildung 3.11).

- Der Befehl arbeitet im Wiederholmodus.
- Es werden zwei geschlossene Polylinien-Kreisbogensegmente mit konstanter Breite erzeugt.
- Wird der Innendurchmesser auf 0 gesetzt, wird ein ausgefüllter Kreis gezeichnet.
- Ist der Füllmodus mit dem Befehl **FÜLLEN** (→ 3.2) eingeschaltet worden, wird der Ring ausgefüllt gezeichnet. Bei ausgeschaltetem Füllmodus werden die Segmente nicht ausgefüllt gezeichnet.

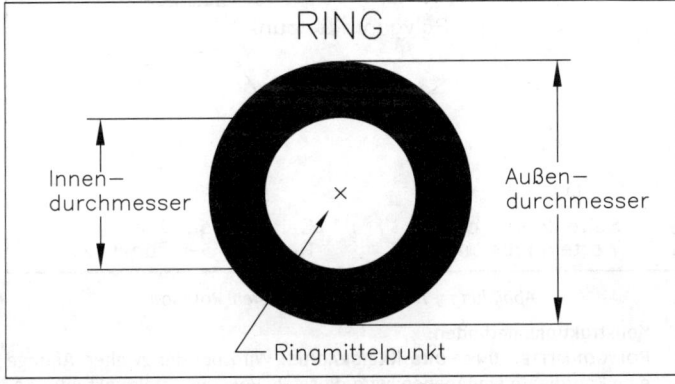

Abbildung 3.11: Beispiele zum Befehl RING

Ausführung: Befehl POLYGON

Mit dem Befehl **POLYGON** lassen sich regelmäßige Polygone mit 3 bis 1024 Seiten zeichnen.

1. **Befehl POLYGON auswählen**
   - ◆ Abrollmenü **ZEICHNEN**, **POLYGON**
   - ◆ Tablettfeld **P10**
   - ◆ Symbol im Werkzeugkasten **ZEICHNEN**

2. **Befehlsanfrage:**
```
Befehl: POLYGON
Anzahl Seiten:
Seite/<Polygonmittelpunkt>:
Umkreis/Inkreis (I/U):
Kreisradius:
```

3.5

2D-Polylinien, Ringe, Polygone und Rechtecke

Bei der ersten Anfrage wird die Zahl der Seiten angegeben. Danach stehen zwei Konstruktionsmethoden zur Auswahl:

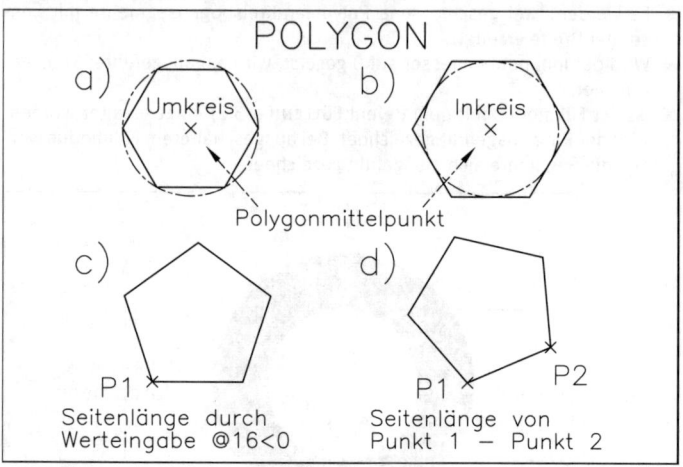

Abbildung 3.12: Beispiele zum Befehl **Polygon**

Konstruktionsmethoden:

Polygonmittelpunkt und Kreisradius: Wird bei der zweiten Anfrage eine Koordinate eingegeben, wird diese als Polygonmittelpunkt interpretiert. Danach entscheidet eine weitere Option über die Konstruktionsmethode:

U (Umkreis): Das Polygon wird in einen imaginären Kreis gezeichnet. Alle Scheitelpunkte liegen auf der Peripherie des imaginären Kreises (→ Abbildung 3.12, a).

I (Inkreis): Das Polygon wird um einen imaginären Kreis gezeichnet. Alle Seitenmittelpunkte liegen auf der Peripherie des imaginären Kreises (→ Abbildung 3.12, b).

Kreisradius: Wird der Kreisradius als numerischer Wert über die Tastatur eingegeben, ist der erste Eckpunkt des Polygons immer bei 0 Grad (→ Abbildung 3.12, a und b). Wird der Kreisradius als Koordinate eingegeben, befindet sich an diesem Punkt ein Eckpunkt (beim Umkreis) bzw. ein Seitenmittelpunkt (beim Inkreis). Das Polygon kann damit gedreht werden.

S (SEITE): Wird bei der zweiten Anfrage die Option **S (SEITE)** gewählt, ändert sich der Dialog:

```
Seite/<Polygonmittelpunkt>: S
Erster Endpunkt der Seite:
Zweiter Endpunkt der Seite:
```

Durch Eingabe zweier Punkte wird eine Seite des Polygons festgelegt. Das restliche Polygon wird im Gegenuhrzeigersinn gezeichnet (→ Abbildung 3.12, c und d).

Ausführung: Befehl RECHTECK

Mit dem Befehl **RECHTECK** lassen sich Rechtecke durch die Eingabe zweier diagonaler Eckpunkte zeichnen (siehe Abbildung 3.13, a).

1. **Befehl RECHTECK auswählen**
   - ◆ Abrollmenü **ZEICHNEN**, **RECHTECK**
   - ◆ Symbol im Werkzeugkasten **ZEICHNEN**

2. **Befehlsanfrage:**
```
Befehl: RECHTECK
Fasen/Erhebung/Abrunden/Objekthöhe/Breite/<Erste Ecke>:
Andere Ecke:
Andere Ecke:
```

Optionen:

PUNKTEINGABE: Der Punkt wird zum Eckpunkt des Rechtecks und der gegenüberliegende Eckpunkt wird angefragt (→ Abbildung 3.13, a).

F (FASEN): Abfrage zweier Fasenabstände. Danach wird die erste Anfrage wiederholt. Nach Eingabe der Eckpunkte wird das Rechteck mit gefasten Ecken gezeichnet (→ Abbildung 3.13, b).

```
Erster Fasenabstand für Rechtecke <0.00>:
Zweiter Fasenabstand für Rechtecke <0.00>:
```

E (ERHEBUNG): Vorgabe einer Erhebung. Alle Eckpunkte des Rechtecks erhalten diesen Wert als Z-Koordinate.

```
Erhebung für Rechtecke <0.00>:
```

A (ABRUNDEN): Abfrage eines Rundungsradius. Danach wird die erste Anfrage wiederholt. Nach Eingabe der Eckpunkte wird das Rechteck mit abgerundeten Ecken gezeichnet (→ Abbildung 3.13, c).

```
Rundungsradius für Rechtecke <0.00>:
```

O (OBEJKTHÖHE): Vorgabe einer Objekthöhe. Die Seiten des Rechtecks werden um diesen Wert in die Höhe gezogen.

3.5

2D-Polylinien, Ringe, Polygone und Rechtecke

Objekthöhe für Rechtecke <0.00>:

B (Breite): Vorgabe einer Breite für das gesamte Rechteck (→ Abbildung 3.13, d).

Breite für Rechtecke <0.00>:

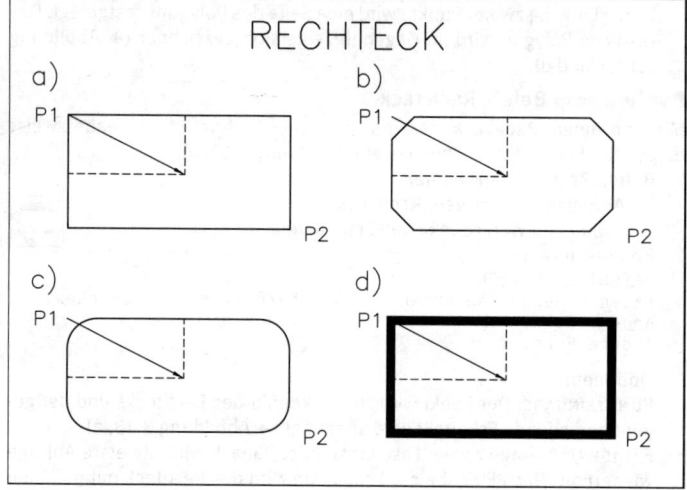

Abbildung 3.13: Beispiele zum Befehl RECHTECK

3.6 Solid-Flächen

Ausgefüllte Flächen oder deren Randlinien werden durch die Eingabe von Drei- oder Vierecken erstellt.

Ausführung: Befehl SOLID

Mit dem Befehl **SOLID** können ausgefüllte und nicht ausgefüllte Flächensegmente gezeichnet werden.

1. **Befehl SOLID auswählen**
   - ◆ Abrollmenü ZEICHNEN, FLÄCHEN >, SOLID
   - ◆ Tablettfeld **L8**
   - ◆ Symbol im Werkzeugkasten FLÄCHEN

2. **Befehlsanfrage:**
```
Befehl: SOLID
Erster Punkt:
Zweiter Punkt:
Dritter Punkt:
Vierter Punkt:
Dritter Punkt:          usw.
```

Anmerkungen

■ Zuerst werden die Endpunkte der Grundlinie und dann die Endpunkte der gegenüberliegenden Seite eingegeben. Erster und dritter Punkt liegen gegenüber (➔ Abbildung 3.14, a), ansonsten wird eine »Fliege« gezeichnet (➔ Abbildung 3.14, b).

■ Wird statt eines vierten Punktes ⏎ eingegeben, wird erneut nach einem dritten Punkt gefragt. Wird auch diese Anfrage mit ⏎ beantwortet, wird ein Dreieck gezeichnet (➔ Abbildung 3.14, c).

■ Die Flächensegmente können in Folge eingegeben werden. Es werden immer neue dritte und vierte Punkte erfragt, bis eine Anfrage nach einem dritten Punkt mit ⏎ beantwortet wird. Wird kein vierter Punkt eingegeben (statt dessen ⏎), entsteht ein dreieckiges Segment (➔ Abbildung 3.14, d).

■ Ist der Füllmodus mit dem Befehl FÜLLEN (➔ 3.2) eingeschaltet worden, werden die Elemente ausgefüllt gezeichnet, ansonsten nur die Randlinien.

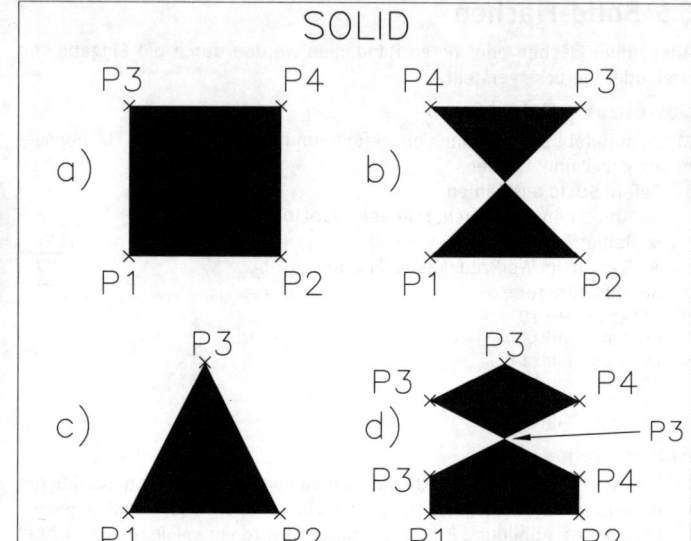

Abbildung 3.14: Beispiele zum Befehl SOLID

3.7 3D-Polylinien

3D-Polylinien sind Linienzüge im Raum. Jeder Stützpunkt kann mit einer 3D-Koordinate festgelegt werden. 3D-Polylinien unterscheiden sich von 2D-Polylinien dadurch, daß sie

■ nur aus geraden Stücken bestehen und

■ keine Breite haben können.

■ Sie können aber mit dem Befehl **PEDIT** (→ 4.10) editiert und durch Kurven angeglichen werden.

Ausführung: Befehl 3DPOLY

Mit dem Befehl **3DPOLY** werden 3D-Polylinien gezeichnet.

1. **Befehl 3DPOLY auswählen**
   ◆ Abrollmenü **ZEICHNEN**, 3D-**POLYLINIE**
   ◆ Tablettfeld **O10**

2. **Befehlsanfrage:**
   ```
   Befehl: 3DPOLY
   Von Punkt:
   Schliessen/Zurück/<Endpunkt der Linie>:
   ```

   Die erste Anfrage ermittelt den Startpunkt der Polylinie.

   Optionen:
   PUNKTEINGABE: Nach dem ersten Punkt können beliebig viele weitere Stützpunkte des Linienzuges eingegeben werden. Mit ⏎ wird der Befehl beendet.
   S (SCHLIESSEN): Verbindet den zuletzt eingegebenen Punkt mit dem Startpunkt.
   Z (ZURÜCK): Nimmt das zuletzt eingegebene Segment zurück.

3.8 Multilinien

Multilinien können aus bis zu 16 parallelen Linien bestehen, die zusammenhängende Einheiten bilden.

■ Jedes Element ist um einen Abstand vom Mittelpunkt versetzt.
■ Sie bestehen aus ausgezogenen und unterbrochenen Linien.
■ Sie können offene, geschlossene und abgerundete Enden haben.
■ Multilinienstile können in der Zeichnung definiert, aus Dateien geladen und in Dateien gespeichert werden (→ 2.12).
■ Multilinien lassen sich mit speziellen Editierfunktionen bearbeiten (→ 4.10).

3.8

Ausführung: Befehl MLINIE

Mit dem Befehl **MLINIE** lassen sich Multilinien zeichnen.

1. **Befehl MLINIE auswählen**
   ◆ Abrollmenü ZEICHNEN, FLÄCHEN >, SOLID
   ◆ Tablettfeld M10
   ◆ Symbol im Werkzeugkasten ZEICHNEN

2. **Befehlsanfrage:**
```
Befehl: MLINIE
Ausrichtung = Oben, Maßstab = 1.00, Stil = Standard
Ausrichtung/Massstab/Stil/<Von Punkt>:
Schliessen/Zurück/<Nach Punkt>:
Schliessen/Zurück/<Nach Punkt>:
```

Die aktuellen Einstellungen für die Multilinie werden angezeigt.

Optionen:

PUNKTEINGABE: Die Stützpunkte der Multilinie können nacheinander eingegeben werden. Die Punkte werden mit Elementen im eingestellten Stil und dem eingestellten Maßstab verbunden. ⏎ bei einer Punktanfrage, beendet die Multilinie.

A (AUSRICHTUNG): Es kann angegeben werden, ob die eingegebenen Punkte auf der Mitte (null), am oberen oder unteren Ende der Multilinie liegen sollen.

M (MASSTAB): Multiplikationsfaktor für die Linienbreite. Die Multilinie wird in der im Stil festgelegten Breite multipliziert mit dem Maßstab gezeichnet.

S (STIL): Vorgabe eines neuen Stils für die Multilinie. Stile können mit dem Befehl MSTIL erstellt werden (→ 2.12).

144

S (SCHLIESSEN): Wird auf eine Punktanfrage diese Option eingegeben, wird der zuletzt eingegebene Punkt mit dem Startpunkt der Multilinie verbunden.

Z (ZURÜCK): Wird auf eine Punktanfrage diese Option eingegeben, wird das letzte Segment entfernt. Die Option kann mehrfach verwendet werden.

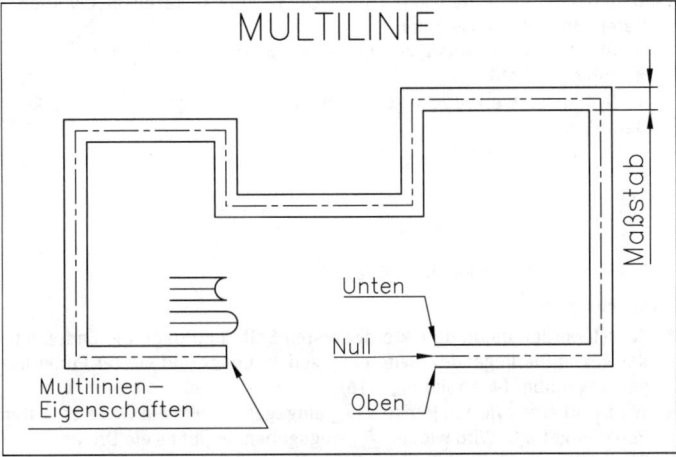

Abbildung 3.15: Beispiele zum Befehl MLINIE

3.9 3D-Flächen

3D-Flächen sind Flächen, die beliebig im Raum ausgerichtet werden können. Alle Eckpunkte können mit 3D-Koordinaten bestimmt werden. 3D-Flächen verdecken dahinterliegende Objekte.

Ausführung: Befehl 3DFLÄCHE

Mit dem Befehl **3DFLÄCHE** können 3D-Flächensegmente gezeichnet werden.

1. **Befehl 3DFLÄCHE auswählen**
   ◆ Abrollmenü **ZEICHNEN**, **FLÄCHEN** >, **3DFLÄCHE**
   ◆ Tablettfeld **M8**
   ◆ Symbol im Werkzeugkasten **FLÄCHEN**

2. **Befehlsanfrage:**
   ```
   Befehl: 3DFLÄCHE
   Erster Punkt:
   Zweiter Punkt:
   Dritter Punkt:
   Vierter Punkt:
   ```

   Die Punkteingaben legen die Geometrie fest.

Anmerkungen

■ Zuerst werden die Endpunkte der ersten Seite und dann die Endpunkte der gegenüberliegenden Seite eingegeben. Erster und vierter Punkt liegen gegenüber (→ Abbildung 3.16).

■ Wird statt eines vierten Punktes ⏎ eingegeben, wird ein weiterer dritter Punkt angefragt. Wird wieder ⏎ eingegeben, ergibt es ein Dreieck.

■ Die Flächensegmente können in Folge eingegeben werden. Es werden immer neue dritte und vierte Punkte erfragt, bis eine Anfrage nach einem dritten Punkt mit ⏎ beantwortet wird.

■ Wird kein vierter Punkt eingegeben (statt dessen ⏎), entsteht ein dreieckiges Segment.

■ 3D-Flächen können nicht ausgefüllt, sondern nur als Drahtmodell gezeichnet werden.

■ Liegt ein Segment vor dem anderen, wird bei entsprechender Wahl des Ansichtspunkts (→ 6.5) und nach Anwendung des Befehls **VERDECKT**, das dahinterliegende Segment ganz oder teilweise verdeckt.

■ Soll eine Kante bei zusammengesetzten Flächen unsichtbar sein, so muß vor den Koordinaten des ersten Punkts dieser Kante **U** (**UNSICHTBAR**) eingegeben werden.

■ Werden verdeckte Kanten aus der Zeichnung entfernt (→ 6.5), so verschwinden Elemente, die hinter 3D-Flächen liegen.

■ Ist die Systemvariable **SPLFRAME** auf einen Wert ungleich Null gesetzt, werden die unsichtbaren Kanten von 3D-Flächen angezeigt.

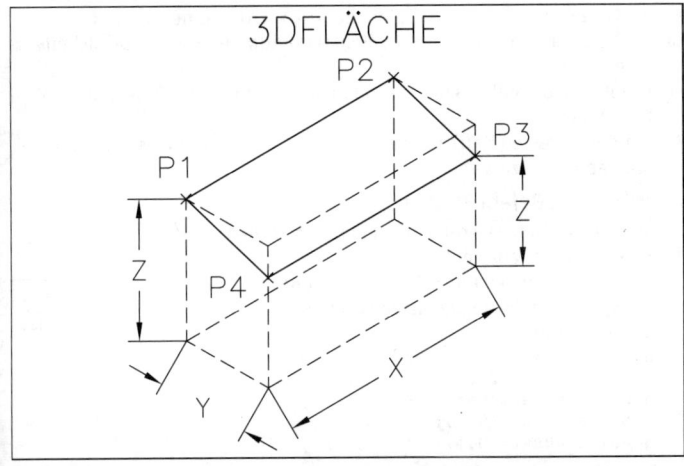

Abbildung 3.16: Beispiel zum Befehl **3DFLÄCHE**

3.10 **3D-Netze und P-Netze**

3D-Netze sind Objekte, die sich aus 3D-Flächen zusammensetzen (→ 3.9).

■ 3D-Netze können mit dem Befehl **PEDIT** (→ 4.10) editiert werden.

■ 3D-Netze lassen sich mit dem Befehl **URSPRUNG** (→ 8.2) in 3D-Flächen zerlegen.

■ P-Netze sind Vielflächennetze von beliebiger Topologie, sogenannte Vielflächennetze.

■ Mit den Befehlen **KANTOB**, **REGELOB**, **ROTOB** und **TABOB** lassen sich regelmäßige 3D-Netze erzeugen.

Ausführung: Befehl 3DNETZ

Allgemeine 3D-Netze werden mit dem Befehl **3DNETZ** erzeugt.

1. **Befehl 3DNETZ auswählen**
   - ◆ Abrollmenü ZEICHNEN, FLÄCHEN ›, 3DNETZ
   - ◆ Symbol im Werkzeugkasten FLÄCHEN

2. **Befehlsanfrage:**
```
Befehl: 3DNETZ
M-Wert der Netzes:
N-Wert der Netzes:
Scheitelpunkt (0,0):
Scheitelpunkt (0,1):
.
Scheitelpunkt (M,N):
```

M- und N-Wert legt die Auflösung des Netzes fest. Jeder Scheitelpunkt wird mit einer Koordinate festgelegt (→ Abbildung 3.17).

Ausführung: Befehl KANTOB

Mit dem Befehl **KANTOB** wird aus 4 Kanten (beliebige räumliche Linienelemente oder Kurven) eine Freiformfläche erzeugt.

1. **Befehl KANTOB auswählen**
   - ◆ Abrollmenü ZEICHNEN, FLÄCHEN ›, KANTENDEFINIERTE FLÄCHE
   - ◆ Tablettfeld R8
   - ◆ Symbol im Werkzeugkasten FLÄCHEN

2. **Befehlsanfrage:**
```
Befehl: KANTOB
Kante 1 wählen:
Kante 2 wählen:
Kante 3 wählen:
Kante 4 wählen:
```

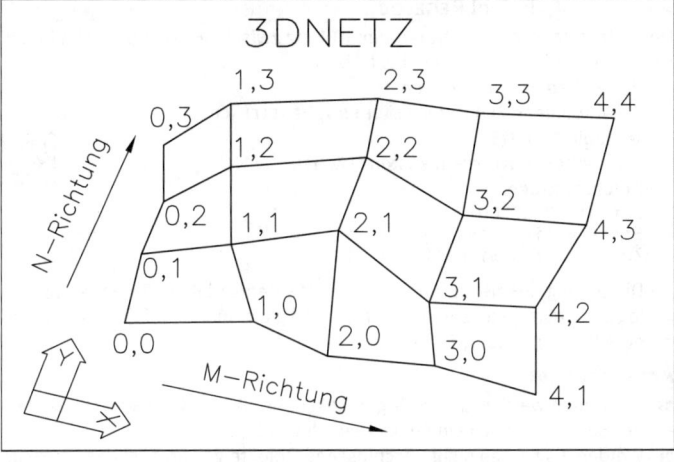

Abbildung 3.17: Beispiel für ein 3D-Netz

Die Teilung des Netzes wird durch die Systemvariablen **SURFTAB1** (in M-Richtung=erste gewählte Kante) und **SURFTAB2** (in N-Richtung) festgelegt (→ Abbildung 3.18).

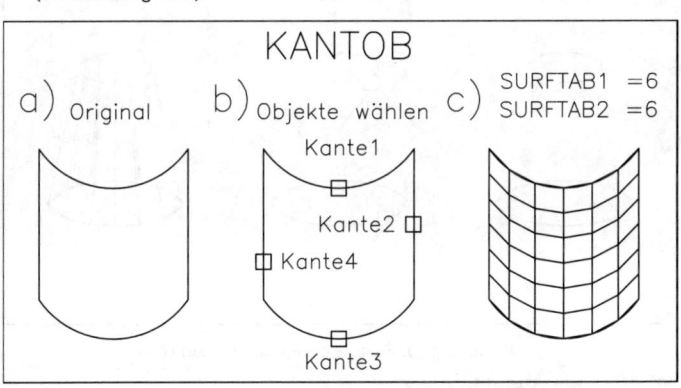

*Abbildung 3.18: Konstruktion von Flächen mit **KANTOB***

Ausführung: Befehl REGELOB

Der Befehl **REGELOB** konstruiert ein 3D-Netz zwischen zwei Kurven im Raum. Die Kurven bilden die Kanten des Netzes.

1. **Befehl REGELOB auswählen**
   - ◆ Abrollmenü **ZEICHNEN**, **FLÄCHEN >**, **REGELFLÄCHE**
   - ◆ Tablettfeld **Q8**
   - ◆ Symbol im Werkzeugkasten **FLÄCHEN**

2. **Befehlsanfrage:**
   ```
   Befehl: REGELOB
   Erste Definitionsline wählen:
   Zweite Definitionsline wählen:
   ```

Die Teilung des Netzes wird durch die Systemvariablen **SURFTAB1** festgelegt. Die Maschenweite des Netzes wird gleichmäßig auf den Kanten aufgeteilt (→ Abbildung 3.19).

Anmerkungen

- ■ Als Kanten werden Linien, Bögen, 2D- oder 3D-Polylinien gewählt. Auf einer Seite kann auch ein Punkt gewählt werden.
- ■ Werden als Kanten nicht geschlossene Objekte gewählt, ist der Punkt, an dem die Objekte gewählt werden, wichtig. Liegen die Punkte nicht gegenüber, wird ein verschränktes Netz erzeugt.

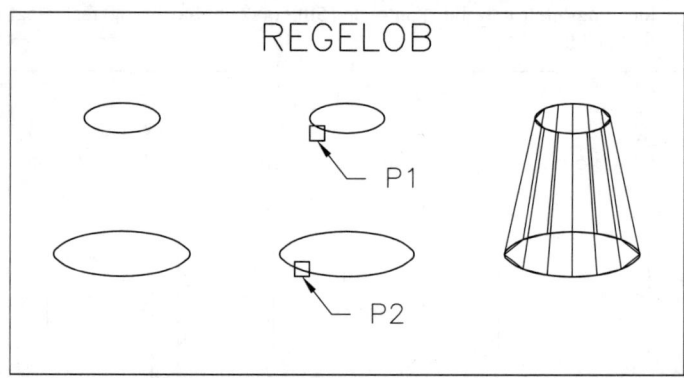

Abbildung 3.19: Beispiele zum Befehl REGELOB

Ausführung: Befehl ROTOB

Mit dem Befehl **ROTOB** werden Rotationsoberflächen erzeugt.

1. **Befehl ROTOB auswählen**
   - ◆ Abrollmenü **ZEICHNEN, FLÄCHEN ›, ROTATIONSFLÄCHE**
   - ◆ Tablettfeld **O8**
   - ◆ Symbol im Werkzeugkasten **FLÄCHEN**

2. **Befehlsanfrage:**
   ```
   Befehl: ROTOB
   Grundlinie wählen:
   Rotationsachse wählen:
   Startwinkel <0>:
   Eingeschlossener Winkel (+=GUZ, -=UZ) <Vollkreis>:
   ```

Anmerkungen

- ■ Als Grundlinie kann eine Linie, ein Bogen, ein Kreis, eine 2D- oder 3D-Polylinie gewählt werden.
- ■ Die Variable **SURFTAB1** legt die Teilung des Netzes über den Rotationswinkel fest, die Variable **SURFTAB2** die Teilung an Bogensegmenten entlang der Grundlinie (→ Abbildung 3.20).

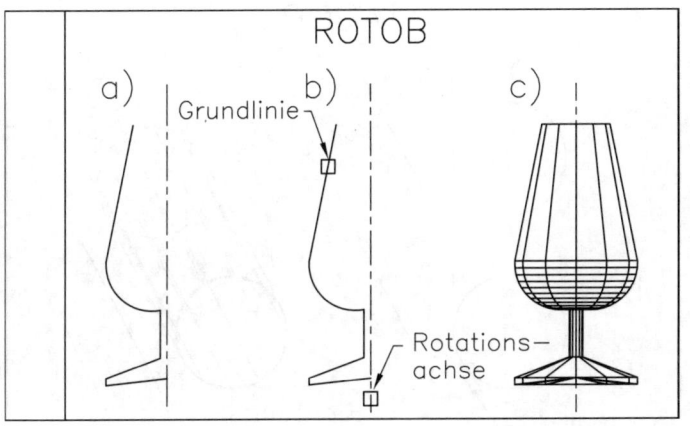

Abbildung 3.20: Beispiel zum Befehl **ROTOB**

Ausführung: Befehl TABOB

Mit dem Befehl **TABOB** wird aus einer Grundlinie und einem Richtungsvektor ein 3D-Netz konstruiert.

1. **Befehl TABOB auswählen**
   - ◆ Abrollmenü **ZEICHNEN, FLÄCHEN ›, TABELLARISCHE FLÄCHE**

◆ Tablettfeld **P8**
◆ Symbol im Werkzeugkasten **FLÄCHEN**

2. Befehlsanfrage:
```
Befehl: TABOB
Grundlinie wählen:
Richtungsvektor wählen:
```

Anmerkungen

3.10

■ Als Grundlinie kann eine Linie, ein Bogen, ein Kreis, eine 2D- oder 3D-Po-
lylinie gewählt werden.
■ Richtungsvektor kann eine Linie, eine 2D- oder 3D-Polylinie sein.
■ Der Punkt, an dem der Richtungsvektor gewählt wird, entscheidet über
den Aufbau des Netzes. Liegt er in der Nähe der Grundlinie, wird das Netz
in der Richtung des Vektors erzeugt. Liegt er an der gegenüberliegenden
Seite, wird das Netz in Gegenrichtung aufgebaut (→ Abbildung 3.21).
■ Die Variable **SURFTAB1** bestimmt die Dichte des Netzes.

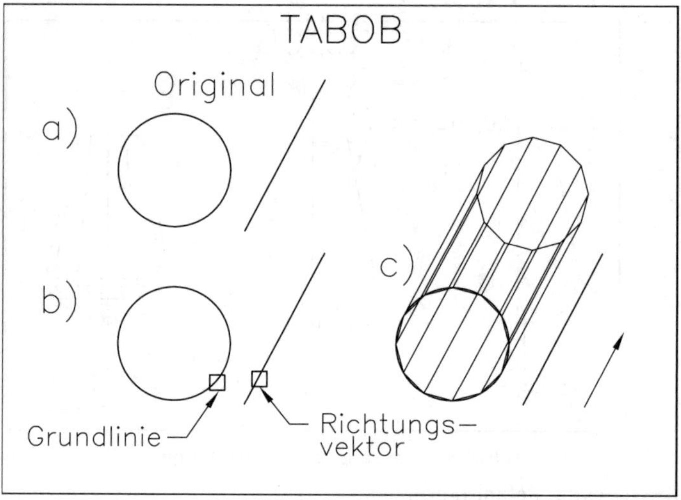

TABOB

Original

a)

b)

c)

Grundlinie —

Richtungs—
vektor

*Abbildung 3.21: Beispiele zum Befehl **TABOB***

152

Ausführung: Befehle für spezielle 3D-Netze

Neben den oben beschrieben Befehlen sind eine Reihe von Funktionen zum Zeichnen spezieller 3D-Netze vorhanden. Damit lassen sich geometrische Grundkörper wie Quader, Pyramide und Pyramidenstumpf, Kuppel, Kugel, Keil, Kegel und Kegelstumpf, Schüssel und Torus zeichnen. Außerdem kann ein Netz aus 4 Eckpunkten und der Angabe des M- und N-Wertes der Masche gezeichnet werden. Die Funktionen können aus einem Dialogfenster (→ Abbildung 3.22) oder mit den Symbolen aus dem Werkzeugkasten gewählt werden.

1. **Objekte aus 3D-Netzen**
   - ◆ Abrollmenü ZEICHNEN, FLÄCHEN >, 3D-FLÄCHENKÖRPER
   - ◆ Tablettfeld **N8**
   - ◆ Symbole im Werkzeugkasten FLÄCHEN

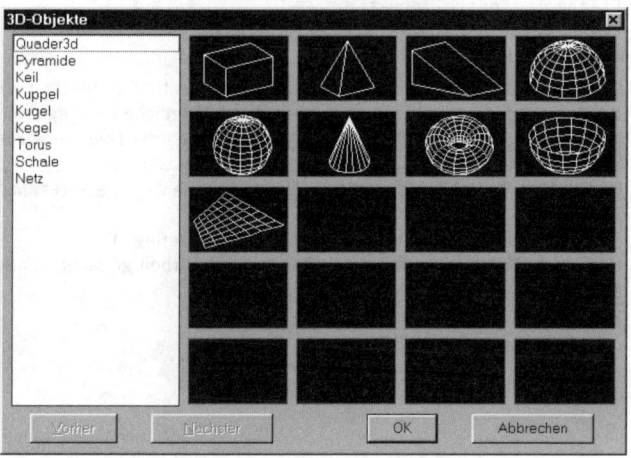

Abbildung 3.22: Dialogfenster zur Auswahl der Oberflächen

Ausführung: Befehl PNETZ

Mit dem Befehl **PNETZ** läßt sich ein dreidimensionales Polygonnetz definieren, indem man erst die Koordinaten aller Kontrollpunkte und dann die Flächen zwischen diesen Punkten festlegt.

1. **Befehl PNETZ auswählen**
   ◆ Auf der Tastatur eingeben
2. **Befehlsanfrage:**
```
Befehl: PNETZ
Kontrollpunkt 1:
Kontrollpunkt 2:
.
Kontrollpunkt N:  ⏎
Fläche 1, Kontrollpunkt 1:
.
Fläche 1, Kontrollpunkt M:  ⏎
.
Fläche 5, Kontrollpunkt 1:
.
Fläche 5, Kontrollpunkt M:  ⏎
Fläche 6, Kontrollpunkt 1:  ⏎
```

Anmerkungen

- Um die Kanten einer Fläche eines P-Netzes unsichtbar zu machen, wird der Kontrollpunkt vor der Kante mit negativem Vorzeichen eingegeben.
- Vor einer neuen Fläche kann mit der Option *Farbe* oder *Layer* eine Farbe oder ein Layer für das folgende Element festgelegt werden.
- Unsichtbare Kanten lassen sich anzeigen, wenn die Variable **SPLFRAME**=1 ist.
- P-Netze lassen sich mit **URSPRUNG** in 3D-Flächen zerlegen.
- Der Befehl **PNETZ** ist nicht primär für die Zeichenarbeit gedacht, sondern eher für Programmierer von Zusatzapplikationen.

3.11 Festkörper

Festkörper sind Objekte, die ein dreidimensionales Modell eines realen Gegenstandes darstellen. Sie lassen sich aus Grundkörpern, Extrusions- und Rotationskörpern erstellen. Durch Bool'sche Verknüpfungen lassen sich daraus komplexe Modelle erstellen (→ 4.11). Verschiedene 2D-Befehle wie **ABRUNDEN** und **FASE** lassen sich auch auf Festkörper anwenden. Von Festkörpern lassen sich Masse, Volumen, Schwerpunkt und Trägheitsmomente berechnen.

■ **Wichtig:** Die Systemvariable **ISOLINES** steuert die Darstellung am Bildschirm. Je höher der Wert dieser Variablen, desto mehr Linien werden an Krümmungen von Festkörpern angezeigt. Der Vorgabewert ist 4, er kann zwischen 0 und 2047 liegen.

Ausführung: Grundkörper erstellen

Mit den Befehlen **QUADER, KUGEL. ZYLINDER, KEIL, KEGEL** und **TORUS** können geometrische Grundobjekte als Festkörper erstellt werden.

1. **Befehle auswählen**
   ◆ Abrollmenü **ZEICHNEN, VOLUMENKÖRPER >**, Untermenü für die Objekte
   ◆ Tablettfeld J-07
   ◆ Symbole im Werkzeugkasten **VOLUMENKÖRPER**

Ausführung: Befehl QUADER

Erstellung eines Quaders, dessen Grundfläche parallel zur XY-Ebene liegt (→ Abbildung 3.23).

1. **Befehlsanfrage:**
   ```
   Befehl: QUADER
   Mittelpunkt/<Ecke des Quaders>:
   ```

   Der Quader kann auf 2 Arten erzeugt werden:
   ◆ Eingabe von zwei Eckpunkten und einer Höhe.
   ◆ Eingabe eines Mittelpunktes und einer Ecke oder Länge und Breite sowie einer Höhe.

Ausführung: Befehl KUGEL

Erstellung einer Kugel (→ Abbildung 3.23).

1. **Befehlsanfrage:**
   ```
   Befehl: KUGEL
   Mittelpunkt der Kugel <0,0,0>:
   ```

3.11

Festkörper

155

```
Durchmesser/<Radius> der Kugel:
```
Die Kugel kann mit Radius oder Durchmesser gezeichnet werden.

Ausführung: Befehl ZYLINDER

Erstellung eines runden oder elliptischen Zylinders, dessen Grundfläche parallel zur XY-Ebene liegt (→ Abbildung 3.23).

1. **Befehlsanfrage:**
```
Befehl: ZYLINDER
Elliptisch/<Mittelpunkt> <0,0,0>:
Durchmesser/<Radius>:
Mittelpunkt vom anderen Ende/<Höhe>:
```
Die Grundfläche wird wie beim Befehl **KREIS** bzw. **ELLIPSE** konstruiert. Danach wird eine Höhe oder der Mittelpunkt vom anderen Ende vorgegeben. Somit lassen sich auch verschobene Zylinder erstellen.

Ausführung: Befehl KEGEL

Erstellung eines runden oder elliptischen Festkörperkegels, dessen Grundfläche parallel zur XY-Ebene liegt (→ Abbildung 3.23).

1. **Befehlsanfrage:**
```
Befehl: KEGEL
Elliptisch/<Mittelpunkt> <0,0,0>:
Durchmesser/<Radius>:
Scheitelpunkt/<Höhe>:
```
Konstruktion wie bei Befehl **ZYLINDER**.

Ausführung: Befehl KEIL

Erstellung eines Festkörperkeils, dessen Grundfläche parallel zur XY-Ebene liegt (→ Abbildung 3.23).

1. **Befehlsanfrage:**
```
Befehl: KEIL
Mittelpunkt/<Ecke des Keils>:
```
Konstruktion wie beim Befehl **QUADER**.

Ausführung: Befehl TORUS

Erstellung eines Festkörpertorus, der parallel zur XY-Ebene liegt (→ Abbildung 3.23).

1. **Befehlsanfrage:**
```
Befehl: TORUS
Mittelpunkt des Torus <0,0,0>:
Durchmesser/<Radius> des Torus:
Durchmesser/>Radius> des Rohrs:
```

Ausführung: Befehl EXTRUSION

Erstellung eines Festkörpers durch Extrusion von geschlossenen Kurven wie Polylinien, Polygone, Rechtecke, Kreise, Ellipsen, Splines und Regionen (→ Abbildung 3.24).

1. **Befehl EXTRUSION auswählen**
   - ◆ Abrollmenü ZEICHNEN, VOLUMENKÖRPER >, EXTRUSION
   - ◆ Tablettfeld P7
   - ◆ Symbol im Werkzeugkasten VOLUMENKÖRPER

2. **Befehlsanfrage:**
   ```
   Befehl: EXTRUSION
   Objekte wählen:
   Pfad/<Extrusionshöhe>:
   Extrusions-Verjüngungswinkel <0>:
   ```
   Es kann entweder eine Extrusionshöhe vorgegeben werden oder ein Pfad an dem entlang extrudiert werden soll. Bei Vorgabe einer Extrusionshöhe kann ein Verjüngungswinkel vorgegeben werden.

Ausführung: Befehl ROTATION

Erstellung eines Festkörpers durch Rotation einer Kontur um eine Rotationsachse (→ Abbildung 3.24).

1. **Befehl ROTATION auswählen**
   - ◆ Abrollmenü ZEICHNEN, VOLUMENKÖRPER >, ROTATION
   - ◆ Tablettfeld Q7
   - ◆ Symbol im Werkzeugkasten VOLUMENKÖRPER

2. **Befehlsanfrage:**
   ```
   Befehl: ROTATION
   Objekte wählen:
   Rotationsachse-Objekt/X/Y/<Startpunkt der Achse>:
   ```

Anmerkungen

- Als Kontur lassen sich geschlossene Kurven wie Polylinien, Polygone, Rechtecke, Kreise, Ellipsen und Regionen verwenden.
- Als Rotationsachse kann ein Objekt dienen oder eine Achse, die parallel zur X- oder Y-Achse liegt.
- Die Rotationsachse kann auch durch Eingabe zweier Punkte im Raum definiert werden.

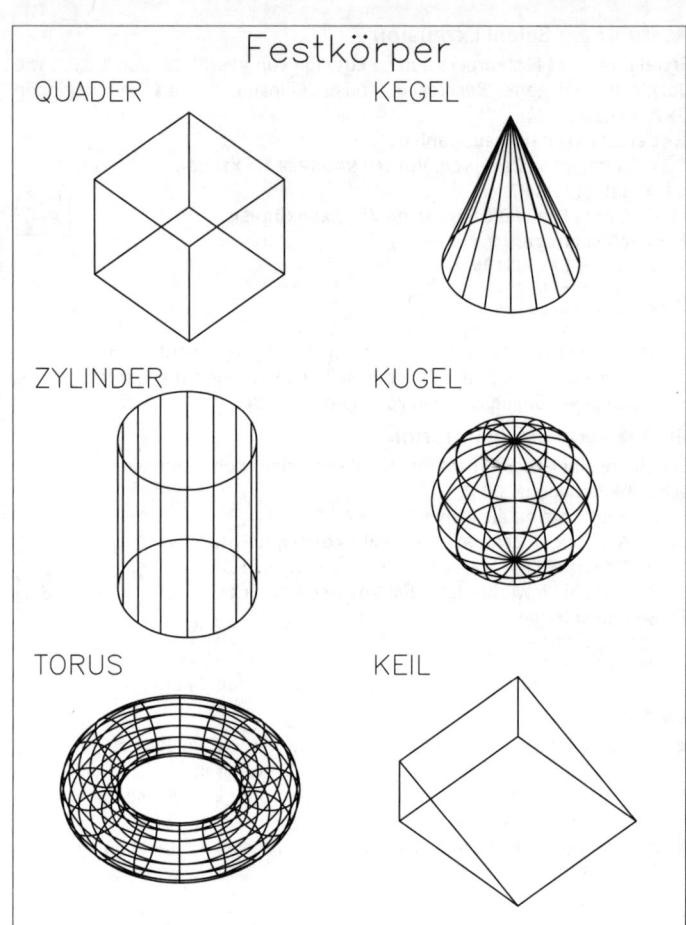

Abbildung 3.23: Festkörper

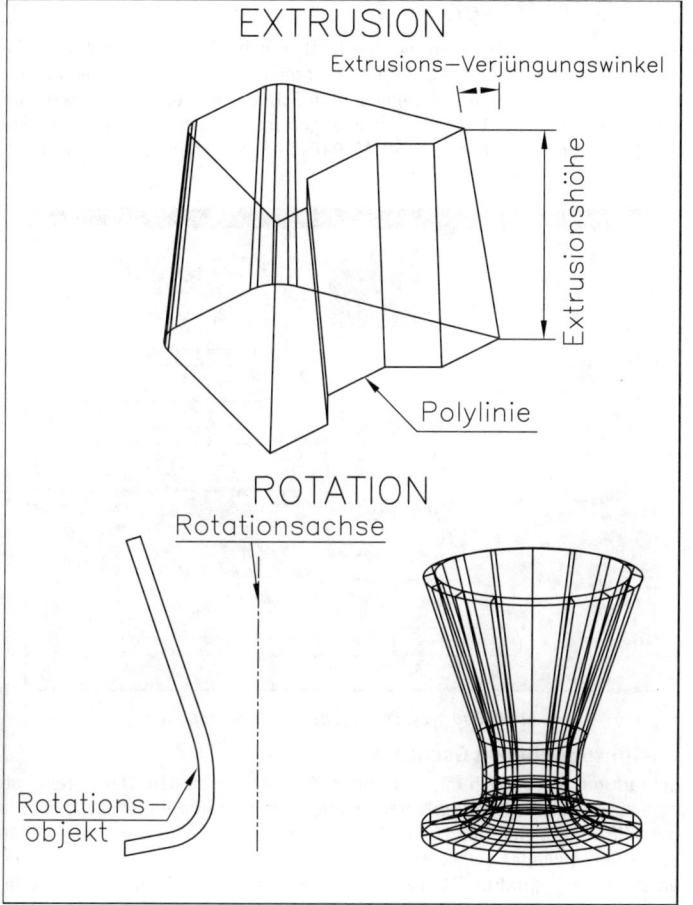

Abbildung 3.24: Festkörper durch Extrusion und Rotation

3.12 Schraffieren

In technischen Zeichnungen müssen Flächen schraffiert werden. Das kann mit Linien in einem beliebigen Winkel oder mit einem bestimmten Muster erfolgen. Diese Muster sind in sogenannten Schraffurmuster-Bibliotheken zusammengefaßt. Eine Datei für Zeichnungen im metrischen System *ACADISO.PAT* und eine in Zollmaßen *ACAD.PAT* mit zahlreichen Mustern wird mit AutoCAD 14 geliefert.

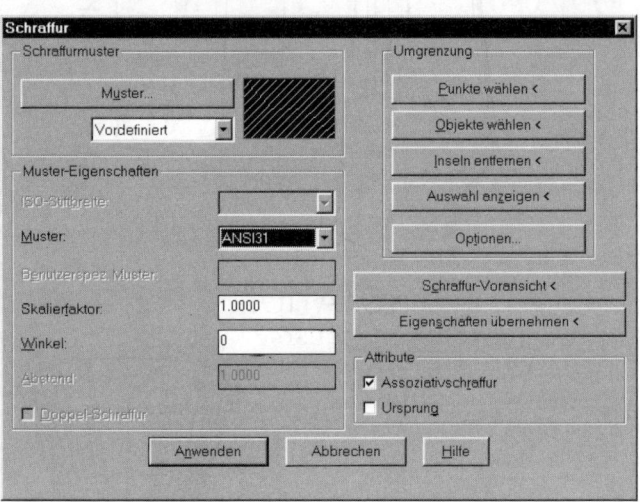

Abbildung 3.25: Dialogfenster zum Schraffieren

Ausführung: Befehl GSCHRAFF

Schraffuren lassen sich mit dem Befehl GSCHRAFF erstellen. Der Befehl hat eine automatische Konturerkennung, die die zu schraffierende Fläche mit einer Hilfskontur einrahmt. Diese Hilfskontur wird normalerweise nach dem Schraffieren wieder gelöscht. Sie kann aber auch beibehalten werden. Die entstandene Schraffur ist assoziativ. Sie kann später verändert werden (→ 4.8). Änderungen der Kontur verändern auch die Schraffur. Alle Funktionen des Befehls werden über Dialogfenster gesteuert.

1. **Befehl GSCHRAFF anwählen**
   ◆ Abrollmenü ZEICHNEN, SCHRAFFUR...

- ◆ Tablettfeld **P9**
- ◆ Symbol im Werkzeugkasten **ZEICHNEN**

Schraffurmuster:

In dem Bereich links oben im Dialogfenster wird gewählt, mit welchem Muster schraffiert werden soll. Im Abrollmenü sind 3 Musterarten einstellbar:

Vordefiniert: Schraffur mit einem Muster aus der Datei *ACADISO.PAT* bzw. *ACAD.PAT*. Durch Klicken in das Musterfeld werden die Muster angezeigt (→ Abbildung 3.26). Neben den Linienmustern kann auch mit *Solid* schraffiert werden. Damit können Flächen gefüllt werden.

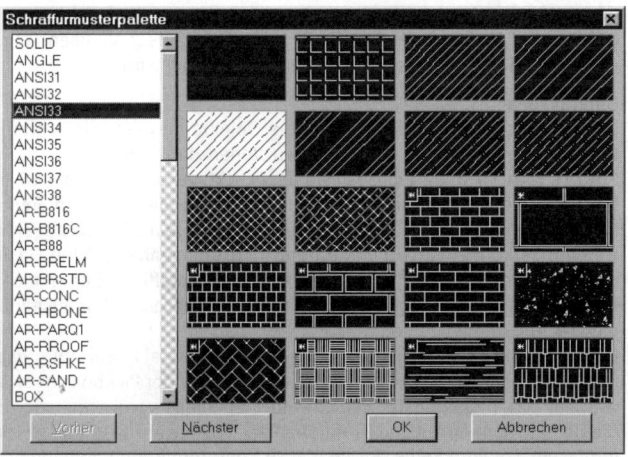

Abbildung 3.26: Bildmenü zur Auswahl des Schraffurmusters

Die verfügbaren Muster lassen sich auch durchblättern, wenn im ersten Dialogfenster (Abbildung 3.25) auf das Anzeigefeld geklickt wird.

Benutzerdefiniert: Einfache oder gekreuzte Schraffur mit dem aktuellen Linientyp und einstellbaren Parametern.

Benutzerspezifisch: Schraffur mit einem Muster aus einer benutzerspezifischen Schraffurmusterdatei.

Über den Schalter **MUSTER...** wird das Bildmenü *Schraffurmusterpalette* mit Probeschraffuren aller Muster eingeblendet.

Muster-Eigenschaften:

Im darunterliegenden Bereich lassen sich die Parameter für das Schraffurmuster einstellen. Wird eine Schraffur aus einer Schraffurmusterdatei verwendet, kann das Muster im Abrollmenü per Namen ausgesucht werden. Des weiteren kann ein Skalierfaktor und ein Winkel für das Muster vorgegeben werden. Zu beachten ist, daß für den Winkel 0 Grad eingestellt werden muß, wenn das Muster so wie im Fenster erscheinen soll. Beim *Skalierfaktor* wird der Maßstab für das Muster eingestellt.

Wird mit dem benutzerdefinierten Muster gearbeitet, kann der Linienabstand und der Winkel der Linien eingestellt werden. Im Feld *Doppel-Schraffur* kann gewählt werden, ob mit gekreuzten Linien schraffiert werden soll.

Der Schalter *Ursprung* bestimmt, ob die Schraffur als zusammenhängender Block oder als einzelne Liniensegmente erzeugt wird.

Umgrenzung:

Im rechten oberen Bereich werden die Objekte gewählt, die schraffiert werden sollen. Folgende Möglichkeiten stehen zur Auswahl:

PUNKTE WÄHLEN <: Wird dieses Feld angeklickt, verschwindet das Dialogfenster kurzfristig, und in der Zeichnung können die zu schraffierenden Flächen gewählt werden. Dazu muß nur ein Punkt in der Fläche angeklickt werden. Es können auch Punkte in nicht zusammenhängenden Flächen gewählt werden. Sie werden dann gemeinsam schraffiert. Eingeschlossene Inseln werden automatisch erkannt und von der Schraffur ausgenommen (→ Abbildung 3.27, a).

OBJEKTE WÄHLEN <: Wenn geschlossene Konturen als Schraffurgrenzen existieren, können sie mit dieser Option direkt mit der Pickbox angewählt werden. Das Dialogfenster verschwindet ebenfalls vorübergehend, und die Objekte können mit den Funktionen der Objektwahl bestimmt werden. In diesem Fall wird keine automatische Konturermittlung vorgenommen (→ Abbildung 3.27, b).

INSELN ENTFERNEN <: Eingeschlossene Inseln werden bei der Konturermittlung von der Schraffur ausgenommen. Sollen sie aber überschraffiert werden, lassen sie sich mit dieser Funktion auswählen und der Schraffurfläche hinzufügen. **Achtung:** *Inseln entfernen* meint hier, daß die Insel nicht mehr ausgespart wird, also der Schraffurfläche hinzugefügt wird.

AUSWAHL ANZEIGEN <: Anzeige der gewählten Schraffurgrenzen.

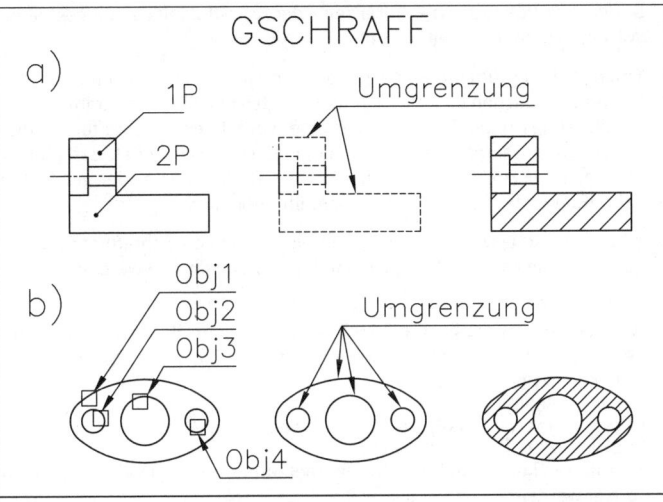

Abbildung 3.27: Schraffieren mit dem Befehl Gschraff

OPTIONEN...: Damit können Parameter für die Konturermittlung und die Schraffur vorgegeben werden (→ Abbildung 3.28).

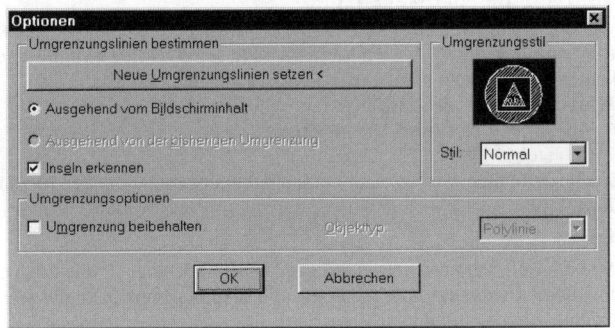

Abbildung 3.28: Beeinflußung der Konturermittlung

SCHRAFFUR-VORANSICHT ‹: Voranzeige der Schraffur mit den eingestellten Werten und der ermittelten Kontur.

EIGENSCHAFTEN ÜBERNEHMEN ‹: Befinden sich in der Zeichnung bereits schraffierte Flächen und es soll erneut im gleichen Muster schraffiert werden, lassen sich die Parameter aus einer vorhandenen Schraffur mit dieser Funktion übernehmen. Das Dialogfenster verschwindet, das Muster kann aus der Zeichnung gewählt werden. Die Parameter der gewählten Schraffur werden in das Dialogfenster übernommen.

ASSOZIATIVSCHRAFFUR: Ist das Schaltfeld ein, wird die Schraffur assoziativ generiert. Sie kann nachträglich mit der Kontur geändert werden.

Anmerkungen

■ Wird der Befehl **GSCHRAFF** auf der Tastatur mit einem Bindestrich eingegeben »**-GSCHRAFF**«, so können die Eingaben ohne Dialogfenster im Befehlszeilenfenster gemacht werden.
```
Befehl: -GSCHRAFF
Eigenschaften/Auswählen/Inseln entfernen/
Optionen/<internen Punkt>:
```
■ Schraffuren können mit dem Befehl **URSPRUNG** (→ 8.9) in einzelne Linien zerlegt werden.
■ Aus früheren Versionen von AutoCAD ist aus Gründen der Kompatibilität noch der Befehl **SCHRAFF** enthalten. Damit kann ebenfalls schraffiert werden, allerdings ohne Dialogfenster und ohne Konturerkennung.

Ausführung: Befehl UMGRENZUNG

Der Befehl **UMGRENZUNG** verwendet die Konturerkennung des Befehls **GSCHRAFF**. Es wird aber keine Schraffur erzeugt, sondern die gewählte Fläche wird mit einer zusammenhängenden Polylinie nachgezeichnet.

1. Befehl UMGRENZUNG auswählen

◆ Abrollmenü ZEICHNEN, UMGRENZUNG...
◆ Tablettfeld Q9

Die Einstellungen werden in einem Dialogfenster vorgenommen (→ Abbildung 3.29).

Anmerkungen

■ Wird der Befehl **UMGRENZUNG** auf der Tastatur mit einem Bindestrich eingegeben »**-UMGRENZUNG**«, so können die Eingaben ohne Dialogfenster im Befehlszeilenfenster gemacht werden.
```
Befehl: -UMGRENZUNG
Optionen/<internen Punkt>:
```

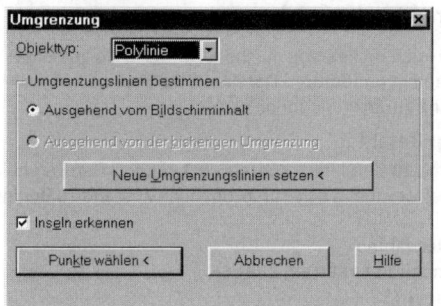

Abbildung 3.29: Dialogfenster für die Umgrenzung

■ Unregelmäßige Flächen lassen sich mit dem Befehl leicht von einer Polylinie einrahmen. Mit den Befehlen LISTE oder FLÄCHE (→ 5.7) lassen sich
dann Fläche und Umfang bestimmen.

Schraffieren

3.13 Korrekturbefehle

Befehle lassen sich rückgängig machen. AutoCAD 14 speichert alle durchgeführten Aktionen in temporären Dateien. Schrittweise kann alles bis zum Beginn der Sitzung zurückgenommen werden.

Ausführung: Befehl Z

Der Befehl **Z** macht den letzten Befehl rückgängig. Der Befehl kann beliebig oft angewendet werden, bis der ursprüngliche Zustand zu Beginn der Sitzung erreicht ist.

1. **Befehl Z auswählen**
   - ◆ Abrollmenü BEARBEITEN, ZURÜCK
   - ◆ Tablettfeld **T12**
   - ◆ Symbol in der STANDARD-FUNKTIONSLEISTE

   Der Befehl wird ohne weitere Anfragen ausgeführt.

Ausführung: Befehl ZLÖSCH

Der Befehl **ZLÖSCH** hebt eine versehentliche Befehlsrücknahme auf (Befehl **Z** oder **ZURÜCK**), wenn er unmittelbar nach dem entsprechenden Befehl eingegeben wird.

1. **Befehl ZLÖSCH auswählen**
   - ◆ Abrollmenü BEARBEITEN, ZLÖSCH
   - ◆ Tablettfeld **U12**
   - ◆ Symbol in der STANDARD-FUNKTIONSLEISTE

   Der Befehl wird ohne weitere Anfragen ausgeführt.

Ausführung: Befehl ZURÜCK

Der Befehl **ZURÜCK** macht eine bestimmte Zahl von Befehlen rückgängig. Zusätzlich kann eine Stelle im Arbeitsablauf markiert werden, an die auf Wunsch zurückgekehrt werden kann. Wenn eine schwierige Konstruktion gemacht werden soll, kann der Beginn markiert werden. Entspricht das Ergebnis nicht den Erwartungen, geht man an den Beginn zurück.

1. **Befehl ZURÜCK auswählen**
   - ◆ Nur auf der Tastatur eintippen
2. **Befehlsanfrage:**
   ```
   Befehl: ZURÜCK
   Auto/Rück/Steuern/Ende/Gruppe/Markierung/<Zahl>:
   ```

Optionen:

A (AUTO): Verschiedene Menüfunktionen rufen Befehlsmakros auf, also eine ganze Serie von AutoCAD-Befehlen. Wird die Option **AUTO** eingeschaltet, können alle Menüoperationen mit einem Z-Befehl gelöscht werden.

R (Rück): Rücknahme aller Befehle bis zu einer vorher im Arbeitsablauf markierten Stelle.

S (Steuern): Mit dieser Option und weiteren Unteroptionen kann die Wirkung der Befehle Z und Zurück eingeschränkt (auf die Rücknahme eines Befehls beschränkt) oder aus- und eingeschaltet werden.

E (Ende): Markiert das Ende einer Befehlsgruppe.

G (Gruppe): Markiert den Beginn einer Befehlsgruppe.

M (Markierung): Markiert eine Stelle im Befehlsablauf.

4 Editierbefehle

Vorbemerkungen

Editierbefehle werden immer dann verwendet, wenn bereits existierende Zeichnungselemente geändert, verschoben oder kopiert werden sollen.

Für die Durchführung der Editierfunktion sind Koordinaten erforderlich. Sie werden eingegeben:

◆ als numerische Werte über die Tastatur (als absolute, relative oder polare Koordinaten → 1.13),

◆ mit der Maus oder dem Zeigegerät des Grafik-Tabletts,

◆ mit der Maus oder dem Zeigegerät des Grafik-Tabletts und dem Fangmodus (→ 2.2) als Hilfsmittel oder

◆ mit der Maus oder dem Zeigegerät des Grafik-Tabletts und dem Objektfang (→ 2.6) als Hilfsmittel.

Anmerkungen

■ Alle Editierbefehle beginnen mit der Objektwahl.

■ Verschiedene Editierfunktionen lassen sich auch mit den Griffen (→ 4.3) ausführen.

■ Die wichtigen Editierbefehle befinden sich im Werkzeugkasten **ÄNDERN**. Beim Zeichnen und Konstruieren ist es sinnvoll, diesen Werkzeugkasten eingeblendet zu lassen. Nach der Installation befindet er sich angedockt am linken Rand der Zeichenfläche.

■ Weitere Editierbefehle sind im Werkzeugkasten **ÄNDERN II** zu finden.

4.1 Die Objektwahl

Alle Editierbefehle erfordern eine Objektwahl. Damit werden die Zeichnungs-objekte ausgewählt, auf die der Befehl angewendet werden soll. Man be-zeichnet diese in AutoCAD auch als Auswahlsatz. Bei den meisten Bildschir-men wird der Auswahlsatz hervorgehoben (hell, gepunktet oder gestrichelt) dargestellt.

Ausführung: Objektwahl

Die Objektwahl erfolgt immer nach dem gleichen Ablauf.

1. **Befehlsanfrage:**
   Objekte wählen:

   Das Fadenkreuz am Bildschirm verschwindet, die sogenannte **Pickbox** (ein kleines Viereck) erscheint, die ebenfalls mit dem Zeigegerät positio-niert werden kann. Die Anfrage wird so lange wiederholt, bis der Auswahl-vorgang mit ⏎ beendet wird.

2. **Optionen zur Auswahl aktivieren**
   ◆ Auf der Tastatur eingeben

   Optionen:
   PICKEN: Das Objekt, das sich in der Pickbox befindet, wird in den Auswahl-satz aufgenommen (➜ Abbildung 4.1, a). Um eine Fläche oder eine breite Polylinie auszuwählen, muß auf den Rand des Objekts gezeigt werden. Wird ins Leere gepickt, wird auf die Fenstereingabe umgeschaltet. Ein Fen-ster läßt sich durch zwei diagonale Eckpunkte festlegen. Wird das Fenster von links nach rechts aufgezogen, entspricht die Auswahl der Option **F (FENSTER)**. Wird das Fenster von rechts nach links aufgezogen, entspricht die Auswahl der Option **K (KREUZEN)** (➜ Abbildung 4.1, b und c).
   PICKEN ÜBEREINANDERLIEGENDER OBJEKTE: Liegen Objekte übereinander, läßt sich mit der Pickbox immer nur eines wählen. Wird aber beim Picken die Taste ⟨Strg⟩ gedrückt, wird ein Objekt markiert und angezeigt:
   Objekte wählen <Springen ein>:
   Weiteres Betätigen der Picktaste auf den Objekten markiert die Objekte nacheinander. Mit ⏎ wird das gerade markierte Objekt gewählt.
   F (FENSTER): Durch Festlegung zweier diagonaler Eckpunkte wird ein Fen-ster aufgezogen. Alle Elemente, die vollständig im Fenster eingeschlossen sind, kommen in den Auswahlsatz (➜ Abbildung 4.1, b).
   K (KREUZEN): Wie vorher, nur daß auch teilweise im Fenster eingeschlos-sene Objekte in den Auswahlsatz kommen (➜ Abbildung 4.1, c).

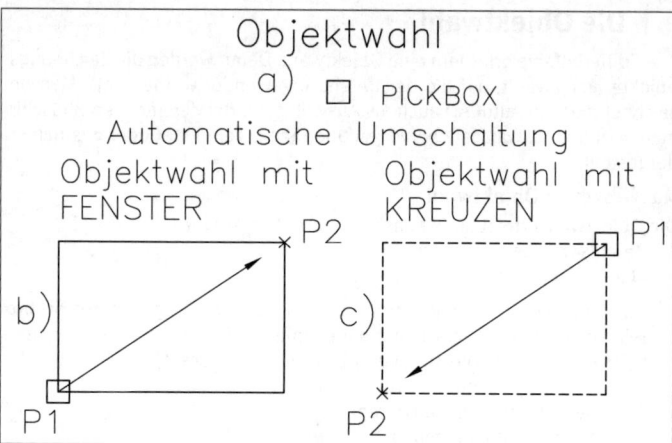

Abbildung 4.1: Objektwahlmethoden 1

Z (ZAUN): Alle Objekte, die von einer Zaunlinie geschnitten werden, werden ausgewählt (➜ Abbildung 4.2, a). Die Zaunlinie kann wie beim Befehl **LINIE** eingegeben werden.

KP (KPOLYGON): Alle Objekte, die sich innerhalb einer Gummibandlinie befinden oder von dieser geschnitten werden, werden ausgewählt (➜ Abbildung 4.2, b).

FP (FPOLYGON): Alle Objekte, die sich innerhalb einer Gummibandlinie befinden, werden ausgewählt (➜ Abbildung 4.2, c).

E (ENTFERNEN): Schaltet in den Modus zum Entfernen von Objekten um.

```
Objekte entfernen:
```

Danach können mit allen Optionen bereits gewählte Objekte nochmal ausgewählt werden, um sie wieder aus dem Auswahlsatz zu entfernen.

H (HINZUFÜGEN): Schaltet vom Modus **ENTFERNEN** wieder um in den ursprünglichen Modus zum Hinzufügen von Objekten zurück.

AU (AUTOMATISCHE UMSCHALTUNG): Zwischen den oben beschriebenen Funktionen wird automatisch umgeschaltet. Pickt man auf ein Objekt, wird es angewählt. Pickt man ins Leere, kann man von links nach rechts ein Fenster aufziehen, das die gleiche Funktion wie die Option **FENSTER** (➜ oben) hat. Zieht man dagegen das Fenster von rechts nach links auf, hat das die gleiche Funktion wie die Option **KREUZEN** (→ oben). Die automatische Umschaltung ist standardmäßig aktiviert.

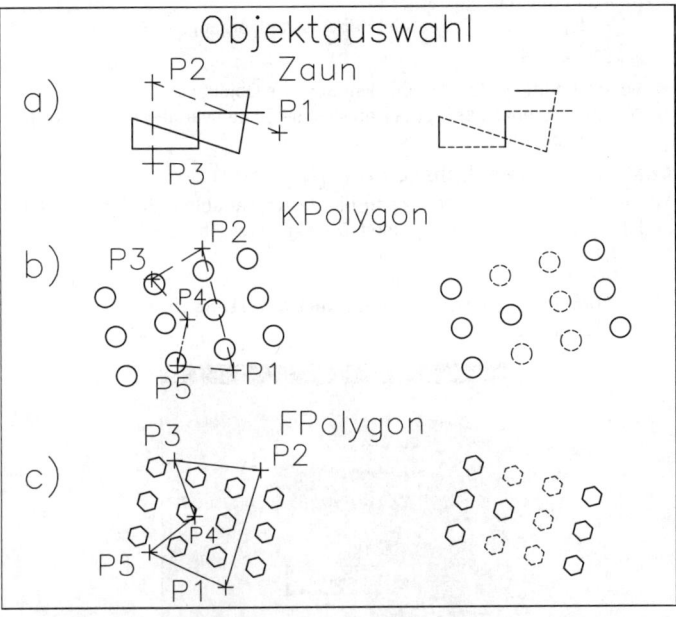

Abbildung 4.2: Objektwahlmethoden 2

ALLE: Auswahl aller Objekte der Zeichnung.
L (LETZTES): Nimmt das zuletzt gezeichnete Element in den Auswahlsatz auf (kann mehrfach eingegeben werden).
BOX: Schaltet auf die automatische Fenstermethode um, aber, im Gegensatz zu oben, ohne Pickbox.
EI (EINZEL): Die Objektwahl wird nach einer Eingabe beendet.
G (GRUPPE): Wählt alle Objekte einer Gruppe (→ 7.4):
```
Objekte wählen: G
Gruppenname eingeben:
```
M (MEHRERE): Es können mehrere Objekte gewählt werden, ohne daß sie markiert werden. Dadurch kann die Auswahl bei großen Zeichnungen beschleunigt werden.

V (VORHER): Derselbe Auswahlsatz wie bei der letzten Objektwahl.

ZU (ZURÜCK): Entfernt das zuletzt gewählte Element aus dem Auswahlsatz (mehrfach möglich).

↵ oder ⎵Leertaste: Beendet den Auswahlvorgang.

Anmerkungen

- Verschiedene Systemvariablen steuern die Objektwahl.
- Mit dem Befehl **DDSELECT** lassen sich die Systemvariablen für die Objektwahl einstellen.

Ausführung: Befehl DDSELECT

Mit dem Befehl **DDSELECT** können die Systemvariablen für die Objektwahl und die Größe der Pickbox in einem Dialogfenster eingestellt werden (→ Abbildung 4.3).

1. Befehl **DDSELECT** auswählen
   - ◆ Abrollmenü **WERKZEUGE, AUSWAHLEINSTELLUNG...**
   - ◆ Tablettfeld **X9**

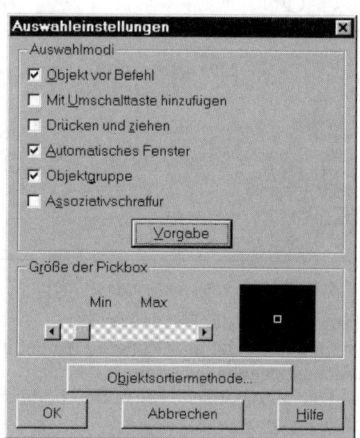

Abbildung 4.3: Dialogfenster zur Einstellung der Objektwahl

Folgende Einstellungen lassen sich im Dialogfenster vornehmen:

Objekt vor Befehl: Ist dieser Schalter ein, wird die Systemvariable **PICKFIRST** auf 1 gesetzt. Jetzt lassen sich die Objekte für die Editierung vor der eigentlichen Befehlswahl anwählen. Beim Aufruf eines Editierbefehls wird der zuvor gewählte Auswahlsatz ohne weitere Anfrage übernommen. Ist nichts gewählt, erscheint die Objektwahlanfrage. Ein Auswahlsatz wird mit zweimaligem Betätigen der Taste (Esc) entfernt.

Mit Umschalttaste hinzufügen: Mit diesem Schalter wird die Systemvariable PICKADD auf 1 gesetzt. Ist sie auf 0, kann immer nur ein Objekt gewählt werden. Jede weitere Wahl ersetzt das bereits gewählte. Ist die Systemvariable PICKADD dagegen auf 1 gesetzt, werden zusätzlich gewählte Objekte zum Auswahlsatz addiert.

Drücken und ziehen: Dieser Schalter setzt die Systemvariable PICKDRAG auf 1. Die Objektwahlmethode A (AUTOMATISCHE AUSWAHL) wird nur dann aktiviert, wenn die Maustaste beim Aufziehen des Fensters festgehalten wird. Ist sie auf 0 gesetzt, wird die automatische Auswahl immer verwendet.

Automatisches Fenster: Dieser Schalter setzt die Systemvariable PICKAUTO auf 1. Ist sie auf 1 gesetzt, wird die Objektwahlmethode A (AUTOMATISCHE AUSWAHL) aktiviert. Ist sie dagegen auf 0 gesetzt und man klickt mit der Pickbox ins Leere, wird nicht auf ein Fenster umgeschaltet.

Objektgruppe: Ist dieser Schalter auf 1 gesetzt, wird bei der Anwahl eines Objektes einer Gruppe (→ 7.4) die ganze Gruppe gewählt. Ist der Schalter aus, können die einzelnen Objekte gewählt werden. Die Objektwahl G (GRUPPE), bei der eine Gruppe per Namen gewählt werden kann, funktioniert bei beiden Einstellungen.

Assoziativschraffur: Ist dieser Schalter ein, wird bei der Anwahl einer Schraffur die Schraffurgrenze mit gewählt. Ist er aus, kann die Schraffur unabhängig von der Schraffurgrenze gewählt werden.

Vorgabe: Einstellung der Standardmethode.

Größe der Pickbox: Einstellung der Pickboxgröße.

Ausführung: Befehl WAHL

Mit dem Befehl WAHL wird eine Objektwahl (→ oben) ohne anschließenden Editierbefehl durchgeführt. Der Befehl ist dann sinnvoll, wenn mit einem Auswahlsatz mehrere Editieroperationen geplant sind. Er wird vor der ersten durchgeführt und bei den folgenden Objektwahlen jeweils die Option V (VORHER) verwendet.

1. Befehl WAHL auswählen
   ◆ Auf der Tastatur eingeben

4.2 Objektgriffe

Mit den Objektgriffen lassen sich Objekte der Zeichnung strecken, schieben, kopieren, drehen, skalieren oder spiegeln, ohne, wie ansonsten üblich, vorher einen Befehl anzuwählen. Dabei werden automatisch Objektfangfunktionen wie Endpunkt, Mittelpunkt Quadrant und Zentrum (➔ 2.6) verwendet. Um mit den Objektgriffen arbeiten zu können, muß die Systemvariable **GRIPS** den Wert 1 haben.

Ausführung: Editierung mit Objektgriffen

Objektgriffe erscheinen immer dann, wenn beim Befehlsprompt, ohne Auswahl eines Befehls, ein Objekt angepickt wird. Griffe sind quadratische farbige Markierungen an den Enden bzw. an den Geometriepunkten. Folgende Griffe werden unterschieden:

- **Kalte Griffe:**
  Kalte Griffe befinden sich an Objekten, die angewählt wurden, aber nicht mehr hervorgehoben sind. Das Objekt kann nicht verändert werden, aber die Griffe können bei Editieroperationen als Fangpunkte verwendet werden. Werden Objekte mit warmen Griffen mit gedrückter Umschalttaste angeklickt, werden sie in kalte Griffe umgewandelt (➔ Abbildung 4.4, a).

- **Warme Griffe:**
  Warme Griffe befinden sich an Objekten, die angewählt wurden und hervorgehoben sind. Das Objekt kann verändert werden, und die Griffe können bei Editieroperationen als Fangpunkte verwendet werden (➔ Abbildung 4.4, a).

- **Heiße Griffe:**
  Wird ein Griff angepickt, wird er zum heißen Griff, und er verändert seine Farbe (➔ Abbildung 4.4, b). Folgende Anfrage erscheint dann:
  ```
  **STRECKEN**
  <Strecken bis Punkt>/BAsispunkt/Kopieren/Zurück/eXit:
  ```
  Jetzt kann das Objekt bzw. die Objekte bearbeitet werden.

  STRECKEN: Wird keine weitere Option gewählt, kann der Griff verschoben bzw. gestreckt werden. Ist der Griff beispielsweise am Endpunkt einer Linie, wird sie gestreckt, ist er am Mittelpunkt eines Bogens, wird der Bogen verändert, ist er am Quadrantenpunkt eines Kreises, wird der Kreisradius verändert, ist er am Mittelpunkt einer Linie oder am Zentrumspunkt eines Kreises, wird das Objekt verschoben (➔ Abbildung 4.4, b und c).

  BA (BASISPUNKT): Wird diese Unteroption gewählt, kann der Verschiebungsvektor mit zwei Punkten (Ausgangpunkt und Zielpunkt) verschoben werden.

174

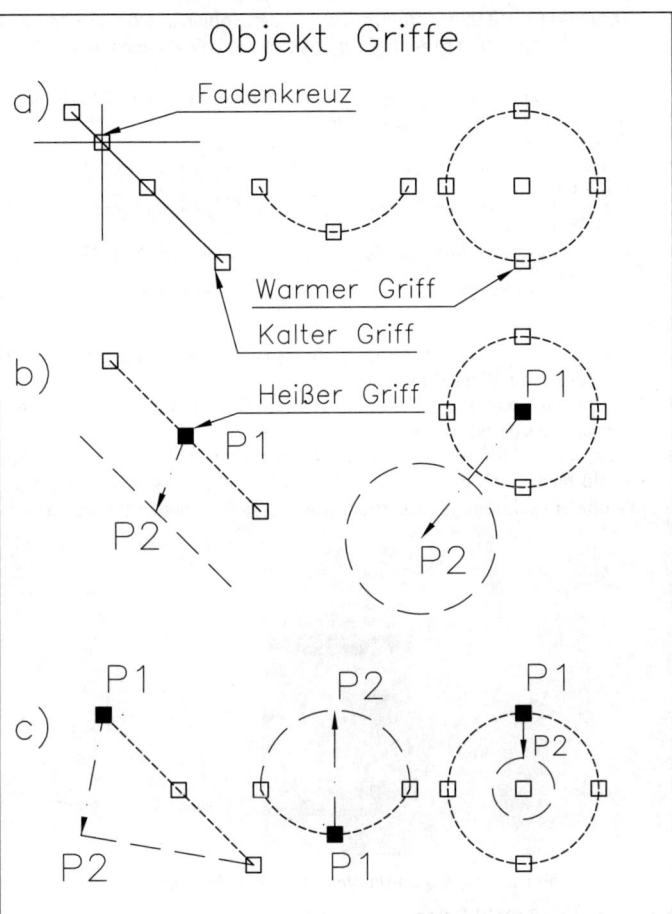

Abbildung 4.4: Objektgriffe

K (KOPIEREN): Mit dieser Unteroption werden Kopien im Wiederholmodus erzeugt. Ist der heiße Griff ein Endpunkt, können die Kopien auch gedreht werden.

⏎: Durch Betätigung der ⏎-Taste können die weiteren Editierfunktionen der Reihe nach aktiviert werden.

```
**SCHIEBEN**
<SCHieben zu Punkt>/BAsispunkt/Kopieren/Zurück/eXit:
**DREHEN**
<Drehwinkel>/BAsispunkt/Kopieren/Zurück/Bezug/eXit:
**SKALIEREN**
<Skalierfaktor>/BAsispunkt/Kopieren/Zurück/Bezug/eXit:
**SPIEGELN**
<Zeiter Punkt>/BAsispunkt/Kopieren/Zurück/eXit:
```

Anmerkungen

■ Bei allen Funktionen lassen sich Griffe als Fangpunkte verwenden. Heiße Griffe rasten auf diese Punkte ein.

■ Befinden sich mehrere Objekte am gleichen Griff, können diese auch gemeinsam bearbeitet werden.

■ Ist ein heißer Griff aktiviert worden, kann mit der rechten Maustaste ein Pop-Up-Menü am Fadenkreuz eingeblendet werden (➔ Abbildung 4.5). Alle oben beschriebenen Funktionen lassen sich schneller daraus wählen.

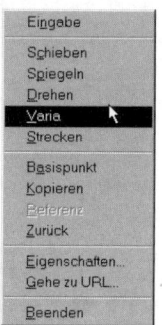

Abbildung 4.5: Pop-Up-Menü für die Griff-Funktionen

Ausführung: Befehl DDGRIPS

Mit dem Befehl **DDGRIPS** lassen sich die Griffe einschalten sowie Farben und Größe der Griffe in einem Dialogfenster einstellen (➔ Abbildung 4.6).

1. Befehl DDGRIPS auswählen
   ◆ Abrollmenü WERKZEUGE, GRIFFE...
   ◆ Tablettfeld X10

Abbildung 4.6: Dialogfenster zur Einstellung der Objektgriffe

Folgende Einstellmöglichkeiten stehen zur Verfügung:

Griffe aktivieren: Griffe ein- und ausschalten.

Griffe in Blöcken aktivieren: Zusätzlich kann angegeben werden, ob die einzelnen Objekte innerhalb eines Blocks (→ 7.1) Griffe annehmen (Schalter ein) sollen oder nur der Block insgesamt.

Griff-Farben: Einstellung der Farben für Griffe.

Griff-Größe: Einstellung der Griff-Größe.

4.3 Objektwahl mit Filtern

Mit einem Dialogfenster lassen sich Objekte der Zeichnung nach bestimmten Kriterien durchsuchen und wählen. Diese Auswahlsätze können mit den Editierbefehlen verwendet werden.

Ausführung: Befehl FILTER

Mit dem Befehl **FILTER** können Objekte nach ihrem Typ, nach ihrer Objekteigenschaft oder nach ihrer Geometrie ausgewählt werden.

1. **Befehl FILTER auswählen**
   ◆ Auf der Tastatur eingeben

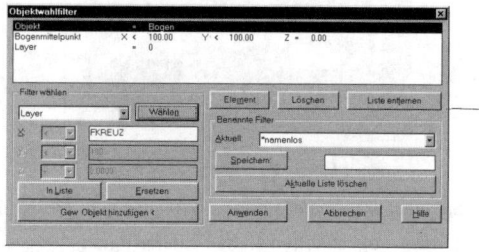

Abbildung 4.7: Dialogfenster zur Einstellung der Objektfilter

Anmerkungen

■ Mit den Filtern lassen sich beispielsweise alle Linien, alle Kreise mit der Farbe Rot, alle Bögen auf dem Layer Kontur, alle Texte mit dem Stil Standard oder alle Kreise, deren Mittelpunkt unter der Koordinate 100,100 liegen, auswählen.

■ In einem Abrollmenü lassen sich die Filterbedingungen und deren Parameter einstellen. Das erfolgt links unten im Dialogfenster im Bereich **FILTER WÄHLEN**.

■ Bereits gewählte Filterbedingungen erscheinen in der Filterliste im oberen Teil des Dialogfensters.

■ Mit den Schaltflächen **ELEMENT**, **LÖSCHEN** und **LISTE ENTFERNEN** lassen sich Einträge in der Filterliste bearbeiten, entfernen oder die komplette Liste entfernen.

■ Mit der Schaltfläche **GEW. OBJEKT HINZUFÜGEN <** kann ein Objekt in der Zeichnung gewählt werden. Dessen Eigenschaften werden in die Filterliste übernommen. Diese kann editiert werden und die Zeichnung nach gleichartigen Objekten durchsucht werden.

- Wenn die Schaltfläche **ANWENDEN** gewählt wird, kann die Objektwahl mit den üblichen Optionen durchgeführt werden.
- Die Objekte werden jedoch nur dann in den Auswahlsatz übernommen, wenn sie den Filterbedingungen entsprechen.
- Danach wird der gewünschte Editierbefehl gewählt. Bei der folgenden Objektwahl wird die Option **V (VORHER)**, also der vorherige Auswahlsatz, verwendet.
- Das Dialogfenster kann auch transparent in einem anderen Befehl bei der Objektwahl aufgerufen werden.
- Einmal zusammengestellte Filterbedingungen lassen sich unter einem Namen speichern und später wiederverwenden. Das erfolgt mit den Schaltflächen rechts unten im Dialogfenster im Bereich **BENANNTE FILTER**.

4.3

Objektwahl mit Filtern

4.4 Löschen von Objekten

Objekte können durch Löschen aus der Zeichnung entfernt werden.

Ausführung: Befehl LÖSCHEN

Der Befehl **LÖSCHEN** entfernt Objekte aus der Zeichnung.

1. **Befehl LÖSCHEN auswählen**
   - ◆ Abrollmenü **ÄNDERN**, **LÖSCHEN**
   - ◆ Tablettfeld **V14**
   - ◆ Symbol im Werkzeugkasten **ÄNDERN**
2. **Befehlsanfrage:**
   ```
   Befehl: LÖSCHEN
   Objekte wählen:
   ```
   Nachdem die Objektwahl (→ 4.1) mit ⏎ beendet wurde, werden die ausgewählten Objekte entfernt.

Anmerkung

- ■ Überlagern sich Elemente, kommt es vor, daß auch nicht gelöschte Zeichnungsteile vom Bildschirm verschwinden. Mit dem Befehl **NEUZEICH** (→ 6.8) wird der Bildschirm aktualisiert.

Ausführung: Befehl HOPPLA

Der Befehl **HOPPLA** bringt irrtümlich gelöschte Objekte wieder zurück. Damit kann nur die letzte Löschung aufgehoben werden.

1. **Befehl HOPPLA auswählen**
   - ◆ Auf der Tastatur eingeben
2. **Befehlsanfrage:**
   ```
   Befehl: Hoppla
   ```

Anmerkungen

- ■ Der Befehl kann nur die letzte Löschung aufheben. Er läßt sich nicht mehrmals hintereinander anwenden.
- ■ Er kann aber auch bei der Blockdefinition sinnvoll sein (→ 7.1), da die Objekte, die zu einem Block zusammengefaßt werden, aus der Zeichnung gelöscht werden. **HOPPLA** bringt sie wieder an die gleiche Stelle zurück.

4.5 Kopieren von Objekten

Objekte lassen sich ein- oder mehrfach kopieren.

Ausführung: Befehl KOPIEREN

Der Befehl KOPIEREN dupliziert Objekte der Zeichnung.

1. **Befehl KOPIEREN auswählen**
   - ◆ Abrollmenü ÄNDERN, KOPIEREN
   - ◆ Tablettfeld **V15**
   - ◆ Symbol im Werkzeugkasten ÄNDERN

2. **Befehlsanfrage:**
   ```
   Befehl: KOPIEREN
   Objekte wählen:
   <Basispunkt oder Verschiebung>/Mehrfach:
   Zweiter Punkt:
   ```

Zuerst wird eine Objektauswahl (➜ 4.1) verlangt. Danach sind ein Basispunkt und ein zweiter Punkt zu bestimmen. Die ausgewählten Objekte werden um den Abstand und die Richtung dieser beiden Punkte verschoben (➜ Abbildung 4.8, a). Die beiden Punkte müssen nicht auf dem zu kopierenden Objekt liegen. Es kann eine beliebige Distanz in der Zeichnung gewählt werden.

Wird der zweite Punkt mit ⏎ beantwortet, wird der erste Punkt als absoluter Verschiebungswert interpretiert. Bei der ersten Anfrage ist eine weitere Option möglich:

M (MEHRFACH): Die Anwahl dieser Option aktiviert den Mehrfachmodus. Der Basispunkt wird erneut angefragt und weitere Punkte im Wiederholmodus. Jede Eingabe erzeugt eine Kopie. ⏎ beendet den Vorgang (➜ Abbildung 4.8 b und c).

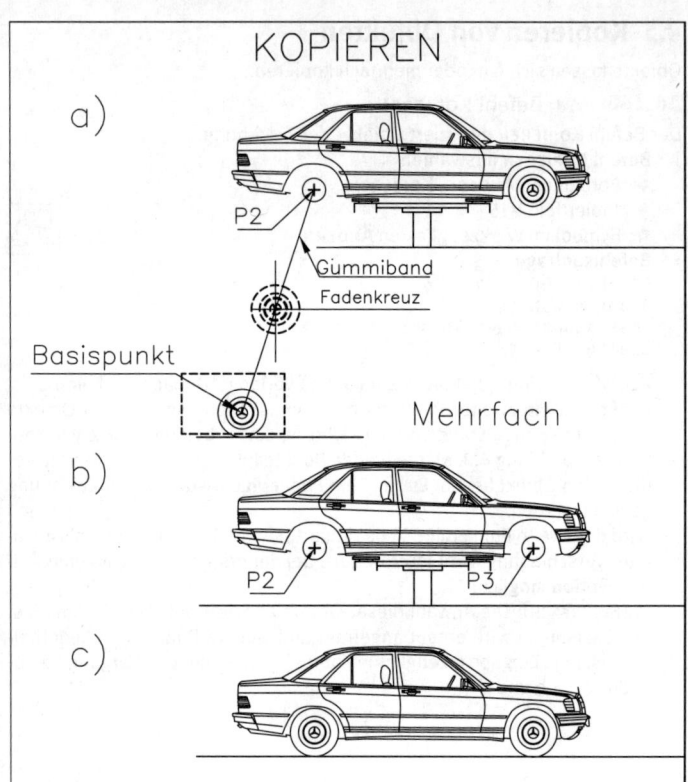

Abbildung 4.8: Beispiele zum Befehl **KOPIEREN**

4.6 Ändern der Objektanordnung

Die Anordnung von Objekten in der Zeichnung läßt sich auf unterschiedliche Arten verändern.

Ausführung: Befehl AUSRICHTEN

Mit dem Befehl **AUSRICHTEN** lassen sich 2D- und 3D-Objekte mit einem, zwei oder drei Ausrichtepunkten zweidimensional oder frei im Raum an anderen Körpern oder Zielpunkten positionieren. Der Befehl kombiniert die Befehle **SCHIEBEN**, **DREHEN** und **3DDREHEN**.

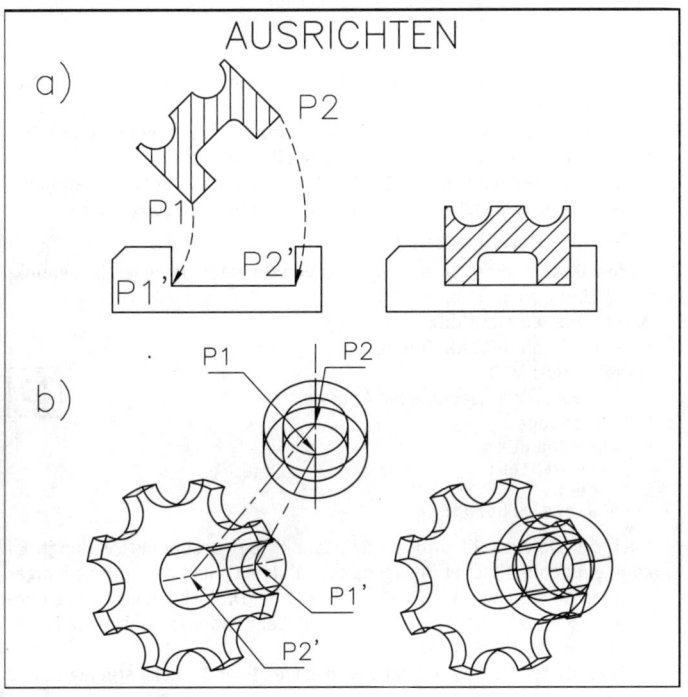

Abbildung 4.9: Beispiele zum Befehl AUSRICHTEN

1. Befehl **AUSRICHTEN** auswählen
   - ◆ Abrollmenü **ÄNDERN, 3D OPERATION >, AUSRICHTEN**
   - ◆ Tablettfeld **X14**
2. **Befehlsanfrage:**
```
Befehl: AUSRICHTEN
Objekte wählen:
Erster Ursprungspunkt:
Erster Zielpunkt:
Zweiter Ursprungspunkt:
Zweiter Zielpunkt:
Dritter Ursprungspunkt oder <weiter>:
Dritter Zielpunkt:
```

Anmerkungen

- ■ Wird nur ein Punktepaar eingegeben, wird eine Verschiebung ohne Drehung ausgeführt.
- ■ Werden zwei Punktepaare eingegeben, wird eine Verschiebung und Drehung im aktuellen BKS ausgeführt (→ Abbildung 4.9, a).
- ■ Mit drei Punktepaaren ist eine 3D-Bewegung definiert. Der erste Ursprungspunkt wird an den ersten Zielpunkt geschoben (→ Abbildung 4.9, b).

Ausführung: Befehl **DREHEN**

Der Befehl **DREHEN** dient dazu, einen Satz von Objekten um einen Basispunkt in der XY-Ebene zu drehen.

1. Befehl **DREHEN** auswählen
   - ◆ Abrollmenü **ÄNDERN, DREHEN**
   - ◆ Tablettfeld **V20**
   - ◆ Symbol im Werkzeugkasten **ÄNDERN**

2. **Befehlsanfrage:**
```
Befehl: DREHEN
Objekte wählen:
Basispunkt:
<Drehwinkel>/Bezug:
```

Nach der Objektwahl wird ein Basispunkt (der Drehpunkt) verlangt. Es kann ein geometrischer Bezugspunkt auf dem Objekt oder ein beliebiger Punkt in der Zeichnung sein. Danach wird der Drehwinkel als Wert eingegeben (→ Abbildung 4.10, a) oder mit dem Fadenkreuz interaktiv bestimmt (→ Abbildung 4.10, c).

B (BEZUG): Bei der Option **BEZUG** wird ein relativer Winkel festgelegt. Dazu sind weitere Angaben erforderlich.
```
<Drehwinkel>/Bezug: B
Bezugswinkel <0>:
```

Neuer Winkel:
Der bisherige Winkel (Bezugswinkel) und der neue Winkel einer Bezugs-
kante werden angefragt. Die Drehung erfolgt um die Differenz der Winkel.
Der Bezugswinkel kann mit zwei Punkten in der Zeichnung angegeben
werden (→ Abbildung 4.10, b).

Ausführung: Befehl 3DDREHEN

Während der Befehl **DREHEN** nur in der XY-Ebene arbeitet, kann mit dem Befehl **3DDREHEN** um eine beliebige Achse gedreht werden.

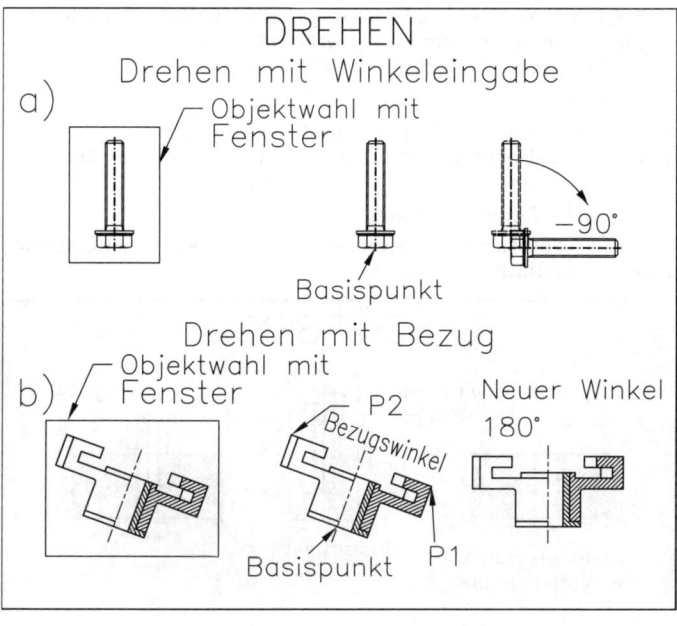

Abbildung 4.10: Beispiele zum Befehl DREHEN

1. Befehl **3DDREHEN** auswählen
   ◆ Abrollmenü **ÄNDERN, 3D OPERATION, 3D DREHEN**
   ◆ Tablettfeld **W22**
2. Befehlsanfrage:
   Befehl: 3DDREHEN

```
Wähle Objekt:
Achse von Objekt/Letztes/Ansicht/X-Achse/Y-Achse/Z-Achse/
<2Punkte>:
<Drehwinkel>/Bezug:
```

Optionen:

O (OBJEKT): Wahl eines Objektes als Drehachse.

L (LETZTES): Verwendung der zuletzt benutzten Drehachse.

A (ANSICHT): Drehachse senkrecht zur Ansichtsrichtung und durch einen gewählten Punkt.

X/Y/Z (X-ACHSE, Y-ACHSE, Z-ACHSE): Drehachse parallel zu einer der Koordinatenachsen und durch einen gewählten Punkt.

⏎ **für 2PUNKTE:** Drehachse durch 2 Punkte definiert.

Anmerkungen

- Nachdem die Achse festliegt, wird der Drehwinkel angefragt.
- Wie beim Befehl **DREHEN** (→ oben) kann auch hier die Option **BEZUG** verwendet werden.

Ausführung: Befehl SCHIEBEN

Der Befehl **SCHIEBEN** dient dazu, einen Satz von Objekten um eine bestimmte Distanz zu verschieben.

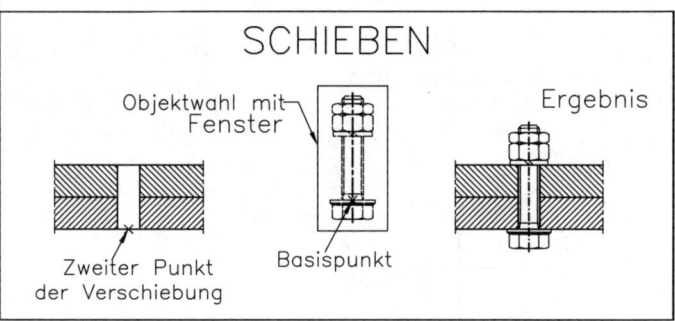

Abbildung 4.11: Beispiel zum Befehl **SCHIEBEN**

1. **Befehl SCHIEBEN auswählen**
   - ◆ Abrollmenü **ÄNDERN, SCHIEBEN**
   - ◆ Tablettfeld **V19**
   - ◆ Symbol im Werkzeugkasten **ÄNDERN**

2. Befehlsanfrage:

```
Befehl: SCHIEBEN
Objekte wählen:
Basispunkt oder Verschiebung:
Zweiter Punkt:
```

Nach der Objektwahl gibt es zwei Möglichkeiten, die Verschiebung zu bestimmen:

◆ Zwei Punkte werden mit Koordinaten (absolut oder relativ), mit einem Abstand oder mit dem Zeigegerät eingegeben. Die gewählten Objekte werden um diese Distanz verschoben.

◆ Ein Verschiebungswert wird in Koordinaten auf die erste Anfrage eingegeben, die zweite wird mit ⏎ beantwortet.

Beim Beispiel in Abbildung 4.11 sind deshalb beide Eingabearten erlaubt, zwei Punkte oder Verschiebung.

```
Basispunkt oder Verschiebung: 50,50
Zweiter Punkt: @20,20
Basispunkt oder Verschiebung: 20,20
Zweiter Punkt: ⏎
```

Ausführung: Befehl SPIEGELN

Der Befehl **SPIEGELN** dient dazu, einen Satz von Objekten um eine Achse in der XY-Ebene zu spiegeln.

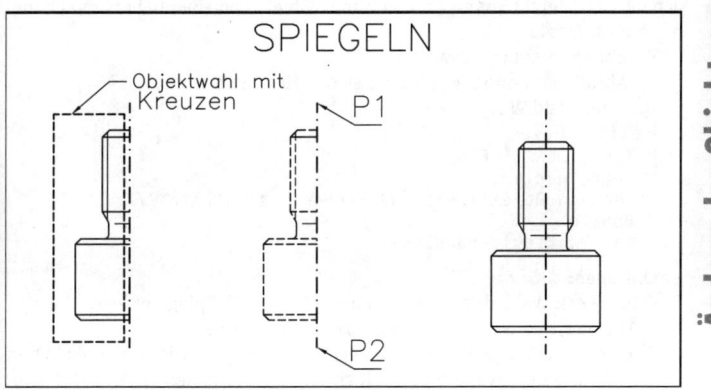

Abbildung 4.12: Beispiele zum Befehl SPIEGELN

Ändern der Objektanordnung

1. Befehl **Spiegeln** auswählen
   ◆ Abrollmenü **Ändern, Spiegeln**
   ◆ Tablettfeld **V16**
   ◆ Symbol im Werkzeugkasten **Ändern**
2. Befehlsanfrage:
```
Befehl: SPIEGELN
Objekte wählen:
Erster Punkt der Spiegelachse:
Zweiter Punkt:
Alte Objekte löschen (N):
```

Nach der Objektwahl wird eine Spiegelachse durch zwei Punkte abgefragt. Ob nur das Spiegelbild gewünscht wird oder auch das Original, wird bei der letzten Anfrage entschieden.

Anmerkungen

- Hat die Systemvariable **Mirrtext** den Wert 0, werden Texte (→ 5.8) und Attribute (→ 7.2) nicht mitgespiegelt, hat sie den Wert 1, dann werden sie mitgespiegelt.
- Texte in Blöcken (→ 7.1) werden immer mitgespiegelt.

Ausführung: Befehl 3dspiegeln

Während der Befehl **Spiegeln** nur in der aktuellen XY-Ebene spiegelt, lassen sich mit dem Befehl **3dspiegeln** gewählte Objekte an einer beliebigen Ebene im Raum spiegeln.

1. Befehl **3dspiegeln** auswählen
   ◆ Abrollmenü **Ändern, 3d operation, 3d spiegeln**
   ◆ Tablettfeld **W21**
2. Befehlsanfrage:
```
Befehl: 3DSPIEGELN
Objekte wählen:
Ebene von Objekt/Letztes/Z-Achse/Ansicht/XY/YZ/XZ/
<3Punkte>:
Alte Objekte löschen? <N>
```

Optionen:

O (Objekt): Wahl eines Kreises, eines Objekts als Spiegelebene.

L (Letztes): Verwendung der zuletzt benutzten Ebene.

Z (Z-Achse): Spiegelebene aus zwei Punkten. Der erste ist ein Punkt in der Ebene, und der zweite gibt die Richtung der Normalen (Z-Achse) dieser Ebene.

A (Ansicht): Spiegelebene senkrecht zur Ansichtsrichtung des Betrachters und durch einen gewählten Punkt.

4.6

Ändern der Objektanordnung

XY/YZ/XZ: Spiegelebene parallel zu einer der angegebenen Flächen und durch einen gewählten Punkt.

⊟ **für 3Punkte:** Spiegelebene durch 3 Punkte definiert.

Wie beim Befehl **Spiegeln** (→ oben) können auch hier die Ausgangsobjekte gelöscht oder beibehalten werden.

Ausführung: Befehl Varia

Der Befehl **Varia** dient dazu, Objekte im Maßstab zu verändern.

1. **Befehl Varia auswählen**
   ◆ Abrollmenü **Ändern, Varia**
   ◆ Tablettfeld **V21**
   ◆ Symbol im Werkzeugkasten **Ändern**

2. **Befehlsanfrage:**
   ```
   Befehl: VARIA
   Objekte wählen:
   Basispunkt:
   Bezug/<Skalierfaktor>:
   ```

Nach der Objektwahl ist ein Basispunkt erforderlich. Es kann ein geometrischer Bezugspunkt des Objekts oder ein beliebiger Punkt sein. Danach wird der Skalierfaktor eingegeben.

B (Bezug): In diesem Fall wird eine Bezugslänge und die neue Länge eingegeben, das Berechnen des Faktors entfällt.

```
<Grössenfaktor>/Bezug: B
Bezugslänge <1>:
Neue Länge:
```

Die Bezugslänge und alle anderen gewählten Objekte werden entsprechend der Bezugslänge verändert. Die Bezugslänge kann durch Eingabe von zwei Punkten in der Zeichnung festgelegt werden.

4.6

Ändern der Objektanordnung

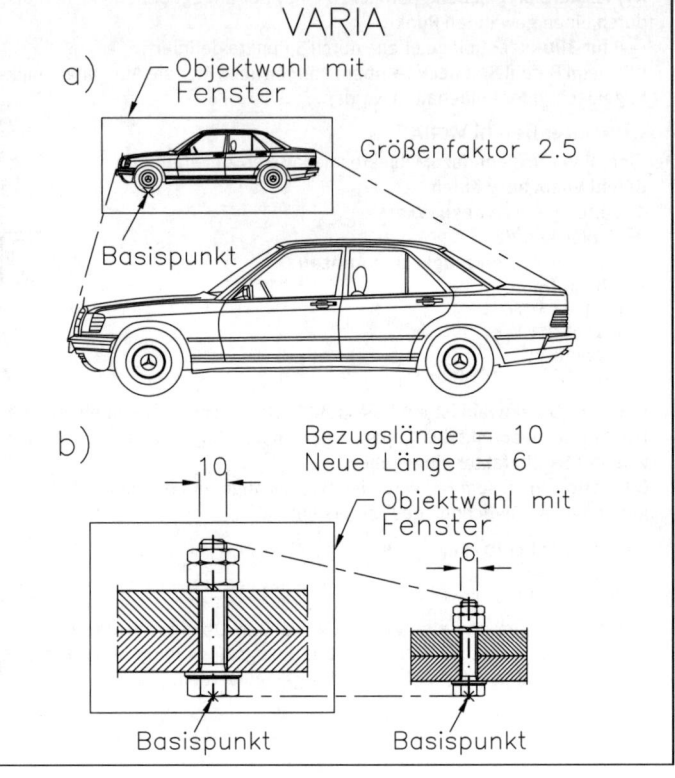

*Abbildung 4.13: Beispiele zum Befehl **VARIA***

4.7 Ändern der Objektgeometrie

Eine ganze Reihe von Editierbefehlen dient dazu, die Geometrie bestehender Objekte zu verändern.

Ausführung: Befehl **ABRUNDEN**

Mit dem Befehl **ABRUNDEN** lassen sich zwei Linien, Kreise, Bögen oder zwei Liniensegmente einer Polylinie mit einem Kreisbogen im vorgegebenen Radius verbinden. Außerdem lassen sich Kanten von Volumenkörpern abrunden (→ 3.11).

1. Befehl **ABRUNDEN** auswählen
   - Abrollmenü **ÄNDERN, ABRUNDEN**
   - Tablettfelder **W19**
   - Symbol im Werkzeugkasten **ÄNDERN**

2. Befehlsanfrage:
```
Befehl: ABRUNDEN
(STUTZEN-Modus) Gegenwärtiger Abrundungsradius = 0.0000
Polylinie/Radius/Stutzen/<erstes Objekt wählen>:
```
Zunächst wird der eingestellte Radius und der Modus für die Abrundung angezeigt.

Optionen für 2D- Objekte:

ZWEI OBJEKTE WÄHLEN: Zwei Linien, Kreise, Bögen oder Liniensegmente einer Polylinie können mit der Pickbox ausgewählt werden. Die Linien werden bis zum gemeinsamen Schnittpunkt verlängert bzw. am gemeinsamen Schnittpunkt gestutzt und mit einem Bogen mit dem voreingestellten Radius versehen. Abhängig vom Stutzen-Modus bleiben die ursprünglichen Objekte erhalten, oder sie werden gestutzt (→ Abbildung 4.14 a und b).

P (POLYLINIE): Abrundung einer kompletten Polylinie. Nachdem die Polylinie gewählt wurde, wird jeder Scheitelpunkt, an dem die Liniensegmente zusammentreffen, mit dem Radius verrundet.

R (RADIUS): Der Rundungsradius wird angezeigt, und ein neuer kann eingestellt werden. Alle folgenden Abrundungen werden mit diesem Wert durchgeführt.

S (STUTZEN): Einstellung des Stutzen-Modus.

Optionen für Volumenkörper:

Wurde ein **Volumenkörper** angewählt, kann eine Kante oder eine ganze Kette von Kanten abgerundet werden (→ Abb. 4.14, c).
```
Polylinie/Radius/Stutzen/<erstes Objekt wählen>:
Kette/Radius/<Kante wählen>:
Radius eingeben <3.0000>:
Kette/Radius/<Kante wählen>:
```

Ändern der Objektgeometrie

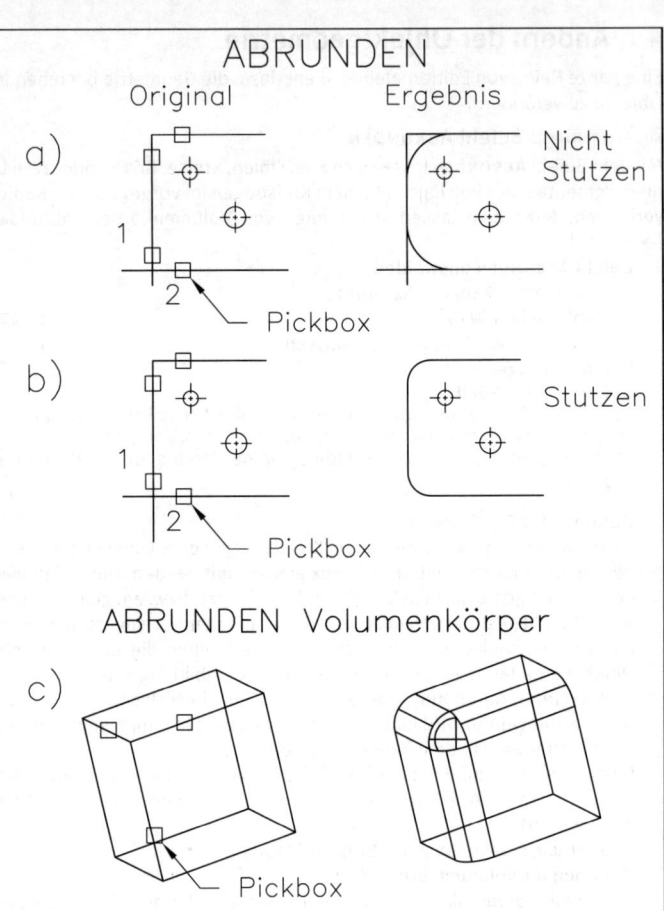

Abbildung 4.14: Beispiele zum Befehl **ABRUNDEN**

4.7

Ändern der Objektgeometrie

Der Befehl schaltet automatisch auf die Radiuseingabe um. Der einge-stellte Radius kann eingegeben oder bestätigt werden.

KANTE WÄHLEN: Kante des Volumenkörpers wird abgerundet.

R (RADIUS): Änderung des eingestellten Radius.

KE (KETTE): Wahl einer Kante. Alle Kanten des Volumenkörpers, die mit dieser verkettet sind, werden abgerundet. Weitere Kanten oder Ketten können dazu gewählt werden.

Ausführung: Befehl BRUCH

Mit dem Befehl **BRUCH** läßt sich eine Linie, ein Kreisbogen oder eine 2D-Poly-linie trennen oder ein Teilstück daraus herauslöschen.

1. Befehl BRUCH auswählen
   ◆ Abrollmenü **ÄNDERN, BRUCH**
   ◆ Tablettfelder **W17**
   ◆ Symbol im Werkzeugkasten **ÄNDERN**

2. Befehlsanfrage:
```
Befehl: BRUCH
Objekte wählen:
Zweiter Punkt (oder E für den ersten Punkt):
```

Es wird davon ausgegangen, daß das zu brechende Objekt bei der Objekt-wahl am Bruchpunkt angewählt wird. Danach braucht nur noch der zweite Punkt gezeigt werden. Wurde bei der Objektwahl nicht auf den ersten Bruchpunkt gezeigt, wiederholt die Option **E (ERSTER PUNKT)** die Wahl des ersten Punktes. Anschließend erfolgt wieder die Frage nach dem zweiten Punkt.

Beispiele

■ Abbildung 4.15, a: Das Objekt wird an P1 gepickt, P2 liegt links vom Lini-enende. Der Teil links von P1 wird gelöscht.

■ Abbildung 4.15, b: Wird für den zweiten Punkt @ eingegeben, liegen die Punkte aufeinander. Es wird in zwei Objekte geteilt.

■ Abbildung 4.15, c und d: Nach der Objektwahl wird mit der Option **E** der erste Punkt neu bestimmt.

■ Abbildung 4.15, e: Aus einem Kreis wird im Gegenuhrzeigersinn von P1 nach P2 herausgelöscht.

■ Abbildung 4.15, f: Bögen können ebenfalls im Uhrzeigersinn aufgebro-chen werden.

4.7

Ändern der Objektgeometrie

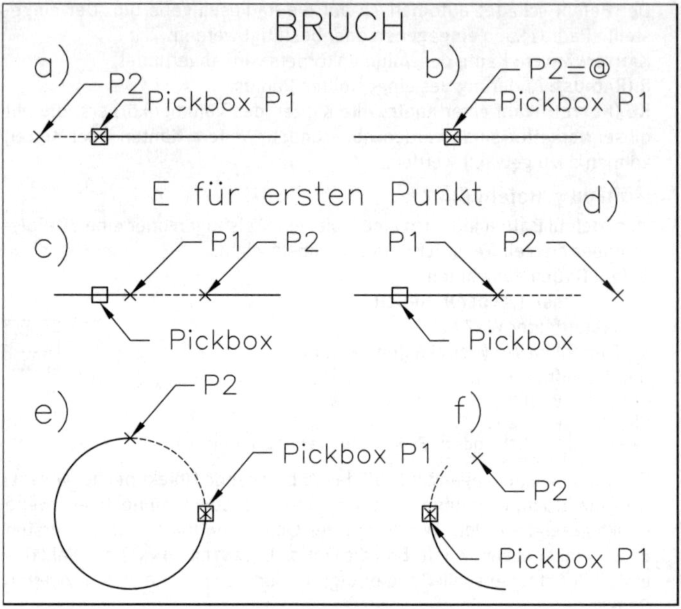

Abbildung 4.15: Beispiele zum Befehl **Bruch**

Ausführung: Befehl DEHNEN

Mit dem Befehl **DEHNEN** werden Zeichnungsobjekte bis zu einer wählbaren Grenzkante verlängert.

1. **Befehl DEHNEN auswählen**
   - ◆ Abrollmenü **ÄNDERN, DEHNEN**
   - ◆ Tablettfelder **W16**
   - ◆ Symbol im Werkzeugkasten **ÄNDERN**

2. **Befehlsanfrage:**
   ```
   Befehl: DEHNEN
   Grenzkanten wählen: (PROJMODE=BKS; EDGEMODE=Nichtdehnen)
   Objekte wählen:
   Projektion/Kante/ZUrück/<Objekt wählen, das gedehnt werden
   soll>:
   ```

Die Grenzkante ist die Kante, bis zu der die Objekte verlängert werden sollen. Mehrere Grenzkanten sind möglich. ⏎ beendet die Auswahl. Die Grundeinstellungen werden angezeigt. Danach werden die Objekte an der Seite gewählt, an der sie gedehnt werden sollen. Sie werden bis zur Grenzkante hin verlängert.

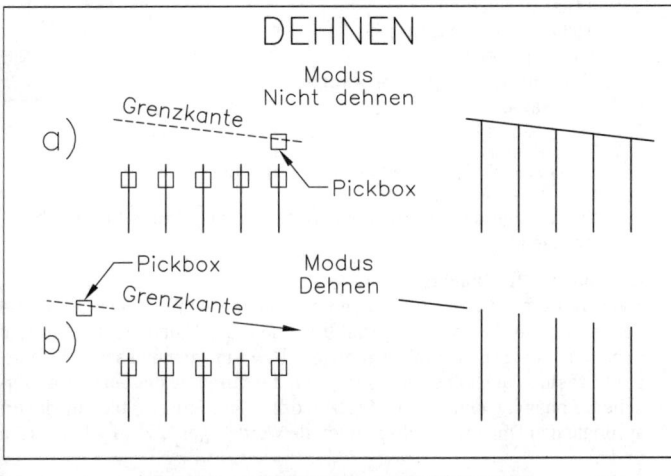

Abbildung 4.16: Beispiele zum Befehl **Dehnen**

Optionen:

P (Projektion): Es lassen sich auch Objekte dehnen, die sich auf anderen Höhen befinden als die Grenzkante. Mit dem Projektionsmodus wird gewählt, ob das Maß für die Dehnung durch Projektion der Objekte auf das aktuelle BKS oder auf die Ansicht ermittelt werden soll (Anzeige: PROJMODE).

K (Kante): Es kann gewählt werden, ob die Kante bis zu einem Schnittpunkt mit den zu dehnenden Objekten verlängert werden soll oder nicht (Anzeige: EDGEMODE), (→ Abbildung 4.16).

ZU (Zurück): Nimmt die letzte Dehnung zurück.

Anmerkungen

- Es können mehrere Grenzkanten und zu dehnende Objekte in einem Befehl gewählt werden.
- Ein Objekt kann Grenzkante und zu dehnendes Objekt sein.

Ausführung: Befehl FASE

Der Befehl FASE ist dem Befehl ABRUNDEN (→ oben) sehr ähnlich. Bei diesem Befehl werden zwei Linien oder Liniensegmente einer 2D-Polylinie mit einer Fase versehen. Außerdem lassen sich Kanten von Volumenkörpern (→ 3.11) fasen.

1. **Befehl FASE auswählen**
   ◆ Abrollmenü ÄNDERN, FASEN
   ◆ Tablettfelder **W18**
   ◆ Symbol im Werkzeugkasten ÄNDERN
2. **Befehlsanfrage:**
```
Befehl: FASE
(STUTZEN-Modus) Gegenwärtiger Fasenabst1=0.00, Abst2=0.00
Polylinie/Abstand/Winkel/Stutzen/Methode/
<erste Linie wählen>:
```
Zunächst werden die eingestellten Werte und der Modus für die Abrundung angezeigt.

Optionen für 2D- Objekte:

ZWEI OBJEKTE WÄHLEN: Zwei Linien oder Liniensegmente einer Polylinie können mit der Pickbox ausgewählt werden. Die Linien werden bis zum gemeinsamen Schnittpunkt verlängert bzw. am gemeinsamen Schnittpunkt gestutzt und mit einer Schräge mit den voreingestellten Werten versehen. Abhängig vom Modus (Stutzen oder nicht Stutzen) bleiben die ursprünglichen Objekte erhalten, oder sie werden gestutzt (→ Abb. 4.17 a und b).

P (POLYLINIE): Fasen einer kompletten Polylinie. Jeder Scheitelpunkt wird mit den eingestellten Werten gefast.

A (ABSTAND): Eingabe zweier Fasenabstände. Die bisherigen Werte werden angezeigt. Der erste Fasenabstand wird an der ersten gewählten Linie abgetragen (→ Abbildung 4.17, c).

W (WINKEL): Eingabe eines Fasenabstands und eines Winkels. Die bisherigen Werte werden angezeigt. Der Abstand wird an der ersten gewählten Linie abgetragen und die Fase im vorgegebenen Winkel gezeichnet (→ Abbildung 4.17, c).

S (STUTZEN): Einstellung, ob die Originalobjekte gestutzt werden sollen oder nicht (→ Abbildung 4.17, a und b).

M (METHODE): Einstellung der Methode der Wertangabe. Die Eingabe von Abständen oder eines Abstands und eines Winkels ist möglich (→ Abbildung 4.17, c).

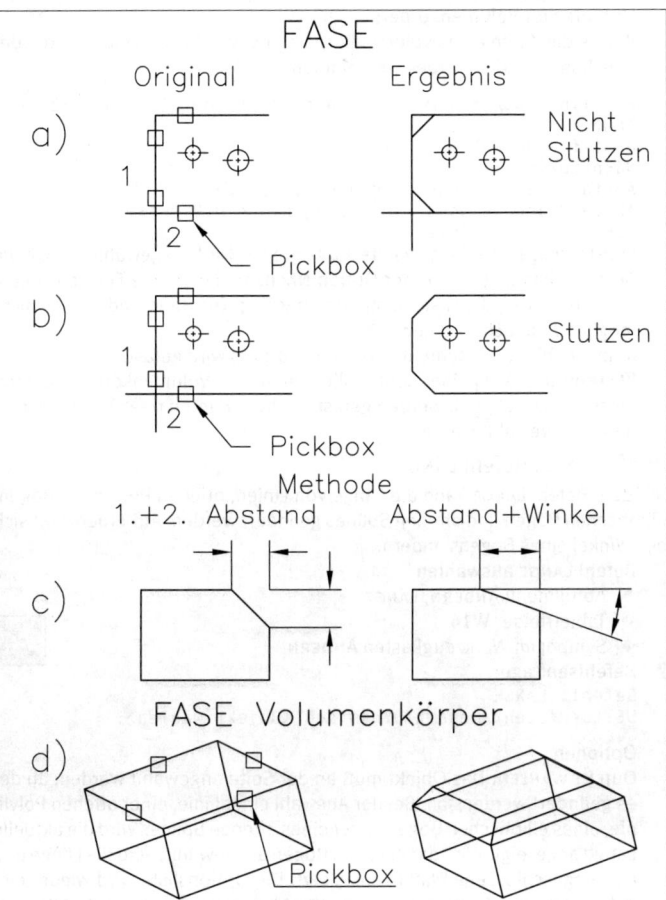

Abbildung 4.17: Beispiele zum Befehl FASE

Optionen für Volumenkörper:

Wurde die Kante eines Volumenkörpers angewählt, kann eine Kante oder eine Kontur gefast werden (→ Abbildung 4.17, d):

```
Polylinie/Abstand/Winkel/Stutzen/Methode/<1. Linie wäh-
len>:
Basisfläche wählen:
Nächste/<OK>:
Abstand Basisfläche eingeben <10.0000>:
Abstand andere Oberfläche eingeben <10.0000>:
Kontur/<Kante wählen>:
```

Eine Fläche, an die die gewählte Kante grenzt, wird ausgewählt. Mit **OK** die Auswahl bestätigen, mit der Option **NÄCHSTE** die andere Fläche wählen. Danach werden die Fasenabstände abgefragt (Abstand und Winkel nicht möglich). Danach wird gewählt:

Kante wählen: Die Kante des Volumenkörpers wird gefast.

KO (Kontur): Wahl einer Kante. Alle Kanten des Volumenkörpers, die mit dieser verkettet sind, werden gefast. Weitere Kanten oder Konturen können dazu gewählt werden.

Ausführung: Befehl LÄNGE

Mit dem Befehl **LÄNGE** kann die Länge von Linien, offenen Polylinien, Bögen, elliptischen Bögen und offenen Splines geändert werden. Außerdem läßt sich der Winkel eines Bogens ändern.

1. **Befehl LÄNGE auswählen**
   ◆ Abrollmenü **ÄNDERN, LÄNGE**
   ◆ Tablettfelder **W14**
   ◆ Symbol im Werkzeugkasten **ÄNDERN**

2. **Befehlsanfrage:**
```
Befehl: LÄNGE
DElta/Prozent/Gesamt/DYnamisch/<Objekt wählen>:
```

Optionen:

OBJEKT WÄHLEN: Das Objekt muß an der Seite angewählt werden, an der es geändert werden soll. Bei der Auswahl einer Linie, einer offenen Polylinie, eines elliptischen Bogens oder eines offenen Splines wird die aktuelle Länge angezeigt. Wird dagegen ein Bogen ausgewählt, wird die Länge und der eingeschlossene Winkel angezeigt. Die Optionsliste wird wieder eingeblendet, und der entsprechende Wert kann auf verschiedene Arten geändert werden.

DE (DELTA): Eingabe einer Längen- oder Winkeldifferenz:

```
DElta/Prozent/Gesamt/DYnamisch/<Objekt wählen>: DE
Winkel/<Delta Länge eingeben (0.0000)>:
<Zu änderndes Objekt wählen>/ZUrück:
```

Wird die Option **WINKEL** bei einem Liniensegment eingegeben, erscheint eine Fehlermeldung.

P (PROZENT): Eingabe einer prozentualen Längen- oder Winkeldifferenz.

G (GESAMT): Eingabe einer neuen Gesamtlänge oder eines neuen Gesamtwinkels.

DY (DYNAMISCH): Dynamische Veränderung der Länge oder des Winkels.

Ausführung: Befehl MESSEN

Mit dem Befehl **MESSEN** können Markierungspunkte in einem definierten Abstand an einem Objekt angebracht werden.

1. **Befehl MESSEN auswählen**
   ◆ Abrollmenü **ZEICHNEN, PUNKT** >, **MESSEN**
   ◆ Tablettfelder **V12**

2. **Befehlsanfrage:**
```
Befehl: MESSEN
Objekt wählen, das gemessen werden soll:
<Segmentlänge>/Block:
```

Bei der Objektwahl kann nur ein einzelnes Objekt gewählt werden. Danach wird die Segmentlänge eingegeben.

Option:

B (BLOCK): Statt eines Markierungspunktes wird an die zu markierenden Stellen ein Block (→ 7.1) eingefügt.

```
<Segmentlänge>/Block: B
Name des einzufügenden Blockes:
Soll der Block mit dem Objekt ausgerichtet werden:
Segmentlänge:
```

Der Name des Blockes wird eingegeben. Bei der Messung eines runden Objekts kann gewählt werden, ob der Block zum Mittelpunkt hin ausgerichtet werden soll oder nicht. Danach erfolgt die Bestimmung der Segmentlänge.

Anmerkungen

■ Das Objekt, das gemessen werden soll, wird nicht in Einzelobjekte zerlegt. Es werden lediglich Markierungspunkte in einem definierten Abstand angebracht (→ Abbildung 4.18, a und b).

■ Die Punkte lassen sich mit Objektfang **PUNKT**(→ 2.6) fangen.

4.7

Ändern der Objektgeometrie

- Die Segmentlänge ist konstant, am Schluß der Linie bleibt der nicht mehr teilbare Rest übrig.
- Das Symbol, das an der zu markierenden Stelle angebracht wird, ist abhängig von der Einstellung der Punktsymbole (→ 3.1).
- Auch Polylinien lassen sich messen. Begonnen wird am Startpunkt und in der Zeichenrichtung der Polylinie fortgesetzt.

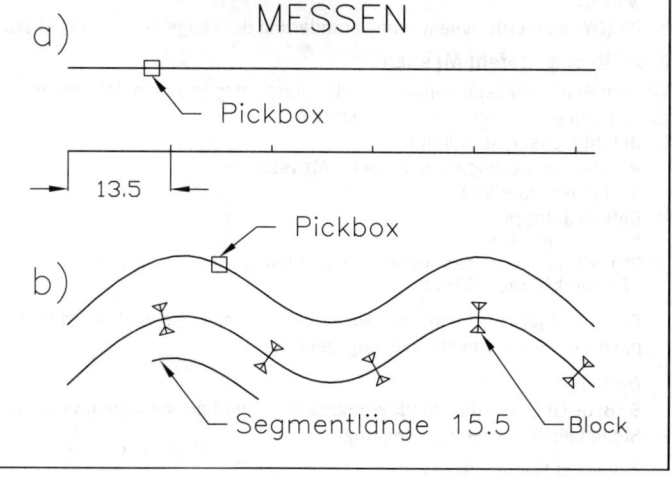

Abbildung 4.18: Beispiele zum Befehl MESSEN

Ausführung: Befehl STRECKEN

Mit dem Befehl STRECKEN kann ein Zeichnungsobjekt verschoben und alle angrenzenden Objekte mit korrigiert werden.

1. **Befehl STRECKEN auswählen**
   - ◆ Abrollmenü ÄNDERN, STRECKEN
   - ◆ Tablettfeld V22
   - ◆ Symbol im Werkzeugkasten ÄNDERN

2. **Befehlsanfrage:**
   ```
   Befehl: STRECKEN
   Objekte, die gestreckt werden sollen, mit Kreuzen-Fenster
   oder Kreuzen-Polygon wählen...
   Objekte wählen:
   ```

Basispunkt oder Verschiebung:
Zweiter Punkt der Verschiebung:

Das Objekt, das verschoben werden soll, und die angrenzenden Objekte werden gewählt. Bei der Objektwahl ist jede Methode möglich. Damit der Befehl aber richtig arbeitet, muß mindestens einmal die Option K (KREU- ZEN) oder KP (KPOLYGON) verwendet werden (Fenster von rechts nach links aufziehen oder Option K (KREUZEN) anwählen). Basispunkt und zweiter Punkt legen die Verschiebung fest.

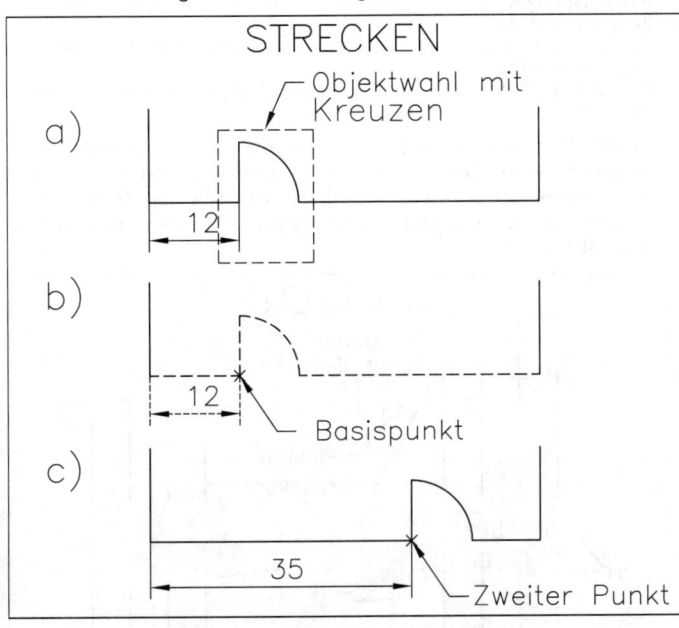

Abbildung 4.19: Beispiel zum Befehl STRECKEN

Anmerkung

■ Objekte, die ganz im Kreuzen-Fenster waren, werden verschoben. Objekte, die teilweise vom Fenster erfaßt wurden, werden korrigiert. Der Geometriepunkt, der sich im Fenster befindet, wird verschoben, alle anderen an ihrer Position belassen. Die Objekte werden gestreckt bzw. gestaucht (→ Abbildung 4.19).

Ausführung: Befehl STUTZEN

Der Befehl **STUTZEN** schneidet Zeichnungsobjekte an einer wählbaren Grenz-kante ab.

1. **Befehl STUTZEN auswählen**
   - Abrollmenü **ÄNDERN, STUTZEN**
   - Tablettfelder **W15**
   - Symbol im Werkzeugkasten **ÄNDERN**

2. **Befehlsanfrage:**
```
Befehl: STUTZEN
Schnittkanten wählen: (PROJMODE=BKS; EDGEMODE=Nichtdehnen)
Objekte wählen:
Projektion/Kante/ZUrück/<Objekt wählen, das gestutzt werden
soll>/:
```

Die Schnittkante ist die Kante, an der die Objekte gestutzt werden sollen. Mehrere Schnittkanten sind möglich. ⏎ beendet die Auswahl. Die Ein-stellungen werden angezeigt. Danach lassen sich die Objekte an der Stel-le wählen, an der sie gestutzt werden sollen. Sie werden an der Schnitt-kante abgetrennt.

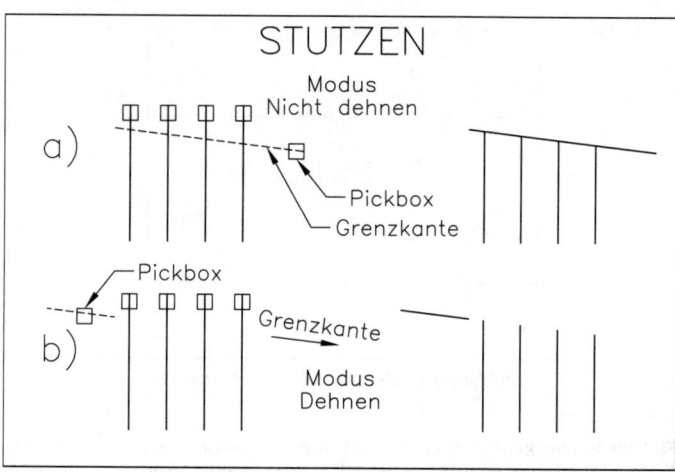

Abbildung 4.20: Beispiele zum Befehl STUTZEN

Optionen:

P (PROJEKTION): Es lassen sich auch Objekte dehnen, die sich auf anderen Höhen befinden als die Grenzkante. Mit dem Projektionsmodus wird gewählt, ob das Maß für die Dehnung durch Projektion der Objekte auf das aktuelle BKS oder auf die aktuelle Ansicht ermittelt werden soll (Anzeige: PROJMODE).

K (KANTE): Es kann gewählt werden, ob die Kante bis zu einem Schnittpunkt mit den zu stutzenden Objekten verlängert werden soll oder nicht (Anzeige: EDGEMODE), (→ Abbildung 4.20).

ZU (ZURÜCK): Die Option nimmt das letzte Stutzen zurück.

Anmerkung

■ Es können mehrere Schnittkanten und zu stutzende Objekte in einem Befehl gewählt werden. Ein Objekt kann Schnittkante und zu stutzendes Objekt sein.

Ausführung: Befehl TEILEN

Mit dem Befehl **TEILEN** kann ein Zeichnungsobjekt mit Markierungspunkten versehen werden. Die Zahl der Teilstücke, die zwischen den Markierungspunkten entstehen, ist wählbar.

1. **Befehl TEILEN auswählen**
   - ◆ Abrollmenü **ZEICHNEN, PUNKT >, TEILEN**
   - ◆ Tablettfelder **V13**

2. **Befehlsanfrage:**
   ```
   Befehl: TEILEN
   Objekt wählen, das geteilt werden soll:
   <Anzahl Segmente>/Block:
   ```

   Bei der Objektwahl kann nur ein einzelnes Objekt gewählt werden. Die nächste Anfrage legt die Zahl der Segmente fest.
   Stattdessen kann eine weitere Option gewählt werden.

Option:

B (BLOCK): Statt eines Markierungspunktes wird an den zu markierenden Stellen ein Block (→ 7.1) eingefügt.

```
<Anzahl Segmente>/Block: B
Name des einzufügenden Blockes:
Soll der Block mit dem Objekt ausgerichtet werden:
Anzahl Segmente:
```

Der Name des Blockes wird eingegeben. Wird die Teilung auf einem Bogen abgetragen, kann gewählt werden, ob der Block zum Mittelpunkt hin ausgerichtet werden soll. Danach ist auch in diesem Fall die Anzahl der Segmente festzulegen.

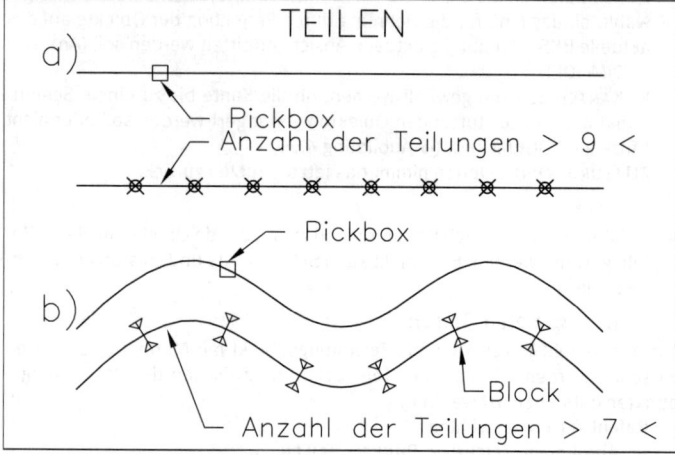

Abbildung 4.21: Beispiele zum Befehl TEILEN

Anmerkungen

■ Das Objekt, das geteilt werden soll, wird nicht in Einzelobjekte zerlegt. Es werden lediglich Markierungspunkte angebracht (→ Abbildung 4.21, a und b).
■ Die Punkte lassen sich mit Objektfang PUNKT (→ 2.6) fangen.
■ Die Segmente haben die gleiche Länge. Sie ergibt sich aus der Teilung der Gesamtlänge durch die Anzahl der Segmente.
■ Das Symbol, das an der zu markierenden Stelle angebracht wird, ist abhängig von der Einstellung der Punktsymbole (→ 3.1).

Ausführung: Befehl VERSETZ

Mit dem Befehl VERSETZ lassen sich Parallelen zu einem Objekt erzeugen.

1. Befehl VERSETZ auswählen
   ◆ Abrollmenü ÄNDERN, VERSETZEN
   ◆ Tablettfelder X 14-15
   ◆ Symbol im Werkzeugkasten ÄNDERN

2. Befehlsanfrage:

```
Befehl: VERSETZ
Abstand oder Durch punkt <Durch punkt>:
```

Es werden zwei Möglichkeiten angeboten:

◆ In einem wählbaren Abstand versetzen.
◆ Eine Parallele durch einen Punkt legen.

Die zuletzt benützte Option erscheint als Vorgabewert in <>. Folgende Eingaben sind möglich:

WERTEINGABE ODER ZEIGEN ZWEIER PUNKTE: Der eingegebene Wert wird als Abstand der zu konstruierenden Parallele gespeichert. Weitere Angaben sind erforderlich:

```
Objekt wählen, das versetzt werden soll:
Seite, auf die versetzt werden soll:
```

Das Objekt wird mit der Pickbox gewählt. Danach wird angegeben, auf welcher Seite des Originals die Parallele entstehen soll. Es reicht aus, einen Punkt auf der richtigen Seite zu picken.

D (DURCH PUNKT): Bei Wahl dieser Option wird angefragt:

```
Objekt wählen, das versetzt werden soll:
Durch Punkt:
```

In diesem Fall geht die Parallele durch den angegebenen Punkt.

Beispiele

■ Abbildung 4.22, a: Parallele zu einer Linie durch den Punkt P1.
■ Abbildung 4.22, b: Parallele zu einer Polylinie im Abstand 2.
■ Abbildung 4.22, c: Konzentrischer Kreis im Abstand 4.

Ändern der Objektgeometrie

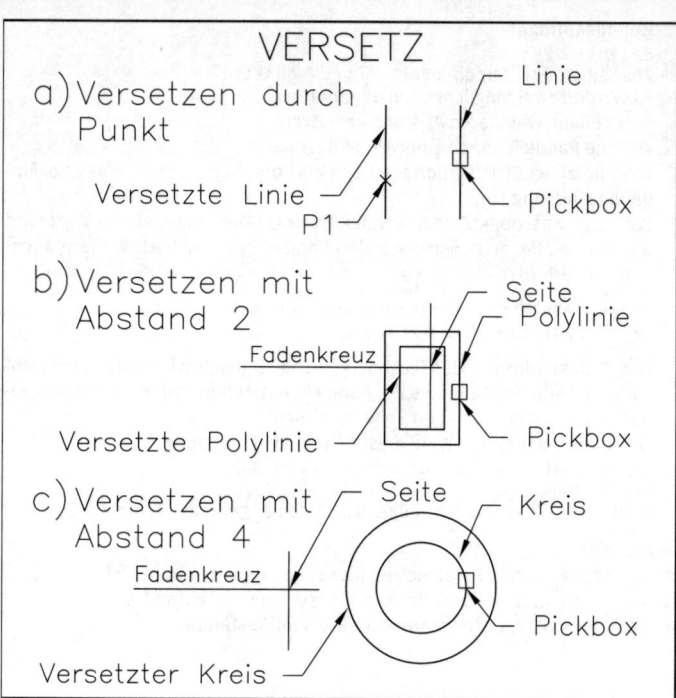

Abbildung 4.22: Beispiele zum Befehl VERSETZ

4.8 Ändern von Objekten

Objekte in der Zeichnung lassen sich auf verschiedene Arten ändern. Es ist möglich, die Objekteigenschaften zu ändern:

■ die Farbe eines Objekts,
■ die Layerzugehörigkeit eines Objekts,
■ der Linientyp und der Linientypfaktor eines Objekts
■ und die Objekthöhe eines Objekts.
■ Außerdem können die Geometrie und die Parameter für die Erstellung eines Objekts geändert werden.

Ausführung: Änderungsfunktion wählen

◆ Abrollmenü ÄNDERN, EIGENSCHAFTEN...
◆ Tablettfelder Y14
◆ Symbol in der Funktionsleiste EIGENSCHAFTEN

Zunächst werden die zu ändernden Objekte angefragt. Je nach Zahl der gewählten Objekte werden verschiedene Befehle aktiviert:

◆ **Mehrere Objekte** gewählt: Befehl DDCHPROP
◆ **Ein Objekt** gewählt: Befehl DDMODIFY

Ausführung: Befehl DDCHPROP

Mit dem Befehl DDCHPROP (→ Abbildung 4.23) lassen sich die Eigenschaften von mehreren gewählten Objekten ändern.

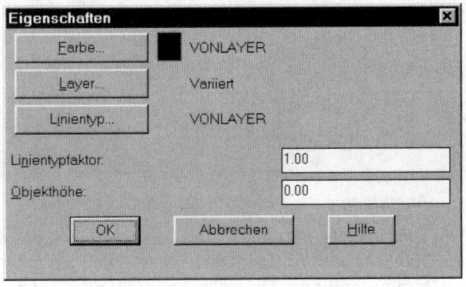

Abbildung 4.23: Dialogfenster Befehl DDCHPROP

Anmerkungen

■ Die Werte für die gewählten Objekte werden angezeigt.
■ Sind diese nicht einheitlich, wird »*variiert*« angezeigt.

Ändern von Objekten

- Bei Anwahl der Felder **FARBE...**, **LAYER...** und **LINIENTYP...** erscheinen weitere Dialogfenster zur Änderung. Diese sind identisch mit denen der Befehle **DDCOLOR**, **LAYER** und **LINIENTP**.
- **Wichtig:** Sollen sich Farbe oder Linientyp ändern, möglichst nicht diese Eigenschaften ändern, sondern die Objekte auf den Layer legen, dem diese Farbe und dieser Linientyp zugeordnet ist. Die Einstellung bei Farbe und Linientyp sollte auf *VONLAYER* belassen werden. Andernfalls geht die eindeutige Zuordnung über den Layer verloren.
- **Wichtig:** Die aktuellen Einstellungen werden nicht verändert. Das heißt, wird beispielsweise ein Objekt auf einen anderen Layer gebracht, wird dieser nicht zum aktuellen Layer.

Ausführung: Befehl **DDMODIFY**

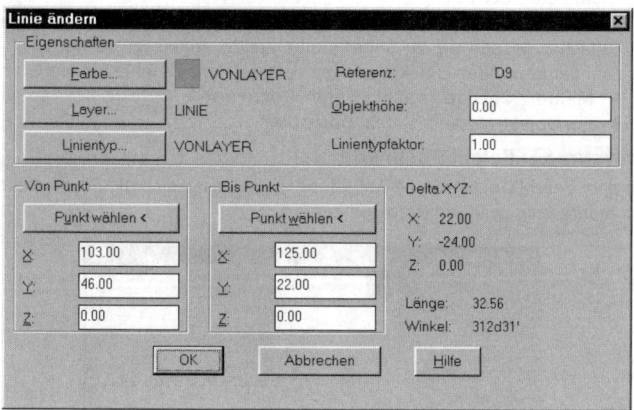

*Abbildung 4.24: Dialogfenster Befehl **DDMODIFY***

Mit dem Befehl **DMODIFY** (→ Abbildung 4.24) lassen sich ebenfalls die Eigenschaften eines Objektes ändern. Zusätzlich ist es aber auch möglich, die Geometrie und die Parameter für das Objekt zu ändern (Endpunkt einer Linie, Mittelpunkt eines Kreises usw.).

Anmerkungen

- Im oberen Teil des Dialogfensters lassen sich die Eigenschaften ändern. Dieser Teil ist identisch mit dem Befehl **DDCHPROP**.

- Der restliche Teil des Dialogfensters ist abhängig davon, welches Objekt gewählt wurde.
- Bei geometrischen Grundobjekten (Linie, Bogen, Kreis usw.) lassen sich die Geometriepunkte der Objekte ändern. Abbildung 4.24 zeigt das Dialogfenster bei der Wahl einer Linie.
- Bei Bemaßungen, Schraffuren, Texten, Bildern usw. lassen sich die Parameter der Objekte ändern. Diese Beschreibung der Änderungsfunktionen für diese speziellen Objekte sind in den entsprechenden Kapiteln dieses Buches zu finden.

Ausführung: Befehl SCHRAFFEDIT

Schraffuren sind assoziativ und können nachträglich bearbeitet werden. Mit dem Befehl SCHRAFFEDIT lassen sich die Parameter für eine bestehende Schraffur ändern.

1. **Befehl SCHRAFFEDIT auswählen**
   - ◆ Abrollmenü ÄNDERN, OBJEKTE >, SCHRAFFUR BEARBEITEN...
   - ◆ Tablettfeld Y16
   - ◆ Symbol im Werkzeugkasten ÄNDERN II

Anmerkungen

- Nachdem eine Schraffur gewählt wurde, erscheint dasselbe Dialogfenster wie zur Erstellung von Schraffuren (→ 3.12).
- Die Parameter der gewählten Schraffur werden als Vorgabewerte angezeigt, die sich beliebig ändern lassen.
- Die Schraffurfläche läßt sich nicht ändern.
- Das Dialogfenster läßt sich auch aus dem Befehl DDMODIFY mit der Schaltfläche SCHRAFFUR BEARBEITEN... aufrufen. Das Feld wird angezeigt, wenn eine Schraffur gewählt wurde.

Ausführung: Befehl EIGÜBERTRAG

Sollen ausgewählte Objekte die Eigenschaften von anderen Objekten übernehmen, kann dies am schnellsten mit dem Befehl EIGÜBERTRAG vorgenommen werden.

1. **Befehl EIGÜBERTRAG auswählen**
   - ◆ Abrollmenü ÄNDERN, EIGENSCHAFTEN ANPASSEN
   - ◆ Tablettfeld Y15
   - ◆ Symbol in der STANDARD-FUNKTIONSLEISTE

2. **Befehlsanfrage:**
   ```
   Quellobjekt wählen:
   ```

4.8

Ändern von Objekten

Quellobjekt ist das Objekt, dessen Eigenschaften auf ein oder mehrere Zielobjekte übertragen werden sollen. Nachdem ein Quellobjekt gewählt wurde, erscheint die Anfrage:

```
eiNstellungen/<Zielobjekt(e) wählen>:
```

Jetzt können Zielobjekte gewählt werden, auf die die Eigenschaften übertragen werden.

N (eiNstellungen): Mit dieser Option kommt ein Dialogfenster auf den Bildschirm, in dem gewählt werden kann, welche Einstellungen übertragen werden sollen (→ 4.25).

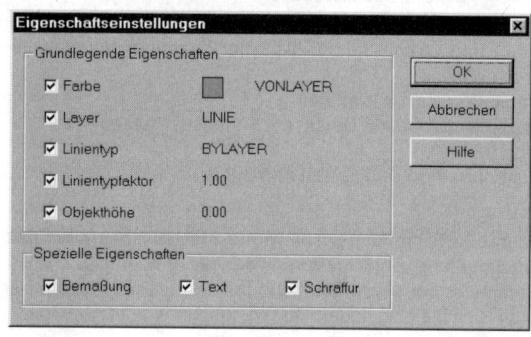

Abbildung 4.25: Dialogfenster zur Übertragung von Eigenschaften

In der linken Spalte des Fensters lassen sich die Objekteigenschaften anwählen, die übertragen werden sollen. In der rechten Spalte sind die aktuellen Werte des Quellobjekts aufgelistet. Mit den unteren Schaltern kann eingestellt werden, ob die Bemaßungs-, Text- und Schraffurparameter übertragen werden sollen.

Ausführung: Befehl EIGÄNDR

Der Befehl **EIGÄNDR** dient dazu, die Eigenschaften (Layer, Linientyp, Farbe, Objekthöhe) eines Auswahlsatzes von Objekten zu ändern.

1. **Befehl EIGÄNDR auswählen**
   ◆ Nur auf der Tastatur einzugeben
2. **Befehlsanfrage:**
   ```
   Befehl: EIGÄNDR
   Objekte wählen:
   Welche Eigenschaften ändern? (Farbe/LAyer/LTYp/LTFaktor/
   Objekthöhe) ?:
   ```

Der Befehl ist von den Funktionen her identisch mit dem Befehl **Ddch-prop**. Er wird aber ohne Dialogfenster im Befehlszeilenfenster ausgeführt.

Ausführung: Befehl ÄNDERN

Der Befehl **ÄNDERN** kann ebenfalls dazu verwendet werden, die Eigenschaften von Objekten zu ändern. Zusätzlich läßt sich auch der Modifikationspunkt (→ unten) von Objekten ändern.

1. **Befehl ÄNDERN auswählen**
   - Nur auf der Tastatur einzugeben
2. **Befehlsanfrage:**
```
Befehl: ÄNDERN
Objekte wählen:
EIgenschaften/<Modifikationspunkt>:
```

Zuerst werden die Objekte angefragt. Bei der folgenden Anfrage kann ein Punkt eingegeben oder eine zusätzliche Option gewählt werden.

Optionen
EI (EIGENSCHAFTEN): In diesem Fall arbeitet der Befehl wie der Befehl **EIG-ÄNDR** (→ oben).
PUNKTEINGABE: Wird ein Punkt eingegeben, werden die Objekte zum Modifikationspunkt hin verschoben oder geändert.

4.8

Ändern von Objekten

4.9 Erzeugung von regelmäßigen Anordnungen

Aus Zeichnungsobjekten kann eine regelmäßige radiale oder matrixförmige Anordnung erzeugt werden.

Ausführung: Befehl REIHE

Der Befehl **REIHE** dient der Erzeugung regelmäßiger Anordnungen.

1. **Befehl REIHE auswählen**
   - ◆ Abrollmenü **ÄNDERN, REIHE**
   - ◆ Tablettfelder **V18**
   - ◆ Symbol im Werkzeugkasten **ÄNDERN**

2. **Befehlsanfrage:**
```
Befehl: REIHE
Objekte wählen:
Rechteckige oder polare Anordnung (R/P):
```

R (RECHTECKIGE ANORDNUNG):
Erzeugung einer matrixförmigen Anordnung.

```
Rechteckige oder polare Anordnung (R/P): R
Anzahl Zeilen (---) <1>:
Anzahl Spalten (||||) <1>:
Zelle oder Abstand zwischen den Zeilen (---):
Abstand zwischen den Spalten (||||):
```

Die Anzahl der Zeilen und Spalten und die Abstände zwischen den Objekten (→ Abbildung 4.26, a) werden erfragt. In der Anordnung liegt das Ausgangsobjekt an der linken unteren Ecke. Für einen anderen Aufbau können Werte auch negativ sein.

Wird bei der vorletzten Anfrage ein Punkt eingegeben, kann eine Zelle durch zwei diagonale Eckpunkte festgelegt werden. Dieses Rechteck legt die Zeilen- und Spaltenabstände fest.

P (POLARE ANORDNUNG):
Erzeugung einer kreisförmigen Anordnung.

```
Rechteckige oder polare Anordnung (R/P): P
Basis/<Geben Sie den Mittelpunkt der Anordnung ein>:
Anzahl Elemente:
Auszufüllender Winkel (+=GUZ,-=UZ) <360>:
Objekte drehen beim Kopieren? <J>:
```

Mittelpunkt und Anzahl der Elemente (Ausgangsobjekt mitzählen) sind wählbar. Falls die Anordnung nicht über einen Vollkreis verteilt werden soll, kann ein Winkel eingegeben werden. Positive Winkel erzeugen eine

Anordnung im Uhrzeigersinn, negative Winkel entgegen dem Uhrzeiger-sinn.

Die letzte Anfrage legt fest, ob die Objekte zum Mittelpunkt ausgerichtet werden oder nicht (→ Abbildung 4.26, b).

Wird keine Anzahl der Elemente (↵ oder `Leertaste`) angegeben, ist eine andere Angabe erforderlich.

```
Anzahl Elemente:↵
Auszufüllender Winkel (+=GUZ,-=UZ) <360>: 180
Winkel zwischen den Elementen: 30
```

In diesem Fall kann der Winkel zwischen den einzelnen Elementen be-stimmt werden. Die Zahl der Elemente ergibt sich aus den gemachten An-gaben.

Wird jedoch eine Anzahl von Elementen, aber kein auszufüllender Winkel angegeben (Eingabe von 0), werden die Elemente im angegebenen Winkel angeordnet.

```
Anzahl Elemente: 8
Auszufüllender Winkel (+=GUZ,-=UZ) <360>: 0
Winkel zwischen den Elementen: 30
```

Der Winkel kann mit positivem und negativem Vorzeichen eingegeben werden.

Ausführung: Befehl 3DARRAY

Mit dem Befehl **3DARRAY** lassen sich Anordnungen dreidimensional im Raum anordnen.

1. **Befehl 3DARRAY auswählen**
   - ◆ Abrollmenü **ÄNDERN**, **3D OPERATION** >, **3D REIHE**
   - ◆ Tablettfelder **W20**

2. **Befehlsanfrage:**
   ```
   Befehl: 3DARRAY
   Objekte wählen:
   Rechteckige oder polare Anordnung (R/P):
   ```

■ **R (RECHTECKIGE ANORDNUNG):**
   Erzeugung einer dreidimensionalen matrixförmigen Anordnung (→ Abbil-dung 4.26, c).
   ```
   Rechteckige oder polare Anordnung (R/P): R
   Zeilenanzahl (---) <1>:
   Spaltenanzahl (|||) <1>:
   Ebenenanzahl (...) <1>:
   Zeilenabstand (---) <1>:
   ```

```
Spaltenabstand (|||) <1>:
Ebenenabstand (...) <1>:
```

Angaben wie beim Befehl **REIHE** nur in 3 Ebenen.

■ **P (POLARE ANORDNUNG):**

Erzeugung einer kreisförmigen Anordnung mit beliebiger Ausrichtung im Raum.

```
Rechteckige oder polare Anordnung (R/P): P
Elementanzahl:
Auszufüllender Winkel <360>:
Objekte drehen beim Kopieren? <J>:
Mittelpunkt der Anordnung:
Zweiter Punkt auf Drehachse:
```

Der Mittelpunkt der Anordnung und der zweite Punkt der Drehachse legen die Ausrichtung im Raum fest.

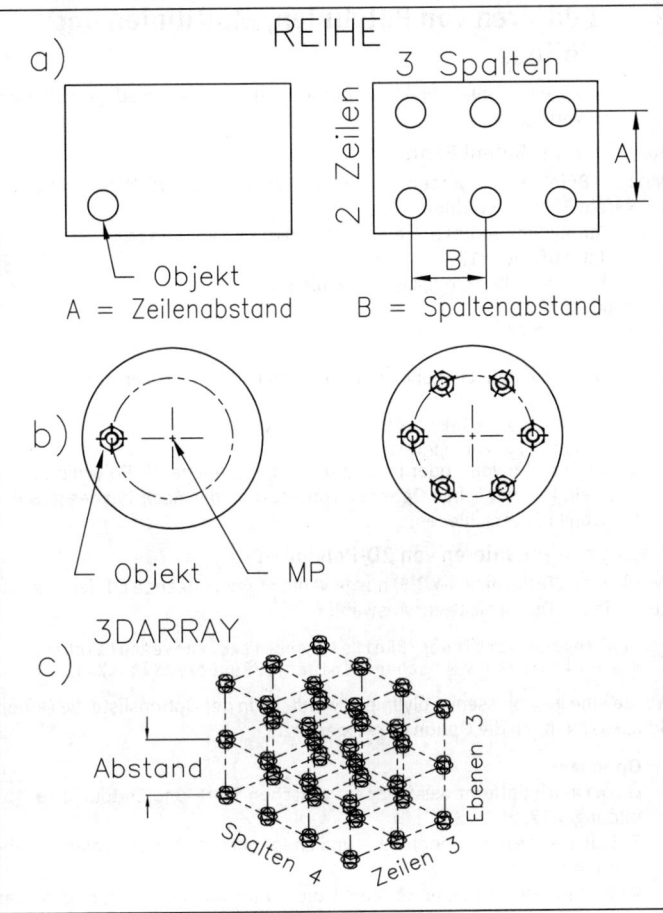

Abbildung 4.26: Beispiele zum Befehl REIHE und 3DARRAY

4.10 Editieren von Polylinien, Multilinien und Splines

Für die speziellen Linienobjekte in AutoCAD stehen verschiedene Editierbefehle zur Verfügung.

Ausführung: Befehl Pedit

Mit dem Befehl **Pedit** werden 2D- und 3D-Polylinien und 3D-Netze editiert.

1. **Befehl Pedit auswählen**
   ◆ Abrollmenü **Ändern, Objekt >, Polylinien bearbeiten**
   ◆ Tablettfelder **Y17**
   ◆ Symbol im Werkzeugkasten **Ändern II**

2. **Befehlsanfrage:**
   ```
   Befehl: PEDIT
   Polylinie wählen:
   ```
   War das gewählte Element keines der obigen Elemente, erscheint die Anfrage:
   ```
   Das gewählte Objekt ist keine Polylinie.
   In Polylinie verwandeln? <J>
   ```
   Durch Eingabe von J oder Ja wird das Objekt in eine 2D-Polylinie umgewandelt. Die möglichen Optionen von **Pedit** sind je nach Typ des gewählten Objektes verschieden.

Ausführung: Editieren von 2D-Polylinien

Wurde eine 2D-Polylinie (→ 3.5) ausgewählt, stehen folgende Editiermöglichkeiten in der Optionsliste zur Auswahl:

```
Schliessen/Verbinden/BReite/BEarbeiten/kurveAngleichen/
Kurvenlinie/kurveLöschen/LIninetyp/Zurück/eXit <X>:
```

Wurde eine geschlossene Polylinie gewählt, ist in der Optionsliste die Option **Schliessen** durch die Option **Öffnen** ersetzt.

Optionen:

Ö (Öffnen): Entfernt das Segment zwischen Start- und Endpunkt (→ Abbildung 4.27, a).

S (Schliessen): Verbindet Start- und Endpunkt mit einem Segment (→ Abbildung 4.27, b).

V (Verbinden): Mit einer weiteren Objektwahl können Linien, Bögen oder andere Polylinien gewählt werden, die mit der ursprünglichen Polylinie verbunden sind (→ Abbildung 4.27, c). Daraus wird eine gesamte Polylinie erzeugt.

B (Breite): Wahl der einheitlichen Breite (→ Abbildung 4.27, d).

216

Editieren von Polylinien, Multilinien und Splines

4.10

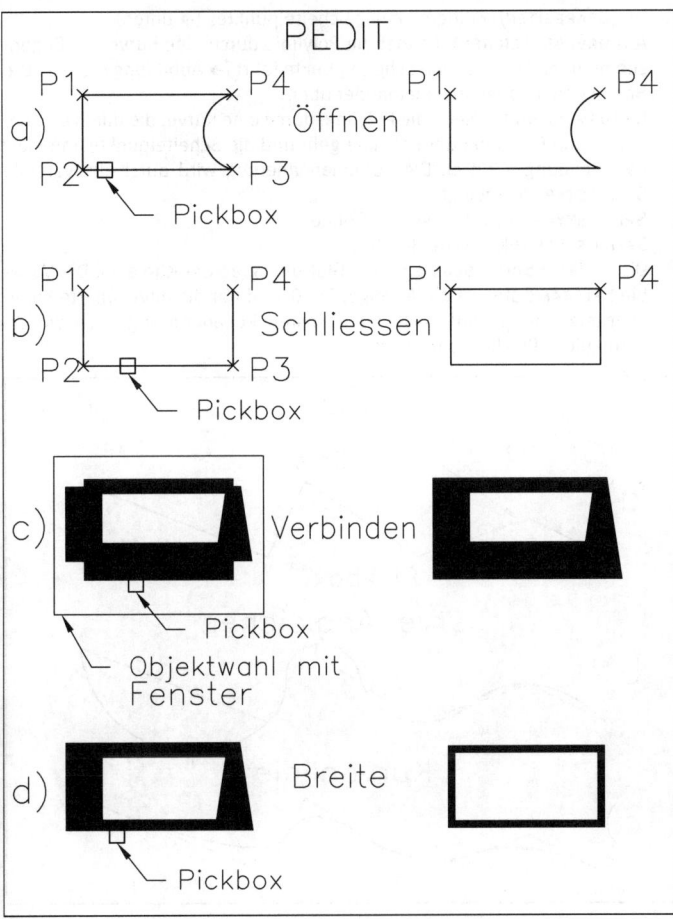

Abbildung 4.27: Editieren einer 2D-Polylinie

Editieren von Polylinien, Multilinien und Splines

BE (BEARBEITEN): Editieren eines Scheitelpunktes (→ unten).

A (KURVEANGLEICHEN): Ersetzt die Polylinie durch eine Kurve aus Bogensegmenten, die durch alle Scheitelpunkte führt (→ Abbildung 4.28, b). Die Bögen gehen tangential ineinander über.

K (KURVENLINIE): Ersetzt die Polylinie durch eine Kurve, die durch den Anfangs- und Endpunkt der Polylinie geht und die Scheitelpunkte annähert (→ Abbildung 4.28, c). Die Kurvenannäherung wird durch die Variable **SPLINESTYPE** festgelegt:

SPLINESTYPE=5Quadratische B-Spline

SPLINESTYPE=6Kubische B-Spline

Die Variable **SPLINESEGS** gibt den Glättungsgrad der Kurve an. Die Variable **SPLFRAME** steuert die Anzeige. Bei 0 wird nur die angenäherte Kurve angezeigt, bei 1 wird nach der nächsten Regenerierung auch die ursprüngliche Polylinie angezeigt.

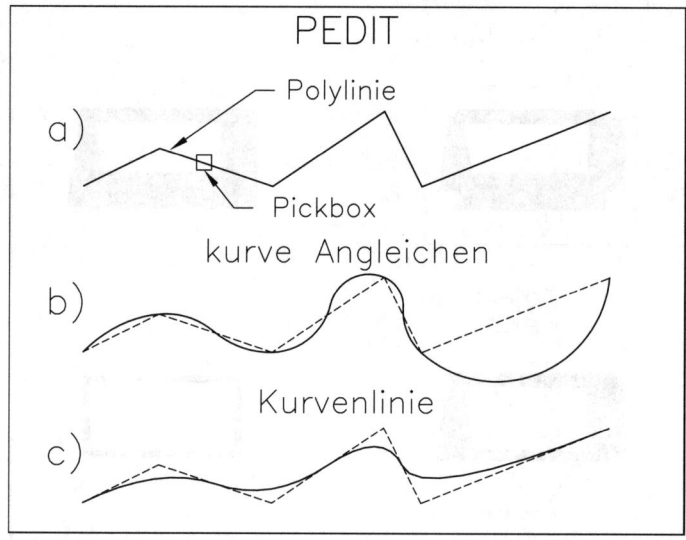

Abbildung 4.28: 2D-Polylinie durch Kurven angenähert

Lö (KURVELÖSCHEN): Wandelt eine durch eine Kurve angenäherte Polylinie wieder in Liniensegmente zurück.

LI (Linientyp): Erzeugt den Linientyp als fortlaufendes Muster durch die Kontrollpunkte der Polylinie. Ist diese Option ausgeschaltet, beginnt und endet jedes Segment an einem Kontrollpunkt mit einem Strich. Die Option **Linientp** kann nicht für Polylinien mit konischen Segmenten verwendet werden.

Z (Zurück): Nimmt die letzte Editieroperation zurück.

X (eXit): Beendet den Befehl **Pedit**.

Ausführung: Scheitel einer 2D-Polylinie bearbeiten

Die Option **BE (BEarbeiten)** bietet eine weitere Optionsliste an:

```
Nächster/Vorher/BRUch/Einfügen/Schieben/Regen/Linie/
Tangente/BREite/eXit <N>:
```

N (Nächster): Der erste Scheitelpunkt wird mit einem »X« markiert. Mit der Option wird die Marke verschoben.

V (Vorher): Marke zum vorherigen Scheitelpunkt verschieben.

BRU (BRUch): Bricht eine Polylinie in zwei unabhängige Polylinien. Gebrochen werden kann an der Markierung, bzw. es kann eine zweite Stelle markiert und das Segment zwischen den Markierungen gelöscht werden (→ Abbildung 4.29, b). Folgende Unteroptionen stehen zur Verfügung:

```
Nächster/Vorher/Los/eXit/ <N>:
```

Mit den Optionen **N (Nächster)** und **V (Vorher)** wird die zweite Markierung verschoben. **L (Los)** löst den Bruch aus. Die Segmente dazwischen werden entfernt bzw. die Polylinie getrennt. Die Option **X (eXit)** beendet den Bruchmodus.

E (Einfügen): Fügt einen neuen Scheitelpunkt nach dem markierten Punkt ein (→ Abbildung 4.29, c).

S (Schieben): Verschieben des markierten Scheitelpunktes (→ Abbildung 4.29, a).

R (Regen): Regenerierung der Polylinie.

L (Linie): Verbindet den markierten Scheitelpunkt mit einer wählbaren zweiten Markierung durch ein Liniensegment (→ Abbildung 4.29, d). Folgende Unteroptionen stehen zur Auswahl:

```
Nächster/Vorher/Los/eXit/ <N>:
```

Mit den Optionen **N (Nächster)** und **V (Vorher)** wird die zweite Markierung verschoben. **L (Los)** verbindet beide Markierungen. Die Option **X (eXit)** beendet den Linienmodus.

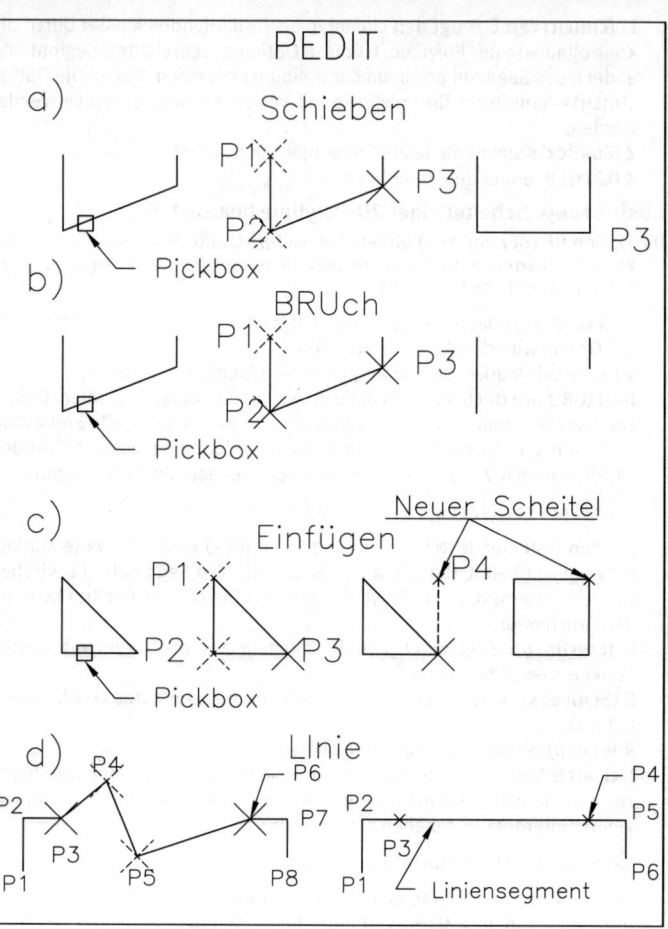

Abbildung 4.29: Scheitel editieren bei einer 2D-Polylinie

T (TANGENTE): Tangentenrichtung für den Scheitelpunkt vorgeben. Wird die Polylinie durch eine Kurve angeglichen, verläuft die Kurve mit dieser Tangentenrichtung durch den Scheitel.

B (BREITE): Einstellung von Anfangs- und Endbreite des folgenden Elements.

X (EXIT): Beendet den Modus **SCHEITEL EDITIEREN** und Rückkehr zur Hauptanfrage des Befehls **PEDIT**.

Ausführung: Editieren von 3D-Polylinien

Wurde eine 3D-Polylinie (→ 3.6) gewählt, stehen folgende Editiermöglichkeiten zur Auswahl:

```
Schliessen/BEarbeiten/Kurvenlinie/kurveLöschen/eXit <X>:
```

Wurde eine geschlossene Polylinie gewählt, ist in der Optionsliste die Option **SCHLIESSEN** ersetzt durch die Option **ÖFFNEN**.
Die Optionen arbeiten wie bei der 2D-Polylinie.

Ausführung: Editieren von 3D-Netzen

Wurde ein 3D-Netz (→ 3.10) ausgewählt, stehen folgende Editiermöglichkeiten zur Auswahl:

```
BEarbeiten/Oberfläche glätten/Glättung löschen/
Mschliessen/Nschliessen/Zurück/eXit <X>:
```

MSCHLIESSEN ist durch **MÖFFNEN** ersetzt, wenn das Netz in M-Richtung geschlossen ist. **NSCHLIESSEN** ist durch **NÖFFNEN** ersetzt, wenn das Netz in N-Richtung geschlossen ist.

E (EDITIEREN): Ähnlich wie bei 2D- und 3D-Polylinien kann ein einzelner Scheitelpunkt eines 3D-Netzes editiert werden. Dazu werden weitere Unteroptionen angeboten:

```
Kontrollpunkt (m,n). Nächster/Vorher/RECHts/Links/AUf/AB/
Schieben/REGen/eXit <N>:
```

Die Scheitelpunkte werden in M- und N-Richtung durchnumeriert. Eine Markierung kann mit den obigen Optionen am gewünschten Scheitelpunkt plaziert werden. Mit der Option **S (SCHIEBEN)** kann dann ein neuer Standort für den Scheitelpunkt gewählt werden (→ Abbildung 4.30, a und b). Mit der **OPTION REG (REGEN)** wird das Netz neu gezeichnet und mit der Option **X (EXIT)** wird dieser Modus beendet.

O (OBERFLÄCHE GLÄTTEN): Die Oberfläche wird geglättet. Die Glättung wird von der Variablen **SURFTYPE** beeinflußt.
SURFTYPE=5Quadratische B-Spline-Oberfläche
SURFTYPE=6Kubische B-Spline-Oberfläche

Editieren von Polylinien, Multilinien und Splines

Surftype=8Bezier-Oberfläche

Die Variablen **Surfu** (M-Richtung) und **Surfv** (N-Richtung) steuern die Dichte der geglätteten Oberfläche.

Die Variable Splframe steuert die Anzeige von geglätteten Oberflächen. Ist sie 0, wird die geglättete Oberfläche angezeigt, bei 1 das ursprüngliche 3D-Netz.

G (Glättung löschen): Löscht eine mit der Option O **(Oberfläche glätten)** erzeugte Glättung.

M (Mschliessen), N (Nschliessen) bzw. **M (Möffnen),**

N (Nöffnen): Öffnet ein geschlossenes bzw. schließt ein offenes Netz in der gewählten Richtung.

Z (Zurück): Nimmt eine Editieroperation zurück.

X (eXit): Beendet den Befehl **Pedit**.

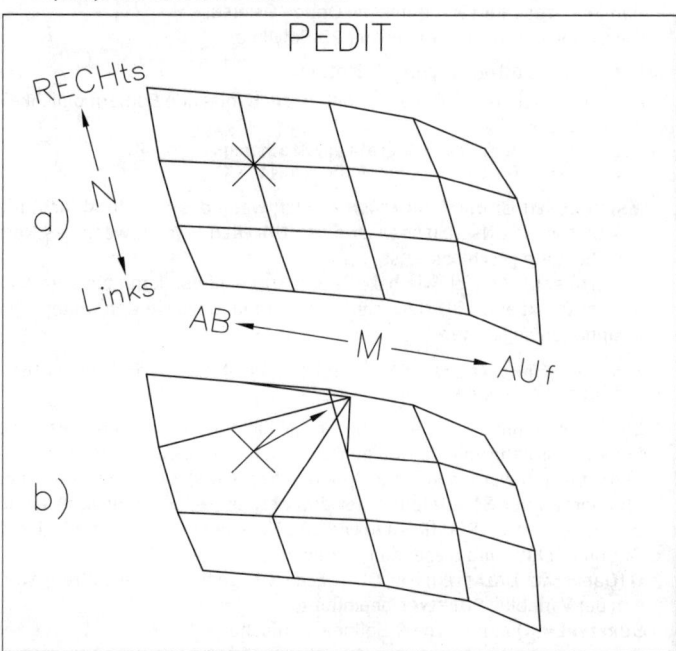

Abbildung 4.30: Editieren eines 3D-Netzes

Ausführung: Befehl MLEDIT

Mit dem Befehl **MLEDIT** lassen sich Multilinien bearbeiten.

1. Befehl **MLEDIT** auswählen
   ◆ Abrollmenü **ÄNDERN, OBJEKT ›, MULTILIEN BEARBEITEN...**
   ◆ Tablettfelder **Y19**
   ◆ Symbol im Werkzeugkasten **ÄNDERN II**

   Die gewünschte Bearbeitungsfunktion kann in einem Dialogfenster ausgewählt werden (→ Abbildung 4.31).

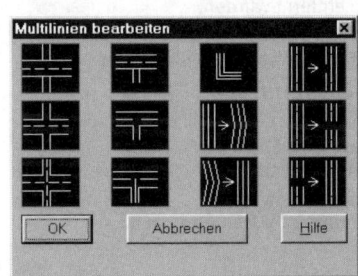

Abbildung 4.31: Dialogfenster zur Bearbeitung von Multilinien

Durch Anklicken des entsprechenden Bildes und **OK** wird die Funktion gestartet. Es werden zwei Multilinien oder zwei Punkte auf einer Multilinie angefragt. Folgende Funktionen sind wählbar:

Geschlossenes Kreuz: Kreuzung mit durchgehender Linie.

Offenes Kreuz: Kreuzung mit offenen Anschlüssen, aber einer durchgehenden Multilinie.

Integriertes Kreuz: Kreuzung mit offenen Anschlüssen und gekreuzten Mittellinien.

Geschlossenes T: T-Verbindung an eine durchgehende Multilinie.

Offenes T: T-Verbindung mit offenen Anschlüssen aber einer durchgehenden Multilinie.

Integriertes T: T-Verbindung mit offenen Anschlüssen und angeschlossenen Mittellinien.

Eckverbindung: Eckverbindung aus zwei Polylinien.

Kontrollpunkt hinzufügen: Kontrollpunkt an einem wählbaren Punkt auf der Multilinie hinzufügen. Die Multilinie wird dadurch nicht verändert. Der Kontrollpunkt kann danach mit dem Befehl **STRECKEN** oder den Griffen bearbeitet werden.

4.10

Editieren von Polylinien, Multilinien und Splines

Kontrollpunkt löschen: Wählbaren Kontrollpunkt auf der Multilinie löschen. Die Multilinie wird an dem Kontrollpunkt angewählt, der entfernt werden soll.

Einfach schneiden: Auftrennung eines Liniensegments auf einer Multilinie. Die Multilinie wird an zwei Punkten gewählt.

Alles trennen: Auftrennung der gesamten Multilinie. Die Multilinie wird an zwei Punkten gewählt. Auch wenn die Multilinie aufgeschnitten wird, bleibt es eine Multilinie. Die ursprüngliche Form bleibt gespeichert, auch wenn Eckpunkte entfernt wurden.

Alles verbinden: Verbinden der Segmente einer Multilinie, die zuvor mit der Funktion **SCHNEIDEN** aufgetrennt wurde.

Ausführung: Befehl SPLINEEDIT

Der Befehl **SPLINEEDIT** dient dazu, Splines zu editieren.

1. **Befehl SPLINEEDIT auswählen**
   ◆ Abrollmenü **ÄNDERN**, **OBJEKTE >**, **SPLINE BEARBEITEN**
   ◆ Tablettfeld **Y18**
   ◆ Symbol im Werkzeugkasten **ÄNDERN II**

2. **Befehlsanfrage:**
```
Befehl: SPLINEEDIT
Spline wählen:
```

Wenn das gewählte Objekt ein Spline ist, erscheint die Optionsliste, ansonsten eine Fehlermeldung.

```
Anpassungsdaten/Schliessen/scheitelPunkte verschieben/
vErfeinern/Richtung wechseln/Zurück/eXit <X>:
```

Optionen:

A (ANPASSUNGSDATEN): Veränderung der Anpassungsdaten des Splines. In einer weiteren Optionsliste können weitere Funktionen gewählt werden:

```
Hinzufügen/Schliessen/Löschen/Verschieben/Bereinigen/TAn-
genten/TOleranz/eXit <X>:
```

◆ Hinzufügen eines Scheitelpunktes.
◆ Schliessen bzw. öffnen des Splines.
◆ Löschen eines Scheitelpunktes.
◆ Verschieben eines Scheitelpunktes.
◆ Bereinigen von Punkten.
◆ Veränderung von Start- und Endtangente.
◆ Veränderung der Toleranz in den Stützpunkten.

S (SCHLIESSEN): Schliessen des Splines (➔ Abbildung 4.33).

SPLINE EDIT

Schliessen

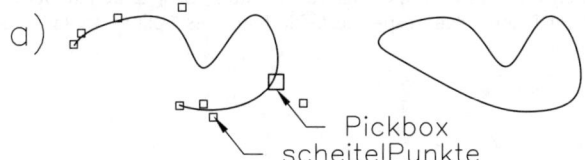

a)

Pickbox
scheitelPunkte

scheitelPunkt verschieben

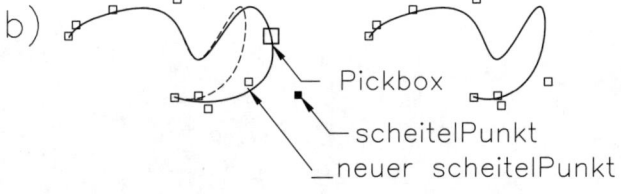

b)

Pickbox

scheitelPunkt

neuer scheitelPunkt

Scheitelpunkte vErfeinern

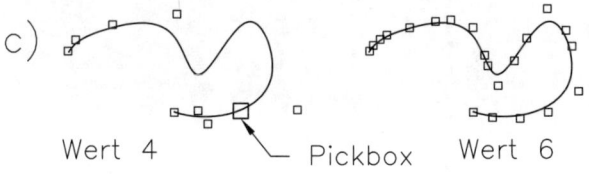

c)

Wert 4   Pickbox   Wert 6

Abbildung 4.32: Editieren eines Splines

P (SCHEITELPUNKTE VERSCHIEBEN): Verschieben eines wählbaren Scheitelpunktes. Mit den Unterfunktionen **NÄCHSTER** und **VORHER** lassen sich die Punkte auch einzeln anfahren.

E (VERFEINERN): Erhöhung der Zahl der Kontrollpunkte durch Vorgabe eines neuen Grades des Splines (→ Abbildung 4.32, c).

R (RICHTUNG WECHSELN): Wechsel der Richtung. Scheitelpunkte werden in anderer Reihenfolge gespeichert. Die Form des Splines verändert sich nicht.

4.11 Bearbeiten von Volumenkörpern und Regionen

Volumenkörper lassen sich mit speziellen Befehlen verknüpfen.

1. **Befehle zur Verknüpfung auswählen**
   - ◆ Abrollmenü **ÄNDERN, BOOLSCHE OPERATIONEN >**, Untermenü mit den Befehlen
   - ◆ Tablettfelder **X15-17**
   - ◆ Symbole im Werkzeugkasten **ÄNDERN II**

Ausführung: Befehl VEREINIG

Vereinigung von Volumenkörpern oder Regionen (→ unten) zu einem Gesamtkörper oder einer Gesamtregion (→ Abbildung 4.33).

1. **Befehlsanfrage:**
   ```
   Befehl: VEREINIG
   Objekte wählen:
   ```

Ausführung: Befehl DIFFERENZ

Bildung der Differenz von Volumenkörpern oder Regionen (→ unten). Es bleibt ein Restkörper oder eine Restregion (→ Abbildung 4.33).

1. **Befehlsanfrage:**
   ```
   Befehl: DIFFERENZ
   Volumenkörper und Regionen, von denen subtrahiert werden
   soll, wählen...
   Objekte wählen: ⏎
   Volumenkörper und Regionen für Subtraktion wählen...
   Objekte wählen:
   ```

   Zunächst werden die Ausgangsobjekte gewählt und die Auswahl mit ⏎ bestätigt. Danach werden die davon zu subtrahierenden Objekte gewählt.

Ausführung: Befehl SCHNITTMENGE

Bildung der Schnittmenge von Volumenkörpern oder Regionen zu einem Schnittkörper oder einer Schnittregion (→ Abbildung 4.33).

1. **Befehlsanfrage:**
   ```
   Befehl: SCHNITTMENGE
   Objekte wählen:
   ```

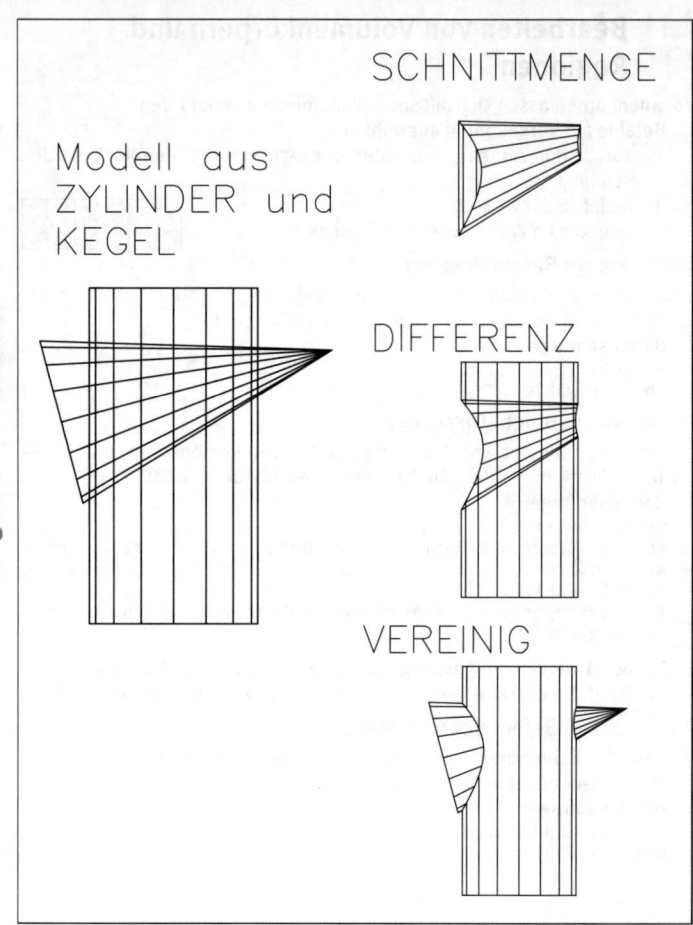

SCHNITTMENGE

Modell aus
ZYLINDER und
KEGEL

DIFFERENZ

VEREINIG

Abbildung 4.33: Verknüpfung von Volumenkörpern

4.11

Bearbeiten von Volumenkörpern und Regionen

Ausführung: Befehl KAPPEN

Trennt einen Volumenkörper an einer wählbaren Ebene.

1. **Befehl KAPPEN auswählen**
   - ◆ Abrollmenü ZEICHNEN, VOLUMENKÖRPER ›, KAPPEN
   - ◆ Symbol im Werkzeugkasten VOLUMENKÖRPER

2. **Befehlsanfrage:**
```
Befehl: KAPPEN
Objekte wählen:
Kappebene von Objekt/ZAchse/Ansicht/XY/YZ/ZX/<3Punkte>:
```

Die Kappebene ist die Ebene, an der der Körper getrennt werden soll. Die Optionen zur Wahl der Ebene entsprechen denen bei der Festlegung eines Benutzerkoordinatensystems (→ 2.13).

```
Beide Seiten/<Punkt auf der gewünschten Seite der Ebene>:
```

Ein Punkt auf der Seite der Kappebene entfernt den Teil des Körpers auf der gegenüberliegenden Seite. Die Option BEIDE SEITEN trennt den Körper nur, behält aber beide Teile bei.

Ausführung: Befehl QUERSCHNITT

Zeichnet einen Schnitt durch einen oder mehrere Volumenkörper.

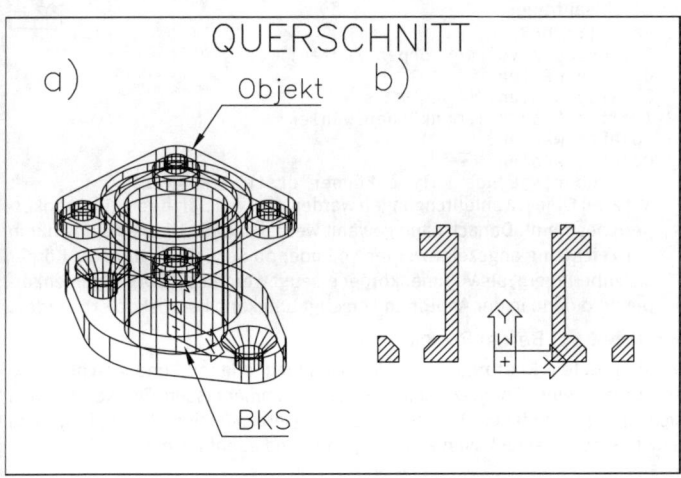

Abbildung 4.34: Schnitt durch einen Volumenkörper

1. Befehl **QUERSCHNITT** auswählen
   ◆ Abrollmenü **ZEICHNEN**, **VOLUMENKÖRPER ›**, **QUERSCHNITT**
   ◆ Symbol im Werkzeugkasten **VOLUMENKÖRPER**

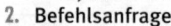

2. **Befehlsanfrage:**
```
Befehl: QUERSCHNITT
Objekte wählen:
Schnittebene von Objekt/ZAchse/Ansicht/XY/YZ/ZX/<3Punkte>:
```

Die Schnittebene ist die Ebene, an der der Schnitt eingezeichnet wird. Die Optionen zur Wahl der Ebene entsprechen denen bei der Festlegung eines BKS (→ 2.13). Beim Schnitt werden die Kanten nachgezeichnet, an denen die Schnittebene den Volumenkörper schneidet. Der Schnitt liegt im Volumenkörper, kann aber verschoben werden und als Zeichnung abgelegt werden.

Ausführung: Befehl **ÜBERLAG**

Prüft, ob sich ein erster Satz von Volumenkörpern und ein zweiter Satz von Volumenkörpern ganz oder teilweise überlagern.

1. Befehl **ÜBERLAG** auswählen
   ◆ Abrollmenü **ZEICHNEN**, **VOLUMENKÖRPER ›**, **ÜBERLAGERUNG**
   ◆ Symbol im Werkzeugkasten **VOLUMENKÖRPER**

2. **Befehlsanfrage:**
```
Befehl: ÜBERLAG
Ersten Satz Volumenkörper wählen:
Objekte wählen:
Objekte wählen: ⏎
Zweiten Satz Volumenkörper wählen:
Objekte wählen:
Objekte wählen: ⏎
Sich überlagernde Volumenkörper erstellen <N>:
```
Mit zwei Objektwahldurchgängen werden die zwei Sätze von Volumenkörpern bestimmt. Danach kann gewählt werden, ob die Überlagerung nur in der Zeichnung angezeigt werden soll oder ob der Teil, an dem die Körper sich überlagern, als Volumenkörper erzeugt werden soll. Der Volumenkörper wird dann in der Anordnung erzeugt und kann herauskopiert werden.

Ausführung: Befehl **REGION**

Mit dem Befehl **REGION** lassen sich zusammenhängende und geschlossene Konturen in einer Ebene zu einer Region zusammenfassen. Die Kontur kann sich aus verschiedenen Objekten zusammensetzen (Linien, Bögen, Polylinien usw.). Geschlossene Poylinien und Splines sind ebenfalls möglich.

Bearbeiten von Volumenkörpern und Regionen

1. Befehl **REGION** auswählen
    - ◆ Abrollmenü **ZEICHNEN**, **REGION**
    - ◆ Tablettfeld **R9**
    - ◆ Symbol im Werkzeugkasten **ZEICHNEN**
2. **Befehlsanfrage:**
   ```
   Befehl: REGION
   Objekte wählen:
   ```

Anmerkungen

- ■ Regionen lassen sich mit den Befehlen **VEREINIG**, **DIFFERENZ** und **SCHNITT-MENGE** bearbeiten (➜ Abbildung 4.35).
- ■ Von Regionen lassen sich mit dem Befehl **MASSEIG** Fläche und Umfang berechnen. So lassen sich auch komplexe Flächen berechnen, was mit dem Befehl **FLÄCHE** nicht möglich ist (➜ 5.7).
- ■ Regionen können als Konturen für die Befehle **EXTRUSION** und **ROTATION** (➜ 3.11) verwendet werden.

4.11

Bearbeiten von Volumenkörpern und Regionen

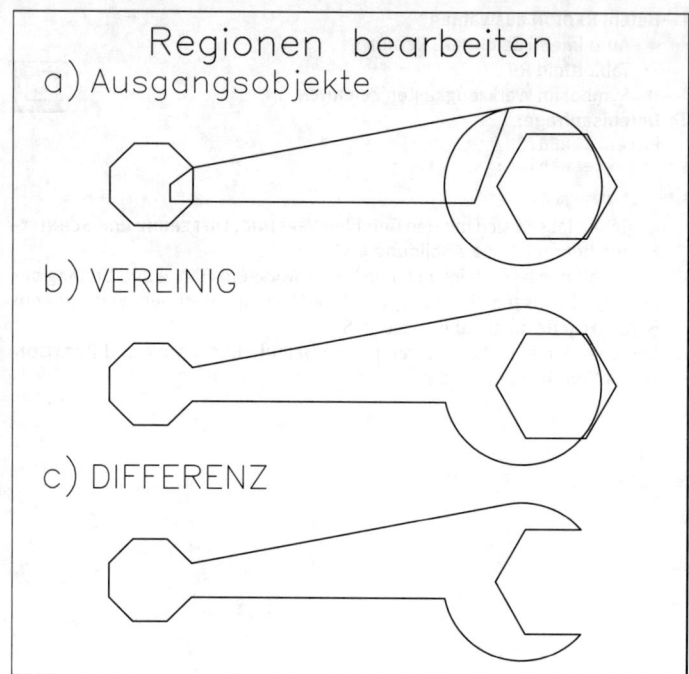

Abbildung 4.35: Verknüpfung von Regionen

5 Bemaßen und Beschriften

5.1 Lineare Maße

In AutoCAD lassen sich Bemaßungen weitgehend automatisch erstellen. Lediglich die Ausgangspunkte der Maßhilfslinien oder ein Objekt sowie der Standort der Maßlinie werden angegeben. Das Maß mit Maßhilfslinien, Maßlinien, Maßpfeilen und Maßtext wird automatisch erstellt. Bemaßungen sind normalerweise assoziativ, es sei denn, die Bemaßungsvariable **BEMASSO** wurde auf »Aus« gestellt. Bemaßungen werden so als zusammenhängender Block generiert. Ändert man später die Geometrie, ändert sich das Maß mit.

Ausführung: Befehl BEMLINEAR

Mit dem Befehl **BEMLINEAR** oder abgekürzt **BEMLIN** werden je nach Standort der Maßlinie lineare, vertikale oder horizontale Maße erstellt.

1. **Befehl BEMLINEAR auswählen**
   - ◆ Abrollmenü **BEMASSUNG, LINEAR**
   - ◆ Tablettfelder **W5**
   - ◆ Symbol im Werkzeugkasten **BEMASSUNG**

2. **Befehlsanfrage:**
   ```
   Befehl: BEMLINEAR
   Anfangspunkt der ersten Hilfslinie oder Eingabetaste für
   Auswahl drücken:
   Anfangspunkt der zweiten Hilfslinie:
   ```

3. **Plazierung des Maßes:**
   Zwei Methoden für die Plazierung des Maßes stehen zur Auswahl (→ Abbildung 5.1, a):
   - ◆ Eingabe der Anfangspunkte der Hilfslinien (→ Dialog oben).
   - ◆ ⏎ bei der ersten Anfrage. Ein Objekt kann zur Bemaßung gewählt werden:

   ```
   Zu bemaßendes Objekt wählen:
   ```

   - ◆ Eine Linie, einen Bogen oder einen Kreis mit der Pickbox wählen, und das Maß wird an den äußersten Punkten des Objekts angesetzt.

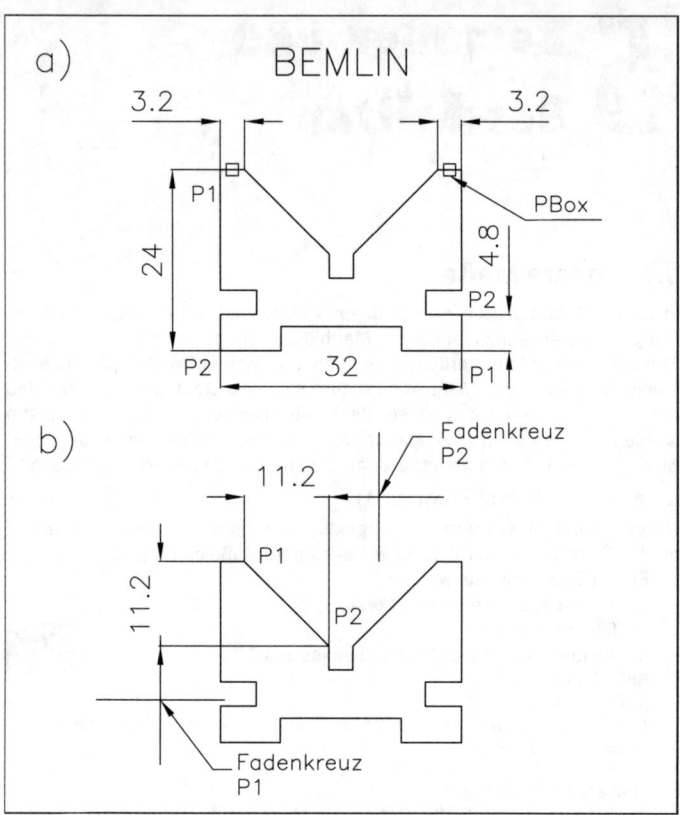

Abbildung 5.1: Lineare Bemaßungen

In beiden Fällen erscheint danach die Anfrage:

```
Position der Maßlinie (Mtext/Text/Winkel/Horizontal/Verti-
kal/Drehen):
Maßtext = 12
```

Weitere Optionen:

POSITION DER MASSLINIE: Wird die Maßlinie horizontal weggezogen, entsteht ein horizontales Maß, wird sie vertikal weggezogen, entsteht ein vertikales (→ Abbildung 5.1, b). Das Maß wird beim Plazieren der Maßlinie dynamisch nachgezogen. Wird ein Punkt eingegeben, wird der Maßtext im Befehlszeilenfenster angezeigt und das Maß endgültig gezeichnet.

H (HORIZONTAL) oder V (VERTIKAL): Wird statt der Position der Maßlinie die Option **V (VERTIKAL)** eingegeben, entsteht ein vertikales Maß, auch dann, wenn aufgrund der Position der Maßlinie ein horizontales gezeichnet würde. Bei der Option **H (HORIZONTAL)** entsteht immer ein horizontales Maß.

T (TEXT): Maßtext kann eingegeben werden. Das gemessene Maß wird überschrieben.

```
Masstext <gemessene Länge>:
```

Das gemessene Maß wird angezeigt. ⏎ übernimmt die Vorgabe. Es kann auch ein vor- oder nachgestellter Text angegeben werden. Die Position des Maßtextes ist mit dem Platzhalter <> anzugeben. Die Eingabe von

```
Masstext <50>: Breite=<>mm
```

würde in die Zeichnung Breite=50mm eintragen.

Soll kein Maß erscheinen, gibt man [Leertaste] und ⏎ ein.

MT (MTEXT): Das Dialogfenster für **MTEXT** (→ 5.8) wird gestartet. Das Maß bzw. der Text können eingetragen und formatiert werden.

W (WINKEL): Der Maßtext wird in einem wählbaren Winkel in das Maß eingetragen.

D (DREHEN): Der Winkel für die Maßlinie kann vorgegeben werden. Ein Maß in diesem Winkel wird erzeugt (→ Abbildung 5.2).

Nach Anwahl einer dieser Optionen wird die Optionsliste erneut angezeigt, die Maßlinie kann neu positioniert oder eine weitere Option angewählt werden.

Ausführung: Befehl BEMAUSG

Mit dem Befehl **BEMAUSG** oder abgekürzt **BEMA** wird ein Maß parallel zu den gewählten Punkten oder parallel zu einem ausgewählten Objekt erzeugt.

1. Befehl BEMAUSG auswählen
   - Abrollmenü **BEMASSUNG, AUSGERICHTET**
   - Tablettfeld **W4**
   - Symbol im Werkzeugkasten **BEMASSUNG**

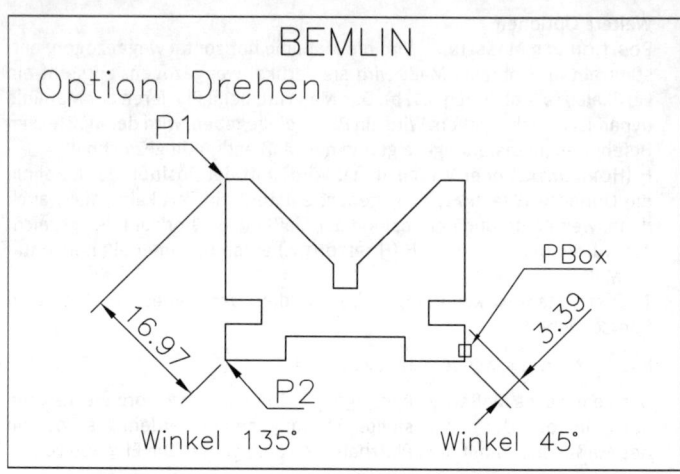

Abbildung 5.2: Gedrehte lineare Bemaßung

2. **Befehlsanfrage:**
   ```
   Befehl: BEMAUSG
   Anfangspunkt der ersten Hilfslinie oder Eingabetaste für
   Auswahl drücken:
   Anfangspunkt der zweiten Hilfslinie:
   ```
3. **Plazierung des Maßes:**
   → oben, Befehl **BEMLINEAR**
   Danach erscheint die Anfrage:

   ```
   Position der Maßlinie (Text/Winkel):
   Maßtext = 12
   ```

   Optionen:
   POSITION DER MASSLINIE: Das Maß kann plaziert werden. Dabei wird die Maßlinie dynamisch mitgezogen. Bei einer Punkteingabe wird der Maßtext angezeigt und das Maß gezeichnet. Sie wird immer parallel zum gewählten Objekt oder parallel zu den gewählten Punkten gezeichnet.
   MT (MTEXT): (→ oben) Befehl **BEMLINEAR**
   T (TEXT): (→ oben) Befehl **BEMLINEAR**
   W (WINKEL): (→ oben) Befehl **BEMLINEAR**

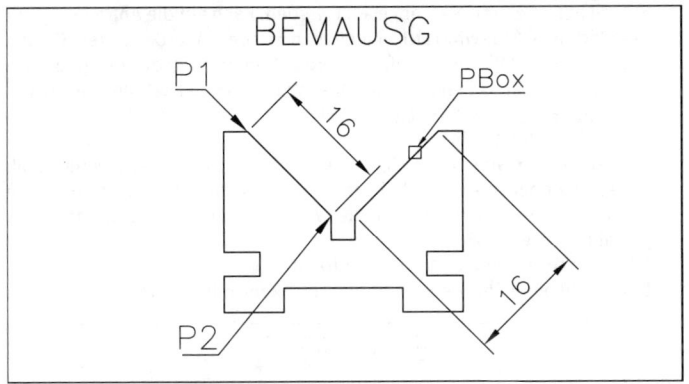

Abbildung 5.3: Ausgerichtete Bemaßung

Nach Anwahl einer dieser Optionen wird die Optionsliste erneut angezeigt, die Maßlinie kann neu positioniert oder eine weitere Option angewählt werden.

Ausführung: Ketten- und Bezugsmaße

Nachdem eines der obigen Maße gezeichnet wurde, lassen sich weitere Maße daran ansetzen:

- ◆ **BEMBASISL** für Bezugsmaße auf eine gemeinsame Basislinie (→ Abbildung 5.4, a).
- ◆ **BEMWEITER** für Kettenmaße (→ Abbildung 5.4, b).

1. **Befehle auswählen**
   - ◆ Abrollmenü **BEMASSUNG, BASISLINIE** bzw. **WEITER**
   - ◆ Tablettfelder **W2** und **W1**
   - ◆ Symbole im Werkzeugkasten **BEMASSUNG**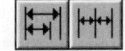

2. **Befehlsanfrage:**
   ```
   Befehl: BEMBASISL bzw. BEMWEITER
   Anfangspunkt einer zweiten Hilfslinie angeben oder (Zurück/
   <Auswählen>):
   ```
   Die Richtung der Bemaßung und die erste Hilfslinie ist durch die vorhergehende Bemaßung gegeben (→ Abbildung 5.4, a und b, P1 und P2). Danach müssen nur noch die zweiten Punkte der Folgemaße eingegeben werden (→ Abbildung 5.4, a und b, P3 und P4). Die Maßlinie wird unter dem gleichen Winkel wie die vorhergehenden gezeichnet. Der Abstand wird von den Bemaßungseinstellungen (→ 5.6) gesteuert.

Soll nicht am letzten Maß angesetzt werden, kann auf die Anfrage ⏎ für die Option **A (AUSWÄHLEN)** eingegeben werden. Wurde in der Sitzung noch keine Bemaßung ausgeführt, wird automatisch zu dieser Option verzweigt. In beiden Fällen kann das Ausgangsmaß neu bestimmt werden.

```
Weiterzuführende Bemaßung wählen:     bzw.
Basis-Bemaßung wählen:
```

Mit der Pickbox wird die Maßlinie bestimmt, an der angesetzt werden soll. Dabei ist zu beachten, daß bei dem Befehl **BEMBASISL** die erste Hilfslinie und bei dem Befehl **BEMWEITER** die zweite Hilfslinie des Ausgangsmaßes gewählt werden muß.

Z (ZURÜCK): Das letzte Maß wird entfernt.

Der Befehl bleibt im Wiederholmodus und kann mit ⎋ beendet werden.

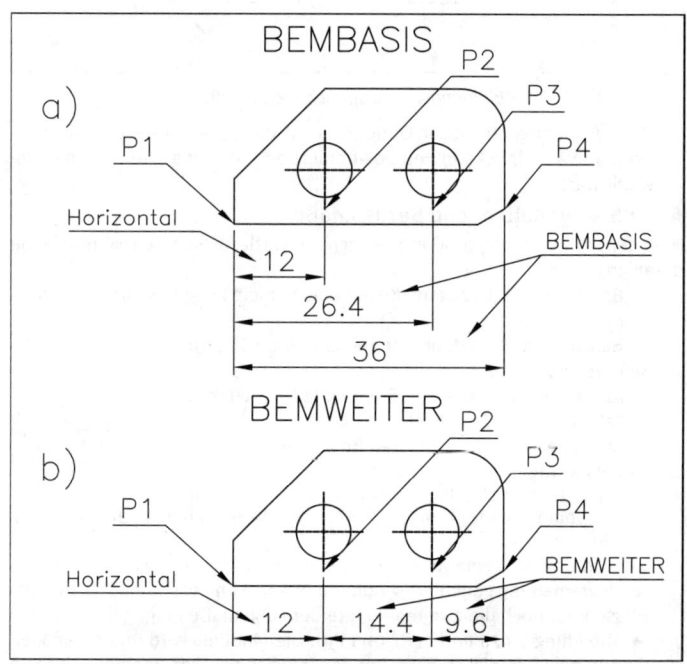

Abbildung 5.4: Basislinien- und weiterführende Bemaßung

Anmerkungen für alle lineare Maße

- Paßt der Text bei einer Bemaßung nicht zwischen die Hilfslinien, wird er außerhalb angebracht.
- Der Maßtext wird gegenüber dem Anfangspunkt der ersten Hilfslinie angebracht.
- Wird das zu vermaßende Objekt mit der Pickbox gewählt, wird der Maßtext gegenüber dieser Stelle angebracht.

5.2 Winkelmaße

Ein weiterer Bemaßungsbefehl dient der Bemaßung von Winkeln.

Ausführung: Befehl BEMWINKEL

Mit dem Befehl **BEMWINKEL** oder abgekürzt **BEMWIN** werden Winkel bemaßt.

1. **Befehl BEMWINKEL auswählen**
   - ◆ Abrollmenü **BEMASSUNG, WINKEL**
   - ◆ Tablettfeld **X3**
   - ◆ Symbol im Werkzeugkasten **BEMASSUNG**

2. **Befehlsanfrage:**
   ```
   Befehl: BEMWINKEL
   Bogen, Kreis, Linie oder Eingabetaste wählen:
   ```

3. **Bemaßungsarten:**
   LINIE GEWÄHLT: Eine zweite Linie wird angefragt.

   ```
   Zweite Linie:
   Position des Massbogens (MText/Text/Winkel):
   Maßtext <45>:
   ```

Die Position des Maßbogens ist wichtig für den zu bemaßenden Winkel (→ Abbildung 5.5 a, P3, P4 und P5). Es werden nur Winkel bis 180 Grad bemaßt. Das Maß wird dynamisch mitgezogen. Text und Textwinkel lassen sich mit den Optionen **MT (MTEXT), T (TEXT)** bzw. **W (WINKEL)** noch ändern (→ 5.1 und 5.2). Wird die Maßlinie ohne Änderung positioniert, wird der Maßtext nur angezeigt. Die Hilfslinien zur Kennzeichnung des Winkels werden automatisch gezeichnet.

⊡: Vorgabe eines beliebigen Winkels durch drei Punkte (→ Abbildung 5.5, b; P1 bis P3). Der Winkel kann in diesem Fall bis zu 359,99 Grad betragen.

```
Scheitel des Winkels:
Erster Winkelendpunkt:
Zweiter Winkelendpunkt:
Position des Massbogens (MText/Text/Winkel):
Maßtext = 45
```

Anfragen (→ 5.1 und 5.2).

BOGEN GEWÄHLT: Der Bogen wird automatisch vermaßt (→ Abbildung 5.5 b, P5).

```
Position des Massbogens (MText/Text/Winkel):
Maßtext = 45
```

Anfragen (→ 5.1 und 5.2).

Kreis gewählt: Der Punkt, an dem der Kreis angepickt wurde, und ein zweiter Punkt werden mit einem Maßbogen vermaßt (→ Abbildung 5.5, b; P6 bis P8). Der zweite Winkelendpunkt wird angefragt.

```
Zweiter Winkelendpunkt:
Position des Massbogens (MText/Text/Winkel):
Maßtext = 45
```

Anfragen (→ 5.1 und 5.2).

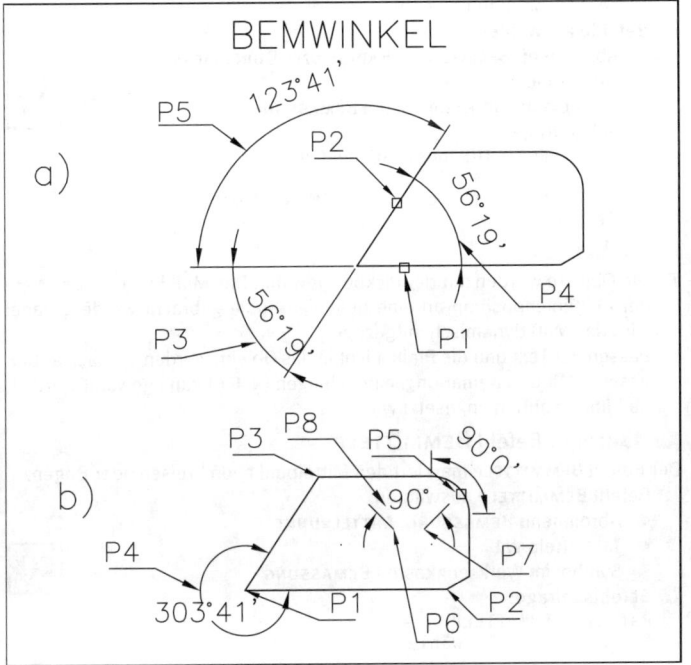

Abbildung 5.5: Winkelbemaßungen

5.3 Radius- und Durchmessermaße

Weitere Bemaßungsbefehle sind für Radien und Durchmesser.

Ausführung: Radius- und Durchmessermaße

Für Kreise und Bögen stehen folgende Befehle zur Verfügung:

◆ **BEMRADIUS** oder abgekürzt **BEMRAD** für die Bemaßung von Radien
(➔ Abbildung 5.6, a).

◆ **BEMDURCHM** oder abgekürzt **BEMD** für die Bemaßung von Durchmessern (➔ Abbildung 5.6, b).

1. Befehle auswählen
   ◆ Abrollmenü **BEMASSUNG, RADIUS** bzw. **DURCHMESSER**
   ◆ Tablettfeld **X5** und **X4**
   ◆ Symbole im Werkzeugkasten **BEMASSUNG**

2. Befehlsanfrage:
```
Befehl: BEMRADIUS oder BEMDURCHM
Bogen oder Kreis wählen:
Masslinienposition eingeben (MText/Text/Winkel):
Maßtext = 7.5
```

Anmerkungen

■ Die Objekte werden mit der Pickbox gewählt. Das Maß kann bei der Wahl der Maßlinienposition an eine beliebige Stelle gebracht werden. Dabei wird das Maß dynamisch mitgezogen.

■ Passen der Text und die Pfeile nicht in das Objekt, werden sie nach außen gesetzt. Mit den Bemaßungseinstellungen (➔ 5.6) kann gewählt werden, daß immer außen angesetzt wird.

Ausführung: Befehl BEMMITTELP

Der Befehl **BEMMITTELP** markiert den Mittelpunkt von Kreisen oder Bögen.

1. Befehl **BEMMITTELP** auswählen
   ◆ Abrollmenü **BEMASSUNG, MITTELPUNKT**
   ◆ Tablettfeld **W1**
   ◆ Symbol im Werkzeugkasten **BEMASSUNG**

2. Befehlsanfrage:
```
Befehl: BEMMITTELP
Bogen oder Kreis wählen:
```

Anmerkungen

■ Die Objekte werden mit der Pickbox gewählt. Das Zentrumskreuz wird automatisch gezeichnet.

■ Die Größe und Form der Markierung werden in den Bemaßungseinstellungen festgelegt (→ 5.6).

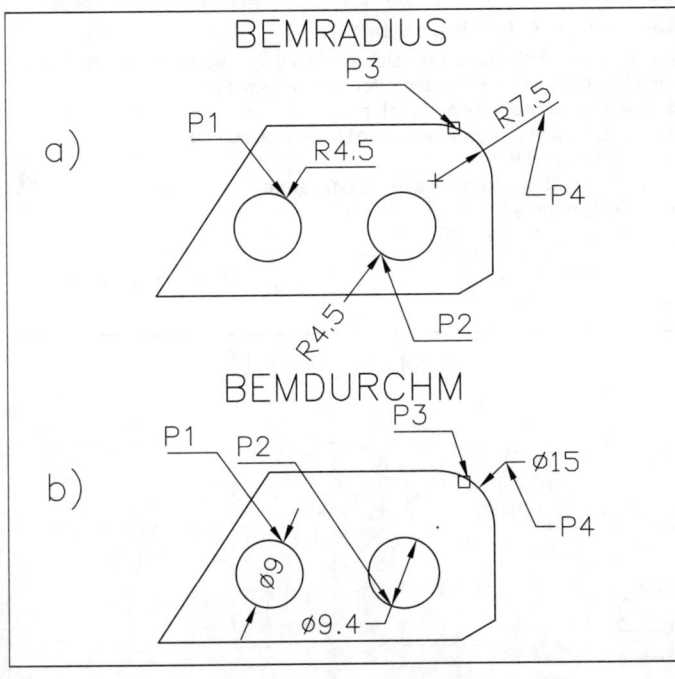

Abbildung 5.6: Radius- und Durchmesserbemaßungen

Radius- und Durchmessermaße

5.4 Weitere Bemaßungsbefehle

Eine Reihe von Befehlen steht für spezielle Bemaßungen zur Verfügung.

Ausführung: Befehl BEMORDINATE

Punkte in der Zeichnung lassen sich mit dem Befehl BEMORDINATE oder abgekürzt BEMORD mit ihrer X- oder Y-Koordinate bemaßen.

1. Befehl BEMORDINATE auswählen
   ◆ Abrollmenü BEMASSUNG, KOORDINATENBEMASSUNG
   ◆ Tablettfeld W3
   ◆ Symbol im Werkzeugkasten BEMASSUNG

2. Befehlsanfrage:
```
Befehl: BEMORDINATE
Zu bemaßender Punkt wählen:
Endpunkt der Führungslinie (Xdaten/Ydaten/Mtext/Text):
Maßtext = 20
```

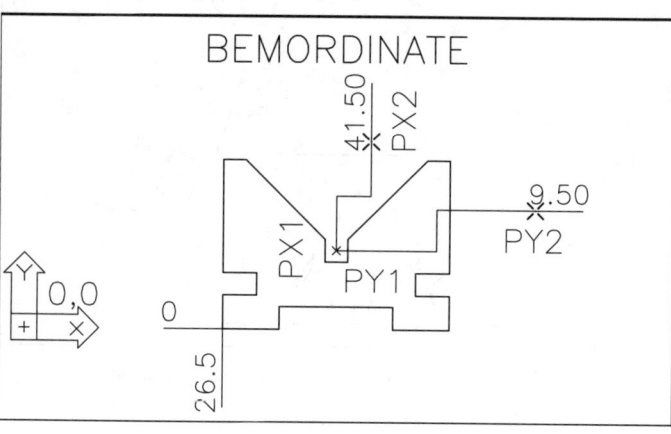

Abbildung 5.7: Koordinatenbemaßung

Anmerkungen

■ Wird der Endpunkt der Führungslinie eingegeben, wird die zu bemaßende Koordinate automatisch bestimmt. Ist die Differenz zwischen den Y-Koordinaten (Maßpunkt und Endpunkt der Führungslinie) größer, wird die X-Koordinate vermaßt und umgekehrt. Mit den Optionen X (XDATEN) und Y

(linke Randspalte:) 5.4 Weitere Bemaßungsbefehle

(**YDATEN**) wird die Bemaßungsrichtung vorgegeben. Mit dem Ortho-Modus ist gewährleistet, daß die Führungslinie nicht abgewinkelt wird.

■ Mit den Optionen **MT** (**MTEXT**) und **T** (**TEXT**) kann der Maßtext geändert werden.

■ Bemaßt wird auf den Nullpunkt des aktuellen Benutzerkoordinatensystems.

Ausführung: Befehl FÜHRUNG

Maßtexte müssen oft aus Platzgründen an anderer Stelle angebracht werden, oder an einen Punkt in der Zeichnung soll eine Anmerkung geschrieben werden. Mit dem Befehl **FÜHRUNG** werden Führungslinien mit Texten, Toleranzen oder Blöcken gezeichnet.

1. **Befehl FÜHRUNG auswählen**
   ◆ Abrollmenü **BEMASSUNG**, **FÜHRUNG**
   ◆ Tablettfeld **R7**
   ◆ Symbol im Werkzeugkasten **BEMASSUNG**

2. **Befehlsanfrage:**
```
Befehl: FÜHRUNG
Von Punkt:
Nach Punkt:
Nach Punkt (Format/Masstext/Zurück) <Masstext>:
```

Nachdem der Startpunkt der Führungslinie und ein weiterer Punkt eingegeben wurden, können entweder weitere Punkte eingegeben werden, oder es kann eine Option gewählt werden.

Optionen:
⏎ oder **M** (**MASSTEXT**): Die Plazierung der Führungslinie wird beendet, und der Maßtext kann eingegeben werden.

```
Masstext (oder Eingabetaste für Optionen):
MText:
MText:
```

Der Text kann eingetippt werden. Wird die Texteingabe mit ⏎ abgeschlossen, kann eine weitere Zeile eingegeben werden. Die Anfrage **MTEXT** erfolgt so lange, bis sie ohne Texteingabe mit ⏎ abgeschlossen wird.

Bei Eingabe von ⏎ bei der Anfrage der ersten Textzeile können weitere Optionen für den Maßtext gewählt werden.

```
Masstext (oder Eingabetaste für Optionen): ⏎
Toleranz/KOpieren/Block/KEine/<Mtext>:
```

⊡ oder **M (Masstext)**: Eingabe des Textes mit dem Dialogfenster des Befehls **Mtext** (→ 5.8).

T (Toleranz): Plazierung eines Toleranzsymbols mit den Funktionen des Befehls **Toleranz** (→ unten).

KO (Kopieren): Kopiert den Text von einer wählbaren anderen Führungslinie.

B (Block): Setzt einen Block an des Ende der Führungslinie.

KE (Keine): Setzt nichts an das Ende der Führungslinie.

F (Format): Wird bei der ersten Anfrage diese Option gewählt, kann das Format der Führungslinie bestimmt werden.

```
Nach Punkt:
Nach Punkt (Format/Masstext/Zurück) <Masstext):
Spline/Gerade/Pfeil/Keine/<Exit>:
```

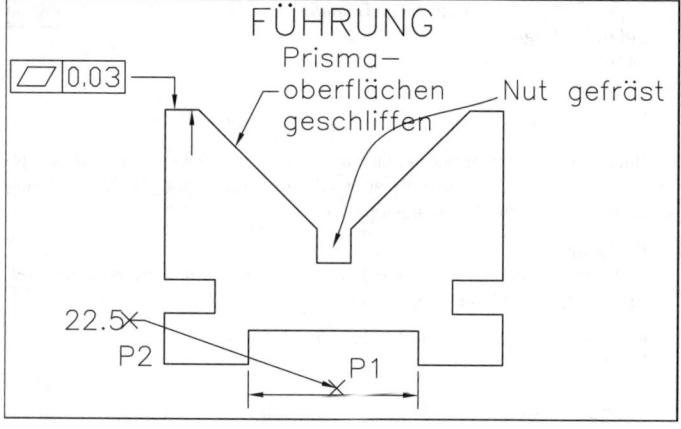

Abbildung 5.8: Zeichnen von Führungslinien

◆ Folgende Unteroptionen sind dann möglich:

S (Spline): Führungslinie als Spline zeichnen.

G (Gerade): Führungslinie als Gerade zeichnen (Standard).

P (Pfeil): Pfeil an die Führungslinie setzen (Standard).

K (Keine): Führungslinie ohne Pfeil zeichnen.

⊡ **oder E (Exit)**: Beenden der Formatangaben und weitere Punktanfrage.

```
Nach Punkt (Format/Masstext/Zurück) <Masstext>:
```

Z (Zurück): Rücknahme des letzten Punktes der Führungslinie und erneu-
te Punktanfrage (mehrmals möglich).

Ausführung: Befehl TOLERANZ

Symbole für geometrische Toleranzen werden mit dem Befehl TOLERANZ gezeichnet.

1. **Befehl TOLERANZ auswählen**
   - Abrollmenü BEMASSUNG, TOLERANZ...
   - Tablettfeld X1
   - Symbol im Werkzeugkasten BEMASSUNG

   Aus dem folgenden Dialogfenster kann das Toleranzsymbol gewählt werden (→ Abbildung 5.9).

   In einem weiteren Dialogfenster können die Werte für die Toleranzsymbo-
   le eingetragen werden (→ Abbildung 5.10).

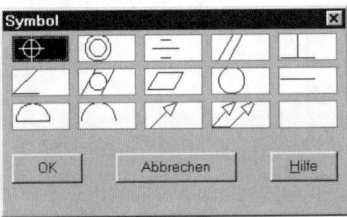

Abbildung 5.9: Dialogfenster zur Auswahl des Toleranzsymbols

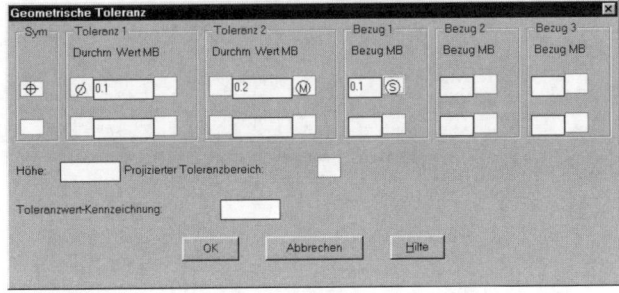

Abbildung 5.10: Dialogfenster zum Eintragen der Toleranzwerte

Weitere Bemaßungsbefehle

Danach kann das Symbol in der Zeichnung plaziert werden. Wird der Befehl innerhalb des Befehls **FÜHRUNG** gewählt (➜ oben), wird das Symbol an das Ende der Führungslinie gesetzt.

Weitere Bemaßungsbefehle

5.5 Bearbeitung von Bemaßungen

Bemaßungen können mit allen Editierbefehlen bearbeitet werden. Da die Bemaßung normalerweise assoziativ ist (**Bemasso** ein), ändert sich der Maßtext, zum Beispiel bei den Befehlen **Strecken**, **Stutzen**, **Dehnen** oder **Varia**. Die Größe der Maßpfeile, die Texthöhe usw. ändern sich nicht (z.B.: Befehl **Varia**).

Maße lassen sich sehr einfach auch mit den Griffen bearbeiten. Ein Maß bekommt beim Anklicken 5 Griffe.

■ Je ein Griff an den Anfangspunkten der Maßhilfslinien. Damit lassen sich die Hilfslinien verschieben.

■ Je ein Griff an den Endpunkten der Maßlinie. Damit kann die Maßlinie neu plaziert werden.

■ Ein Griff am Maßtext, der damit neu positioniert werden kann.

Maße lassen sich aber auch mit speziellen Editierbefehlen bearbeiten.

Ausführung: Befehl Bemedit

Mit dem Befehl **Bemedit** kann der Maßtext von Maßen verschoben, geändert, gedreht oder das Maß schräggestellt werden.

1. **Befehl Bemedit auswählen**
   - ◆ Abrollmenü **Bemassung**, **Schräg** (für die Option **Schräg** des Befehls)
   - ◆ Tablettfeld **Y1**
   - ◆ Symbol im Werkzeugkasten **Bemassung**

2. **Befehlsanfrage:**
```
Befehl: BEMEDIT
Bemaßung bearbeiten (Ausgangsposition/Neu/Drehen/Schräg)
<Ausgangsposition>:
Objekte wählen:
```

Optionen:

⊡ für die Option **Ausgangsposition**: Maßtext nach einer Verschiebung wieder an die ursprüngliche Position setzen.

N (Neu): Neuen Maßtext eingeben. Wird ⊡ statt eines neuen Maßtextes eingegeben, wird das gewählte Maß neu vermessen und der gemessene Wert eingetragen. Wurde das Maß vorher überschrieben, wird das Originalmaß wieder eingesetzt.

```
Maßtext <0>: 20      Maßtext durch 20 ersetzen
Maßtext <0>: ⊡       Originalmaß eintragen
Maßtext <0>: <>mm    mm an Originalmaß anhängen
```

D (Drehen): Maßtext drehen, der Winkel wird abgefragt.

S (Schräg): Maßhilfslinien schrägstellen.

Bei allen Optionen lassen sich danach mit der Objektwahl die Maße wählen, die bearbeitet werden sollen.

Ausführung: Befehl BEMTEDIT

Mit dem Befehl **BEMTEDIT** kann die Textposition und die Position der Maßlinie eines Maßes dynamisch bearbeitet werden.

1. **Befehl BEMTEDIT auswählen**
   - ◆ Abrollmenü **BEMASSUNG, TEXT AUSRICHTEN >**, Untermenü für die Optionen des Befehls
   - ◆ Tablettfeld **Y2**
   - ◆ Symbol im Werkzeugkasten **BEMASSUNG**

2. **Befehlsanfrage:**
   ```
   Befehl: BEMTEDIT
   Bemaßung wählen:
   Textposition eingeben
   (Links/Rechts/Ausgangsposition/Winkel):
   ```

Optionen:

PUNKTEINGABE: Maßtext kann verschoben werden und an einer neuen Position abgesetzt werden. Das Maß wird dynamisch nachgezogen und neu gezeichnet.

L (LINKS): Maßtext an der linken Hilfslinie plazieren.

R (RECHTS): Maßtext an der rechten Hilfslinie plazieren.

A (AUSGANGSPOSITION): Maßtext nach einer Verschiebung wieder an die ursprüngliche Position setzen.

W (WINKEL): Maßtext drehen, der Winkel wird abgefragt.

5.6 Bemaßungsvariablen und Bemaßungsstile

Die Form der Bemaßungen (Maßhilfslinie, Maßlinie, Maßtext, Maßpfeile usw.) wird von den Bemaßungsvariablen festgelegt.

Damit nicht bei jeder Änderung der Form der Bemaßung diverse Variablen umgestellt werden müssen, lassen sich die aktuellen Einstellungen der Bemaßungsvariablen in einem sogenannten Bemaßungsstil sichern. Die Bemaßungsstile werden in der Zeichnung gespeichert, in der sie definiert wurden. Es lassen sich beliebig viele Stile in einer Zeichnung definieren. Sollen ein oder mehrere Stile in jeder neuen Zeichnung zur Verfügung stehen, sollten sie in den Vorlagendateien definiert werden.

Soll nun in einer anderen Form bemaßt werden, muß nur der Bemaßungsstil gewechselt werden.

Bemaßungsstile können in einem Dialogfenster mit mehreren Unterfenstern erzeugt und verwaltet werden.

Ausführung: Dialogfenster für Bemaßungsstile und Variablen, Befehl DBEM

Die Verwaltung der Bemaßungsstile und die Einstellung der Bemaßungsvariablen läßt sich übersichtlich mit dem Befehl **DBEM** in Dialogfenstern einstellen.

1. **Befehl DBEM auswählen**
   - ◆ Abrollmenü **BEMASSUNG, STIL...**
   - ◆ Abrollmenü **BEMASSUNG, BEMASSUNGSSTIL...**
   - ◆ Tablettfeld **Y5**
   - ◆ Symbol im Werkzeugkasten **BEMASSUNG**

   Zunächst erscheint das Hauptdialogfenster zur Einstellung für den Bemaßungsstil (→ Abbildung 5.11).

   Bemaßungsstil:
   Aktueller: Auswahlmenü zur Aktivierung gespeicherter Bemaßungsstile. Ist dem aktuellen Stil ein »+« Zeichen vorangestellt, wurde eine oder mehrere Variablen geändert, aber nicht im Stil gespeichert.
   Name: Eingabefeld für einen neuen Stilnamen.

   ◆ Erzeugung eines neuen Bemaßungsstils:
   Bemaßungsstil auswählen, von dem eine modifizierte Version erstellt werden soll. Eine oder mehrere Bemaßungsvariablen in Unterdialogfenstern (→ unten) ändern. Neuen Stilnamen im Feld *Name* eintragen. Danach das Feld **SPEICHERN** anwählen. Der Stil wird gespeichert und aktueller Stil.

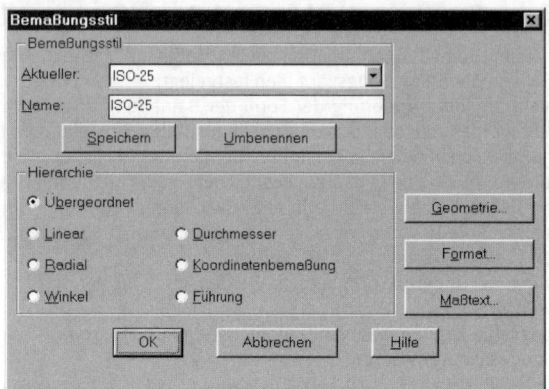

Abbildung 5.11: Dialogfenster für den Bemaßungsstil

◆ Änderung eines Bemaßungsstils:

Bemaßungsstil auswählen, der modifiziert werden soll. Eine oder mehrere Bemaßungsvariablen in Unterdialogfenstern (→ unten) ändern. Danach das Feld **SPEICHERN** anwählen. Der Stil wird verändert gespeichert. Alle Maße, die mit diesem Stil bereits erstellt wurden, werden ebenfalls geändert.

◆ Umbenennen eines Bemaßungsstils:

Bemaßungsstil auswählen, neuen Stilnamen im Feld *Name* eintragen und das Feld **UMBENENNEN** anwählen.

Hierarchie: Bemaßungsstile gelten für alle Bemaßungsarten. Es gibt jedoch für jeden Stil eine Stilfamilie. Soll für eine Bemaßungsart eine andere Variante verwendet werden, so kann nur für diese Bemaßungsart der Stil geändert werden. Wird beispielsweise bei Koordinatenbemaßungen ein kleinerer Text verwendet, kann wie folgt vorgegangen werden: Bemaßungsstil auswählen, der modifiziert werden soll. Im Feld *Hierarchie* das Feld *Koordinatenbemaßung* anwählen, eine oder mehrere Bemaßungsvariablen in Unterdialogfenstern (→ unten) ändern. Das Feld **SPEICHERN** anwählen. Der Stil wird für die Bemaßungsart verändert gespeichert. Alle Koordinatenbemaßungen, die mit diesem Stil bereits erstellt wurden, werden ebenfalls geändert.

Ausführung: Dialogfenster für die Geometrie der Maße

Das Schaltfeld GEOMETRIE... bringt ein Unterdialogfenster zur Einstellung der
Maßgeometrie (→ Abbildung 5.12) auf den Bildschirm.

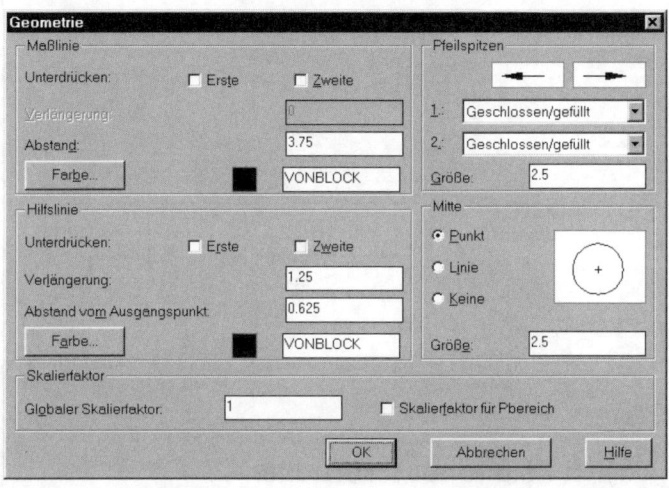

Abbildung 5.12: Dialogfenster für die Maßgeometrie

- **Maßlinie:** Einstellung der Maßlinie
  Unterdrücken: Einstellung, ob erste oder zweite Seite der Maßlinie unterdrückt werden soll. Einseitige Ausblendung der Hilfslinie ist nur möglich, wenn der Text zwischen die Hilfslinie gesetzt wird (→ Abbildung 5.13, a).
  Verlängerung: Verlängerung der Maßlinie über die Maßhilfslinien hinaus. Nur bei Bemaßung mit Querstrichen (Baubemaßung) möglich und einstellbar (→ Abbildung 15.14, b).
  Abstand: Abstand der Maßlinien zueinander bei Basislinienbemaßung (→ Abbildung 5.13, b).
  FARBE...: Farbe der Maßlinien. Wird das Feld angeklickt, kann im Farbdialogfenster die Farbe gewählt werden.
- **Hilfslinie:** Einstellung der Hilfslinien
  Unterdrücken: Einstellung, ob erste oder zweite Maßhilfslinie unterdrückt werden soll (→ Abbildung 5.13, d).

253

Bemaßungseinstellungen Geometrie 1

a) Maßlinie unterdrücken

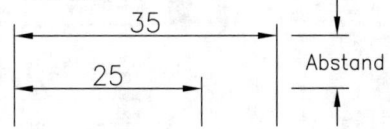

⊢—11—⊣	| 11—⊣	⊢—11 |	| 11 |
keine	erste	zweite	beide

b) Abstand

35

25

Abstand

c) Verlängerung

15 Verlängerung

d) Hilfslinie unterdrücken

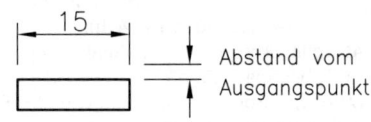

⊢—11—⊣	←—11—⊣	⊢—11—→	←—11—→
keine	erste	zweite	beide

e) Abstand vom Ausgangspunkt

15

Abstand vom Ausgangspunkt

Abbildung 5.13: Bemaßungseinstellungen, Geometrie 1

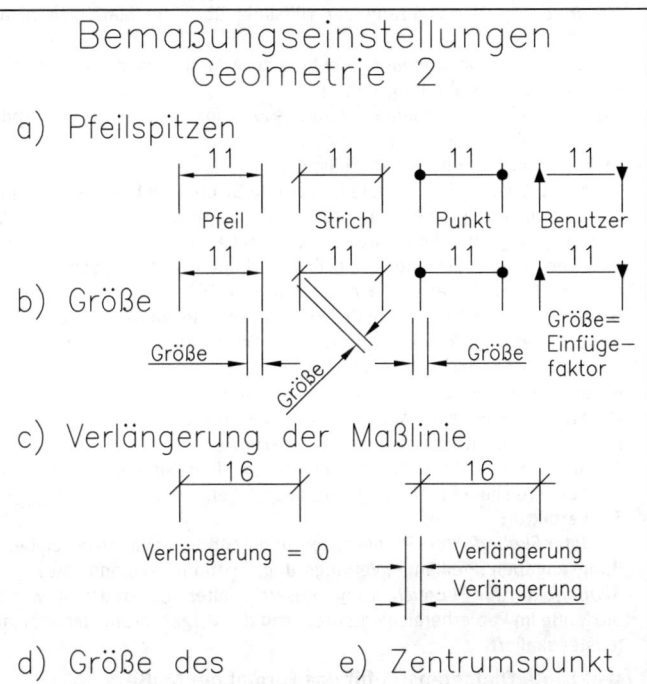

Bemaßungseinstellungen Geometrie 2

a) Pfeilspitzen

11 — Pfeil
11 — Strich
11 — Punkt
11 — Benutzer

b) Größe

11
11
11
11 — Größe = Einfügefaktor

Größe
Größe
Größe

c) Verlängerung der Maßlinie

16
Verlängerung = 0

16
Verlängerung
Verlängerung

d) Größe des Zentrumspunkts

R6

Größe des Zentrumspunkts

e) Zentrumspunkt mit Mittellinie

R6

Größe des Zentrumspunkts

Abbildung 5.14: Bemaßungseinstellungen, Geometrie 2

Verlängerung: Verlängerung der Hilfslinie über die Maßlinien hinaus (→ 5.13, c).

Abstand vom Ausgangspunkt: Abstand der Maßhilfslinien vom zu bemaßenden Punkt (→ Abbildung 5.13, e).

FARBE...: Farbe der Hilfslinien. Wird das Feld angeklickt, kann im Farbdialogfenster die Farbe gewählt werden.

■ **Pfeilspitzen**: Einstellung der Pfeilspitzen

1. bzw. 2.: Symbol für das erste und zweite Symbol am Ende der Maßlinie. Die Auswahl erfolgt in einem Abrollmenü, das gewählte Symbol wird darüber angezeigt. Bei der Einstellung BENUTZER... kann ein Blockname eingegeben werden. Der Block mit diesem Namen wird als Symbol an das Ende der Maßlinie gesetzt (→ Abbildung 5.14, a).

Größe: Pfeillänge bzw. Größe des Symbols. Wurde mit der Einstellung BENUTZER... ein Block eingefügt, gibt der Wert den Skalierfaktor für den Block an (→ Abbildung 5.14, b).

■ **Mitte**: Einstellung zur Mittelpunktmarkierung

Punkt, *Linie* oder *Keine*: Markierung des Zentrums mit einem Kreuz, Zeichnen von Mittelachsen oder keine Markierung.

Größe: Größe des Zentrumskreuzes und des Überstandes der Mittellinien über die Kreislinie (→ Abbildung 5.14, d und e).

■ **Skalierfaktor**:

Globaler Skalierfaktor: Skalierfaktor für die Größenangaben in den Bemaßungsangaben (Pfeillänge, Verlängerung, Texthöhe, Abstand usw.)

Skalierfaktor für Pbereich: Wenn dieser Schalter angekreuzt ist, werden die Maße im Papierbereich entsprechend der Vergrößerung der Ansichtsfenster skaliert.

Ausführung: Dialogfenster für das Format der Maße

Das Schaltfeld FORMAT bringt ein Unterdialogfenster zur Einstellung des Formats der Bemaßung (→ Abbildung 5.15) auf den Bildschirm.

Benutzerdefiniert: Ist dieser Schalter angewählt, kann mit der Plazierung der Maßlinie auch die Position des Maßtextes angegeben werden. Alle anderen Einstellungen zur Plazierung des Maßtextes sind dann wirkungslos (→ Abbildung 5.16, a).

Linien innerhalb: Maßlinie wird immer zwischen den Hilfslinien gezeichnet, auch wenn aus Platzgründen die Pfeile außerhalb gezeichnet werden (→ Abbildung 5.16, b).

Bemaßungsvariablen und Bemaßungsstile

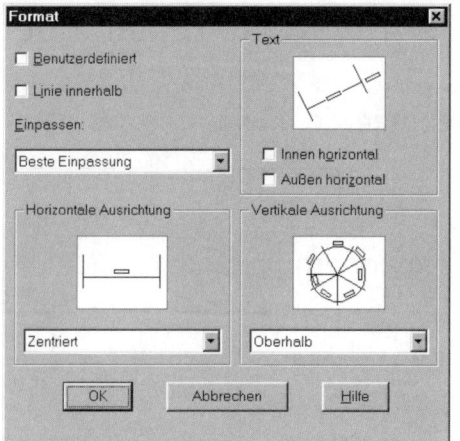

Abbildung 5.15: Dialogfenster für das Format

Einpassen: Steuert abhängig vom verfügbaren Platz zwischen den Hilfslinien die Plazierung von Maßtext und Pfeilspitzen. Ist genügend Platz, werden Maßtext und Pfeilspitzen zwischen die Hilfslinien gesetzt (→ Abbildung 5.16, c und d).

■ **Horizontale Ausrichtung:** Plazierung des Maßtextes (→ Abbildung 5.16, e).
■ **Text:**
   Innen horizontal: Ist der Schalter angekreuzt, wird der Text zwischen den Maßlinien immer horizontal gezeichnet (→ Abbildung 5.17, a)
   Außen horizontal: Ist der Schalter angekreuzt, wird der Text immer horizontal gezeichnet, wenn er außerhalb der Maßlinien plaziert wird (→ Abbildung 5.17,b).
■ **Vertikale Ausrichtung:** Plazierung des Maßtextes oberhalb der Maßlinie, zwischen der Maßlinie oder immer außen (→ Abbildung 5.17, c).

Ausführung: Dialogfenster für den Maßtext

Das Schaltfeld **MASSTEXT...** bringt ein Unterdialogfenster zur Einstellung des Maßtextes (→ Abbildung 5.18) auf den Bildschirm.
■ **Primäreinheiten:**
   EINHEITEN...: Wird diese Schaltfläche angewählt, lassen sich im folgenden Dialogfenster (→ unten und Abbildung 5.20) die Einheiten, Genauigkeit und Format des eigentlichen Maßtextes wählen.

Bemaßungseinstellungen
Format 1

a) Benutzerdefiniert

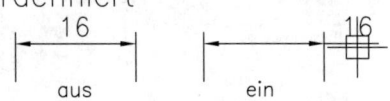

b) Linie innerhalb

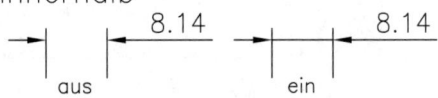

c) Einpassen, beste

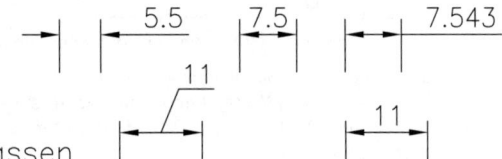

d) Einpassen
Führung/keine Führung

e) Horizontale Ausrichtung

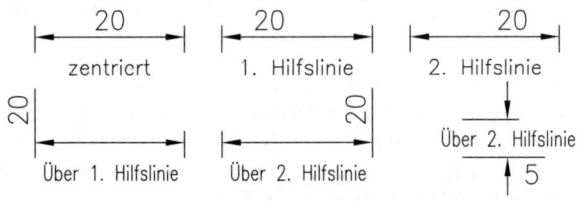

Abbildung 5.16: Bemaßungseinstellungen, Format 1

Bemaßungseinstellungen
Format 2

a) Innen horizontal

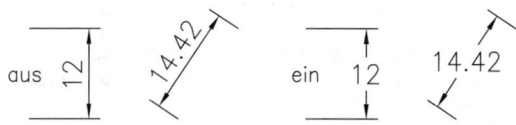

aus   12   14.42   ein   12   14.42

b) Außen horizontal

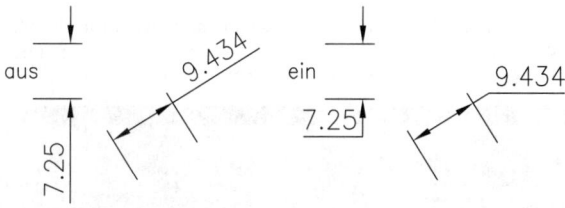

aus   9.434   7.25   ein   9.434   7.25

c) Vertikale Ausrichtung

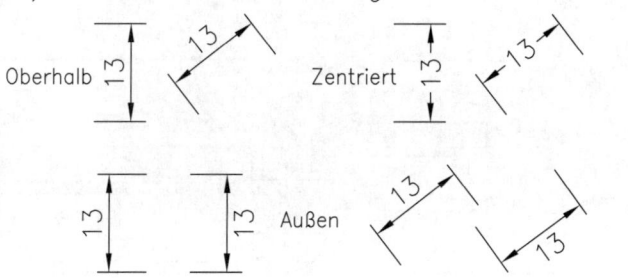

Oberhalb   13   13   Zentriert   13   13

13   13   Außen   13   13

Abbildung 5.17: Bemaßungseinstellungen, Format 2

Präfix bzw. *Suffix*: Eingabe eines vor- bzw. nachgestellten Textes für den Maßtext (→ Abbildung 5.19, a).

Anzeigemuster darunter: Anzeige der gewählten Bemaßungart (mit oder ohne Toleranz, Grenzmaße usw.) Durch Anklicken des Feldes können die möglichen Darstellungen durchgeblättert werden. Mit jedem Mausklick wird eine andere Möglichkeit angezeigt.

■ **Alternativeinheiten:**
Einheiten aktivieren: Wird dieser Schalter angekreuzt, wird ein alternativer Maßtext dazugesetzt (z.B. Zoll). Restliche Einstellungen wie bei den Primäreinheiten (→ Abbildung 5.19, b).

■ **Toleranz:**
Methode: Einstellung der Darstellung von Toleranzen (mit oder ohne Toleranz, symmetrische Abweichungen, positive und negative Abweichung, Grenzmaße und Grundtoleranz → Abbildung 5.19, c).
Oberer bzw. *Unterer Wert*: Positive und negative Abweichung.
Ausrichtung: Ausrichtung des Toleranztextes (oben, Mitte und unten).
Höhe: Größe des Toleranztextes (Faktor zur Texthöhe).

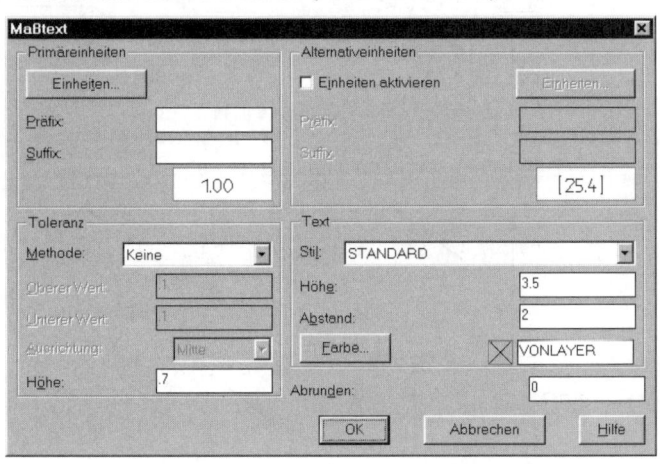

Abbildung 5.18: Dialogfenster für den Maßtext

■ **Text:**
Stil: Textstil für den Maßtext.
Höhe: Texthöhe des Maßtextes.

Bemaßungseinstellungen
Textformat

a) Textpräfix und -suffix

∅19mm

Textpräfix | Textsuffix

f) Nachkomma

Ein |← 17 →|

Aus |← 17.00 →|

b) Alternativeinheiten

Skalierung = 0.039

50.8 [2.00Zoll]

Dezimalstellen | Suffix

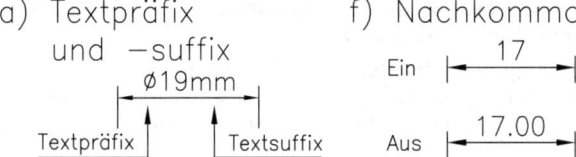

5.6

c) Toleranzwerte

|← 12 →| Keine

$12^{+0.2}_{-0.1}$

12±0.1 Abweichung

12.2 / 11.9 Grenzen

12.1 / 11.9

12 Grundtoleranz

d) Abrunden

|← 17.68 →| Wert = 0

|← 17.6 →| Wert = 0.2

|← 18 →| Wert = 1

e) Skalierfaktor

|← 30 →| Skalierfaktor = 1

|← 60 →| Skalierfaktor = 2

Abbildung 5.19: Bemaßungseinstellungen, Maßtext

261

Bemaßungsvariablen und Bemaßungsstile

Abstand: Abstand der Maßlinien zum Maßtext (nur wenn Maßtext zwischen der Maßlinie plaziert wird).

Farbe...: Farbe des Maßtextes. Wird das Feld angeklickt, kann im Farbdialogfenster die Farbe gewählt werden.

Abrunden: Rundungswert für den Maßtext, z.B.: 0.5 rundet immer in Schritten von 0.5 (➔ Abbildung 5.19, d).

Ausführung: Dialogfenster für die Einheiten

Die Schaltfläche **Einheiten...** bringt ein weiteres Unterdialogfenster zur Einstellung der Einheiten von Maßtext und Alternativeinheiten (➔ Abbildung 5.20) auf den Bildschirm.

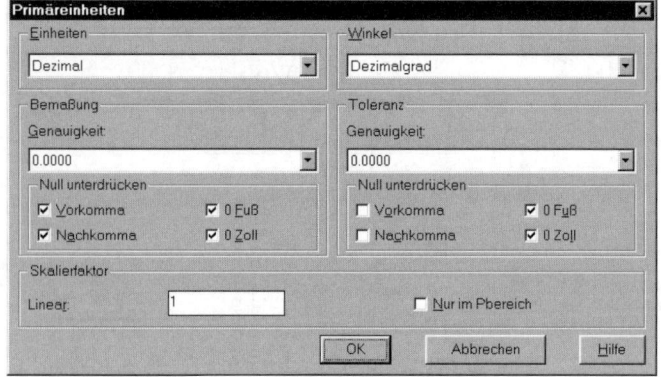

Abbildung 5.20: Dialogfenster für die Einheiten

- *Einheiten*: Einheitenformat für den Maßtext von linearen Maßen, Standard für das metrische System ist **Dezimal** (Dezimalpunkt 12.5) oder **Windows-Desktop** (Windows-Einstellungen mit Komma, 12,5).
- Bemaßung:
  Genauigkeit: Zahl der Nachkommastellen für lineare Maße.
  Null unterdrücken: Nullen vor und/oder nach dem Komma unterdrücken (z.B.: 0.25 ➔ .25, 1.200 ➔ 1.2, 0.2500 ➔ .25, Abbildung 5.19, f).
- *Winkel*: Einheitenformat für den Winkel (➔ oben).
- *Skalierfaktor:*
  Linear: Multiplikationsfaktor für lineare Maße. Der gemessene Wert wird mit diesem Faktor multipliziert und so in die Zeichnung eingetragen (➔ Abbildung 5.19, e).

Nur im Pbereich: Wendet den unter *Linear* eingegebenen Wert nur auf Bemaßungen an, die im Papierbereich erstellt wurden. Damit wird der Längenskalierfaktor für Objekte in einem Ansichtsfenster des Modellbereichs festgelegt.

Ausführung: Befehl BEMÜBERSCHR

Mit dem Befehl BEMÜBERSCHR kann eine oder mehrere Bemaßungsvariablen bei einem oder mehreren Maßen geändert werden. Hierzu müssen die Namen der Bemaßungsvariablen eingegeben werden.

1. **Befehl BEMÜBERSCHR auswählen**
   - ◆ Abrollmenü BEMASSUNG, ÜBERSCHREIBEN
   - ◆ Tablettfeld Y4
2. **Befehlsanfrage:**
   ```
   Befehl: BEMÜBERSCHR
   Zu überschreibende Bemaßungsvariable (oder Löschen, um
   Überschreiben zu deaktivieren): Bemtxt
   Aktueller Wert <2.5000> Neuer Wert: 5
   Zu überschreibende Bemaßungsvariable: ⟵
   Objekte wählen:
   ```

Variablen und deren neue Werte können angegeben werden. Danach werden Maße bestimmt, bei denen diese Werte zu ändern sind. Eine weitere Option kann gewählt werden:

L (LÖSCHEN): Macht eine vorgenommene Überschreibung rückgängig und bringt das Maß auf seinen ursprünglichen Bemaßungsstil zurück.

Ausführung: Befehl BEM Option UPDATE

Mit der Option UPDATE des Befehls BEM kann ein Maß oder mehrere Maße den neuen Einstellungen der Bemaßungsvariablen angepaßt werden oder auf den aktuellen Bemaßungsstil gebracht werden (→ 5.6).

1. **Befehl BEM UPDATE auswählen**
   - ◆ Symbol im Werkzeugkasten BEMASSUNG

2. **Befehlsanfrage:**
   ```
   Befehl: BEM
   BEM: Update
   Objekt wählen:
   ```

Die gewählten Bemaßungen werden den neuen Einstellungen der Bemaßungsvariablen angepaßt. Ist ein Bemaßungsstil aktiv, werden die Bemaßungen auf diesen Stil gebracht.

5.6

Bemaßungsvariablen und
Bemaßungsstile

Ausführung: Befehl BEMSTIL

Mit dem Befehl BEMSTIL lassen sich alle Einstellungen zum Bemaßungsstil ohne Dialogfenster im Befehlszeilenfenster ausführen.

1. **Befehl BEMSTIL auswählen**
   - ◆ Abrollmenü **BEMASSUNG, AKTUALISIEREN**
   - ◆ Tablettfeld **Y3**

2. **Befehlsanfrage:**
   ```
   Befehl: BEMSTIL
   Bemaßungsstil: ISO-25
   Bemaßungsstil bearbeiten (SIchern/Holen/STatus/
   Variablen/Anwenden/?) <Holen>:
   ```

Ausführung: Änderung von Maßen mit DDMODIFY

Mit dem Befehl DDMODIFY (➔ 4.8) kann der Maßtext im Dialogfenster geändert werden. Dazu wird der Schalter **BEARBEITEN...** angewählt.

5.7 Abfragebefehle

Außer den eigentlichen Bemaßungsbefehlen (→ 5.1 bis 5.4) gibt es Befehle, mit denen gemessen werden kann. Die Ergebnisse werden angezeigt, aber nicht in die Zeichnung eingetragen.

Ausführung: Befehl ID

Mit dem Befehl **ID** lassen sich die exakten Koordinaten eines Punktes in der Zeichnung bestimmen.

1. **Befehl ID auswählen**
   ◆ Abrollmenü **WERKZEUGE, ABFRAGE >, ID PUNKT**
   ◆ Tablettfeld **U9**
   ◆ Symbol in einem Flyoutmenü der Standard-Funktionsleiste und Werkzeugkasten **ABFRAGE**

2. **Befehlsanfrage:**
   ```
   Befehl: ID
   Punkt:
   X = 10   Y = 10   Z = 10
   ```

   Der Punkt wird mit dem Objektfang (→ 2.6) gewählt.

Ausführung: Befehl ABSTAND

Mit dem Befehl **ABSTAND** läßt sich der Abstand zwischen zwei Punkten in der Zeichnung bestimmen.

1. **Befehl ABSTAND auswählen**
   ◆ Abrollmenü **WERKZEUGE, ABFRAGE >, ABSTAND**
   ◆ Tablettfeld **T8**
   ◆ Symbol in einem Flyoutmenü der Standard-Funktionsleiste und Werkzeugkasten **ABFRAGE**

2. **Befehlsanfrage:**
   ```
   Befehl: ABSTAND
   Erster Punkt:
   Zweiter Punkt:
   Abstand = 78.10, Winkel in XY-Ebene = 50, Winkel von XY-
   Ebene = 0
   Delta X = 50.00,  Delta Y = 60.00, Delta Z = 0.
   ```

   Beide Punkte werden mit dem Objektfang (→ 2.6) gewählt.

Ausführung: Befehl FLÄCHE

Mit dem Befehl **FLÄCHE** lassen sich Flächen und Umfang von beliebigen Polygonzügen, Kreisen und Polylinien aus der Zeichnung berechnen.

1. **Befehl FLÄCHE auswählen**
   ◆ Abrollmenü **WERKZEUGE, ABFRAGE >, FLÄCHE**

◆ Tablettfeld **T7**
◆ Symbol in einem Flyoutmenü der Standard-Funktionsleiste
und Werkzeugkasten **ABFRAGE**

2. **Befehlsanfrage:**
```
Befehl: FLÄCHE
<Erster Punkt>/Objekt/Addieren/Subtrahieren:
```

Optionen:
PUNKTEINGABE: Wird ein Punkt eingegeben, können nacheinander beliebig viele Punkte eines Polygonzuges eingegeben werden.

```
Nächster Punkt:
Nächster Punkt:
Nächster Punkt: [←]
```

Die Eingabe wird mit [←] abgeschlossen. Es wird davon ausgegangen,
daß der erste und letzte Punkt verbunden sind. Das Ergebnis wird in fol-
gender Form ausgegeben:

```
Fläche = 150.00, Umfang = 120.00
```

O (OBJEKT): Die Option dient dazu, Fläche und Umfang eines geschlossenen Objekts zu berechnen. Es erscheint die Meldung.

```
Kreis oder Polylinie wählen:
```

Das Ergebnis wird wie oben angezeigt.
A (ADDIEREN): Die Option schaltet in den Additions-Modus um. Alle nach-
folgend berechneten Flächen werden zu der Gesamtfläche summiert. Der
Befehl bleibt im Wiederholmodus.

S (SUBTRAHIEREN): Die Option schaltet in den Subtraktions-Modus um.
Alle nachfolgend berechneten Flächen werden von der Gesamtfläche sub-
trahiert. Der Befehl bleibt im Wiederholmodus. Bei den beiden letzten Optionen hat die Ergebnisanzeige folgende Form:

```
Fläche = 200.00, Umfang = 167.00
Gesamtfläche = 380.00
```

Anmerkungen
■ Die Gesamtfläche wird bei Anwahl des Befehls auf 0 gesetzt.
■ Zwischen den Optionen **A (ADDIEREN)** und **S (SUBTRAHIEREN)** kann belie-
big oft hin- und hergeschaltet werden.
■ Bei der Option **O (OBJEKT)** können Kreise und geschlossene Polylinien ge-
wählt werden.
■ Bei breiten Polylinien wird die Mittellinie als Begrenzung genommen.

Ausführung: Befehl LISTE

Der Befehl **LISTE** dient der Anzeige der Geometriedaten (gespeicherte und berechnete) und Eigenschaften von wählbaren Zeichnungsobjekten.

1. **Befehl LISTE auswählen**
   - ◆ Abrollmenü **WERKZEUGE, ABFRAGE › , AUFLISTEN**
   - ◆ Tablettfeld **U8**
   - ◆ Symbol in einem Flyoutmenü der Standard-Funktionsleiste und Werkzeugkasten **ABFRAGE**

2. **Befehlsanfrage:**
   ```
   Befehl: LISTE
   Objekte wählen:
   ```

   Die Objekte, deren Daten angezeigt werden sollen, werden mit der Objektwahl (→ 4.1) bestimmt.

Ausführung: Befehl DBLISTE

Der Befehl **DBLISTE** (Datenbankliste) dient der Anzeige der Geometriedaten und Eigenschaften aller Objekte der Zeichnung.

1. **Befehl DBLISTE anwählen**
   - ◆ Auf der Tastatur eingeben

Ausführung: Befehl STATUS

Die momentanen Zeichnungsgrenzwerte, Modi und die Belegung des Speichers können mit dem Befehl **STATUS** angezeigt werden.

1. **Befehl STATUS anwählen**
   - ◆ Abrollmenü **WERKZEUGE, ABRAGE › , STATUS**

Ausführung: Befehl MASSEIG

Der Befehl **MASSEIG** berechnet die Volumen, Schwerpunkte, Trägheitsmomente und Masseneigenschaften von Festkörpern. Bei Regionen werden die Flächendaten, Schwerpunkt und Trägheitsmomente berechnet.

1. **Befehl MASSEIG auswählen**
   - ◆ Abrollmenü **WERKZEUGE, ABFRAGE › , MASSENEIGENSCHAFTEN**
   - ◆ Tablettfeld **U7**
   - ◆ Symbol in einem Flyoutmenü der Standard-Funktionsleiste und Werkzeugkasten **ABFRAGE**

2. **Befehlsanfrage:**
   ```
   Befehl: MASSEIG
   Objekte wählen:
   ```

   Festkörper oder Region wählen, und die Daten werden angezeigt.

5.8 Textbefehle

Beschriftungen können mit den Befehlen **Text** oder **Dtext** ausgeführt werden. Mit dem Befehl **Text** kann eine Textzeile eingegeben werden, mit dem Befehl **Dtext** dagegen ist mehrzeiliger Text möglich. Außerdem erfolgt beim Befehl **Dtext** die Eingabe unterstützt durch einen Cursor auf der Zeichenfläche, und es ist möglich, den Cursor während der Texteingabe an eine neue Stelle zu setzen.

Ausführung: Befehle **Text** und **Dtext**

Die Befehle **Text** und **Dtext** dienen zur Positionierung und Eingabe von Text in eine Zeichnung. In den Menüs ist nur der Befehl **Dtext** zu finden. Der Befehl **Text** eignet sich nicht so sehr fürs Zeichnen. Er kann aber sinnvoll in Menümakros oder Skript-Dateien verwendet werden. Ansonsten kann der Befehl auf der Tastatur eingegeben werden.

1. Befehl **Dtext** auswählen
   - ◆ Abrollmenü **Zeichnen, Text ›, Einzeiliger Text**
   - ◆ Tablettbereich **K8**
2. Befehlsanfrage:
   ```
   Befehl: TEXT bzw. DTEXT
   Position/Stil/<Startpunkt>:
   ```
3. Ausrichtungsart des Textes (→ Abbildung 5.15):

   Punkteingabe für den Startpunkt: Wird keine Option gewählt, und nur ein Punkt eingegeben, wird der Text linksbündig an diesem Punkt ausgerichtet.

   ⏎: Der Text wird unter der zuletzt eingegebenen Zeile gesetzt. Es werden keine weiteren Angaben verlangt. Ausrichtung, Höhe und Winkel werden vom zuletzt eingegebenen Text übernommen.

   S (Stil): Wahl des Textstils (→ 5.9). Nach der Stileingabe wird die obige Anfrage wiederholt. ? listet die verfügbaren Stile.

   P (Position): Vorgabe der Textausrichtung. Die Ausrichtung kann wieder aus einer Optionsliste gewählt werden.

   ```
   Ausrichten/Einpassen/Zentrieren/Mitte/Rechts/OL/OZ/OR/ML/
   MZ/MR/UL/UZ/UR:
   ```

   A (Ausrichten): Die Textgrundlinie wird zwischen einem Start- und Endpunkt ausgerichtet. Verhältnis von Texthöhe und -breite ist konstant. Der Text wird in der Höhe variiert, bis er zwischen die Punkte paßt.

   E (Einpassen): Die Textgrundlinie wird zwischen einem Start- und Endpunkt eingepaßt. Texthöhe ist konstant. Der Text wird in der Breite variiert, bis er zwischen die Punkte paßt.

Z (ZENTRIEREN): Textgrundlinie wird um einen Punkt zentriert.

M (MITTE): Textmittellinie wird um einen Punkt zentriert.

R (RECHTS): Die Textgrundlinie wird rechtsbündig an einem Punkt ausgerichtet.

OL/OZ/OR/ML/MZ/MR/UL/UZ/UR: Text wird an dem angegebenen Punkt ausgerichtet. Der erste Buchstabe gibt die vertikale Position an (oben, Mitte und unten), der zweite die horizontale Position (links, Zentrum und rechts).

Danach werden Texthöhe (außer bei Option **A (AUSRICHTEN)**, da hier die Höhe variiert wird) und Einfüge-Winkel (außer bei Option **AUSRICHTEN** und **EINPASSEN**) festgelegt und der Text eingegeben.

Anmerkungen

■ Mit dem Befehl **DTEXT** wird ein Cursor in Höhe des Textes angezeigt, der Text erscheint bei der Eingabe sofort in der Zeichnung und kann mit ⌫ auch korrigiert werden.

■ Wird ⏎ eingegeben, springt der Cursor beim Befehl **DTEXT** in die nächste Zeile. Die Texteingabe wird beendet, wenn auf die Textanfrage nur ⏎ eingegeben wird.

■ Beim Befehl **DTEXT** kann der Cursor während der Texteingabe jederzeit mit dem Fadenkreuz auf einen neuen Punkt in der Zeichnung gesetzt werden.

■ Der Text wird beim Befehl **DTEXT** zuerst immer linksbündig in die Zeichnung eingesetzt. Erst beim Abschluß der Eingabe wird er in der endgültigen Form gezeichnet.

Ausführung: Sonderzeichen im Text

Sonderzeichen werden bei der Texteingabe mit %% begonnen. Überstreichen und Unterstreichen sind Schaltfunktionen. Sie sind ebenfalls durch Sonderzeichen definiert. Wird das Zeichen einmal eingegeben, wird die Funktion eingeschaltet und bei der nächsten Eingabe wieder ausgeschaltet.

%%%	Prozentzeichen
%%d	Gradzeichen
%%c	Durchmesserzeichen
%%p	Toleranzzeichen
%%123	Zeichen mit dem angegebenen ASCII-Code
%%u	Unterstreichen ein bzw. aus
%%o	Überstreichen ein bzw. aus

Textbefehle

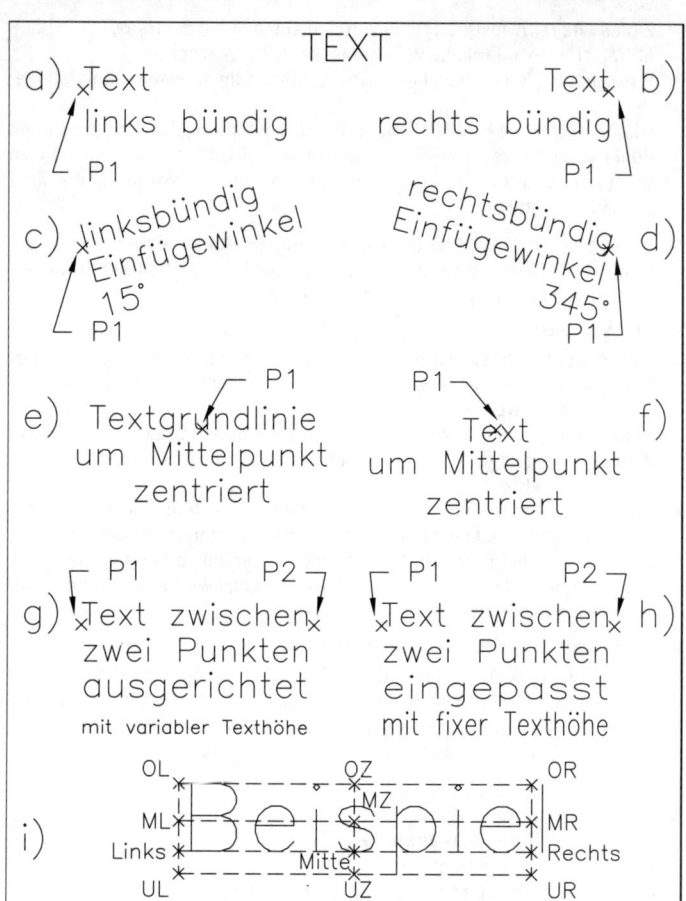

TEXT

a) Text
links bündig
P1

Text b)
rechts bündig
P1

c) linksbündig
Einfügewinkel
15°
P1

rechtsbündig
Einfügewinkel d)
345°
P1

e) P1
Textgrundlinie
um Mittelpunkt
zentriert

P1
Text f)
um Mittelpunkt
zentriert

g) P1   P2
Text zwischen
zwei Punkten
ausgerichtet
mit variabler Texthöhe

P1   P2
Text zwischen h)
zwei Punkten
eingepasst
mit fixer Texthöhe

i)
OL   OZ   OR
ML   MZ   MR
Links   Mitte   Rechts
UL   UZ   UR
Beispie

Abbildung 5.21: Textausrichtung

Mit dem Befehl **MTEXT** kann ein kompletter Textabsatz in der Zeichnung platziert werden. Zur Texteingabe wird automatisch in einen Texteditor gewechselt.

1. **Befehl MTEXT auswählen**
    ◆ Abrollmenü **ZEICHNEN, TEXT >, ABSATZTEXT**
    ◆ Tablettbereich J7
    ◆ Symbol im Werkzeugkasten **ZEICHNEN**

A

2. **Befehlsanfrage:**
   ```
   Befehl: MTEXT
   Aktueller Textstil: STANDARD. Texthöhe: 2.5
   Erste Ecke:
   ```
   Textplazierung:
   PUNKTEINGABE: Einfügepunkt für den Absatztext. Weitere Optionen für die Vorgabe der Größe sind möglich.
   ```
   Gegenüberliegende Ecke oder [Höhe/Ausrichten/
   Drehen/Stil/Breite]:
   ```
   Mit einer weiteren Punkteingabe wird ein Rechteck für die Größe des Textfeldes festgelegt. Bei der zweiten Anfrage kann mit der Option **B (BREITE)** die Breite des Absatztextes festgelegt werden. Die weiteren Optionen sind wie bei der ersten Anfrage (**o** unten).

   A (AUSRICHTEN): Vorgabe des Startpunktes für den Absatztext. Der Punkt wird angefragt:
   ```
   Ausrichtung angeben [OL/OZ/OR/ML/MZ/MR/UL/UZ/UR] <OL>:
   ```
   OL/OZ/OR/ML/MZ/MR/UL/UZ/UR: (→ oben Befehl **DTEXT**).

   S (STIL): Vorgabe eines neuen Textstils für den Absatztext.

   H (HÖHE): Vorgabe einer Texthöhe für den Absatztext. Wird diese Option nicht gewählt, wird die Höhe des letzten Textes verwendet.

   Danach wird in den internen AutoCAD Texteditor verzweigt (→ Abbildung 5.22). Der Text kann eingegeben werden. Nach Beenden des Texteditors wird der Text in der Zeichnung plaziert.

5.8

Textbefehle

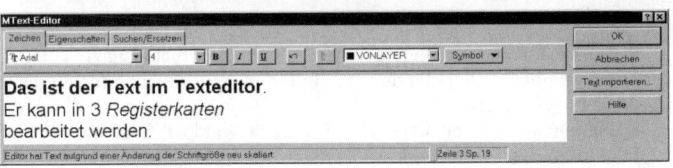

Abbildung 5.22: AutoCAD Texteditor, Registerkarte Zeichnen

Im Texteditor stehen 3 Registerkarten für die Bearbeitung des eingegebenen Textes zur Verfügung.

Registerkarte *Zeichen*

Der Text kann eingegeben, markiert und danach formatiert werden.
- Die **Schriftart** (AutoCAD-Schriften *.SHX oder Windows True-Type-Schriften) und der **Schriftgrad** (in Zeichnungseinheiten) können in Abrollmenüs ausgewählt bzw. eingetragen werden.
- Der Schriftschnitt kann in der Funktionsleiste eingestellt werden: **Fett (B)**, **Kursiv (I)** und **Unterstrichen (U)**. Das Pfeilsymbol macht die letzte Aktion im Editor rückgängig. Mit dem rechten Symbol (a/b) kann Text übereinander gesetzt werden, der entsprechende Text muß dazu mit »/« getrennt sein. Soll kein Bruchstrich eingesetzt werden, muß der Text mit »^« getrennt werden. In einem weiteren Abrollmenü kann die Textfarbe gewählt werden, wenn der Text nicht in der Layerfarbe (Farbe **VONLAYER**) dargestellt werden soll. Mit dem Eintrag **ANDERE...** gelangt man zum Dialogfeld zur Farbwahl. Mit dem Abrollmenü **SYMBOL** lassen sich Sonderzeichen an der Cursorposition einfügen (➔ oben). Durch die Auswahl von **ANDERE...** können weitere Sonderzeichen der gewählten Schriftart in einem weiteren Fenster ausgewählt werden.
  Text importieren: Mit dieser Schaltfläche kann Text aus einer Textdatei (reiner ASCII-Text oder im Rich-Text-Format) in den Texteditor eingelesen werden. Zur Dateiauswahl wird der Dateiwähler verwendet.
  Durch Drücken der rechten Maustaste bei markiertem Text wird ein Pop-Up-Menü mit weiteren Funktionen eingeblendet (➔ Abbildung 5.23).

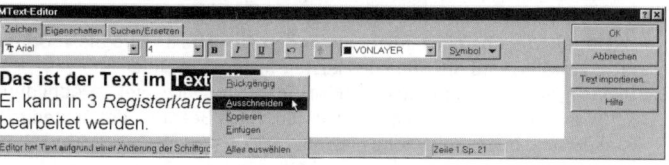

Abbildung 5.23: Pop-Up-Menü zur Textbearbeitung

RÜCKGÄNGIG: Macht die letzte Aktion im Texteditor rückgängig.
AUSSCHNEIDEN: Schneidet den markierten Text aus und übernimmt ihn in die Zwischenablage.
KOPIEREN: Kopiert den markierten Text in die Windows-Zwischenablage.
EINFÜGEN: Fügt Text aus der Windows-Zwischenablage an der Cursorposition ein. Markierter Text wird dabei ersetzt.
ALLES AUSWÄHLEN: Gesamter Text im Texteditor wird markiert.

5.8

Textbefehle

Registerkarte *Eigenschaften*

Die Eigenschaften des Textabsatzes können in 4 Abrollmenüs eingestellt werden:

Stil: Auswahl des Textstils in dem der Text dargestellt wird. Formatierungen in der ersten Registerkarte werden verworfen.

Ausrichtung: Der Aufhängepunkt und die Ausrichtung des Textabsatzes können damit bestimmt werden (→ oben Befehl **DTEXT**).

Breite: Einstellung der Breite des Textblockes. Bei der Einstellung *Kein Umbruch* wird der komplette Text in einer Zeile dargestellt.

Drehung: Drehung des Textblockes um den eingegebenen Winkel.

Abbildung 5.24: Texteditor, Registerkarte Eigenschaften

Registerkarte *Suchen/Ersetzen*

In einem Absatztext kann Text gesucht und ersetzt werden: Zu suchenden Text im Feld *Suchen* eintragen, durch Betätigen des Schalters wird der Text gesucht.

Soll ein Text durch einen anderen ersetzt werden, so muß der alte Text im Feld *Suchen* und der neue im Feld *Ersetzen durch* eingetragen werden, durch Betätigen des Schalters wird der Text ersetzt.

Die Schaltfelder für die Suchbedingungen bewirken folgendes:

Groß-/Kleins. beachten: Text wird nur mit gleicher Schreibweise von Groß- und Kleinbuchstaben gesucht.

Ganzes Wort: Text wird nur als ganzes Wort gesucht.

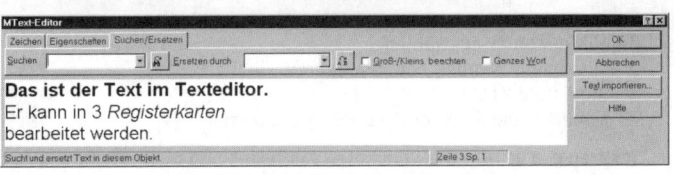

Abbildung 5.25: Registerkarte Suchen/Ersetzen

Anmerkung

■ Wird der Befehl **MTEXT** auf der Tastatur mit einem Bindestrich eingegeben -**MTEXT,** so kann die Texteingabe ohne Texteditor in der Befehlszeile vorgenommen werden.

Ausführung: Befehl **DDEDIT**

Mit dem Befehl **DDEDIT** kann eine Textzeile oder ein Absatztext in der Zeichnung geändert werden.

1. **Befehl DDEDIT auswählen**
   ◆ Abrollmenü **ÄNDERN, OBJEKTE >, TEXT BEARBEITEN...**
   ◆ Tablettfeld **Y21**
   ◆ Symbol im Werkzeugkasten **ÄNDERN II**

2. **Befehlsanfrage:**
   ```
   Befehl: DDEDIT
   <Text oder ATTDEF Objekt wählen>/Zurück:
   ```

Eine Textzeile, ein Textabsatz oder eine Attributdefinition (➔ 7.2) kann mit der Pickbox gewählt werden.

TEXTZEILE GEWÄHLT: Textzeile wird in ein Dialogfenster (➔ Abbildung 5.26) übernommen und kann dort geändert werden.

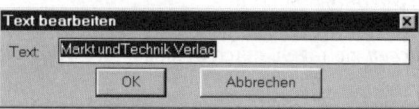

*Abbildung 5.26: Textänderung mit dem Befehl **DDEDIT***

TEXTABSATZ GEWÄHLT: Textabsatz wird in den Texteditor (➔ Abbildung 5.22 bis 5.25) übernommen und kann dort geändert werden. Nach Verlassen des Editors wird der Absatz in der Zeichnung geändert.

Z (ZURÜCK): Nimmt die letzte Änderung zurück.

Ausführung: Text ändern mit **DDMODIFY**

Text läßt sich auch mit dem Befehl **DDMODIFY** (➔ 4.8) ändern.

1. **Befehl DDMODIFY auswählen**
   ◆ Abrollmenü **ÄNDERN, EIGENSCHAFTEN...**
   ◆ Tablettfeld **Y14**
   ◆ Symbol in der Funktionsleiste **EIGENSCHAFTEN**

TEXTZEILE GEWÄHLT: Die Parameter des Textes und der Textinhalt lassen sich im Dialogfenster ändern (➔ Abbildung 5.27).

5.8

Textbefehle

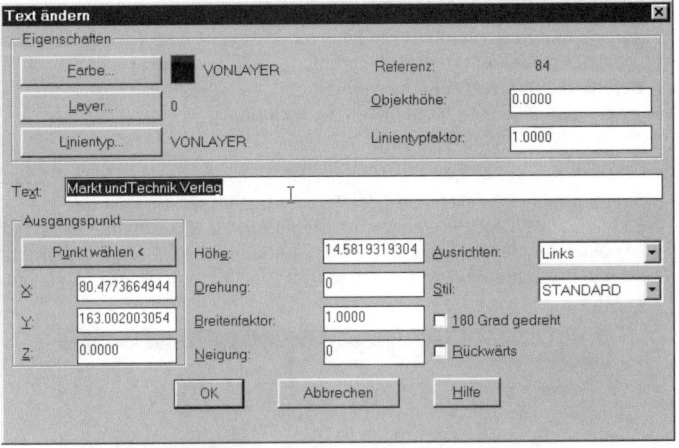

Abbildung 5.27: Textänderung im Dialogfenster

TEXTABSATZ GEWÄHLT: Der Textabsatz, die Höhe und der Stil lassen sich in einem Dialogfenster (→ Abbildung 5.28) ändern. Mit der Schaltfläche **EDITOR...** wird in den Texteditor verzweigt (→ Abbildung 5.22 bis 5.25), und der Text kann dort bearbeitet werden.

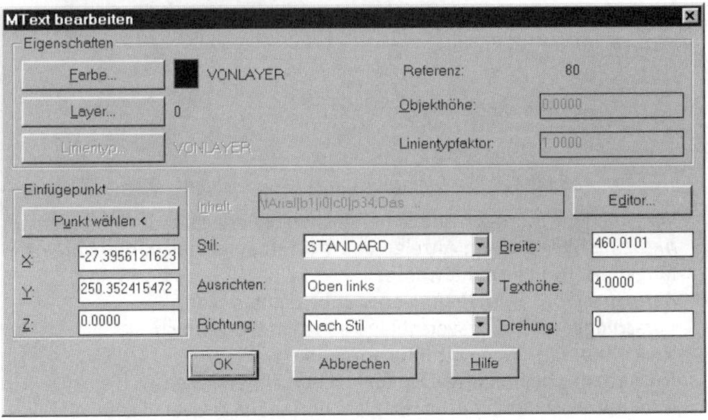

Abbildung 5.28: Änderung von Textabsätzen im Dialogfenster

Textbefehle

Mit dem Befehl RECHTSCHREIBUNG kann eine Textzeile oder ein Absatztext in der Zeichnung auf korrekte Rechtschreibung geprüft werden.

1. **Befehl RECHTSCHREIBUNG auswählen**
   ◆ Abrollmenü WERKZEUGE, RECHTSCHREIBUNG...
   ◆ Tablettfeld **T10**
   ◆ Symbol in der Standard-Funktionsleiste

Ein oder mehrere Textzeilen oder Textabsätze lassen sich mit der Pickbox anwählen. Bei Rechtschreibfehlern oder Unklarheiten erscheint ein Dialogfenster zur Fehlerkorrektur (→ Abbildung 5.29). Das fehlerhafte oder unbekannte Wort wird mit einer Liste von Änderungsvorschlägen angezeigt

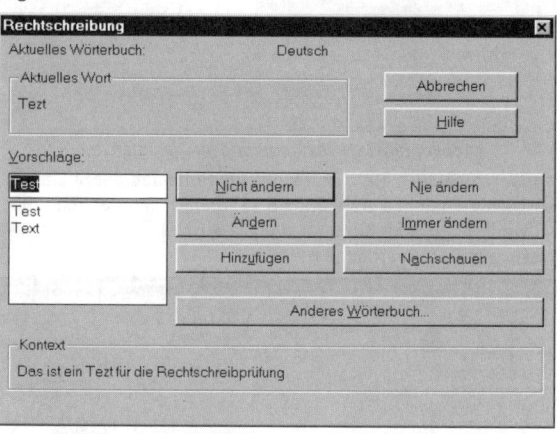

Abbildung 5.29: Dialogfenster zur Rechtschreibprüfung

Verschiedene Anzeigen und Schaltflächen befinden sich im Dialogfenster:
Aktuelles Wörterbuch: Anzeige des Wörterbuchs, das in den Voreinstellungen (→ 10.5) gewählt wurde.

■ *Aktuelles Wort*: Fehlerhaftes oder unbekanntes Wort.
Vorschläge: Änderungsvorschläge aus dem Wörterbuch.
NICHT ÄNDERN: Keine Korrektur vornehmen.
NIE ÄNDERN: Nicht korrigieren und nicht mehr anfragen.
ÄNDERN: Wort durch das in der Liste der Änderungsvorschläge markierte Wort ersetzen.

5.8

Textbefehle

IMMER ÄNDERN: Wort im ganzen Text durch das in der Liste der Änderungsvorschläge markierte Wort ersetzen.

HINZUFÜGEN: Wenn das Wort richtig geschrieben, aber nicht im Wörterbuch enthalten ist, kann es damit in das Benutzerwörterbuch aufgenommen werden.

NACHSCHAUEN: Wird ein Wort in der Vorschlagsliste markiert, können mit diesem Schaltfeld Wörter in der Vorschlagsliste eingeblendet werden, die diesem Wort ähnlich sind.

ANDERES WÖRTERBUCH...: Ein weiteres Dialogfenster zum Wechseln des Wörterbuches (→ Abbildung 5.30) wird eingeblendet.

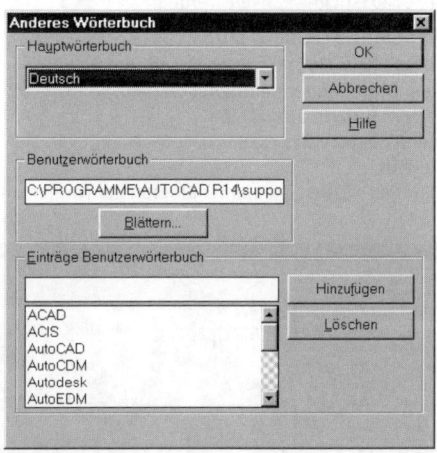

Abbildung 5.30: Dialogfenster zum Wechsel des Benutzerwörterbuchs

In diesem Dialogfenster kann gewählt werden:

- *Hauptwörterbuch*: Auswahl des Hauptwörterbuches.
- *Benutzerwörterbuch*: Anzeige des aktuellen Benutzerwörterbuches. Mit dem Schalter **BLÄTTERN**... kann ein anderes Benutzerwörterbuch gewählt werden.
- *Einträge Benutzerwörterbuch*: Einträge im Benutzerwörterbuch. In der ersten Zeile lassen sich Einträge eintippen und mit der Schaltfläche **HINZUFÜGEN** ins Wörterbuch aufnehmen. Mit der Schaltfläche **LÖSCHEN** können markierte Einträge aus dem Wörterbuch entfernt werden.

5.8

Textbefehle

5.9 Textstile und Zeichensätze

Im Zeichensatz ist die Geometrie der Schrift festgelegt. Eine große Anzahl von Zeichensätzen wird mit AutoCAD geliefert. Dabei handelt es sich um Dateien mit der Dateierweiterung *.SHX* (AutoCAD-Schriften) und *.TTF* (Windows True-Type-Schriften). Im Textstil wird dagegen festgelegt, wie dieser Zeichensatz mit den Textbefehlen verwendet wird. Beliebig viele Textstile sind aus den vorhandenen Zeichensätzen definierbar.

Ein Textstil ist immer der aktuelle. Die Textbefehle TEXT, DTEXT und MTEXT (→ 5.8) verwenden den aktuellen Textstil. Mit der Option STIL dieser Befehle kann der aktuelle Textstil gewechselt werden.

Ausführung: Befehl STIL bzw. DDSTYLE

Mit dem Befehl STIL bzw. DDSTYLE kann ein neuer Stil in einem Dialogfenster definiert bzw. ein bestehender bearbeitet werden.

1. **Befehl STIL bzw. DDSYLE auswählen**
   - ◆ Abrollmenü FORMAT, TEXTSTIL...
   - ◆ Tablettfeld U2

   Alle Einstellungen werden in einem Dialogfenster vorgenommen (→ Abbildung 5.31).

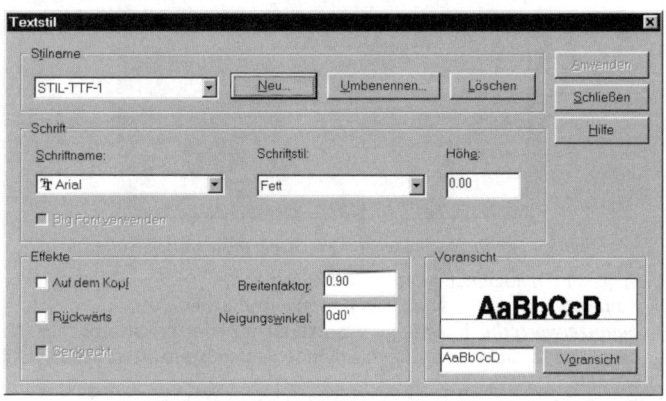

Abbildung 5.31: Dialogfenster Befehl STIL

Folgende Funktionen sind im Dialogfenster ausführbar:

Textstil ändern: Textstil im Abrollmenü *Stilname* auswählen und Einstellungen für den Stil ändern. Schaltfläche ANWENDEN wählen.

Neuen Textstil erzeugen: Auf Schaltfläche **Neu...** klicken, in einem weiteren Fenster den Namen eintragen, Einstellungen vornehmen und auf **Anwenden** klicken.

Textstil umbennen: Textstil im Abrollmenü auswählen und auf die Schaltfläche **Umbennenen...** klicken, neuen Textstilnamen in einem weiteren Dialogfenster eintragen. Der markierte Stil wird umbenannt.

Textstil löschen: Textstil in der Liste *Stilnamen* auswählen und Schaltfläche **Löschen** anklicken.

Einstellungen für den Textstil:

Schriftdatei: Anzeige der Schriftdatei für diesen Textstil. Mit dem Schalter **Blättern...** kann eine Schriftdatei ausgesucht werden.

BigFont: Anzeige, wenn eine BigFont-Datei für diesen Stil gewählt wurde. Mit dem Schalter **Blättern...** kann eine BigFont-Datei ausgesucht werden. BigFonts werden für Schriften asiatischer Sprachen verwendet.

Voransicht: Schriftprobe des Zeichensatzes. In dem Feld darunter kann eine Buchstabenkombination eingetragen werden. Mit der Schaltfläche **Voransicht** wird dieser Text im darüberliegenden Fenster angezeigt.

Darstellung: In dem Bereich des Dialogfensters lassen sich die Parameter für den Stil einstellen: *Schriftname*, *Schriftstil* (nur bei True-Type-Schriften) *Höhe*, *Auf dem Kopf* (für Schriften um 180° gedreht), *Rückwärts* (für Spiegelschriften), *Senkrecht* (nur bei AutoCAD-Schriften), *Breitenfaktor* und *Neigungswinkel*.

Anmerkungen

■ Wird der Befehl **Stil** auf der Tastatur mit einem Bindestrich eingegeben - **Stil**, kann der Stil ohne Dialogfenster bearbeitet oder erstellt werden. Alle Eingaben werden dann im Befehlszeilenfenster vorgenommen.

■ Wird bei der Höhe 0 angegeben, wird die Höhe bei jeder Texteingabe abgefragt.

■ Wird für die Höhe ein konstanter Wert eingesetzt, wird bei der Texteingabe keine Höhe mehr abgefragt. Alle Texte werden in dieser Höhe geschrieben.

■ Breitenfaktoren über 1 dehnen die Schrift, unter 1 stauchen sie.

■ Nach Definition eines Textstils wird dieser zum aktuellen Stil.

5.9

Textstile und Zeichensätze

6 Anzeigebefehle

Zoom und Pan *(Seitenmarkierung links)*

6.1

6.1 Zoom und Pan

Die Zeichnung kann in beliebigen Vergrößerungen am Bildschirm angezeigt werden. Der Vorgang wird Zoomen genannt.

Ausführung: Befehl ZOOM

Mit dem Befehl **ZOOM** kann die Vergrößerung der Zeichnung am Bildschirm eingestellt werden.

1. **Befehl ZOOM auswählen:**
   - ◆ Abrollmenü **ANZEIGE, ZOOM ›**, Untermenü für die Optionen
   - ◆ Tablettbereiche **J2-5** und **K3-6**
   - ◆ Symbole und Flyoutmenü in der Standard-Funktionsleiste
   - ◆ Symbole im Werkzeugkasten **ZOOM**

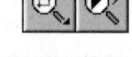

2. **Befehlsanfrage:**
   ```
   Befehl: ZOOM
   Alles/Mitte/Dynamisch/Grenzen/Vorher/FAktor(X/XP)/Fenster/
   <Echtzeit>:
   ```

   Optionen:
   WERTEINGABE bzw. **FA (FAKTOR):** Der eingegebene Zahlenwert dient als Vergrößerungs- (Wert>1) bzw. Verkleinerungsfaktor (Wert<1) für die Zeichnung. Der Faktor gilt:
   - ◆ relativ zur Gesamtzeichnung (wie in den Limiten festgelegt),
   - ◆ mit nachgestelltem **X** relativ zum momentanen Ausschnitt,
   - ◆ mit nachgestelltem **XP** wird das aktuelle Ansichtsfenster im Modellbereich (→ 6.7) relativ zum Papierbereich skaliert.

   Der Bildmittelpunkt bleibt in allen Fällen erhalten.

Punkteingabe oder F (Fenster): Wahl des Ausschnitts durch Eingabe zweier diagonaler Eckpunkte eines Fensters.

⏎ **für Echtzeit:** Echtzeit Zoom- und Pan-Funktionen (→ unten).

AL (Alles): Formatfüllende Darstellung des Teils der Zeichnung, der sich innerhalb der Limiten befindet.

M (Mitte): Wie oben bei der Werteingabe, nur daß der Bildmittelpunkt vor dem Vergrößerungsfaktor festgelegt wird.

G (Grenzen): Formatfüllende Darstellung aller Objekte in der Zeichnung.

V (Vorher): Vorheriger Ausschnitt wird zurückgeholt, bis maximal 10 Ausschnitte gespeichert sind. Durch mehrmalige Anwahl dieser Option werden sie zurückgeholt.

L (Links): Wie bei der Werteingabe, nur daß zusätzlich der linke untere Eckpunkt des Ausschnitts festgelegt wird.

AF (Afmax): Mit dieser Option wird so weit herausgezoomt, wie es ohne eine Regenerierung des Bildschirms möglich ist.

D (Dynamisch): Der Ausschnitt und die Vergrößerung lassen sich in einem speziellen Auswahlbildschirm einstellen (→ Abbildung 6.1), der folgendes darstellt:

- ◆ ein Fenster in der Größe der Limiten (→ Abbildung 6.1, äußerer Rahmen);
- ◆ die Zeichnung, soweit ohne Regenerierung darstellbar, begrenzt durch 4 Eckwinkel (→ Abbildung 6.1);
- ◆ ein Fenster, das den letzten Ausschnitt darstellt (→ Abbildung 6.1, gepunkteter Rahmen). Das gepunktete Fenster ist mit **X** markiert. Seine Lage kann mit dem Zeigegerät verschoben werden. Wird der Pick-Knopf gedrückt, wird das **X** im Fenster durch ➡ ersetzt. Die Fenstergröße wird jetzt mit dem Zeigegerät verändert. Ein weiteres Drücken des Pick-Knopfes schaltet wieder zur Verschiebefunktion. ⏎ übernimmt den Ausschnitt.

Ausführung: Befehl Pan

Wird die Zeichnung am Bildschirm vergrößert angezeigt, kann man sich den Bildschirm als Fenster vorstellen, durch das ein Teil der Zeichnung betrachtet wird. Der Befehl **Pan** verschiebt den Bildschirmausschnitt, ohne die Vergrößerung zu ändern.

1. **Befehl Pan auswählen**
    - ◆ Abrollmenü **Anzeige**, **Pan >**, Untermenü für die Optionen
    - ◆ Symbol in der Standard-Funktionsleiste (für Echtzeitpan)

Ohne weitere Optionen werden die Echtzeit- Zoom- und Pan-Funktionen ausgeführt (→ unten).

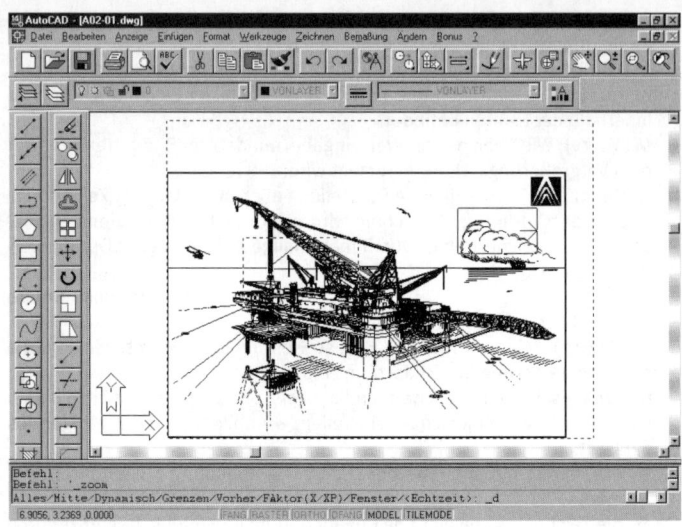

Abbildung 6.1: Befehl Zoom, Option D (Dynamisch)

6.1

Anmerkungen

■ Wird der Befehl mit **-Pan** gestartet, wird nicht die Echtzeit-Funktion verwendet. Die Verschiebung auf dem Bildschirm kann durch zwei Punkte oder die Verschiebung bestimmt werden. Wird eine Verschiebung eingegeben, kann für den zweiten Punkt ⏎ eingegeben werden.

```
Befehl: -PAN
Verschiebung:
Zweiter Punkt:
```

■ Verschiebungen um feste Werte können auch aus dem Abrollmenü gewählt werden.
■ Die Funktionen des Befehls **Pan** lassen sich auch mit den Bildlaufleisten am unteren und rechten Bildschirmrand ausführen.

Ausführung: Echtzeit Zoom und Pan

Die flexibelste Methode, den Bildausschnitt zu wählen, hat man mit den Echtzeit Zoom- und Pan-Funktionen. Hier kann der Bildausschnitt stufenlos verändert werden. Das Ergebnis wird in Echtzeit am Bildschirm verändert.

1. **Funktionen auswählen**
    ◆ Befehl **PAN**, Standardmethode
    ◆ Befehl **ZOOM**, Option **ECHTZEIT** mit ⏎ wählen
    ◆ Tablettfeld **K-M11** (**ZOOM**) und **N-P11** (**PAN**)
    ◆ Symbole in der Standard-Funktionsleiste

2. **Befehlsanfrage:**
   ```
   Mit ESC oder Eingabetaste beenden oder rechte Maustaste
   klicken, um das Pop-Up-Menü zu aktivieren.
   ```

3. **Vorgehen:**
   ZOOM: Ein Lupensymbol erscheint auf dem Bildschirm. Wird die Maus (bzw. das Zeigegerät vom Tablett) mit gedrückter linker Taste (Pick-Taste) nach unten gezogen, wird der Bildausschnitt in Echtzeit verkleinert. Zieht man dagegen nach oben, wird der Ausschnitt vergrößert.

   PAN: Ein Handsymbol erscheint auf dem Bildschirm. Wird die Maus mit gedrückter linker Taste (Pick-Taste) bewegt, wird der Bildausschnitt in Echtzeit mitbewegt.

   POP-UP-MENÜ: Während des Einstellvorgangs kann mit der rechten Maustaste ein Pop-Up-Menü (→ Abbildung 6.2) aktiviert werden und damit zwischen den beiden Echtzeit-Funktionen umgeschaltet werden.

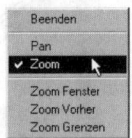

Abbildung 6.2: Pop-Up-Menü für die Echtzeitfunktionen

Aus dem Pop-Up-Menü kann gewählt werden:

BEENDEN: Beenden der Echtzeit-Funktionen und Übernahme des momentanen Ausschnitts.

ZOOM: Umschaltung zur Echtzeit-Zoom-Funktion

PAN: Umschaltung zur Echtzeit-Zoom-Funktion

ZOOM FENSTER: Umschaltung zu einer Fenster-Funktion, bei der ein Rechteck in der gewünschten Ausschnittgröße mit gedrückter linker Maustaste aufgezogen werden kann.

ZOOM VORHER: Umschaltung zum letzten Ausschnitt.

ZOOM GRENZEN: Darstellung der kompletten Zeichnung.

⏎ (nicht rechte Maustaste) oder ⌈Esc⌉: Beeendet den Vorgang und übernimmt den Bildausschnitt.

6.2 Das Übersichtsfenster

Die Funktionen der Befehle **Zoom** und **Pan** lassen sich auch im Übersichtsfenster ausführen. Dabei handelt es sich um ein Fenster, das an einer beliebigen Stelle des Bildschirms in variabler Größe abgelegt werden kann. Es zeigt bei jeder Vergrößerung die ganze Zeichnung an und kann zum Zoomen benutzt werden (→ Abbildung 6.3). Das Fenster wird mit dem Befehl **Üfenster** auf den Bildschirm geholt. Es ist ein separates Windows-Anwendungsfenster und kann über das Systemmenü geschlossen werden.

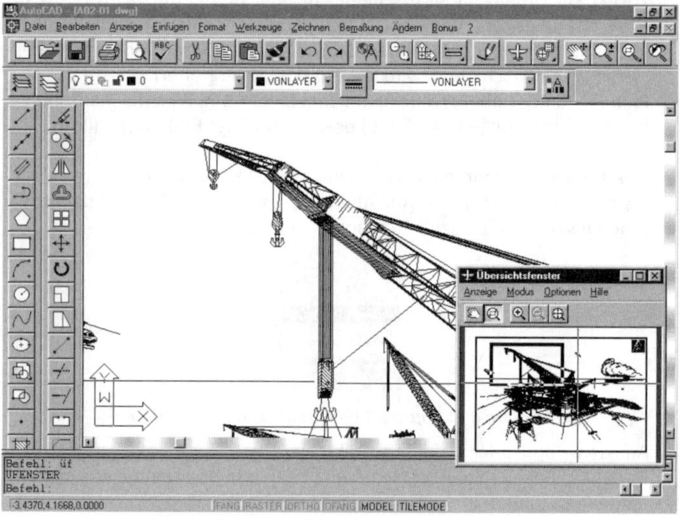

Abbildung 6.3: Zeichnung mit Übersichtsfenster

Ausführung: Befehl ÜFENSTER

Das Übersichtsfenster wird mit dem Befehl **Üfenster** aktiviert.

1. **Befehl Üfenster auswählen**
   - ◆ Abrollmenü **Anzeige**, **Übersichtsfenster**
   - ◆ Symbol in der Standard-Funktionsleiste

2. **Befehlsanfrage:**
   Das Übersichtsfenster wird ohne weitere Anfrage eingeblendet. Wird der Befehl erneut angewählt, wird das Übersichtsfenster abgeschaltet.

Funktionen im Übersichtsfenster:

ZOOM UND PAN: Mit Symbolen in der Funktionsleiste des Übersichtsfensters kann zwischen Zoom- und Pan-Funktion umgeschaltet werden. Die Funktionen können auch im Abrollmenü **MODUS** (Funktionen **ZOOM** und **PAN**) umgeschaltet werden. Bei der Zoom-Funktion kann im Übersichtsfenster mit gedrückter linker Maustaste ein Fenster aufgezogen werden. Entsprechend der Größe des Fensters wird das Bild auf der Zeichenfläche dynamisch aufgebaut. Wird die Maustaste losgelassen, wird der Ausschnitt übernommen. Ist die Pan-Funktion aktiv, kann das Fenster mit fester Größe im Übersichtsfenster plaziert werden. Der Ausschnitt wird auf die Zeichenfläche übernommen. Wird das Fenster mit gedrückter linker Maustaste im Übersichtsfenster verschoben, wird die Anzeige auf der Zeichenfläche dynamisch mitverschoben. Beim Loslassen wird der Ausschnitt übernommen.

Anzeige im Übersichtsfenster ändern: Mit weiteren Symbolen in der Funktionsleiste kann die Anzeige im  Übersichtsfenster verändert werden. Das ⊕-Symbol vergrößert die Anzeige, das ⊖-Symbol verkleinert sie. Mit dem Symbol ganz rechts wird die Zeichnung im Übersichtsfenster formatfüllend dargestellt. Die Funktionen können auch im Abrollmenü **ANZEIGE** (Funktionen **VERGRÖSSERN**, **VERKLEINERN** und **GLOBAL**) gewählt werden.

Abrollmenü OPTIONEN: Vier Einträge stehen in dem Menü zur Auswahl. Ist **AUTO-AFENSTER** aktiviert, wird der Inhalt des Übersichtsfenster mit dem Ansichtsfenster gewechselt. Ist die Funktion **DYNAMSICH AKTUALISIEREN** aktiv, werden Änderungen in der Zeichnung sofort im Übersichtsfenster nachgeführt, ansonsten erst dann, wenn wieder ins Übersichtsfenster gezeigt wird. Ist die Funktion **ECHTZEIT-ZOOM** aktiv, werden die Einstellungen im Übersichtsfenster dynamisch auf der Zeichenfläche mitgeführt.

Übersichtsfenster schließen: Bei aktiviertem Übersichtsfenster mit der Tastenkombination [Alt]+[F4] oder im Windows-Systemmenü mit der Funktion **SCHLIESSEN**.

Fenster verschieben: In die Titelleiste klicken, Taste festhalten, an die gewünschte Stelle schieben und Taste loslassen.

Fenstergröße verändern: Auf den Rand des Fensters bzw. Ecke klicken, Maustaste gedrückt halten und Fenster vergrößern oder verkleinern. An den Ecken wird diagonal vergrößert bzw. verkleinert. Bei der gewünschten Größe Taste loslassen.

Das Übersichtsfenster

6.2

6.3 Ausschnitte

Die Grenzen oft benötigter Ausschnitte können unter einem Namen gespeichert werden. Bei Bedarf wird ein Ausschnitt auch ohne die Befehle **Zoom** oder **Pan** (→ 6.1) sehr schnell wieder auf den Bildschirm gebracht.

Ausführung: Befehl Ddview

Mit dem Befehl **Ddview** lassen sich Ausschnitte in einem Dialogfenster sichern und wiederherstellen (→ Abbildung 6.4).

1. Befehl **Ddview** auswählen
   - ◆ Abrollmenü **Anzeige, Benannte Ausschnitte...**
   - ◆ Symbol in einem Flyoutmenü der Standard-Funktionsleiste und im Werkzeugkasten **Ansicht**

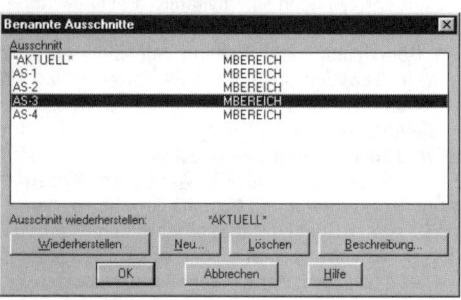

Abbildung 6.4: Dialogfenster zur Auswahl gesicherter Ausschnitte

2. Funktionen des Dialogfensters:
   Ausschnitt wiederherstellen: Ausschnitt in der Liste anklicken und **Wiederherstellen** anwählen, mit **OK** ausführen.
   - ◆ **Informationen zum Ausschnitt**: Ausschnitt in der Liste anklicken und **Beschreibung...** anklicken. In einem weiteren Dialogfenster erscheinen alle Informationen zu dem gesicherten Ausschnitt.
   - ◆ **Ausschnitt löschen**: Ausschnitt in der Liste markieren und **Löschen** anklicken.
   - ◆ **Neuen Ausschnitt sichern**: Schaltfläche **Neu...** anklicken und in dem folgenden Dialogfenster den Ausschnittnamen eintragen. Es kann gewählt werden, ob der aktuelle Bildschirm oder ein Fenster als Ausschnitt gespeichert werden soll. Mit der Schaltfläche **Fenster <** verschwindet das Dialogfenster vom Bildschirm, und der Ausschnitt, der gespeichert werden soll, kann mit zwei Eckpunkten in der Zeichnung

bestimmt werden. Danach wird das Dialogfenster mit den Maßen des Ausschnitts wieder angezeigt (→ Abbildung 6.5).

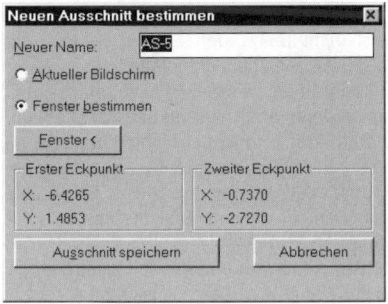

Abbildung 6.5: Dialogfenster zur Bestimmung des Ausschnitts

Anmerkung

■ Mit dem Befehl **AUSSCHNT** lassen sich die gleichen Funktionen ohne Dialogfenster im Befehlszeilenfenster ausführen.

6.4 Ansichtsfenster

Wenn die Systemvariable TILEMODE den Wert 1 hat (Standardeinstellung beim Zeichnen), kann der Grafikbildschirm in Ansichtsfenster aufgeteilt werden. Sie können sich nicht überlappen. Es ist nur eine Aufteilung der Arbeitsfläche. Die Zeichnung läßt sich so nicht ausgeben.

■ Jedes Fenster kann einen anderen Bildschirmausschnitt und die Zeichnung von einem anderen Ansichtspunkt aus darstellen.

■ In Ansichtsfenstern können nicht verschiedene Zeichnungen dargestellt oder verschiedene Benutzerkoordinatensysteme gewählt werden.

■ Es gibt ein aktuelles Ansichtsfenster. Dieses ist durch einen verstärkten Rand hervorgehoben. In diesem Ansichtsfenster erscheint das Fadenkreuz, in den anderen ein Pfeil.

■ Das Ansichtsfenster kann während der Zeichenarbeit gewechselt werden. Dazu muß der Pfeil im gewünschten Ansichtsfenster positioniert werden und die Pick-Taste gedrückt werden.

■ Änderungen werden in allen Ansichtsfenstern ausgeführt.

■ Geplottet werden kann nur das aktuelle Ansichtsfenster.

Ausführung: Befehl AFENSTER

Der Befehl AFENSTER dient der Festlegung, Speicherung und dem Zurückholen von Ansichtsfensterkonfigurationen.

6.4

1. **Befehl AFENSTER auswählen**
   ◆ Abrollmenü ANZEIGE, FESTE ANSICHTSFENSTER ›,   Untermenü für die Optionen

2. **Befehlsanfrage:**
   ```
   Befehl: AFENSTER
   Sichern/Holen/Löschen/Verbinden/Einzeln/?/2/<3>/4:
   ```

   Optionen:
   S (SICHERN): Sichern der momentanen Bildschirmaufteilung.
   H (HOLEN): Anzeigen einer gespeicherten Bildschirmaufteilung.
   L (LÖSCHEN): Löschen einer Ansichtsfensterkonfiguration.
   V (VERBINDEN): Verbindung zweier nebeneinanderliegender Fenster der momentanen Ansichtsfensterkonfiguration zu einem größeren Fenster. Welcher Fensterausschnitt in das neue Fenster übernommen werden soll, kann gewählt werden.
   E (EINZELN): Formatfüllende Darstellung des aktuellen Fensters.
   ?: Liste aller gespeicherten Ansichtsfensterkonfigurationen.
   2/3/4: Aufteilung des Bildschirms in die gewählte Anzahl. Zusätzlich kann gewählt werden, wie geteilt werden soll.

Ausführung: Aufteilung im Bildmenü wählen

Aus einem Bildmenü mit Symbolen läßt sich die Aufteilung des Bildschirms
übersichtlich auswählen (➔ Abbildung 6.6).

1. **Bildmenü aktivieren**
   ◆ Abrollmenü **ANZEIGE, FESTE ANSICHTSFENSTER >, LAYOUT...**

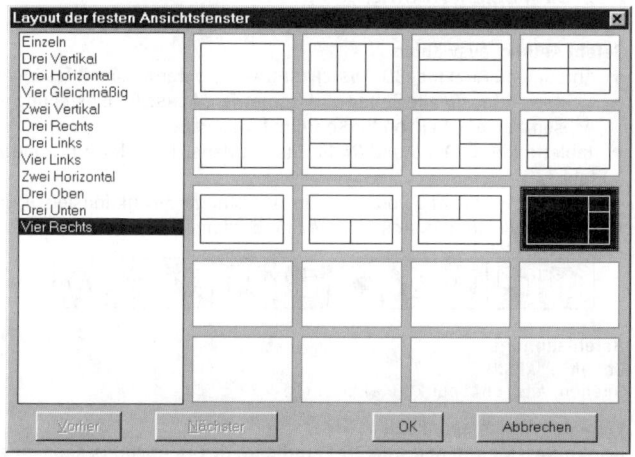

Abbildung 6.6: Bildmenü zur Aufteilung des Bildschirms in Fenster

6.5 3D-Ansichtspunkt

Für dreidimensionale Modelle läßt sich ein Punkt im Raum definieren, der sogenannte Ansichtspunkt. Die Objekte erscheinen auf dem Bildschirm in einer Parallelperspektive so, als ob sie von diesem Punkt aus betrachtet würden.

Ausführung: Befehl APUNKT

Mit dem Befehl APUNKT wird der Ansichtspunkt eingestellt.

1. **Befehl APUNKT auswählen**
   - ◆ Abrollmenü ANZEIGE, 3D-ANSICHTSPUNKT >, Untermenü mit festen Ansichtspunkten für alle Seiten und Isometrien, ACHSE für Einstellung mit Achsendreibein, VEKTOR für Koordinateneingabe
   - ◆ Tablettfelder O-Q 3-5 und R4 für Standardansichten, N4 für Grundbefehl
   - ◆ Symbole in einem Flyoutmenü in der Standard-Funktionsleiste und Werkzeugkasten ANSICHT für die Standardansichten

2. **Befehlsanfrage:**
```
Befehl: APUNKT
Drehen/Ansichtspunkt <aktuell>:
```

Wahl des Ansichtspunktes:

KOORDINATEN EINGEBEN: Die 3D-Koordinate des Betrachters kann eingegeben werden. Das Modell wird formatfüllend angezeigt. Die Koordinaten legen die relative Lage des Punkts fest.

⏎: Globussymbol und Achsendreibein (→ Abbildung 6.7) werden zur Einstellung auf den Bildschirm gebracht. Auf dem Globussymbol wird ein Kreuz positioniert, das der Lage des Ansichtspunkts entspricht. Die Positionen:

- ◆ Mittelpunkt: Nordpol, Ansichtspunkt 0,0,1
- ◆ Innerer Kreis: Äquator, Ansichtspunkt n,m,0
- ◆ Äußerer Kreis: Südpol, Ansichtspunkt 0,0,1

Die Zeichnungsobjekte werden auf dem Bildschirm so dargestellt, als ob sie sich im Zentrum des Globus befinden und von dem gewählten Ansichtspunkt auf der Globusoberfläche aus betrachtet würden. Die Darstellung erfolgt formatfüllend. Das Achsendreibein gibt Aufschluß über die Lage der 3 Achsen.

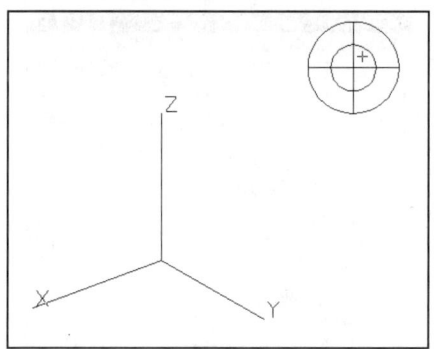

Abbildung 6.7: Globussymbol und Achsendreibein

D (DREHEN): Mit dieser Option wird der neue Ansichtspunkt mit zwei Winkeln bestimmt (sie entsprechen den Winkeln der Kugelkoordinaten).

```
Winkel in XY-Ebene von der X-Achse aus eingeben <270>:
Winkel von der XY-Ebene eingeben
<90>:
```

Anmerkungen

- Der Ansichtspunkt 1,1,1 betrachtet die Objekte der Zeichnung von rechts hinten (Winkel 45 Grad zur X-Achse) aus einer Blickrichtung von 45 Grad zur XY-Ebene.
- Der Ansichtspunkt 0,0,1 generiert eine Draufsicht.
- Koordinaten- und Winkelangaben beim Befehl **APUNKT** beziehen sich auf das Weltkoordinatensystem, unabhängig vom aktuellen Benutzerkoordinatensystem.
- Soll die Ansicht im aktuellen BKS festgelegt werden, ist die Systemvariable **WORLDVIEW** auf den Wert 0 zu setzen.
- Abbildung 6.9 zeigt ein 3D-Modell von den verschiedenen Ansichtspunkten.

Ausführung: Befehl DDVPOINT

Mit dem Befehl **DDVPOINT** läßt sich der Ansichtspunkt in einem Dialogfenster (➔ Abbildung 6.8) mit Winkeln wie bei der Option **Drehen** einstellen.

1. Befehl **DDVPOINT** auswählen
   - ◆ Abrollmenü **ANZEIGE, 3D-ANSICHTSPUNKT ›, WÄHLEN...**
   - ◆ vom Tablettfeld **N5**

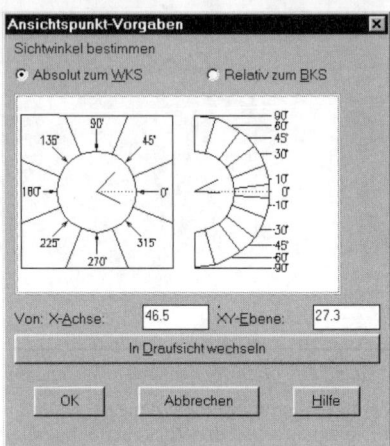

Abbildung 6.8: Dialogfenster zur Einstellung des Ansichtspunktes

Einstellmöglichkeiten im Dialogfenster:
ABSOLUT ZUM WKS: Winkel im Weltkoordinatensystem einstellen.
REALTIV ZUM BKS: Winkel im aktuellen Benutzerkoordinatensystem einstellen.
VON X-ACHSE: Winkel des Ansichtspunkts in der XY-Ebene von der X-Achse aus.
XY-EBENE: Winkel des Ansichtspunkts zur XY-Ebene.
IN DRAUFSICHT WECHSELN: Umschaltung in die Draufsicht.

Ausführung: Befehl DRSICHT

Der Befehl **DRSICHT** zeigt die Draufsicht an. Der Befehl hebt eine perspektivische oder Schnittdarstellung auf (→ 6.6).

1. **Befehl DRSICHT auswählen**
   ◆ Abrollmenü **ANZEIGE, 3D-ANSICHTSPUNKT ›, DRAUFSICHT ›,** Untermenü für die Optionen
   ◆ Tablettfeld **N3**
2. **Befehlsanfrage:**
   Befehl: DRSICHT
   ‹Aktuelles BKS›/BKS/Welt:
   Optionen:
   ⏎: Draufsicht auf das aktuelle Benutzerkoordinatensystem.

BKS: Draufsicht auf ein gespeichertes Benutzerkoordinatensystem. Der Name des BKS kann eingegeben werden.
W (WELT): Draufsicht auf das Weltkoordinatensystem.

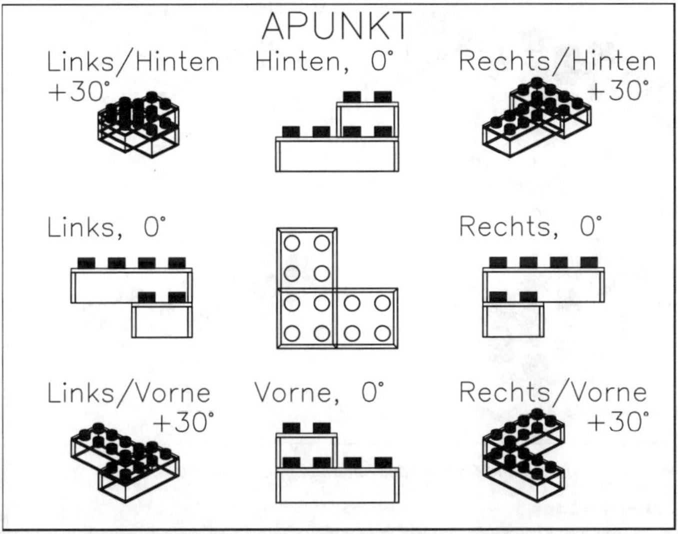

APUNKT

Links/Hinten +30°

Hinten, 0°

Rechts/Hinten +30°

Links, 0°

Rechts, 0°

Links/Vorne +30°

Vorne, 0°

Rechts/Vorne +30°

Abbildung 6.9: Modell von verschiedenen Ansichtspunkten

Anmerkung

■ Ist die Systemvariable **UCSFOLLOW** auf den Wert 1 gesetzt, wird beim Wechsel des BKS automatisch eine Draufsicht generiert.

Ausführung: Befehl VERDECKT

Dreidimensionale Modelle erscheinen auf dem Bildschirm zunächst als Drahtmodell. Der Befehl **VERDECKT** entfernt die verdeckten Kanten (➔ Abbildung 6.10).

1. Befehl **VERDECKT** auswählen
   ◆ Abrollmenü **ANZEIGE, VERDECKEN**
   ◆ Tablettfeld **M2**
   ◆ Symbol im Werkzeugkasten **RENDER**

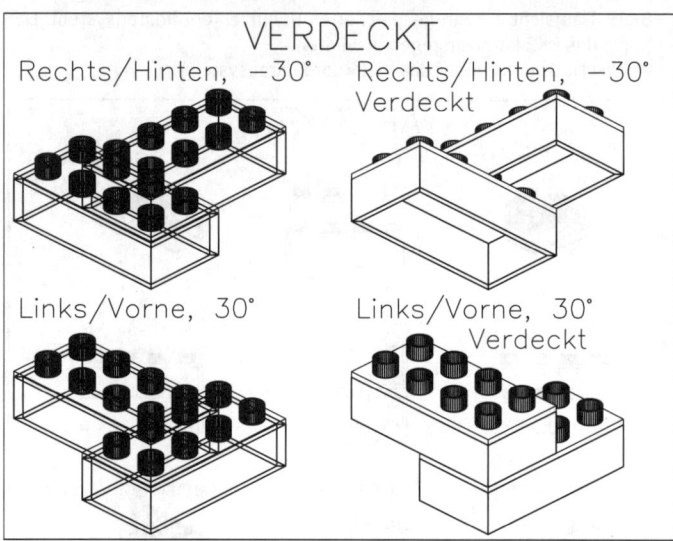

Abbildung 6.10: Modell mit und ohne verdeckte Kanten

Anmerkungen

- Kreise, hochgezogene Kreise, Solid-Flächen, Bänder, breite Polyliniensegmente, 3D-Flächen, Netze und die hochgezogenen Kanten von Elementen mit Objekthöhe erscheinen als undurchsichtige Flächen.
- Hochgezogene Kreise, Solid-Flächen und breite Polyliniensegmente haben zusätzlich undurchsichtige Ober- und Unterseiten.
- Von Volumenkörpern und Flächenmodellen werden nur die Konturen angezeigt.
- Die verdeckten Kanten werden nach dem nächsten Regenerieren wieder angezeigt.

Ausführung: Befehl SHADE

Der Befehl SHADE generiert eine schattierte Darstellung.

1. **Befehl SHADE auswählen**
   - ◆ Abrollmenü **WERKZEUGE, SCHATTIEREN ›**, Untermenü für die Schattierungsarten

- ◆ Tablettfeld **N2**
- ◆ Symbol im Werkzeugkasten **RENDER**

Anmerkungen

■ Die Schattierung kann nur am Bildschirm angezeigt werden. Für plastische Darstellungen sind 256 Farben nötig.

■ Die Schattierungsart ist von der Variablen **SHADEDGE** abhängig.

SHADEDGE=0:schattiert in 256 Farben-Darstellung

SHADEDGE=1:wie oben, aber mit Kantendarstellung

SHADEDGE=2:nur Kantendarstellung (wie **VERDECKT**)

SHADEDGE=3:mit der Objektfarbe gefüllte Flächen und Kanten

■ Die Systemvaribale **SHADEDIF** gibt bei 256 Farben-Darstellung das Verhältnis von direktem Licht zu Umgebungslicht an (0 bis 100 %). Der Standardwert 70 bewirkt, daß sich das Licht aus 70 % Spotlicht und 30 % Umgebungslicht zusammensetzt.

■ Die schattierte Darstellung wird mit dem Befehl **REGEN** entfernt.

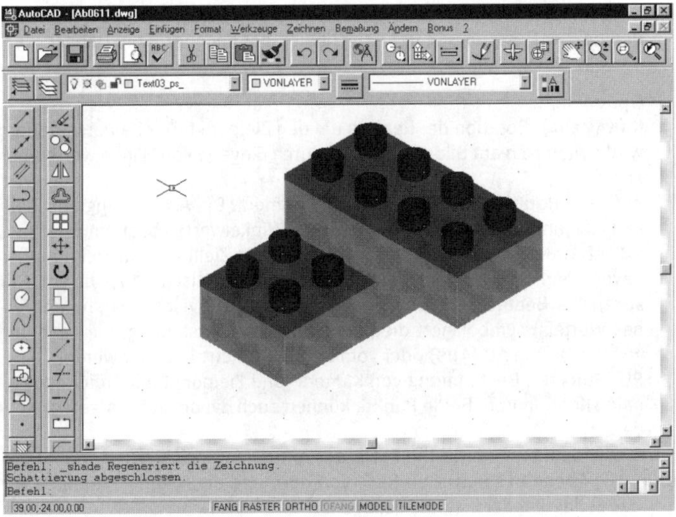

Abbildung 6.11: Modell in schattierter Darstellung

6.6 Dynamische und perspektivische Ansichten

Die räumliche Darstellung läßt sich auch dynamisch bestimmen. Zusätzlich sind perspektivische Ansichten und Schnitte möglich. Zur Einstellung dient eine Modellvorstellung, die mit Kameraposition, Ziel, Abstand und Objektivbrennweite arbeitet.

Ausführung: Befehl DANSICHT

Mit dem Befehl **DANSICHT** läßt sich die dynamische Ansicht einstellen.

1. **Befehl DANSICHT auswählen:**
   ◆ Abrollmenü **ANZEIGE, DYNAMISCHE 3D-ANSICHT**
   ◆ Tablettfeld **R5**
2. **Befehlsanfrage:**
```
Befehl: DANSICHT
Objekte wählen:
Kamera/ZIel/ABstand/PUnkte/PAn/ZOom/Drehen/Schnitt/
Verdeckt/AUs/ ZUrück/<eXit>:
```

Zunächst werden Objekte angefragt. Nur die ausgewählten Objekte werden bei der Bestimmung der Ansicht sichtbar nachgezogen. Danach werden alle Objekte dargestellt.

6.6

Optionen:

K (KAMERA): Rotation der Kamera um den Zielpunkt. Der Kamerastandort wird dynamisch am Bildschirm oder durch Eingabe von Winkelwerten bestimmt.

ZI (ZIEL): Rotation des Ziels bei fester Kamera. Die Ausrichtung des Ziels kann dynamisch oder durch Eingabe von Winkelwerten bestimmt werden.

AB (ABSTAND): Bewegung der Kamera auf der Ziellinie zum Ziel hin oder davon weg. Die Option schaltet in die perspektivische Ansicht um. Ein spezielles Benutzerkoordinatensymbol (perspektivische Darstellung eines Würfels) symbolisiert die perspektivische Darstellung. Sie kann nur von der Option **AU (AUS)** oder vom Befehl **DRSICHT** beendet werden.

PU (PUNKTE): Bestimmung von Kamera- und Zielpunkt mit dreidimensionalen Koordinaten. Beide Punkte können auch dynamisch festgelegt werden.

◆ Zielpunkt ist zuerst die Mitte des aktuellen Ansichtsfensters auf der XY-Ebene des aktuellen BKS. Von dort wird eine Gummibandlinie zur Festlegung der Ziellinie gezogen.
◆ Bei der Wahl des Kamerastandorts wird eine Gummibandlinie vom Zielpunkt zum Fadenkreuz gezogen.

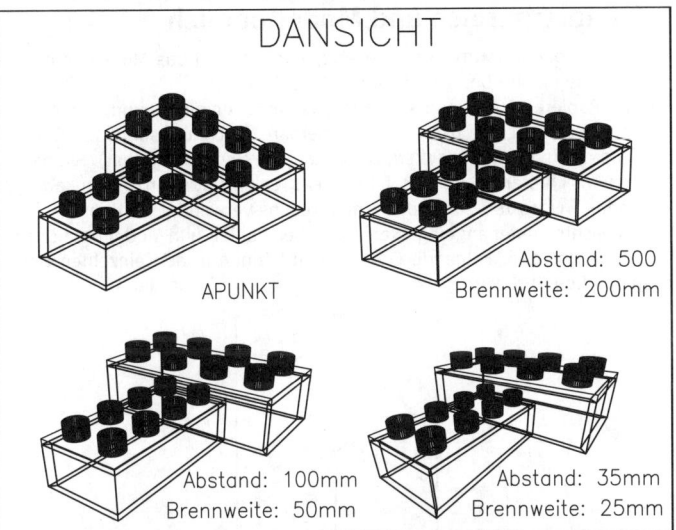

Abbildung 6.12: Perspektive mit unterschiedlichen Brennweiten

PA (PAN): Bildverschiebung ohne Änderung des Größenfaktors.

ZO (ZOOM): Bei eingeschalteter perspektivischer Darstellung wird die Brennweite der Kamera dynamisch verändert (Standard 50 mm). Bei ausgeschalteter perspektivischer Dastellung wird der Zoom-Faktor geändert.

D (DREHEN): Drehen und Neigen der Ansicht um die Ziellinie.

S (SCHNITT): Umschalten auf Schnittdarstellung. Es kann eine Darstellung der Objekte vor, hinter oder zwischen den Schnittflächen gewählt werden.

V (VERDECKT): Verdeckte Linien aus dem Auswahlsatz entfernen.

AU (AUS): Schaltet die perspektivische Darstellung aus.

Anmerkungen

- ■ Der Einstellungsvorgang beschleunigt sich, wenn für die Einstellungen nur bildwichtige Objekte ausgewählt werden.
- ■ Bei Eingabe von ⏎ auf die Objektwahl kann die Einstellung an einem Modell vorgenommen werden (stilisiertes Haus).
- ■ Die perspektivische Ansicht wird nur nach Verwendung der Option **AB (ABstand)** eingeschaltet.

6.7 Papierbereich und Modellbereich

Ist die Variable TILEMODE auf 0 gesetzt, verschwindet das Modell vom Bildschirm. Eine Papierebene wird vor das Modell gelegt.

Auf der Papierebene lassen sich Ansichtsfenster erzeugen und beliebig anordnen. Die Ansichtsfenster sind editierbare Zeichnungsobjekte (Befehle SCHIEBEN, KOPIEREN, STRECKEN, LÖSCHEN usw. sind verwendbar). Sie haben mit den Ansichtsfenstern des Befehls AFENSTER nichts zu tun. Dieser kann nur im Modus TILEMODE 1 zur Bildschirmaufteilung verwendet werden.

Sind Ansichtsfenster angelegt, kann zwischen Papier- und Modellbereich umgeschaltet werden. Folgende Operationen können in den einzelnen Bereichen durchgeführt werden:

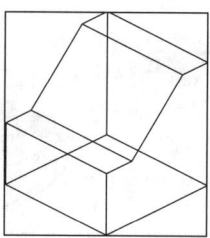

Abbildung 6.13: Zeichnung im Papierbereich

Funktionen im Papierbereich

■ Fenster erzeugen und auf dem Papier anordnen.

■ Fenster mit den Editierbefehlen bearbeiten. Bei der Objektwahl muß der Fensterrahmen angeklickt werden.

■ Die Fenster werden auf dem aktuellen Layer abgelegt. Wird dafür ein spezieller Layer verwendet, kann dieser später auch gefroren werden, um die Rahmen unsichtbar zu machen.

■ Zeichnungsrahmen und -kopf einfügen und beschriften.

■ Es ist auch möglich, aber nicht empfehlenswert, die Zeichnung im Papierbereich zu bemaßen. Die Maßpunkte lassen sich anwählen. Die Maße sind aber nicht mehr assoziativ zum Modell.

■ Im Papierbereich kann das Modell nicht editiert werden.

■ Der Papierbereich ist durch ein besonderes Koordinatensymbol gekennzeichnet (→ 2.13).

■ Das Fadenkreuz wird auf dem ganzen Bildschirm angezeigt.

■ Der Papierbereich hat eigene Limiten, Raster- und Fangwerte.

- Der Papierbereich ist zweidimensional. Bestimmte Befehle lassen sich deshalb nicht anwenden (z.B.: **APUNKT, DANSICHT**).

Funktionen im Modellbereich

- Im Modellbereich ist ein Fenster aktiv. Es erhält einen verstärkten Rahmen, und das Fadenkreuz erscheint nur dort. Auf der anderen Bildschirmfläche wird ein Pfeil dargestellt.

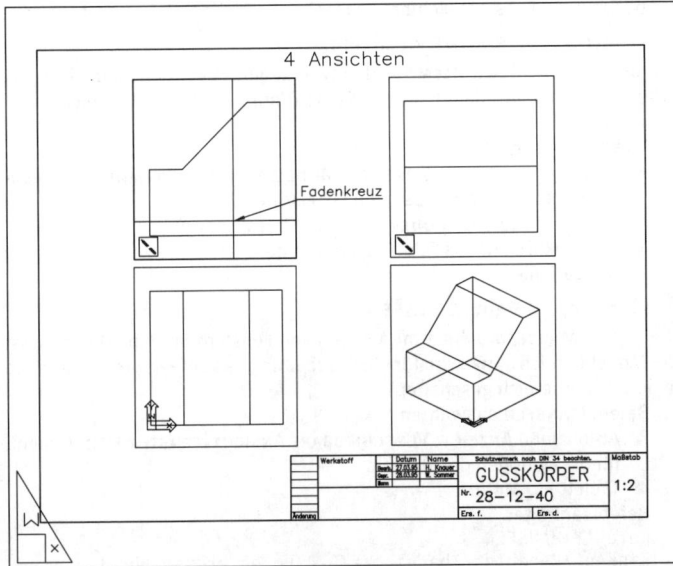

Abbildung 6.14: Zeichnung im Modellbereich

- Mit der Pick-Taste kann ein Fenster aktiviert werden, auch während der Arbeit mit einem Befehl (außer Anzeigebefehle).
- Änderungen in einem Fenster werden sofort in allen anderen Fenstern nachgeführt.
- Jedes Fenster kann eine andere Ansicht enthalten.
- Der Maßstab läßt sich in ein bestimmtes Verhältnis zum Papierbereich bringen. Beim Befehl **ZOOM** kann ein Faktor eingegeben werden, gefolgt von XP (→ 6.1), zum Beispiel:

1XP	Maßstab 1:1 auf dem Papier
2XP	Maßstab 2:1 auf dem Papier
0.5XP	Maßstab 1:2 auf dem Papier

- Raster und Fang können in jedem Fenster unterschiedlich sein.
- Es ist möglich, verschiedene Ausschnitte oder Ansichten einer Zeichnung auf einem Papierblatt auszugeben.
- Mit dem Befehl LAYER bzw. AFLAYER (→ 2.10) ist es möglich, Layer nur in bestimmten Fenstern sichtbar zu machen.

Ausführung: TILEMODE wechseln

Hat die Systemvariable TILEMODE den Wert 1, gibt es nur den Modellbereich. Wird sie auf 0 umgeschaltet, kann zwischen Papier- und Modellbereich unterschieden werden.

1. TILEMODE wechseln
   - ◆ Abrollmenü ANZEIGE, FESTER MODELLBEREICH (TILEMODE=1), VERSCHIEBBARER MODELLBEREICH (TILEMODE=0)
   - ◆ Tablettfeld L3 (TILEMODE=1) und L4 (TILEMODE=0)
   - ◆ Doppelklick auf das Feld TILEMODE in der Statuszeile zur Umschaltung der Variablen.

Ausführung: Befehl MANSFEN

Der Befehl MANSFEN dient zum Anlegen von Fenstern im Papierbereich. Ist der Modellbereich aktiv, wird für die Bearbeitung des Befehls vorübergehend in den Papierbereich geschaltet.

1. Befehl MANSFEN auswählen
   - ◆ Abrollmenü ANZEIGE, VERSCHIEBBARE ANSICHTSFENSTER >, Untermenü für die Optionen des Befehls
   - ◆ Tablettfeld M4
2. Befehlsanfrage:
   Befehl: MANSFEN
   Ein/Aus/Verdplot/Zbereich/2/3/4/Holen<erster Punkt>:

Optionen:

PUNKTEINGABE: Mit zwei Eckpunkten kann ein Ansichtsfenster gebildet werden.

E (EIN)/A (AUS): Ein- und Ausschalten der Anzeige in einem oder mehreren Ansichtsfenstern. Das Ausschalten momentan nicht benötigter Ansichtsfenster beschleunigt den Bildaufbau.

V (VERDPLOT): Ist der Modus bei einem Fenster gewählt, werden beim Plotten die verdeckten Linien entfernt. Mit der Option kann der Modus für ein oder mehrere Fenster geändert werden. Um auf dem Bildschirm die verdeckten Linien im aktiven Fenster zu entfernen, wird der Befehl **VER-DECKT** verwendet.

Z (ZBEREICH): Erzeugen eines bildschirmfüllenden Fensters.

2/3/4: Gleichzeitiges Erzeugen von Fenstern.

HOLEN: Anordnung, die mit dem Befehl **AFENSTER (TILEMODE**=1, → 6.4) erzeugt wurde, kann damit übertragen werden.

Ausführung: Befehl PBEREICH

Der Befehl **PBEREICH** schaltet in den Papierbereich um.

1. **Befehl PBEREICH auswählen**
   - ◆ Abrollmenü **ANZEIGE, PAPIERBEREICH**
   - ◆ Tablettfeld **L5**
   - ◆ Doppelklick auf das Feld **PAPIER** in der Statuszeile, wird dort **MODELL** angezeigt, ist der Papierbereich schon aktiv

Ausführung: Befehl MBEREICH

Der Befehl **MBEREICH** schaltet in den Modellbereich um.

1. **Befehl MBEREICH auswählen**
   - ◆ Abrollmenü **ANZEIGE, VERSCHIEBBARER MODELLBEREICH**
   - ◆ Tablettfeld **L4**
   - ◆ Doppelklick auf das Feld **MODELL** in der Statuszeile, wird dort **PAPIER** angezeigt, ist der Modellbereich schon aktiv

Ausführung: Befehl MVSETUP

Mit dem Befehl **MVSETUP** kann das komplette Layout im Papierbereich erstellt werden.

1. **Befehl MVSETUP auswählen**
   - ◆ Auf der Tastatur eingeben

2. **Befehlsanfrage:**
```
Befehl: MVSETUP
Ausrichten/Erstellen/ansichtsfenster Skalieren/Optionen
/schrifTfeld/Zurück:
```

Der Befehl ist nur im Papierbereich sinnvoll. Falls dieser nicht aktiv ist, wird angefragt:

```
Papierbereich aktivieren? (Nein/<Ja>):
```

Optionen:

O (OPTIONEN): Es erscheint eine weitere Liste von Funktionen

```
Einzustellende Option wählen -- LAyer/LImiten/
Einheiten/ XRef:
```

Mit der Option **LAYER** kann der Layer bestimmt werden, auf den das Schriftfeld gesetzt wird. Die Option **LIMITEN** legt fest, ob die Papierbereichslimiten automatisch gesetzt werden sollen oder nicht. In welchen Einheiten der Papierbereich skaliert werden soll, kann mit der Option **EINHEITEN** bestimmt werden. Mit der Option **XREF** kann gewählt werden, ob das Schriftfeld als Block oder externe Referenz eingefügt werden soll.

T (**SCHRIFTFELD**): Mit der Option **SCHRIFTFELD** kann ein Zeichnungsrahmen mit Schriftfeld geladen, gelöscht oder in seinen Ursprung zerlegt werden. Verschiedene Formate für das Schriftfeld stehen zur Auswahl.

E (**ERSTELLEN**): Mit dieser Option lassen sich Ansichtsfenster erstellen (einzeln oder in einer Standardanordnung mit 4 Fenstern) oder bereits erstellte wieder löschen.

S (**SKALIEREN**): Einstellung des Maßstabs in einem oder mehreren Ansichtsfenstern gleichzeitig.

A (**AUSRICHTEN**): Ausrichten der Inhalte in den Ansichtsfenstern untereinander und nebeneinander.

Ausführung: Befehl SOLPROFIL

Mit dem Befehl **SOLPROFIL** lassen sich Profildarstellungen von Volumenkörpern erzeugen. Nur die Kanten und die Silhouette erscheinen im Ansichtsfenster. Der Befehl funktioniert nur, wenn Tilemode=0 ist und schon ein Ansichtsfenster erzeugt wurde. Skalierung, Ausrichtung und der Ansichtspunkt sollten für das Fenster eingestellt sein.

1. Befehl **SOLPROFIL** auswählen
   ◆ Abrollmenü **ZEICHNEN**, **VOLUMENKÖRPER >**, **EINRICHTEN >**, **PROFIL**
   ◆ Symbol im Werkzeugkasten **VOLUMENKÖRPER**

2. Befehlsanfrage:
```
Befehl: SOLPROFIL
Objekte wählen: ⏎
Verdeckte Profilkanten auf separatem Layer anzeigen? <Ja>:
Profilkanten auf eine Ebene projizieren? <Ja>:
Tangentiale Kanten löschen? <Ja>:
```

Anmerkungen

■ Wenn die verdeckten Profilkanten nicht auf einen separaten Layer gelegt werden, wird für die sichtbaren Profillinien jedes Volumenkörpers ein Block generiert.

■ Werden die Profilkanten auf separate Layer gelegt, werden für alle Volumenkörper zwei Blöcke erzeugt, einer für die sichtbaren und einer für die unsichtbaren Profilkanten. Die Blöcke kommen auf unterschiedliche Layer, *PV-XXX* für die sichtbaren Kanten und *PH-XXX* für die unsichtbaren Kanten.

- Bei der nächsten Anfrage wird festgelegt, ob das Profil auf einer Ebene liegen soll oder ob es dreidimensional werden soll.
- Zuletzt wird angefragt, ob tangentiale Übergänge von geraden zu gewölbten Flächen mit Kanten dargestellt werden sollen oder nicht. Normalerweise sollten diese Kanten als Lichtlinien erscheinen und deshalb nicht gelöscht werden.
- Sollen im Ansichtsfenster nur die sichtbaren Kanten erscheinen, sind in diesem Ansichtsfenster die Layer mit den Originalobjekten und die Layer *PH-XXX* zu frieren. Es können aber auch gestrichelte Linientypen für diese Layer gewählt werden.

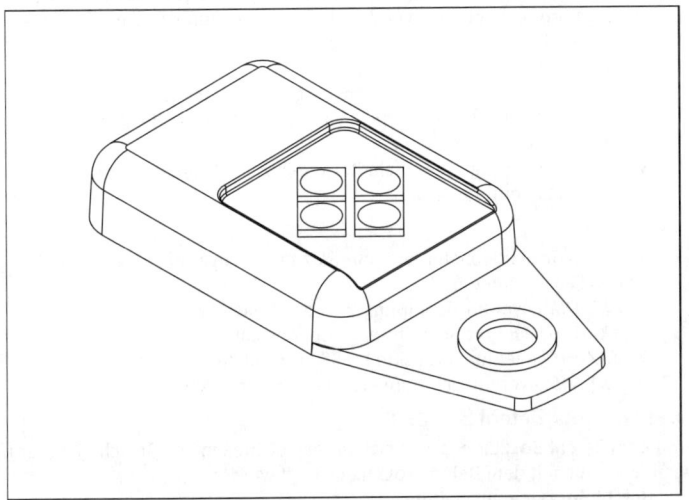

Abbildung 6.15: Profilansicht eines 3D-Modells

Ausführung: Befehl SOLANS

Mit dem Befehl **SOLANS** lassen sich Ansichtsfenster mit Volumenkörpern automatisch erzeugen.

1. Befehl **SOLANS** auswählen
   - ◆ Abrollmenü **ZEICHNEN, VOLUMENKÖRPER >, EINRICHTEN >, ANSICHT**
   - ◆ Symbol im Werkzeugkasten **VOLUMENKÖRPER**

2. Befehlsanfrage:

```
Befehl: SOLANS
Objekte wählen:
Bks/Ortho/Hilfsansicht/Schnitt/<eXit>:
```

Der Befehl schaltet automatisch in den Papierbereich. Wenn dort kein Ansichtsfenster vorhanden ist, kann nur die Option **Bks** verwendet werden, um die erste Ansicht zu erzeugen.

Optionen:

Bks: Es kann ein Koordinatensystem gewählt werden. Die XY-Ebene dieses BKS wird die Draufsicht der Zeichnung. Das Ansichtsfenster kann plaziert, die Größe vorgegeben und skaliert werden. Außerdem muß für jedes Fenster ein Name eingegeben werden.

Ortho: Erstellung einer Ansicht, die rechtwinklig zu einer vorhandenen Ansicht ist. Auch hier kann das Fenster gleich bestimmt werden.

Hilfsansicht: Zusätzliche Ansicht von einer beliebigen Richtung. Bestimmung des Fensters wie oben.

Schnitt: Erzeugung eines Schnitts durch den Volumenkörper an einer wählbaren Schnittebene.

Anmerkung

■ Für jedes Ansichtsfenster wird ein Satz neuer Layer angelegt (XXX steht für den Fensternamen):
   ◆ *XXX-DIM*Layer für Bemaßungen in der Ansicht
   ◆ *XXX-HAT*Layer für Schraffuren in der Ansicht
   ◆ *XXX-HID*Layer für verdeckte Profilkanten in der Ansicht
   ◆ *XXX-VIS*Layer für sichtbare Profilkanten in der Ansicht

Ausführung: Befehl SOLZEICH

Mit dem Befehl **Solzeich** lassen sich Profilansichten in den Ansichtsfenstern erzeugen, die mit dem Befehl **Solans** erzeugt wurden.

1. Befehl SOLZEICH auswählen
   ◆ Abrollmenü **Zeichnen**, **Volumenkörper ›**, **Einrichten ›**, **Zeichnung**
   ◆ Symbol im Werkzeugkasten **Volumenkörper**

2. Befehlsanfrage:

```
Befehl: SOLZEICH
Zu zeichnendes Ansichtsfenster wählen:
Objekte wählen:
```

Die Ansichtsfenster, von denen eine Profilansicht generiert werden soll, können gewählt werden, danach die Objekte, für die die Ansicht erstellt werden soll.

Anmerkungen

- Werden die Layer **XXX-HID** gefroren, sind nur noch die sichtbaren Kanten vorhanden. Auf dem Layer **VPORTS** liegen die Fensterrahmen. Der Layer kann ebenfalls gefroren werden.
- Schnitte werden schraffiert. Dazu sollten vorher die Variablen für die Schraffur gesetzt werden: **HPNAME** (Name des Schraffurmusters), **HPSCALE** (Maßstab des Schraffurmusters) und **HPANG** (Winkel des Schraffurmusters).

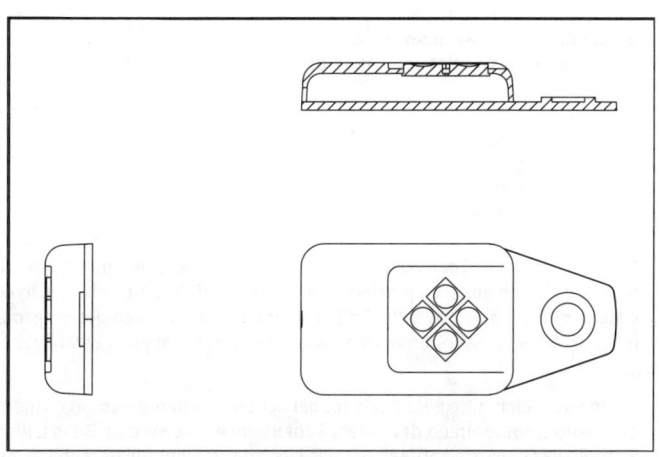

Abbildung 6.16: Profilansichten in den Ansichtsfenstern

6.8 Steuerung der Anzeige

Sind in der Zeichnung gefüllte Flächen, Schraffuren, True-Type-Schriften, breite Polylinien usw. vorhanden, die komplett oder teilweise übereinander liegen, kann die Anzeigereihenfolge der Objekte in der Zeichnung verändert werden.

Ausführung: Befehl ZEICHREIHENF

Mit dem Befehl **ZEICHREIHENF** können Objekte der Zeichnung über- und untereinander angeordnet werden.

1. Befehl **ZEICHREIHENF** auswählen
   - ◆ Abrollmenü **WERKZEUGE, ANZEIGEREIHENFOLGE >**, Untermenü für die Optionen
   - ◆ Tablettfeld **P9**
   - ◆ Symbol im Werkzeugkasten **ÄNDERN II**

2. Befehlsanfrage:
   ```
   Befehl: ZEICHREIHENF
   Objekte wählen:
   üBer objekt/uNter objekt/Oben/<Unter>:
   ```

   Mit den Optionen **OBEN** bzw. **UNTER** wird das Objekt über allen anderen bzw. unter allen anderen plaziert. Die Optionen **ÜBER OBJEKT** bzw. **UNTER OBJEKT** ordnen das gewählte Objekt über bzw. unter einem Referenzobjekt an. Mit einer weiteren Anfrage wird das Referenzobjekt gewählt.

Anmerkung

- ■ Wenn eine Zeichnung geladen wird, bei der die Zeichenreihenfolge verändert wurde, sollte zuerst der Befehl **REGEN** verwendet werden. Beim Laden werden die Objekte so aufgebaut, wie sie in der Zeichnungsdatenbank gespeichert sind, und diese muß nicht identisch sein mit der Zeichenreihenfolge.

Ausführung: Befehl REGEN

Wird der Bildausschnitt verändert, ist es in bestimmten Fällen erforderlich, alle Zeichnungsobjekte neu auf die Bildschirmkoordinaten umzurechnen. Dieser Vorgang wird bei Bedarf ausgeführt. Er nennt sich Regenerierung und nimmt bei großen Zeichnungen einige Zeit in Anspruch. Verschiedene Befehle lösen die Regenerierung in bestimmten Fällen automatisch aus. Sie kann aber auch mit dem Befehl **REGEN** manuell ausgelöst werden.

1. Befehl **REGEN** auswählen
   - ◆ Abrollmenü **ANZEIGE, REGENERIEREN**

6.8

Ausführung: Befehl REGENALL

Mit dem Befehl REGENALL werden alle Ansichtsfenster regeneriert.

1. Befehl REGENALL auswählen
   ◆ Abrollmenü ANZEIGE, ALLES REGENERIEREN

Anmerkung

■ Die Änderung verschiedener Einstellungen in der Zeichnung wird erst nach der nächsten Regenerierung am Bildschirm sichtbar. In diesen Fällen kann der Befehl gewählt werden.

Ausführung: Befehl REGENAUTO

Verschiedene Befehle erfordern Regenerierung. Mit dem Befehl REGENAUTO kann festgelegt werden, ob diese automatisch durchgeführt werden soll oder nur nach Bestätigung.

1. Befehl REGENAUTO auswählen
   ◆ Auf der Tastatur eingeben
2. Befehlsanfrage:
   ```
   Befehl: REGENAUTO
   EIN/AUS <aktuell>:
   ```

Der aktuelle Modus wird angezeigt und kann mit der entsprechenden Option verändert werden. Ist der Modus ausgeschaltet, wird keine Regenerierung mehr durchgeführt. Sollte sie bei ZOOM, PAN (→ 6.1) oder sonstigen Befehlen erforderlich sein, erscheint die Anfrage:

```
Regenerierung -- weiterfahren? <J>
```

Bei NEIN bricht der Befehl ab.

Ausführung: Befehl NEUZEICH

Beim Neuzeichnen wird der Bildschirm neu gezeichnet, nicht neu berechnet. Anzeigefehler durch Löschen usw. werden korrigiert, und die temporären Konstruktionspunkte verschwinden. Mit dem Befehl NEUZEICH wird das aktuelle Fenster neu gezeichnet.

1. Befehl NEUZEICH auswählen
   ◆ Auf der Tastatur eingeben

Ausführung: Befehl NEUZALL

Mit dem Befehl NEUZALL werden alle Fenster neu gezeichnet.

1. Befehl NEUZALL auswählen
   ◆ Abrollmenü ANZEIGE, NEUZEICHNEN
   ◆ Tablettfelder Q-R11
   ◆ Symbol in der Standard-Funktionsleiste

6.8

Ausführung: Befehl AUFLÖS

Die Auflösung von Kreis- und Bogengenerierung auf dem Bildschirm kann mit dem Befehl **AUFLÖS** beeinflußt werden.

1. **Befehl AUFLÖS auswählen**
   ◆ Auf der Tastatur eingeben
2. **Befehlsanfrage:**
   ```
   Befehl: AUFLöS
   Wollen Sie Schnellzoom <J>:
   Kreiszoomprozente eingeben (1-20000) <100>:
   ```

Anmerkungen

■ Wird die erste Anfrage mit **NEIN** beantwortet, so bewirkt jeder **ZOOM**-, **PAN**- und **AUSSCHNT**- (Option **HOLEN**) Befehl eine Regenerierung.

■ Die Option **KREISZOOMPROZENT** legt die Genauigkeit fest, mit der die Kreise und Bogensegmente gezeichnet werden. Diese werden auf dem Bildschirm durch Liniensegmente angenähert.

■ Ist der Wert von Kreiszoomprozent auf 100 eingestellt, so wird ein Kreis optimal dargestellt. Wird jedoch gezoomt, sind die Liniensegmente sichtbar.

■ Ist der Wert von Kreiszoomprozent auf 500 eingestellt, so wird der Kreis fünfmal mehr Segmente generieren, als für eine optimale Darstellung erforderlich wären. Man kann also ohne Qualitätsverlust der Anzeige fünffach zoomen.

■ Auch beim Schnellzoommodus kann jederzeit mit dem Befehl **REGEN** eine optimale Anzeige erreicht werden.

Ausführung: Befehl KPMODUS

Jede Punkteingabe setzt ein kleines Kreuz auf den Bildschirm. Mit dem Befehl **KPMODUS** kann diese Markierung aus- bzw. eingeschaltet werden.

1. **Befehl KPMODUS anwählen**
   ◆ Auf der Tastatur eingeben
2. **Befehlsanfrage:**
   ```
   Befehl: KPMODUS
   EIN/AUS <aktuell>:
   ```

Ausführung: Befehl QTEXT

Enthält eine Zeichnung sehr viel Text, nimmt der Bildaufbau viel Zeit in Anspruch. Die Textanzeige am Bildschirm kann mit dem Befehl **QTEXT** abgeschaltet werden. Es wird nur noch ein rechteckiger Platzhalter angezeigt.

1. **Befehl QTEXT auswählen**
   ◆ Auf der Tastatur eingeben

6.8

2. **Befehlsanfrage:**
```
Befehl: QTEXT
EIN/AUS <aktuell>:
```

Anmerkungen

- Die Umschaltung des Modus wird erst bei der nächsten Regenerierung wirksam.
- Die Befehle **KPMODUS** und **QTEXT** lassen sich auch im Dialogfenster für die Zeichenhilfen einstellen (→ 2.5, **DDRMODI**).

6.9 Renderfunktionen

In AutoCAD 14 ist ein Programm zur Visualisierung von 3D-Modellen enthalten, das frühere Zusatzmodul *AutoVision*. Wesentlich detaillierter wie mit dem Befehl SHADE und auch mit mehr Möglichkeiten als bei den Vorgängerversionen von AutoCAD, mit differenzierterer Farbpalette, mit geglätteter Oberfläche und mit Materialien aus einer Materialbibliothek läßt sich das Modell auf dem kompletten Bildschirm oder in einem Ansichtsfenster darstellen, ausdrucken oder aus dem Bild eine Rasterdatei erzeugen.

Alle Render-Befehle sind im Werkzeugkasten RENDER zu wählen.

Ausführung: Befehl LICHT

Schattierte Darstellungen lassen sich mit dem standardmäßig vorhandenen Umgebungslicht erzeugen. Für eine effektvollere Darstellung können aber gezielt Lichtquellen gesetzt werden. Dazu wechselt man am besten in die Draufsicht. Plazierte Lichter werden durch Symbole in der Zeichnung gekennzeichnet.

1. Befehl LICHT auswählen
   ◆ Abrollmenü ANZEIGE, RENDER >, LICHTQUELLEN...
   ◆ Tablettfeld O1
   ◆ Symbol im Werkzeugkasten RENDER
   In einem Dialogfenster werden Lichtquellen erstellt und bestehende geändert (→ Abbildung 6.17).

2. Einstellmöglichkeiten im Dialogfenster:
   Lichtquellen: In der Liste werden alle bereits vorhandenen Lichtquellen aufgelistet.
   ÄNDERN...: Ändern der in der Liste markierten, bereits plazierten Lichtquelle. Ein weiteres Dialogfenster, je nach gewähltem Lichttyp, erscheint (→ unten).
   LÖSCHEN: Löschen der markierten Lichtquelle.
   WÄHLEN <: Wahl einer Lichtquelle in der Zeichnung.
   NEU...: Positionierung einer neuen Lichtquelle. Je nach gewähltem Lichttyp erscheint ein weiteres Dialogfenster (→ unten).
   ABROLLMENÜ FÜR DEN LICHTTYP: Drei Lichtarten sind möglich: Punktlicht, Parallellicht und Spotlicht. Wählt man hier einen Typ aus, wird mit der Schaltfläche NEU... das entsprechende Dialogfenster gestartet (→ unten).

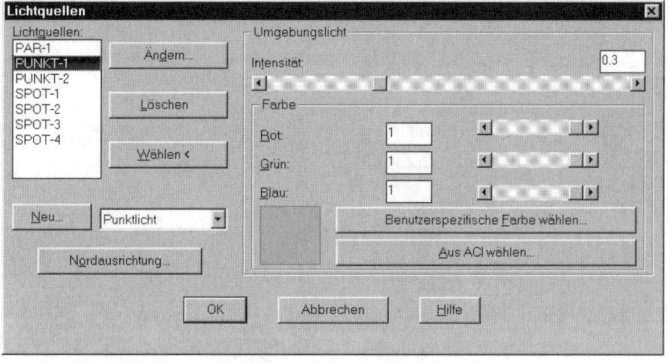

Abbildung 6.17: Dialogfenster zur Vergabe der Lichter

Umgebungslicht: Ein diffuses Umgebungslicht ist immer vorhanden, das alle Flächen gleichmäßig beleuchtet und so für eine Grundhelligkeit sorgt. Mit einem Schieberegler kann die Intensität eingestellt werden und mit drei weiteren die Farbe.

Benutzerspezifische Farbe wählen...: Lichtfarbe im Windows-Dialogfenster zur Farbauswahl einstellen.

Aus ACI wählen...: Lichtfarbe aus dem AutoCAD-Farbfenster wählen.

■ Dialogfenster für *Punktlicht*:

Punktlicht ist ein Lichttyp, der in alle Richtungen gleichmäßig abstrahlt, definiert nur durch seinen Standort. Das Licht kann in einem Dialogfenster eingestellt werden (➜ Abbildung 6.18).

Lichtname: Eingabe des Lichtnamens für ein neues Licht oder Anzeige des gewählten Lichtes bei Änderung.

Intensität: Einstellung der Lichtintensität.

Standort: Ein neues Licht wird zunächst an eine beliebige Stelle in der Zeichnung mit einem Symbol plaziert. Mit der Schaltfläche **Ändern ‹** kann es in der Zeichnung an eine definierte Position gesetzt werden. Dazu wird das Dialogfenster ausgeblendet. Mit der Schaltfläche **Anzeigen...** wird der momentane Standort in einem Fenster angezeigt.

Farbe: Einstellung der Lichtfarbe (➜ oben, Umgebungslicht).

Lichtintensitätsverlust: Hier wird festgelgt, wie das Licht mit der Entfernung abnimmt (keine Abnahme, linear oder quadratisch).

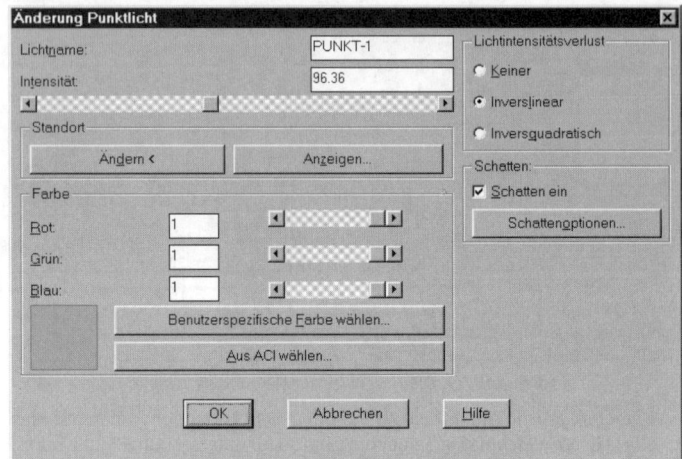

Abbildung 6.18: Dialogfenster für Punktlicht

6.9

Schatten: Ist der Schalter eingeschaltet, erzeugt dieses Licht einen Schatten. Weitere Optionen zur Schattengenerierung können mit der Schaltfläche **SCHATTENOPTIONEN...** in einem weiteren Dialogfenster eingestellt werden.

■ Dialogfenster für *Parallellicht*:

Parallellicht ist ein Lichttyp, der mit parallelen Strahlen aus einer Richtung einfällt, z.B.: Sonnenlicht. Das Licht kann in einem Dialogfenster eingestellt werden (→ Abbildung 6.19).

Lichtname, Intensität, Farbe und Schatten werden wie beim Punktlicht eingestellt (→ oben).

Position: Die Position wird mit zwei Winkeln eingestellt (*Azimut* und *Höhenwinkel.*) oder mit einem *Lichtquellvektor* in X- ,Y- und Z-Koordinaten bestimmt.

SONNENSTANDSBERECHNUNG: Soll die Sonne als Parallellicht verwendet werden, kann mit dieser Schaltfläche der Sonnenstand aus einem weiteren Dialogfenster übernommen werden (→ Abbildung 6.20).

Datum, Uhrzeit und geographische Position können eingegeben werden. Die resultierenden Winkel werden angezeigt.

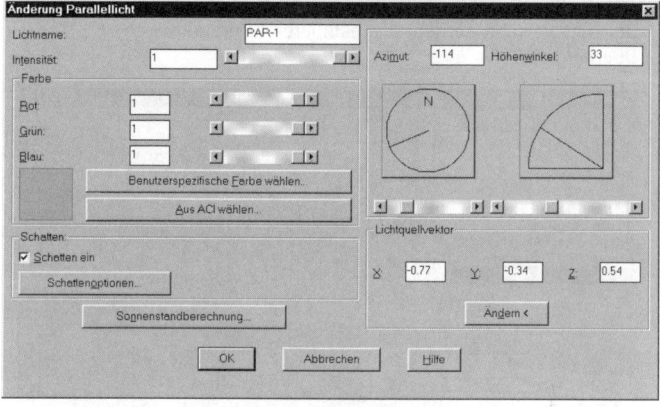

Abbildung 6.19: Dialogfenster für Parallellicht

GEOGRAPHISCHE POSITION: Ist die geographische Position nicht bekannt, kann sie mit dieser Schaltfläche in einem weiteren Dialogfenster ermittelt werden (→ Abbildung 6.21).

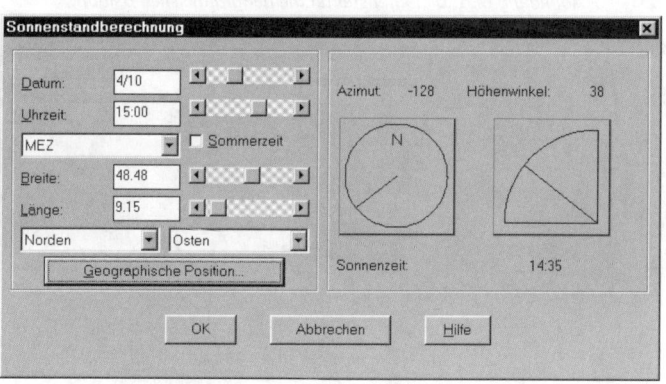

Abbildung 6.20: Dialogfenster für den Sonnenstand

313

Der Kontinent kann eingestellt werden und die nächste größere Stadt aus der Liste gewählt werden. Die resultierende geographische Position wird übernommen.

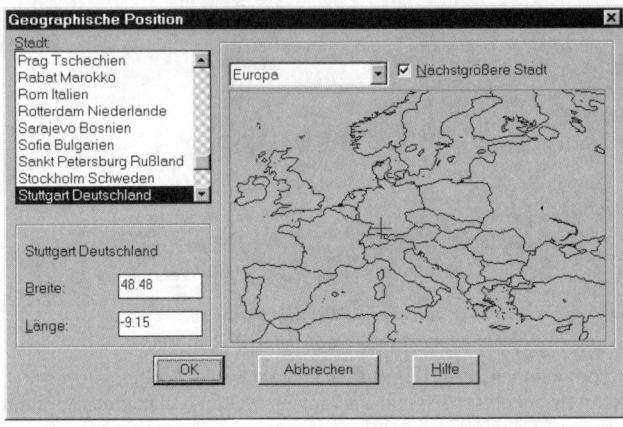

Abbildung 6.21: Dialogfenster für die geographische Position

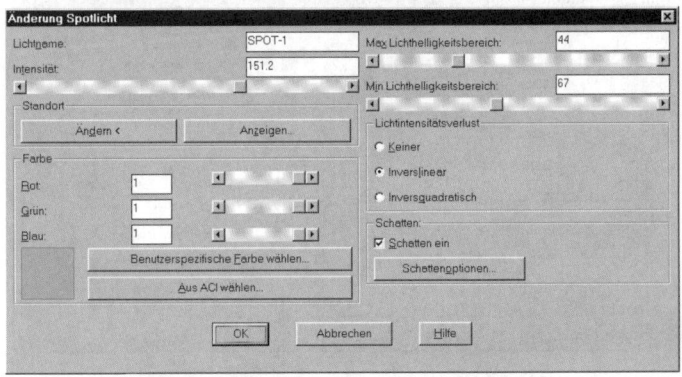

Abbildung 6.22: Dialogfenster für Spotlicht

■ Dialogfenster für *Spotlicht*:

Spotlicht ist ein Licht mit konischem Lichtkegel wie ein Scheinwerfer. In einem Dialogfenster kann dieses Licht eingestellt werden (→ Abbildung 6.22).

Lichtname, Intensität, Standort, Farbe, Lichtintensitätsverlust und Schatten werden wie beim Punktlicht eingestellt (→ oben).

Max. Lichthelligkeitsbereich: Winkel, in dem der Scheinwerfer die maximale Helligkeit hat.

Min. Lichthelligkeitsbereich: Winkel, bei dem der Scheinwerfer die Helligkeit 0 hat.

Ausführung: Befehl MAT

Ein Material beschreibt das Reflektionsverhalten, die Rauhigkeit und das Muster einer Oberfläche. Materialien lassen sich definieren oder aus einer Materialbibliothek laden und den Objekten zuordnen. Mit dem Befehl MAT erhält man ein Dialogfenster zur Auswahl von Materialien (→ Abbildung 6.23).

1. **Befehl MAT auswählen**
   ◆ Abrollmenü ANZEIGE, RENDER ›, MATERIALIEN...
   ◆ Tablettfeld **P1**
   ◆ Symbol im Werkzeugkasten RENDER

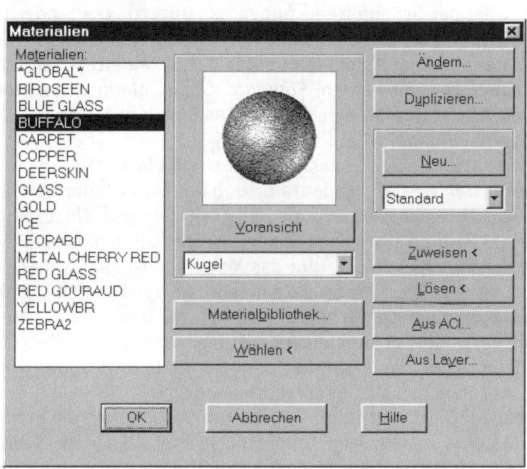

Abbildung 6.23: Dialogfenster zur Vergabe von Materialien

Materialien: Die bereits definierten oder geladenen Materialien sind in der Liste aufgeführt.

VORANSICHT: Anzeige des markierten Materials. Im Abrollmenü darunter kann gewählt werden, ob die Voransicht auf einer Kugel oder einem Würfel angezeigt werden soll.

MATERIALBIBLIOTHEK...: Laden eines Materials aus einer Materialbibliothek (→ unten, Befehl **MATBIBL**).

WÄHLEN <: Auswahl eines Materials in der Zeichnung.

ÄNDERN...: Änderung des markierten Materials (→ unten).

DUPLIZIEREN...: Erstellung eines neuen Materials durch Änderung eines vorhandenen (→ unten).

NEU...: Definition eines neuen Materials (→ unten).

ZUWEISEN <: Zuweisen von Material zu Objekten.

LÖSEN <: Lösen eines vergebenen Materials von Objekten.

AUS ACI...: Zuordnung eines Materials zu einer Farbe. Alle Objekte mit dieser Farbe erhalten dieses Material.

AUS LAYER...: Zuordnung eines Materials zu einem Layer. Alle Objekte auf diesem Layer erhalten dieses Material.

Neues Material anlegen bzw. bestehendes ändern:

Bei Anwahl der Schaltflächen **ÄNDERN...**, **DUPLIZIEREN...** oder **NEU...** erscheinen jeweils verschiedene Dialogfenster zur Definition oder Änderung von Materialien. Im Abrollmenü unter der Schaltfläche **NEU...** kann der Materialtyp gewählt werden: *Standard*, *Granit*, *Marmor* oder *Holz*. Abbildung 6.24 zeigt das Dialogfenster für das Standard-Material.

◆ Material *Standard*:

Materialname: Name des gerade bearbeiteten Materials.

Farbe/Muster: Einstellung der Farbe und des Musters der Oberfläche. Mit dem Schieberegler *Wert* wird die Helligkeit der Farbe eingestellt, im Feld *Farbe* der Farbton (Farbeinstellungen → oben, Befehl **LICHT**). Außer der Farbe kann auch ein Muster für das Material bestimmt werden. Das Muster kann aus einer Bilddatei kommen. Mit der Schaltfläche **DATEI SUCHEN...** kann die Bilddatei gewählt werden. Mit dem Schalter **ANPASSEN...** kommt ein weiteres Dialogfenster auf den Bildschirm, mit dem die Bilddatei angepaßt werden kann. Mit dem Regler *Überblendung* wird eingestellt, wie stark das Muster durchscheinen soll.

Umgebung: Dieses Attribut bestimmt den Farbton und die Intensität des vom Material reflektierten Umgebungslichtes. Mit dem Schieberegler *Wert* wird eingestellt, wie stark das Material das Umgebungslicht reflektiert. Die Farbe des reflektierten Lichts kann ebenfalls eingestellt werden

(Farbeinstellungen ➔ oben, Befehl **LICHT**). Das Schaltfeld **SPERREN** verhindert die Einstellung. Die Farbe des reflektierten Lichts ist dann gleich der Objektfarbe.

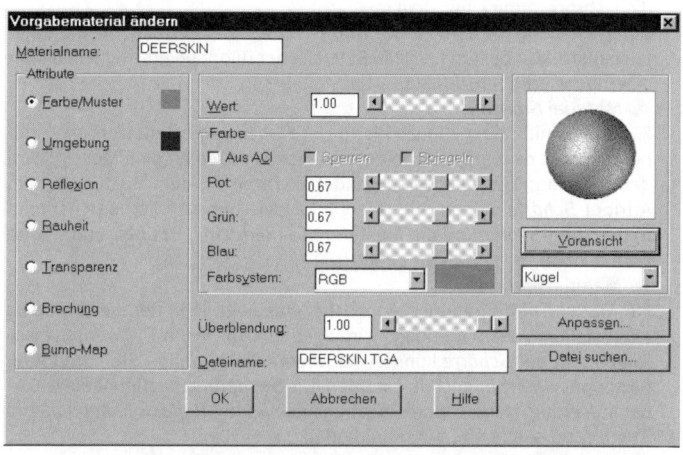

Abbildung 6.24: Dialogfenster für den Materialtyp Standard

Reflexion: Dieses Attribut legt den Farbton und die Intensität von Glanzlichtern auf glänzenden Oberflächen fest. Je weiter der Schieberegler *Wert* zurückgestellt ist, desto schwächer sind die Glanzlichter. Die Farbe der Glanzlichter kann wie oben eingestellt werden. Zusätzlich gibt es den Schalter **SPIEGELN**. Ist er eingeschaltet, spiegeln sich andere Objekte auf dieser Oberfläche. Hier kann eine weitere Bilddatei verwendet werden, die den Glanzlichtern eine Struktur gibt.

Rauheit: Dieses Attribut legt die Rauheit der Oberfläche fest. Bei einer rauhen Oberfläche sind die reflektierten Glanzpunkte größer. Je glatter das Material ist, desto kleiner sind die Glanzpunkte. Hierzu ist nur der Schieberegler *Wert* erforderlich, alle anderen Einstellmöglichkeiten sind ausgeblendet.

Transparenz: Dieses Attribut legt die Transparenz des Objekts fest. Je weiter der Schieberegler *Wert* geöffnet ist, desto transparenter wird das Material. Das Ergebnis sollte hier besser an einem Würfel kontrolliert werden, die durchscheinenden Kanten sind dann sichtbar. Die Transparenz kann mit einer weiteren Bilddatei verändert werden.

Brechung: Geht ein Lichtstrahl durch ein transparentes Material, wird er je nach Material unterschiedlich gebrochen. An gewölbten Oberflächen ergeben sich dadurch Verzerrungen. Mit diesem Attribut wird der Wert für die Lichtbrechung eingestellt.

Bump Map: Mit diesem Attribut wird eine Bilddatei gewählt, die die Oberflächenstruktur bestimmt. Helle Bereiche der Bilddatei erscheinen auf der Oberfläche erhaben, dunkle vertieft.

◆ Material *Granit*:

Für das Granitmuster können bis zu vier Farben eingestellt werden. Je höher der Wert der Farbe ist, desto höher ist ihr Anteil an dem Muster. Wird der Regler auf 0 gestellt, verschwindet die Farbe aus dem Muster. Mit dem Attribut *Schärfe* werden die Übergänge zwischen den Farben bestimmt und mit der *Skalierung* die Mustergröße (*Reflexion*, *Rauheit* und *Bump-Map* → oben, Standard-Material).

◆ Material *Marmor*:

Für Marmor wird Stein- und Aderfarbe festgelegt. Je höher die *Turbulenz* eingestellt ist, desto unruhiger wird der Stein. Werte um 110 werden empfohlen. Mit der *Schärfe* können die Übergänge zwischen Stein und Ader härter oder weicher gestaltet werden. Die *Skalierung* bestimmt die Größe der Maserung. Höhere Werte ergeben mehr Adern (*Reflexion*, *Rauheit* und *Bump-Map* → oben, Standard-Material).

◆ Material *Holz*:

Zwei Farbwerte bestimmen den Ton des Holzes. Die Einstellung *Hell/Dunkel* steuert das Verhältnis von hellen und dunklen Maserungsringen, 0 ergibt nur dunkle, 1 nur helle und in Mittelstellung ist die Verteilung etwa gleich. Darüber hinaus kann die Dichte, die Breite und die Form der Maserungsringe eingestellt werden (*Reflexion*, *Rauheit* und *Bump-Map* → oben, Standard-Material).

Ausführung: Befehl MATBIBL

Mit dem Befehl **MATBIBL** können Materiallen aus Materialbibliotheken in die Zeichnung geladen oder Materialien aus der Zeichnung in einer Bibliothek gespeichert werden.

1. **Befehl MATBIBL auswählen**
   ◆ Abrollmenü **ANZEIGE, RENDER ›, MATERBIBLIOTHEK...**
   ◆ Tablettfeld **Q1**
   ◆ Symbol im Werkzeugkasten **RENDER**
   Alle Einstellungen werden in einem Dialogfenster vorgenommen
   (→ Abbildung 6.25).

Abbildung 6.25: Dialogfenster für die Materialbibliothek

Materialliste: Liste der Materialien in der Zeichnung. Mit der Schaltfläche **SPEICHERN...** werden die Materialien aus der Zeichnung in einer Materialbibliothek gespeichert. Die Schaltfläche **BEREINIGEN** entfernt nicht verwendete Materialien aus der Zeichnung.

Bibliotheksliste: Liste der Materialien in der Bibliothek. Der verwendete Bibliotheksname wird über der Liste angezeigt. Mit den Schaltflächen **ÖFFNEN** und **SPEICHERN** können Materialbibliotheken geöffnet und gespeichert werden.

‹ EINLESEN: Markierte Materialien aus der Bibliothek in die Zeichnung einlesen.

ERSTELLEN ›: Markierte Materialien aus der Zeichnung in die Bibliothek übernehmen.

LÖSCHEN: Markiertes Material löschen.

Ausführung: Befehl MAPPING

Mit dem Befehl **MAPPING** wird festgelegt, wie ein Material mit einem Muster auf ein Objekt projiziert werden soll. Für jedes Objekt mit einem Muster muß ein eigenes Mapping durchgeführt werden.

1. **Befehl MAPPING auswählen**
   - ◆ Abrollmenü **ANZEIGE, RENDER ›, MAPPING...**
   - ◆ Tablettfeld **R1**

◆ Symbol im Werkzeugkasten **RENDER**
Nachdem die Objekte gewählt wurden, werden alle Einstellungen
in einem Dialogfenster vorgenommen (→ Abbildung 6.26).

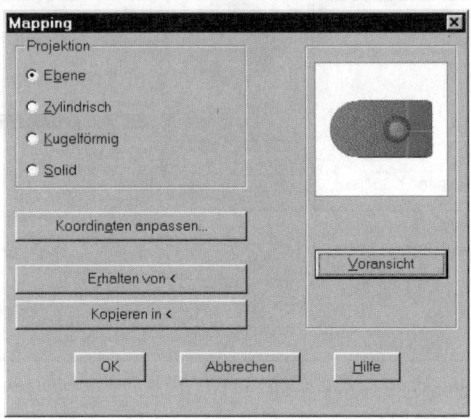

Abbildung 6.26: Dialogfenster für das Mapping

6.9

Projektion: In diesem Feld kann gewählt werden, mit welcher Projektions-
art das Material aufgetragen werden soll. Mit der Schaltfläche **KOORDINA-
TEN ANPASSEN…** erscheint je nach gewählter Projektionsart ein weiteres
Dialogfenster, in dem das Muster skaliert und positioniert werden kann.
ERHALTEN VON <: Objekt wählen, von dem das Mapping übernommen wer-
den soll.
KOPIEREN IN <: Objekt wählen, auf das das aktuelle Mapping kopiert soll.

Ausführung: Befehl HINTERGRUND

Soll ein freistehendes 3D-Modell gerendert werden, kann mit dem Befehl
HINTERGRUND ein Bildhintergrund definiert werden.

1. **Befehl HINTERGRUND auswählen**
   ◆ Abrollmenü **ANZEIGE**, **RENDER >**, **HINTERGRUND…**
   ◆ Tablettfeld **Q2**
   ◆ Symbol im Werkzeugkasten **RENDER**

   Die Einstellungen werden in einem Dialogfenster vorgenommen
   (→ Abbildung 6.27).
   Solid: Einfarbiger Hintergrund, die Farbe kann eingestellt werden oder der
   AutoCAD Hintergrund verwendet werden.

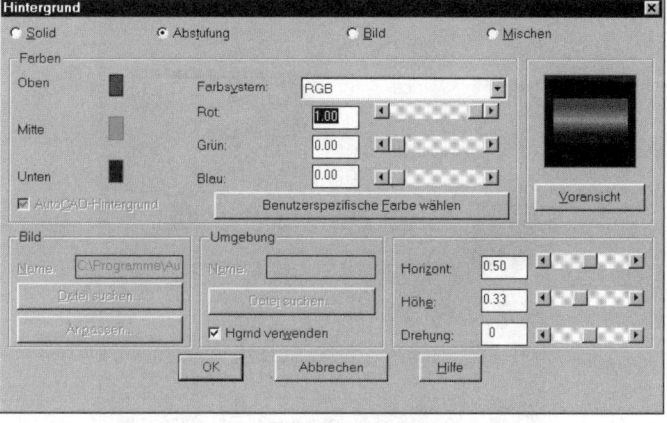

Abbildung 6.27: Dialogfenster für den Hintergrund

Abstufung: Hintergrund mit drei ineinander übergehenden Farben. Die Farben und die Übergangsstellen können definiert werden.

Bild: Bilddatei als Hintergrund verwenden. Mit der Schaltfläche **ANPASSEN...** kommt ein weiteres Dialogfenster auf den Bildschirm, in dem das Bild positioniert und skaliert werden kann.

Mischen: Das gerenderte Bild wird über ein bereits auf dem Bildschirm angezeigtes Bild gelegt.

Ausführung: Befehl NEBEL

Bei der Standardeinstellung ist ideale Sicht. Es lassen sich aber mit dem Befehl **NEBEL** Umgebungsbedingungen wie Nebel und Sichtweite einstellen.

1. Befehl **NEBEL** auswählen
   - ◆ Abrollmenü **ANZEIGE**, **RENDER >**, **NEBEL...**
   - ◆ Tablettfeld **P2**
   - ◆ Symbol im Werkzeugkasten **RENDER**

   Die Einstellungen werden in einem Dialogfenster vorgenommen (→ Abbildung 6.28).

Nebel aktivieren: Nebeleffekt ein- und ausschalten.

Nebelhintergrund: Wenn der Schalter aus ist, wird der Nebeleffekt nur für die Geometrie verwendet. Ist er ein, wirkt er sich auch auf das Hintergrundbild aus.

Nebel/Tiefenanzeige	☒

☑ <u>N</u>ebel aktivieren   ☑ Ne<u>b</u>elhintergrund

Farbsystem: RGB   ▼

Rot: `0.50`   ◄▒▒▒▒▒ ►

Grün: `0.50`   ◄▒▒▒▒▒ ►

Blau: `0.50`   ◄▒▒▒▒▒ ►

Benutzerspezifische <u>F</u>arbe wählen...

<u>A</u>us ACI wählen...

Kurze Entfernung: `0.00`   ◄▒▒▒▒ ►

Weite Entfernung: `1.00`   ◄▒▒▒▒ ►

Naher Nebel Prozentsatz: `0.00`   ◄▒▒▒▒ ►

Ferner Nebel Prozentsatz: `1.00`   ◄▒▒▒▒ ►

[OK]   [Abbrechen]   [Hilfe]

Abbildung 6.28: Dialogfenster zur Einstellung des Nebels

Farbe: Farbeinstellung wie oben, Befehl **Licht**.
Kurze Entfernung: Entfernung, bei welcher der Nebel beginnt.
Weite Entfernung: Entfernung, bei welcher der Nebel endet.
Naher Nebel Prozentsatz: Nebelstärke in der Nähe (Prozentwert).
Ferner Nebel Prozentsatz: Nebelstärke in weiterer Entfernung (Prozentwert).

Ausführung: Befehl Lsneu

AutoCAD verfügt über eine Bibliothek mit Landschaftsobjekten. Das sind Bilddateien, die auf Flächen aufgetragen sind. Mit dem Befehl **Lsneu** kann man ein Bild aus der Landschaftsbibliothek im 3D-Modell plazieren.

1. Befehl Lsneu auswählen
   ◆ Abrollmenü **Anzeige, Render ›, Landschaft neu...**
   ◆ Symbol im Werkzeugkasten **Render**
   Die Auswahl der Objekte erfolgt in einem Dialogfenster
   (→ Abbildung 6.29).

In diesem wird die aktive Landschaftsbibliothek angezeigt. In der linken Liste sind alle Objekte dieser Bibliothek, die im Feld **VORANSICHT** angezeigt werden können.

Geometrie: Ein Einzelflächenobjekt mit festgelegter Ausrichtung wird als Rechteck dargestellt, das mit Hilfe der Griffe gedreht werden kann. Ein Mehrflächenobjekt wird durch zwei Dreiecke dargestellt, die sich an ihrem rechten Winkel überschneiden. Ist der Schalter *Ausgerichtete Ansicht* ein, wird das Objekt immer zur Kamera hin ausgerichtet. Pflanzen können immer so ausgerichtet werden, dagegen sollten Verkehrsschilder mit fester Ausrichtung plaziert werden.

Höhe: Mit diesem Eingabefeld und dem darunterliegenden Schieberegler wird die Skalierung des Objekts eingestellt.

Standort <: Mit diesem Feld wird in die Zeichnung gewechselt, in der das Objekt plaziert werden kann.

Abbildung 6.29: Dialogfenster zur Auswahl der Landschaftsobjekte

Ausführung: Befehl LSBEARB

Mit dem Befehl **LSBEARB** kann ein Objekt in der Zeichnung nachträglich bearbeitet werden. Das erfolgt mit dem gleichen Dialogfenster wie beim Befehl **LSNEU** (→ Abbildung 6.29).

1. Befehl **LSBEARB** auswählen
   ◆ Abrollmenü **ANZEIGE, RENDER >, LANDSCHAFT BEARBEITEN...**

◆ Symbol im Werkzeugkasten **RENDER**

Ausführung: Befehl LSBIBL

Landschaftsbibliotheken können mit dem Befehl **LSBIBL** verwaltet, erweitert und geändert werden.

1. **Befehl LSBIBL auswählen**
   ◆ Abrollmenü **ANZEIGE, RENDER ›, LANDSCHAFTSBIBLIOTHEK...**
   ◆ Symbol im Werkzeugkasten **RENDER**

Die Einstellungen können in einem Dialogfenster gemacht werden (→ Abbildung 6.30).

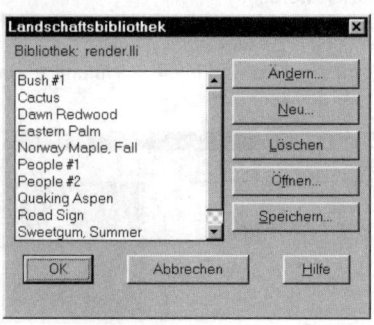

Abbildung 6.30: Dialogfenster für Landschaftsbibliotheken

In der obersten Zeile steht der Name der aktuellen Bibliothek. Darunter ist die Liste der Objekte dieser Bibliothek.

ÄNDERN...: Ändern des markierten Objekts in einem weiteren Dialogfenster.

NEU: Neudefinition eines Bibliothekselements.

LÖSCHEN: Löschen eines Symbols aus der Bibliothek.

ÖFFNEN: öffnen einer Landschaftsbibliothek (*.LLI*).

SPEICHERN: Speichern der Landschaftsbibliothek (*.LLI*).

Ausführung: Befehl SZENE

Eine Szene legt fest, mit welchem gesicherten Ausschnitt (→ 6.3) und welchen Lichtern ein Bild gerendert werden soll. Mit dem Befehl **SZENE** kann eine Szene in einem Dialogfenster (→ Abbildung 6.31) für das Rendern ausgewählt werden.

1. **Befehl SZENE auswählen**
   ◆ Abrollmenü **ANZEIGE, RENDER ›, SZENEN...**

◆ Tablettfeld **N1**
◆ Symbol im Werkzeugkasten **RENDER**

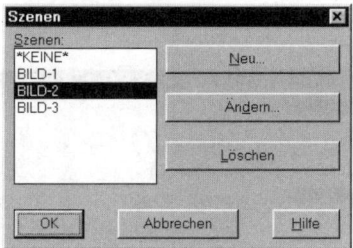

Abbildung 6.31: Dialogfenster zur Auswahl einer Szene

Die gewünschte Szene kann markiert werden. Mit der Schaltfläche **LÖSCHEN** wird sie entfernt. Mit den Schaltflächen **NEU...** oder **ÄNDERN...** kommt ein weiteres Dialogfenster auf den Bildschirm (→ Abbildung 6.32).

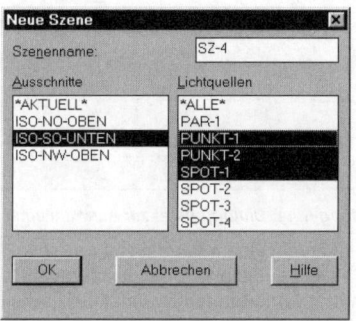

Abbildung 6.32: Dialogfenster zur Festlegung einer Szene

Ausschnitt und Lichter bilden die Szene, die mit einem Namen versehen gespeichert wird.

Ausführung: Befehl **RENDER**

Der eigentliche Rendervorgang wird mit dem Befehl **RENDER** gestartet. In einem Dialogfenster (→ Abbildung 6.33) werden die Einstellungen vorgenommen.

1. **Befehl RENDER auswählen**
   - ◆ Abrollmenü **ANZEIGE, RENDER ›, RENDER...**
   - ◆ Tablettfeld **M1**
   - ◆ Symbol im Werkzeugkasten **RENDER**

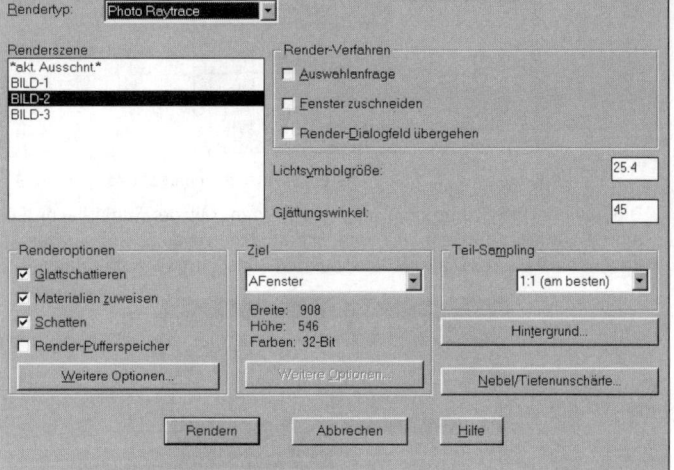

Abbildung 6.33: Dialogfenster zur Auswahl einer Szene

Rendertyp: Hier kann in einem Abrollmenü zwischen 3 Einstellungen gewählt werden. **RENDER** entspricht der Renderqualität von AutoCAD 13, also ohne Schattenwurf, Bitmap-Materialoberflächen, Spiegelung und Lichtbrechung. Die Einstellung *Photo Real* verwendet schon Bitmap-Oberflächen und berücksichtigt Schattenwurf. Erst mit der Einstellung *Photo Raytrace* können Sie Effekte durch Lichtbrechung und Spiegelung erzeugen.

Renderszene: In der Auswahlliste kann markiert werden, was gerendert werden soll, der aktuelle Ausschnitt oder eine Szene.

Render-Verfahren: Ist *Auswahlanfrage* ein, wird nicht das komplette Modell, sondern nur wählbare Objekte gerendert. Wenn der Schalter *Fenster zuschneiden* eingeschaltet ist, wird nur ein wählbares Fenster gerendert. Der Schalter *Render-Dialogfeld übergehen* unterdrückt das Dialogfenster. Der Render-Vorgang wird dann ohne Abfrage durchgeführt. Der Schalter kann mit dem Befehl **REINST** (➜ unten) wieder ausgeschaltet werden.

Lichtsymbolgröße: Wenn Sie in Ihrer Zeichnung Lichter plazieren, werden dort Symbole angezeigt. Mit dieser Einstellung können Sie einen Größenfaktor für die Symbole eingeben.

Glättungswinkel: Einstellung des Winkels, ab dem beim Rendern eine Kante gesetzt wird. Kleinere Winkel werden geglättet.

Renderoptionen: Mit dem Schalter *Glattschattieren* wird eingestellt, daß der Renderer auf einer vielflächigen Oberfläche die Farbverläufe über mehrere Flächen hinweg angleicht. Damit erhält man kontinuierliche Farbverläufe. *Materialien zuweisen* bewirkt, daß Materialien beim Rendern verwendet werden. Mit dem Schalter **SCHATTEN** wird die Schattengenerierung eingeschaltet.

Ziel: Auswahl des Renderziels im Abrollmenü. Möglich sind **AFENSTER**, **RENDERFENSTER** und **DATEI**. Wird **DATEI** gewählt, läßt sich mit der Schaltfläche **WEITERE OPTIONEN...** der Dateityp, die Farbtiefe und die Auflösung einstellen. Beim Rendern in das Renderfenster wird das Bild in ein separates Fenster übertragen, aus dem dann auch das Bild gedruckt werden kann.

Teil-Sampling: Verringerung der Auflösung für Probe-Renderings.

HINTERGRUND: Aufruf des Befehls **HINTERGRUND**.

NEBEL/TIEFENUNSCHÄRFE: Aufruf des Befehls **NEBEL**.

Ausführung: Befehl REINST

Mit dem Befehl **REINST** werden die Voreinstellungen des Befehls **RENDER** im gleichen Dialogfenster (➜ Abbildung 6.33) vorgenommen wie bei diesem Befehl.

1. **Befehl REINST auswählen**
   - ◆ Abrollmenü **ANZEIGE, RENDER ›, VOREINSTELLUNGEN...**
   - ◆ Tablettfeld **R2**
   - ◆ Symbol im Werkzeugkasten **RENDER**

Ausführung: Befehl STAT

Der Befehl **STAT** zeigt Informationen zum gerenderten Bild an.

1. **Befehl STAT auswählen**
   - ◆ Abrollmenü **ANZEIGE, RENDER ›, STATISTIK...**
   - ◆ Symbol im Werkzeugkasten **RENDER**

7 Blöcke, Attribute, externe Referenzen und Gruppen

7.1 Blöcke

In AutoCAD lassen sich Objekte in der Zeichnung zu einer Einheit, einem sogenannten Block, zusammenfassen. Der Block wird unter einem Namen mit der Zeichnung (interner Block) oder als eigenständige Zeichnungsdatei (externer Block) auf der Festplatte gespeichert.

Eigenschaften von Blöcken

- Blöcke erhalten einen Blocknamen, der bis zu 31 Zeichen lang sein darf.
- In die Zeichnung eingefügte Blöcke sind Einheiten. Editierbefehle wirken auf den Block insgesamt.
- Blöcke können aus Objekten einer bestehenden Zeichnung definiert werden, oder es kann eine ganze Zeichnung wie ein Block behandelt werden.
- Blöcke können mit verschiedenen Maßstäben und Drehwinkeln eingefügt werden.
- Elemente der Blöcke werden bei der Einfügung auf ihrem Ursprungslayer gezeichnet, unabhängig davon, welcher Layer aktuell ist.
- Die Blockeinfügung wird jedoch auf dem aktuellen Layer gespeichert, das heißt, wird ein Layer mit Objekten des Blocks ausgeschaltet, verschwinden diese Objekte. Wird der Layer ausgeschaltet, der bei der Blockeinfügung aktiv war, verschwindet der ganze Block.
- Existieren die benannten Elemente (Layer, Textstile usw.) einer Datei, die als Block eingefügt wird, in der Zeichnung nicht, werden sie angelegt.
- Bei Namensgleichheit benannter Elemente (Layer, Textstile usw.) von Block und Zeichnung sind die Elemente der Zeichnung dominant. Das heißt, existiert beispielsweise im Block und in der Zeichnung ein Layer *Kontur*, ist diesem in der Zeichnung die Farbe Rot und im Block die Farbe Gelb zugeordnet. Die Elemente des eingefügten Blockes vom Layer *Kontur* werden in der Zeichnung deshalb auch rot dargestellt.

- Wenn die ursprünglichen Objekte auf dem Layer 0 gezeichnet wurden, werden sie bei der Einfügung auf dem aktuellen Layer gezeichnet und bekommen dessen Farbe und Linientyp.
- Wenn Objekte mit Farbe und/oder Linientyp *VONBLOCK* gezeichnet wurden, erhalten sie die bei der Einfügung aktuelle Farbe und/oder Linientyp. Ist keine Farbe oder kein Linientyp eingestellt (Einstellung *VONLAYER*), werden die Einstellungen vom aktuellen Layer übernommen.
- Blöcke können verschachtelt sein, das heißt, Blöcke können weitere Blöcke enthalten.
- Blöcke können mit dem Befehl Ursprung wieder in ihre Bestandteile (→ 8.2) zerlegt werden.
- Blöcke, die mit unterschiedlichen Faktoren eingefügt wurden, können jetzt auch mit dem Befehl Ursprung (→ 8.2) zerlegt werden.
- Blöcke können auch schon als Einzelobjekte in die Zeichnung eingefügt werden.

Vorteile von Blöcken

- Wie in der Textverarbeitung mit Textbausteinen lassen sich Zeichnungen aus Standardbausteinen zusammenfügen.
- Blöcke können in Bibliotheken gespeichert werden, die der Anwender nach seinen Bedürfnissen erstellen kann.
- Blöcke können einfach innerhalb einer Zeichnung neu definiert werden, wenn sie sich ändern. Dadurch werden alle Einfügungen in einer Zeichnung mitgeändert.
- Blöcke ergeben kompaktere Zeichnungsdateien.

Ausführung: Befehl Bmake

Der Befehl Bmake faßt Objekte einer Zeichnung zu einem Block zusammen.

1. **Befehl Bmake auswählen**
   - Abrollmenü Zeichnen, Block >, Erstellen...
   - Tablettfeld N9
   - Symbol im Werkzeugkasten Zeichnen

   Die Einstellungen für den Block werden in einem Dialogfenster (→ Abbildung 7.1) vorgenommen.

   Blockname: Gewünschten Blocknamen im Feld eintragen. Wird ein Name verwendet, der in der Zeichnung schon verwendet wurde, passiert zuerst noch nichts. Erst wenn alle Eingaben gemacht sind und **OK** angeklickt wird, erscheint eine Warnung in einem Fenster. Es kann gewählt werden, ob der Block neu definiert werden soll oder ob ein neuer Name eingege-

ben werden soll. Wird der Block neu definiert, werden alle Blöcke dieses
Namens in der Zeichnung durch den neu definierten ersetzt.

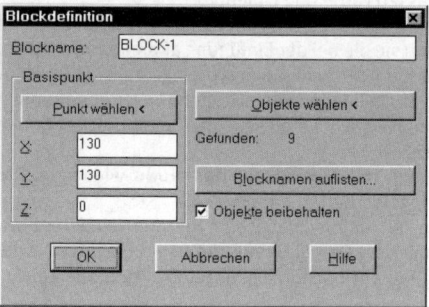

Abbildung 7.1: Dialogfenster zur Bildung eines Blocks

BLOCKNAMEN AUFLISTEN...: In einem weiteren Fenster werden alle Blöcke
aufgelistet, die in die Zeichnung eingefügt sind (→ Abbildung 7.2).

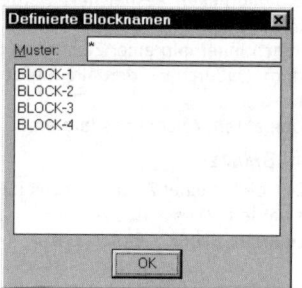

Abbildung 7.2: Blöcke in der Zeichnung

■ **Basispunkt:** Der Basispunkt ist der Punkt, an dem der Block später in der
Zeichnung plaziert wird (→ Abbildung 7.3). Die Koordinaten des Punkts (X,
Y und Z) können in die entsprechenden Felder eingetragen werden. Klickt
man die Schaltfläche **PUNKT WÄHLEN <** an, verschwindet das Dialogfenster
vorübergehend, und der Punkt kann in der Zeichnung gewählt werden. Die
Koordinaten werden in das Dialogfenster übernommen.

Blöcke

7.1

Objekte wählen <: Klickt man diese Schaltfläche an, verschwindet das Dialogfenster ebenfalls, und die Objekte, die zu dem Block gehören sollen, können in der Zeichnung gewählt werden (→ Abbildung 7.3). Die Zahl der gewählten Objekte wird in das Dialogfenster übernommen.

Objekte beibehalten: Ist der Schalter aus, verschwinden die Objekte aus der Zeichnung, die zu einem Block zusammengefaßt wurden. Ist er ein, bleibt die Zeichnung unverändert.

Anmerkung

■ Mit dem Befehl **Block** können die gleichen Funktionen ausgeführt werden. Der Befehl arbeitet ohne Dialogfenster im Befehlszeilenfenster.

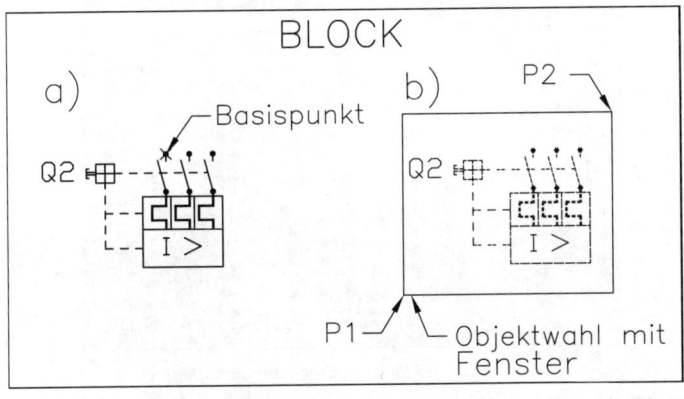

Abbildung 7.3: Blockdefinition

Ausführung: Befehl Basis

Soll eine Zeichnung als Block komplett in eine andere Zeichnung eingefügt werden, kann der Basispunkt für eine spätere Einfügung bestimmt werden.

1. **Befehl Basis eingeben**
   ◆ Abrollmenü **Zeichnen, Block >, Basis**
2. **Befehlsanfrage:**
   ```
   Befehl: BASIS
   Basispunkt:
   ```

   Wird kein spezieller Basispunkt für eine Zeichnung mit diesem Befehl festgelegt, so ist der Punkt 0,0,0 der Basispunkt.

Blöcke

7.1

Ausführung: Befehl DDINSERT

Mit dem Befehl **DDINSERT** lassen sich mit einem Dialogfenster (→ Abbildung 7.4) Blöcke einfügen oder Zeichnungsdateien in die aktuelle Zeichnung als Block einfügen.

1. **Befehl DDINSERT auswählen**
   - ◆ Abrollmenü EINFÜGEN, BLOCK...
   - ◆ Tablettmenü T5
   - ◆ Symbol Werkzeugkasten EINFÜGEN

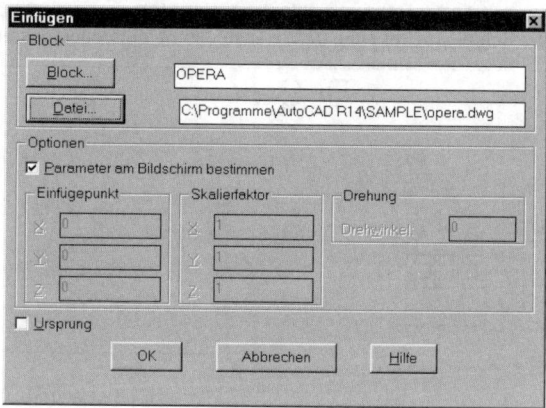

Abbildung 7.4: Blöcke einfügen mit Dialogfenster

■ **Block einfügen:** Blocknamen in das Feld eintragen oder auf das Feld **BLOCK..** klicken und den Block aus der Liste auswählen.

■ **Zeichnungsdatei als Block einfügen:** Dateinamen in das Feld eintragen oder auf das Feld **DATEI..** klicken und die Datei aus dem Dateiwähler aussuchen.

■ **Einfügeparameter bestimmen:** Werte für den Einfügebasispunkt, Maßstab und Drehung eintragen. Ist das Feld *Parameter am Bildschirm bestimmen* eingeschaltet, können die Werte bei der Plazierung im Dialog eingegeben werden.

```
Einfügepunkt:
X Faktor <1> / Ecke/ XYZ:
Y Faktor (Vorgabe=X):
Drehwinkel <0.0>:
```

Blöcke

7.1

332

Ursprung: Ist das Feld angekreuzt, wird der Block, in seine Bestandteile zerlegt, eingefügt. Er bildet dann keine zusammengehörende Einheit mehr.

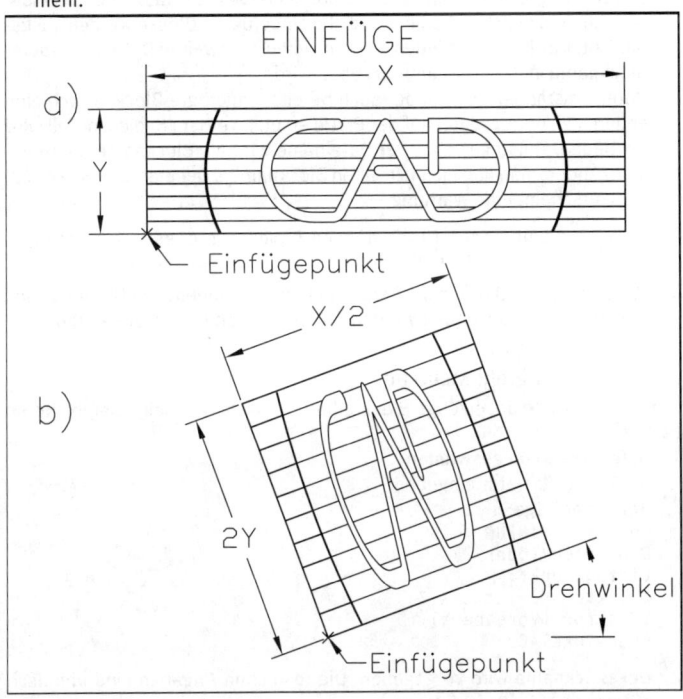

Abbildung 7.5: Blöcke einfügen

Anmerkungen

- Mit dem Befehl **Einfüge** können die gleichen Funktionen ausgeführt werden. Der Befehl arbeitet ohne Dialogfenster im Befehlszeilenfenster.
- Wird eine Datei in die Zeichnung eingefügt, wird daraus in der Zeichnung ein Block erzeugt. Für den Blocknamen wird der Dateiname übernommen. Er erscheint im Dialogfeld in der obersten Zeile (**Block...**), den Sie aber auch ändern können. Das macht dann Sinn, wenn mehrere Dateien mit

333

demselben Namen aus verschiedenen Ordnern in die Zeichnung übernommen werden sollen. Bei Namensgleichheit in der Zeichnung kommt es
zu Schwierigkeiten. Dann überschreibt der neue Block den bereits geladenen mit dem gleichen Namen, und alle eingefügten Blöcke werden ausgetauscht. Das kann vermieden werden, wenn der zweiten Datei ein anderer
Blockname in der Zeichnung gegeben wird.

■ Unter Umständen sollen aber auch bereits eingefügte Blöcke durch eine
andere Zeichnungsdatei auf der Platte ersetzt werden. In diesem Fall wird
die neue Datei angewählt. Der Dateiname wird als Blockname übernommen. Ändert man diesen um in einen Blocknamen, der ersetzt werden soll,
dann erscheint eine Warnung:

```
Es gibt schon einen Block dieses Namens in dieser Zeichnung.
Möchten Sie ihn neu definieren?
```

■ Mit **OK** wird der Block in der Zeichnung überschrieben. Alle Blöcke dieses
Namens in der Zeichnung werden durch den neu eingelesenen Block ersetzt.

Ausführung: Befehl MEINFÜG

Der Befehl MEINFÜG erzeugt Blockreihen, ähnlich wie beim Befehl REIHE
(→ 4.9).

1. **Befehl MEINFÜG auswählen**
   ◆ Auf der Tastatur eingeben

2. **Befehlsanfrage:**
```
Befehl: MEINFÜG
Blockname (oder ?):
Einfügepunkt:
X-Faktor <1>/Ecke/XYZ:
Y-Faktor (Vorgabe=X):
Drehwinkel<0>:
```

Der Blockname wird vorgegeben. Die restlichen Angaben sind identisch
mit denen beim Befehl DDINSERT.

```
Anzahl Zeilen (---) <1>:
Anzahl Spalten (||||) <1>:
Zelle oder Abstand zwischen den Zeilen (---):
Abstand zwischen den Spalten (||||):
```
Zunächst wird die Zahl der Zeilen (→ Abbildung 7.6, A) und Spalten (→ Ab-
bildung 7.6, B) bestimmt. Danach der Abstand zwischen den Zeilen (→ Abbildung 7.6, C) und den Spalten (→ Abbildung 7.6, D). Wird bei der Anfrage

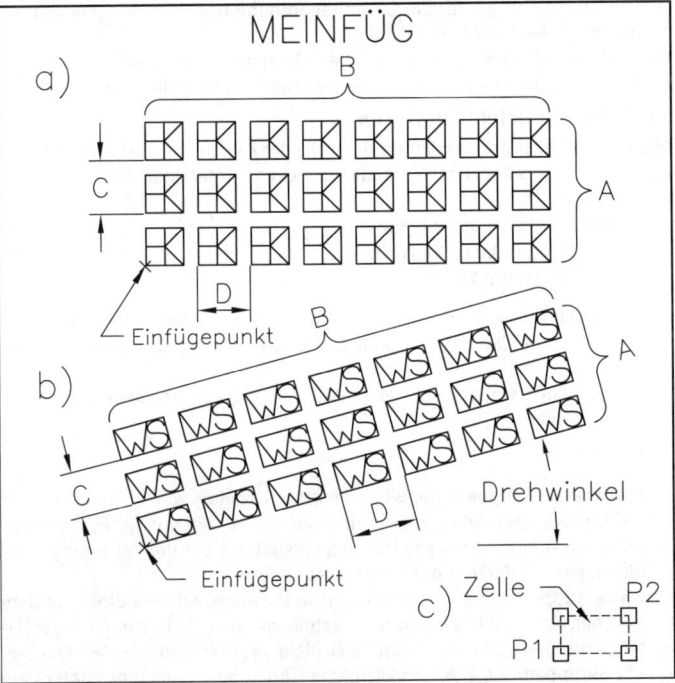

Abbildung 7.6: Blockreihen durch Mehrfacheinfügungen

Zelle oder Abstand zwischen den Zeilen (---):
ein Punkt eingegeben, kann ein Rechteck durch Eingabe eines weiteren
Punktes bestimmt werden. Daraus errechnen sich die Reihen- und Kolon-
nenabstände (→ Abbildung 7.6, c).

Anmerkungen

- Eine Blockreihe läßt sich nicht mit **URSPRUNG** zerlegen.
- Blöcke lassen sich nicht zerlegt in eine Blockreihe einfügen.
- Blockreihen lassen sich nicht editieren (außer **SCHIEBEN**, **DREHEN**, **KOPIE-REN** usw.).

- Der Drehwinkel gilt für die Gesamtanordnung und nicht für einen einzelnen Block (→ Abbildung 7.6, b).
- Negative Zeilenabstände bauen die Reihen nach unten auf.
- Negative Spaltenabstände bauen die Kolonnen nach links auf.

Ausführung: Befehl ERSTELLEN

Mit dem Befehl ERSTELLEN lassen sich Teile der Zeichnung oder die komplette Zeichnung in verschiedenen Formaten speichern, unter anderem auch Blöcke als Zeichnungsdateien.

1. **Befehl ERSTELLEN auswählen**
   - Abrollmenü DATEI, ERSTELLEN...
   - Tablettmenü W24

   Mit dem Dateiwähler werden Laufwerk, Ordner und Dateiname bestimmt. Im Abrollmenü DATEITYP muß die Einstellung BLOCK (*.DWG) gewählt werden.

   Danach wird der Blockname abgefragt. Hier gibt es verschiedene Eingabemöglichkeiten:

   ```
   Blockname:
   ```

   Blockname eintippen: Der Block mit diesem Namen wird in der gewählten Zeichnungsdatei gespeichert. Blockname und Dateiname können verschieden sein, Sie können also auch einen Block aus der Zeichnung unter einem ganz anderen Dateinamen abspeichern.

   »=« eintippen: In der gewählten Zeichnungsdatei wird ein Block mit dem gleichen Namen wie der gewählte Dateiname gesucht und dann in der Datei gespeichert. Gibt es diesen Block nicht, erscheint eine Fehlermeldung.

   »*« eintippen: Die aktuelle Zeichnung wird komplett als Block unter dem gewählten Dateinamen gespeichert. Im Unterschied zum normalen Speichern (Befehl KSICH bzw. SICHALS) werden alle nicht verwendeten benannten Objekte aus der Zeichnung entfernt. Die Zeichnung wird »bereinigt« gespeichert.

   ⊖: Einzelne Objekte aus der aktuellen Zeichnung werden in der neuen Zeichnungsdatei gespeichert, ohne daß daraus vorher ein Block gemacht wurde. Basispunkt und Objekte werden abgefragt:

   ```
   Einfüge-Basispunkt:
   Objekte wählen:
   ```

Anmerkung

■ Zum Exportieren von Blöcken gibt es auch einen separaten Befehl: **WBLOCK**. Der ist nicht in den Menüs zu finden, kann aber auf der Tastatur eingegeben werden.

Ausführung: Blöcke zuschneiden

Blöcke, externe Referenzen (→ 7.3) und Bilddateien (→ 8.1), die Sie in eine Zeichnung eingefügt haben, sind zunächst immer ganz sichtbar. Soll aber nur ein Teil des Blockes angezeigt werden, kann ein eingefügter Block oder mehrere Blöcke gleichzeitig zugeschnitten werden.

1. Befehl XZUSCHNEIDEN auswählen
   ◆ Abrollmenü ÄNDERN, OBJEKT >, ZUSCHNEIDEN
   ◆ Tablettfeld X18
   ◆ Symbol im Werkzeugkasten REFERENZ

2. Befehlsanfrage
```
Befehl: XZUSCHNEIDEN
Objekte wählen:
Ein/Aus/Schnittiefe/Löschen/Polylinie generieren/<Neue Um-
grenzung>:
```

Optionen:

⏎: Vorgabeoption zur Erstellung einer neuen Umgrenzung für den Block. Objekte, die außerhalb dieser Umgrenzung liegen, werden ausgeblendet. Existiert bei den gewählten Blöcken schon eine Umgrenzung, erscheint eine Rückfrage, ob diese gelöscht werden soll:

```
Alte Umgrenzung(en) löschen? Nein/<Ja>:
```

Bei der Auswahl von Nein, bricht der Befehl ab. Ansonsten wird angefragt, wie die Umgrenzung gebildet werden soll.

```
Polylinie wählen/Polygonal/<Rechteckig>:
```

Jetzt kann eine schon bestehende Polylinie als Umgrenzung gewählt, ein Rechteck oder Polygon zur Umgrenzung aufgezogen werden.

AUS: Umgrenzung aus und ganzen Block sichtbar machen.

EIN: Umgrenzung ein und Block nur teilweise anzeigen.

POLYLINIE GENERIEREN: Eine bereits vorhandene Umgrenzung wird mit einer Polylinie nachgezeichnet.

LÖSCHEN: Umgrenzung löschen. Wurde eine Polylinie bei der Umgrenzung generiert, bleibt diese erhalten.

SCHNITTIEFE: Wenn schon vorher eine Umgrenzung erzeugt wurde, kann mit dieser Option eine vordere und hintere Ebene gewählt werden. Diese

Blöcke

7.1

liegen parallel zur Ansicht und beschneiden ein 3D-Modell so, daß nur der Teil dazwischen sichtbar ist.

```
Geben Sie Punkt vorne an oder [Abstand/Entfernen]:
Geben Sie Punkt hinten an oder [Abstand/Entfernen]:
```

Ein Punkt auf der vorderen und hinteren Ebene kann eingegeben werden. Mit der Option *Entfernen* bei den Eingaben der Punkte kann die entsprechende Ebene entfernt werden. Mit der Option *Abstand* wird der Abstand der Schnittebenen vom Betrachterstandort eingegeben.

Blöcke

7.1

7.2 Attribute

- Attribute sind Textinformationen, die mit einem Block gespeichert werden.
- Sie finden Verwendung, um in einer Zeichnung Beschriftungen in einer ganz bestimmten vordefinierten Form zu erzeugen, zum Beispiel zum Ausfüllen eines Zeichnungskopfes oder zum Anbringen von Referenznummern und Bezeichnungen an Bauteilen in einem Schemaplan.
- Sie können aber auch verwendet werden, um Informationen über eingefügte Teile mit der Zeichnung zu speichern. Dabei kann es sich um konstante Informationen handeln, z.B.: die DIN-Nummer eines Teils oder um variable Informationen, die bei der Blockeinfügung vergeben werden, z.B.: die Bestellnummer eines Teils. Diese Informationen lassen sich dann in einer Stückliste ausgeben.

Arbeiten mit Attributen

- Attribute werden mit dem Befehl **DDATTDEF** oder **ATTDEF** definiert.
- Diese Attributdefinitionen werden als Text in der Zeichnung in Großbuchstaben angezeigt.
- Attributdefinitionen lassen sich mit dem Befehl **DDEDIT** ändern.
- Attribute müssen bei der Blockdefinition mit dem Befehl **BMAKE** in den Block aufgenommen werden.
- Bei der Blockeinfügung werden die Werte für variable Attribute abgefragt.
- Hat die Systemvariable **ATTDIA** einen Wert ungleich 0, wird ein Dialogfenster zur Attributanfrage verwendet.
- Variable Attribute können nach der Einfügung mit den Befehlen **DDATTE** oder **ATTEDIT** editiert werden.
- Attribute werden je nach Attributmodus in der Zeichnung angezeigt oder nicht angezeigt.
- Die globale Anzeige steuert der Befehl **ATTZEIG**.
- Attribute können mit dem Befehl **DDATTEXT** oder **ATTEXT** in einer Textdatei ausgegeben werden.
- Dazu muß zuvor eine Dateischablone erstellt werden, die das Format der Ausgabe festlegt.
- Aus diesen Informationen kann von einem nachgeschalteten Programm z.B. eine Stückliste erzeugt werden.

Ausführung: Befehl DDATTDEF

Mit dem Befehl **DDATTDEF** lassen sich Attribute in einem Dialogfenster (→ Abbildung 7.7) definieren.

1. **Befehl DDATTDEF auswählen**
   ◆ Abrollmenü **ZEICHNEN**, **BLOCK >**, **ATTRIBUTE...**
   Die Eingaben erfolgen in einem Dialogfenster (→ Abbildung 7.7).

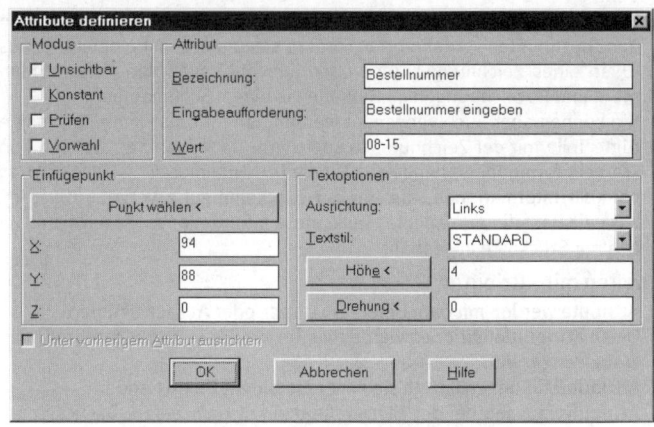

Abbildung 7.7: Attribute definieren im Dialogfenster

■ **Modus:** Links oben im Dialogfenster kann der Modus für das Attribut eingestellt werden. Vier verschiedene Modi sind vorhanden:

  Unsichtbar: Ist dieser Modus gewählt, ist das Attribut nach der Blockeinfügung nicht sichtbar.

  Konstant: Ist dieser Modus gewählt, erhält das Attribut einen festen Wert und wird bei der Blockeinfügung nicht angefragt. Er kann auch später nicht editiert werden.

  Prüfen: Ist dieser Modus gewählt, wird der Wert nach der Eingabe im Dialogbereich zur Überprüfung nochmal gelistet. Bei Eingabe im Dialogfenster ist dieser Modus ohne Bedeutung.

  Vorwahl: Ist dieser Modus gewählt, wird das Attribut auf einen vorgewählten Wert gesetzt und bei der Blockeinfügung nicht angefragt. Er kann aber später editiert werden.

■ **Attribut:** Für das Attribut ist eine *Bezeichnung* erforderlich. Zusätzlich kann eine *Eingabeaufforderung* vorgegeben werden. Bei der Abfrage erscheint dann dieser Text. Im Feld *Wert* kann ein Vorgabewert für das Attribut eingetragen werden.

- **Einfügepunkt:** Der Einfügepunkt kann eingetragen werden oder man klickt auf die Schaltfläche **PUNKT WÄHLEN <** und wählt den Punkt in der Zeichnung. Befindet sich schon ein Attribut in der Zeichnung, läßt sich das nächste direkt unter dem vorherigen plazieren, wenn der Schalter *Unter vorherigem Attribut ausrichten* ein ist.
- **Textoptionen:** Attribute werden wie Text in der Zeichnung plaziert. Im Feld *Textoptionen* werden die Parameter für die Schrift des Attributs eingestellt. Das sind dieselben Parameter wie beim Befehl **DTEXT**.

Anmerkung

- Mit dem Befehl **ATTDEF** lassen sich die gleichen Funktionen ausführen, allerdings ohne Dialogfenster im Befehlszeilenfenster.

Ausführung: Änderung von Attributdefinitionen

Mit dem Befehl **DDEDIT** lassen sich außer Textzeilen auch Attributdefinitionen bearbeiten (→ auch 5.8).

1. **Befehl DDEDIT auswählen**
   - ◆ Abrollmenü **ÄNDERN, OBJEKT >, TEXT BEARBEITEN...**
   - ◆ Tablett **Y21**
   - ◆ Symbol im Werkzeugkasten **ÄNDERN II**
2. **Befehlsanfrage:**
   ```
   Befehl: DDEDIT
   <Text oder ATTDEF Objekt wählen>/Zurück:
   ```

Eine Attributdefinition kann mit der Pickbox gewählt werden. Danach erscheint ein Dialogfenster (→ Abbildung 7.8), in dem Bezeichnung, Anfrage und Vorgabewert geändert werden können.

Z (ZURÜCK): Nimmt die letzte Änderung zurück.

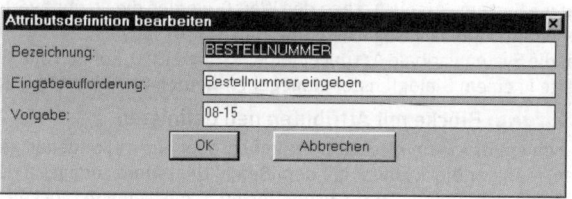

Abbildung 7.8: Änderung von Attributdefinitionen im Dialogfenster

Ausführung: Blöcke mit Attributen einfügen

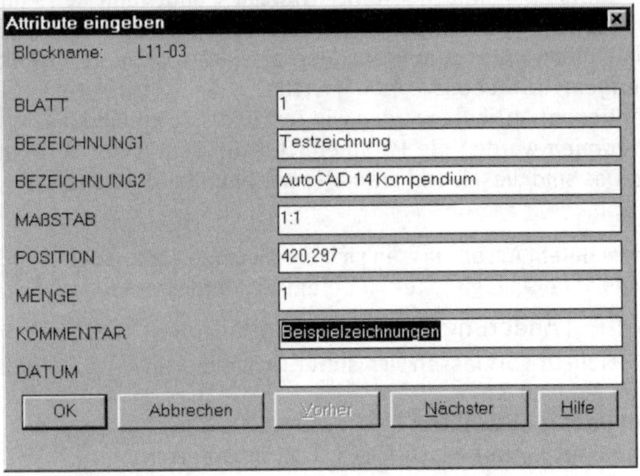

Abbildung 7.9: Dialogfeld zur Eingabe der Attributwerte

Beim Einfügen von Blöcken mit Attributen in die Zeichnung, werden die variablen Attributwerte angefragt:

```
Attributwerte eingeben:
```

Danach erscheinen die Anfragetexte mit eventuellen Vorgabewerten. Vorgabewerte werden mit ⏎ übernommen, andere Werte neu eingegeben.

Anmerkungen

- Hat die Systemvariable **ATTREQ** den Wert 0, werden die Attributwerte nicht abgefragt. Eine nachträgliche Editierung ist aber möglich.
- Hat die Systemvaribale **ATTDIA** einen Wert ungleich 0, können die Attributwerte in einem Dialogfenster eingegeben werden (➔ Abbildung 7.9).

Ausführung: Blöcke mit Attributen neu definieren

Soll zu einem Block ein Attribut hinzugefügt oder ein vorhandenes gelöscht werden, muß der Block zuerst mit dem Befehl **URSPRUNG** zerlegt, in der neuen Form mit dem Befehl **BMAKE** wieder erzeugt, müssen alte Blockeinfügungen gelöscht und an allen Stellen wieder neu eingefügt werden. Das ist sehr aufwendig, wenn der Block schon mehrfach eingefügt wurde. Mit dem Befehl **ATTREDEF** wird dieser Vorgang vereinfacht.

1. **Befehl ATTREDEF auswählen**
   - ◆ Auf der Tastatur eingeben

2. **Befehlsanfrage:**
```
Befehl: ATTREDEF
Blockname zum Neudefinieren:
Objekte für neuen Block wählen...
Objekte wählen:
Basispunkt der Einfügung für neuen Block:
```

Anmerkungen

- Die Vorgehensweise ist wie folgt: Eine Blockeinfügung mit dem Befehl **Ur-sprung** zerlegen.
- Neue Attributdefinition erstellen oder vorhandene löschen.
- Mit der Funktion **Attredef** Block mit neuen Attributen erstellen.
- Alle eingefügten Blöcke dieses Namens werden korrigiert, alte Attribut-werte bleiben erhalten, hinzugefügte Attribute werden auf ihre Vorgabe-werte gesetzt.

Ausführung: Befehl DDATTE

Der Befehl **Ddatte** ermöglicht die Editierung von Attributen im selben Dialog-fenster, mit dem sie eingegeben wurden.

1. **Befehl Ddatte auswählen**
   - Abrollmenü **Ändern, Objekt >, Attribute >, Bearbeiten**
   - Tablettfeld **X21**
   - Symbol im Werkzeugkasten **Ändern II**

2. **Befehlsanfrage:**
```
Befehl: DDATTE
Block wählen:
```

Die Attribute des gewählten Blocks erscheinen im Dialogfenster (→ Abbil-dung 7.9) und sind änderbar.

Ausführung: Befehl Attedit

Mit dem Befehl **Attedit** lassen sich variable Attributwerte von bereits einge-fügten Blöcken ändern.

1. **Befehl Attedit auswählen**
   - Abrollmenü **Ändern, Objekt >, Attribute >, Global bearbeiten**

2. **Befehlsanfrage:**
```
Befehl: ATTEDIT
Attribute einzeln editieren? <J>
```

Zwei Editiermöglichkeiten stehen zur Verfügung:
Einzeleditierung: Blöcke bzw. Attribute werden mit der Objektwahl be-stimmt. Die Auswahl kann mit 3 Abfragen auf bestimmte Attribute be-grenzt werden:

```
Blockname <*>:
Attributbezeichnung <*>:
Attributwert <*>:
```

Folgende Größen können bei den gewählten Attributen einzeln geändert werden: Attributwert, Schrift (Position, Höhe, Stil, Winkel), Layer und Farbe.

Globale Editierung: Globale Editierung aller Attribute in einer Zeichnung. Eine Beschränkung auf sichtbare Attribute ist möglich. Wie bei der Einzeleditierung kann die Auswahl eingeschränkt werden. Danach lassen sich die Attributwerte der Attribute gemeinsam ändern.

Ausführung: Befehl ATTZEIG

Mit dem Befehl **ATTZEIG** wird die Anzeige von Attributwerten in der Zeichnung gesteuert.

1. Befehl **ATTZEIG** auswählen
   ◆ Abrollmenü **ANZEIGE, ANZEIGE >, ATTRIBUTANZEIGE >,** Optionen des Befehls

2. Befehlsanfrage:
```
Befehl: ATTZEIG
Normal/Ein/Aus <aktueller Wert>:
```

Optionen:
N (NORMAL): Nur sichtbare Attribute anzeigen.
E (EIN): Alle Attribute (auch unsichtbare) werden angezeigt.
A (AUS): Keine Attribute anzeigen.

Ausführung: Befehl DDATTEXT

Mit dem Befehl **DDATTEXT** lassen sich Attribute in eine Datei ausgeben. Die Ausgabe wird in einem Dialogfenster (➔ Abbildung 7.10) gesteuert.

1. Befehl **DDATTEXT** auswählen
   ◆ Auf der Tastatur eingeben

Dateiformat:
   ◆ **CDF-Datei:** Ausgabedatei im Comma-Delimited-Format, das heißt, die einzelnen Felder haben keine feste Länge, sondern werden durch Komma getrennt. Texte werden zusätzlich in Apostroph-Zeichen eingeschlossen.
   ◆ **SDF-Datei:** Ausgabedatei im Standard-Delimited-Format, das heißt, die Felder haben eine feste Länge und keine Trennzeichen.
   ◆ **DXF-Datei:** Variante des Formats der AutoCAD DXF-Zeichnungsaustauschdateien, bei dem nur Blöcke und deren Attribute abgespeichert werden.

7.2

OBJEKTE WÄHLEN: Feld **OBJEKTE WÄHLEN ‹** anklicken und die Blöcke, deren Attribute ausgegeben werden sollen, in der Zeichnung auswählen.
DATEISCHABLONE: Dateischablone (→ unten) mit dem Dateiwähler aussuchen.
AUSGABEDATEI: Ausgabedatei (→ unten) mit dem Dateiwähler festlegen.

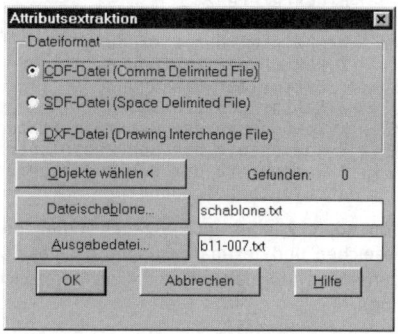

Abbildung 7.10: Attribute ausgeben

Anmerkungen

- Mit dem Befehl **ATTEXT** lassen sich die gleichen Funktionen ausführen, allerdings ohne Dialogfenster im Befehlszeilenfenster.
- Eine sogenannte Dateischablone legt das Ausgabeformat fest. Es ist eine Textdatei, die die Felder der Ausgabedatei definiert. Sie wird bei der Attributausgabe als Formatvorgabe festgelegt. Bei der Ausgabe von Attributen für Möbel könnte die Schablonendatei wie folgt aussehen:

```
BL:NAME  C015000    (AutoCAD-Blockname, max 15 Zeichen)
BL:X     N008002    (X-Einfuegepunkt, Zahlenwert)
BL:Y     N008002    (Y-Einfuegepunkt, Zahlenwert Format)
BEZEICHN C020000    (Attribut: Bezeichnung, max 20 Zeichen)
HERSTELL C015000    (Attribut: Hersteller, max 15 Zeichen)
MODELL   C010000    (Attribut: Modell, max 10 Zeichen)
PREIS    N008002    (Attribut: Preis, Zahlenwert Format)
```

- An erster Stelle steht der Ausgabewert. Das ist in der Regel die Attributbezeichnung. Es kann aber auch ein Wert des eingefügten Blockes sein. Folgende Angaben können in die Ausgabedatei übernommen werden und werden in der Schablonendatei wie folgt angegeben:

Attribute

7.2

345

```
BL:LEVEL        Ebene der Blockverschachtelung
BL:NAME         Blockname
BL:X            X-Einfügepunkt
BL:Y            Y-Einfügepunkt
BL:Z            Z-Einfügepunkt
BL:NUMBER       Blockzähler
BL:HANDLE       Blockreferenz
BL:LAYER        Layer der Blockeinfügung
BL:ORIENT       Drehwinkel der Einfügung
BL:XSCALE       X-Faktor der Einfügung
BL:YSCALE       Y-Faktor der Einfügung
BL:ZSCALE       Z-Faktor der Einfügung
BL:XEXTRUDE     X-Komponente der Hochzugsrichtung
BL:YEXTRUDE     Y-Komponente der Hochzugsrichtung
BL:ZEXTRUDE     Z-Komponente der Hochzugsrichtung
Attribut        Attributbezeichnung
```

■ In der Schablonendatei können auch Angaben stehen, die festlegen, welche Feldtrennzeichen und Textmarkierungen bei der CDF-Ausgabe verwendet werden sollen (normalerweise »,« als Trennzeichen und »'« als Textmarkierung):

```
C:DELIM CFeldtrennzeichen
C:QUOTE CTextmarkierung
```

■ Die Formatangabe läßt zwei Datentypen zu:

```
NxxxyyyNumerische Werte mit xxx=Stellenzahl
und yyy=Nachkommastellen
Cxxx000Texte mit xxx=Zahl der Zeichen
```

■ Die Angaben xxx und yyy müssen dreistellig sein, z.B.: N010002 oder C020000.

■ Die Ausgabedatei könnte bei Verwendung der obigen Schablonendatei und dem CDF-Format wie folgt aussehen:

```
'SOFA2', 240.00, 224.00,'Zweiersofa','Fa. Pol-
ster','LED160', 2250.00
'SESSEL', 233.00, 171.00,'Sessel','Fa. Polster','LED80',
975.00
'TISCH', 287.00, 151.00,'Tisch','Fa. Tischler','FL120',
850.00
'SOFA3', 305.00, 129.00,'Dreiersofa','Fa. Pol-
ster','LED240', 3450.00
'SCHRANKW', 339.00, 37.00,'Schrankw','Fa. Giganto','MAS-
SIG', 4750.00
'ESSGRUPPE', 103.00, 39.00,'Essgr','Fa. Sitz-
gut','ESS2000', 1950.00
```

```
'BUCHREGAL', 53.00, 59.00,'Buchreg','Fa. Buch-
wurm','BCH100', 1200.00
```

■ Bei Ausgabe im SDF-Format würde dagegen die folgende Datei erzeugt werden:

```
SOFA2      240.00 224.00 Zweiersofa Fa. Polster   LED160
2250.00
SESSEL     233.00 171.00 Sessel     Fa. Polster   LED80
975.00
TISCH      287.00 151.00 Tisch      Fa. Tischler  FL120
850.00
SOFA3      305.00 129.00 Dreiersofa Fa. Polster   LED240
3450.00
SCHRANKW   339.00  37.00 Schrankw   Fa. Giganto   MASSIG
4750.00
ESSGRUPPE  103.00  39.00 Essgr      Fa. Sitzgut   ESS2000
1950.00
BUCHREGAL   53.00  59.00 Buchreg    Fa. Buchwurm  BCH100
1200.00
```

■ Um Attribute im DXF-Format auszugeben, kann auch der Befehl **ERSTEL-LEN** (➔ 9.2) verwendet werden, der im Abrollmenü **DATEI** zu finden ist.

Attribute

7.2

7.3 Externe Referenzen

Mit der Möglichkeit der externen Referenz lassen sich andere Zeichnungen in eine Zeichnung einfügen, ohne sie fest zu integrieren. Es existiert nur ein Verweis zur eingebundenen Zeichnung.

Eigenschaften von externen Referenzen

- Wenn eine Zeichnung mit externen Referenzen auf den Bildschirm geholt wird, werden die referenzierten Zeichnungen mitgeladen. Dadurch wird immer der aktuelle Stand gezeigt.
- Eine Zeichnung kann beliebig viele Einzelteilzeichnungen in Form von externen Referenzen enthalten.
- Externe Referenzen können verschachtelt werden, die referenzierte Zeichnung kann wieder externe Referenzen enthalten.
- Eingefügte externe Referenzen können nur insgesamt verschoben, kopiert, gedreht und skaliert werden.
- Die Farbe, der Linientyp und die Sichtbarkeit der Layer von eingefügten externen Referenzen kann geändert werden. Ein Layer davon kann aber nicht zum aktuellen Layer gemacht werden.
- Änderungen an der Sichtbarkeit der abhängigen Layer gelten nur für die Arbeitssitzung. Hat die Systemvariable **VISRETAIN** den Wert 1, werden die Einstellungen gespeichert. Änderungen an Farbe und Linientyp gelten immer nur für eine Arbeitssitzung.
- Layer von eingefügten externen Referenzen werden in die Zeichnung übernommen. Der Layername wird dem Zeichnungsnamen der referenzierten Zeichnung vorangestellt. Zum Beispiel: Die Zeichnung *HAUS* wurde als externe Referenz eingefügt. Sie hat die Layer *WAND, MOEBEL* und *MASSE*. In der Zeichnung, in der die Zeichnung *HAUS* übernommen wurde, existieren dann die Layer *HAUS|WAND, HAUS|MOEBEL* und *HAUS|MASSE*.
- Dasselbe erfolgt mit anderen benannten Elementen wie Textstilen, Bemaßungsstilen usw.

Ausführung: Befehl XREF

Mit dem Befehl **XREF** können externe Referenzen in einem Dialogfenster verwaltet werden.

1. **Befehl XREF auswählen**
   - ◆ Abrollmenü **EINFÜGEN, XREF...**
   - ◆ Tablettfeld **T4**
   - ◆ Symbole in den Werkzeugkasten **EINFÜGEN** und **REFERENZ**

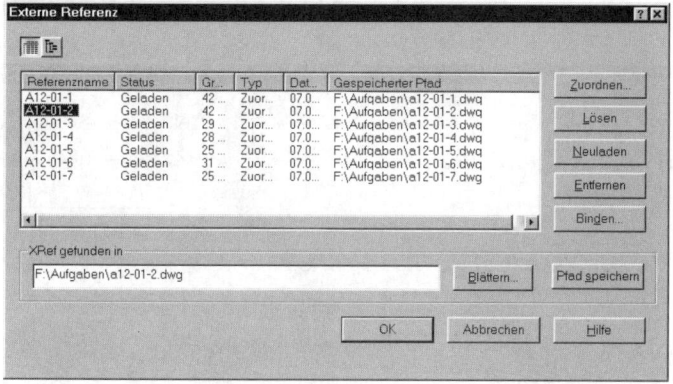

Abbildung 7.11: Dialogfeld zur Verwaltung von externen Referenzen

Xref zuordnen: Zur Übernahme von Zeichnungen als externe Referenz wird die Schaltfläche ZUORDNEN.... verwendet. Ist bisher noch keine externe Referenz in der Zeichnung, erscheint gleich der Dateiwähler zur Auswahl der Zeichnung. Danach erscheint ein weiteres Dialogfenster, in dem die Parameter für die Einfügung eingegeben werden können (→ Abbildung 7.12). Wurde in der Zeichnung schon einmal eine externe Referenz zugeordnet, erscheint gleich dieses Dialogfeld. Mit der Schaltfläche BLÄTTERN... kann eine neue Datei gewählt werden. Es kann aber auch eine schon verwendete Referenz ein weiteres Mal in der Zeichnung plaziert werden.

- **XRef-Name:** Auflistung aller Dateien, die in der Zeichnung als Referenzen zugeordnet sind.
- **Referenztyp:** Die Art der Bindung kann gewählt werden. Mit dem Typ *Ansatz* wird die Referenz dauerhaft plaziert. Soll die Referenz nur vorübergehend eingeblendet werden, ist der Typ *Überlagern* sinnvoll.

Mit Pfad speichern: Ist der Schalter an, wird der Pfad der externen Referenz in der Zeichnung gespeichert. Stehen dann die externen Referenzen in einem anderen Pfad, kommt es zu Fehlermeldungen, weil AutoCAD beim öffnen der Zeichnung nur im ursprünglichen Ordner sucht. Ist der Schalter ausgeschaltet und die Zeichnungen sind in einem anderen Ordner, sucht AutoCAD in den Ordnern für die Supportdateien. In AutoCAD 14 kann zudem ein Projektordner angegeben werden, der ebenfalls in den Voreinstellungen gespeichert wird. Externe Referenzen werden auch hier gesucht, wenn Sie nicht mehr am Originalplatz stehen und der Pfad nicht mit gespeichert wurde.

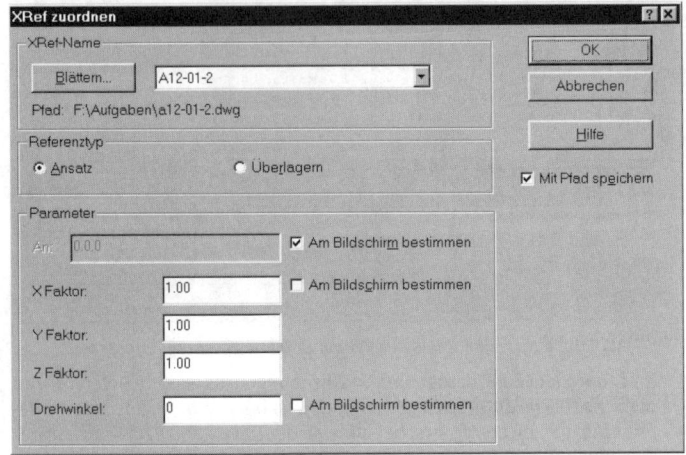

Abbildung 7.12: Parameter für die Einfügung einer externen Referenz

■ **Parameter:** Einfügepunkt, Skalierfaktoren für X, Y und Z sowie der Einfügewinkel können hier eingetragen werden. Hinter jedem Eingabefeld befindet sich die Option ***Am Bildschirm bestimmen***. Ist er eingeschaltet, wird dieser Wert beim Einfügen im Befehlszeilenfenster angefragt. Mit **OK** verschwindet das Fenster, und die Referenz kann plaziert werden.

Liste der externen Referenzen:

Im ersten Dialogfenster des Befehls (➔ Abbildung 7.11) befindet sich eine Liste aller zugeordneten externen Referenzen. Der Name der externen Referenz kann dort geändert werden. Sie bekommt damit einen anderen Namen als den der eingefügten Datei, einen sogenannten Aliasnamen. Außerdem wird in der Liste der Status und der Typ angezeigt. Ein Doppelklick auf den Typ schaltet ihn um. Dahinter wird das Datum und der Pfad angezeigt (nur wenn er gespeichert wurde).

Mit den beiden Schaltern links oberhalb der Liste kann der Anzeigemodus umgeschaltet werden. Wählbar ist die Anzeige in Form der Liste (➔ Abbildung 7.11) oder eine Baumanzeige, in

der dargestellt wird, wie die externen Referenzen verschachtelt sind
(→ Abbildung 7.13).

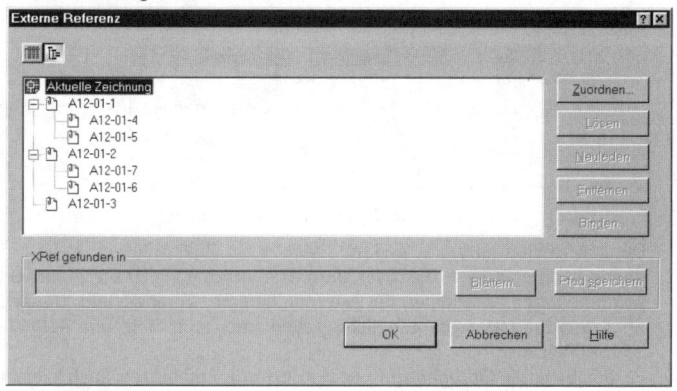

Abbildung 7.13: Externe Referenzen als Baumstruktur

Änderung an externen Referenzen:

LÖSEN: Lösen der Verbindung zu der externen Referenz bei dem Eintrag, der in der Liste (→ Abbildung 7.11) markiert wurde. Sie verschwindet aus der Zeichnung.

ENTFERNEN: Ausblenden der markierten externen Referenz. Sie wird nicht mehr angezeigt, die Verbindung bleibt aber in der Zeichnung gespeichert.

NEULADEN: Die markierten externen Referenzen werden wieder eingeblendet. Der Bildaufbau läßt sich beschleunigen, wenn die gerade nicht benötigten externen Referenzen aus der Zeichnung ausgeblendet werden.

XRef gefunden in: Der Pfad der markierten externen Referenz wird in diesem Feld angezeigt. Mit der Schaltfläche **BLÄTTERN...** wird der Dateiwähler wieder auf den Bildschirm gebracht, und es kann eine neue Datei gewählt werden. Die bisherige externe Referenz wird durch die neue ersetzt.

PFAD SPEICHERN: Bei den markierten externen Referenzen wird der Pfad in der Zeichnung gespeichert.

BINDEN...: Markierte externe Referenzen werden an die Zeichnung gebunden. In einem weiteren Dialogfenster kann die Art der Bindung gewählt werden (→ Abbildung 7.14).

Ist **Binden** angekreuzt, werden die externen Referenzen als Blöcke in die Zeichnung übernommen, die bei Bedarf auch mit dem Befehl **URSPRUNG** in ihre Bestandteile zerlegt werden können.

Abbildung 7.14: Externe Referenzen binden

Die Layernamen und alle weiteren benannten Objekte lassen weiterhin die Herkunft erkennen. Die Layer, die mit der externen Referenz importiert wurden, haben den Namen der externen Referenz vorangestellt. Danach folgt *0* und der ursprüngliche Layername, zum Beispiel: *A12-01-1$0$KONTUR*.

Ist der Schalter *Einfügen* ein, werden externe Referenzen auch hier in Blöcke umgewandelt. Alle benannten Objekte verlieren aber die Herkunft im Namen. Aus dem Layer *A12-01-1|KONTUR* wird *KONTUR*.

Anmerkungen

■ Externe Referenzen lassen sich wie Blöcke mit dem Befehl **XZUSCHNEIDEN** begrenzen und ausblenden (➜ 7.1).

■ Der Befehl **XREF** kann auch ohne Dialogfenster im Befehlszeilenfenster ausgeführt werden. Dazu muß er mit einem vorangestellten »-« gestartet werden: **-XREF**.

Ausführung: Befehl XBINDEN

Mit dem Befehl **XBINDEN** lassen sich benannte Elemente von eingefügten externen Referenzen in die Zeichnung übernehmen, ohne die externe Referenz selber zu binden.

1. **Befehl XBINDEN auswählen**
   ◆ Abrollmenü **ÄNDERN, OBJEKT ›, XREF ›, BINDEN…**
   ◆ Symbole im Werkzeugkasten **REFERENZ**
   Die Objekte können in einem Dialogfenster (➜ Abbildung 7.15) gewählt werden.

   Im linken Fenster sind alle externen Referenzen aufgelistet. Mit einem Doppelklick auf den Namen oder einem einfachen Klick auf das »+« davor, verzweigt man in der Hierarchie weiter nach unten. Es werden alle Objekttypen angezeigt. Klickt man noch eine Stufe weiter, werden die benannten

Objekte angezeigt. Sind die gewünschten Objekte markiert, wird die Schaltfläche **HINZUFÜGEN ->** angeklickt. Sie werden in die rechte Liste übernommen und damit gebunden. Sind Objekte falsch gewählt worden, können sie in der rechten Liste markiert werden und mit **<- ENTFERNEN** wieder entfernt werden.

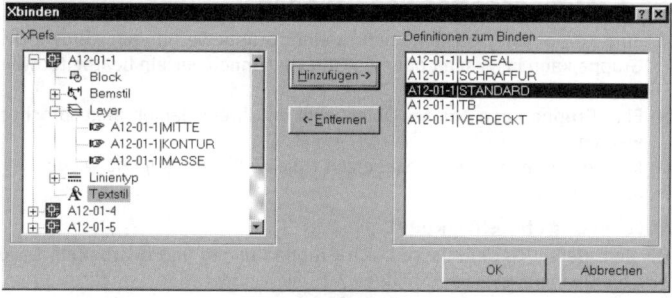

Abbildung 7.15: Binden benannter Objekte

Gebundene Objekte werden wie bei der Funktion **BINDEN...** des Befehls **XREF** benannt: *A12-01-1$0$KONTUR, A12-01-1$0$MASSE* usw.

7.4 Gruppen

Objekte lassen sich in der Zeichnung zu Gruppen zusammenfassen, und trotzdem können deren Bestandteile einzeln editiert werden. Bei den Objekten wird lediglich die Zugehörigkeit zu einer Gruppe gespeichert.

7.4.1 Eigenschaften von Gruppen

■ Eine Anzahl von Objekten kann zu einer Gruppe verbunden werden. Die Gruppe kann insgesamt oder die Objekte können einzeln bearbeitet werden.

■ Eine Gruppe kann bei der Objektwahl mit ihrem Namen angesprochen werden.

■ In eine Gruppe lassen sich jederzeit Objekte hinzufügen und wieder daraus entfernen.

Ausführung: Befehl GRUPPE

Mit dem Befehl GRUPPE lassen sich Gruppen bilden und bearbeiten. Dazu wird ein Dialogfenster (→ Abbildung 7.16) verwendet.

1. **Befehl GRUPPE auswählen**
   ◆ Abrollmenü WERKZEUGE, OBJEKTGRUPPE...

   Gruppe bilden:
   Im Feld *Gruppenname* einen Gruppennamen eintragen (max. 31 Zeichen). Zusätzlich kann im Feld *Beschreibung* ein Beschreibungstext mit maximal 64 Zeichen eingegeben werden.
   Feld *Wählbar* ankreuzen, wenn die Gruppe insgesamt anwählbar sein soll. Ist das Feld nicht angekreuzt, müssen die Objekte einzeln angewählt werden. Feld *Unbenannt* möglichst nicht ankreuzen, da die Gruppe dann nicht über ihren Namen angesprochen werden kann.
   Feld NEU ‹ anklicken, das Dialogfenster verschwindet und die Objekte, die zur Gruppe gehören sollen, können mit der Objektwahl ausgewählt werden. Objektwahl bestätigen und das Dialogfenster erscheint wieder. Mit OK beenden.

   Gruppe ändern:
   Gruppenname in der Liste im oberen Teil des Dialogfensters markieren. Feld ENTFERNEN ‹ oder HINZUFÜGEN ‹ anwählen. Das Dialogfenster verschwindet, und die Objekte, die entfernt oder hinzugefügt werden sollen, können ausgewählt werden.
   Soll der Gruppenname geändert werden, muß er markiert werden. Im Feld *Gruppenname* den Namen ändern und Feld UMBENENNEN anwählen, die Gruppe erhält einen neuen Namen.

Die Beschreibung der Gruppe kann ebenfalls geändert werden. Dazu wird die Gruppe markiert. Die Beschreibung im Eingabefeld *Beschreibung* ändern und durch Anwahl des Feldes **Beschreibung** Änderung übernehmen.

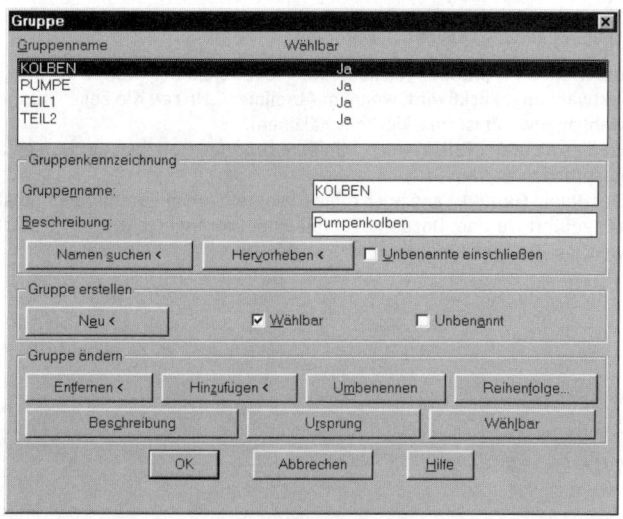

Abbildung 7.16: Gruppen mit Dialogfenster bearbeiten

Mit dem Feld **Ursprung** wird die markierte Gruppe wieder aufgelöst und aus der Liste entfernt. Das Feld *Wählbar* schaltet bei der markierten Gruppe die Wählbarkeit um.

Gruppe suchen:

Wenn eine Gruppe in der Zeichnung gesucht wird, kann der Gruppenname markiert und das Feld **Hervorheben ‹** angewählt werden. Die Gruppe wird in der Zeichnung angezeigt.

Soll der Gruppenname von Objekten in der Zeichnung angezeigt werden, muß der Gruppenname markiert und das Feld **Namen suchen ‹** angewählt werden. Wird ein Objekt der Gruppe in der Zeichnung gewählt, wird der Gruppenname angezeigt.

Anmerkungen

■ Ist die Gruppe wählbar, kann bei der Objektwahl der Gruppenname vorgegeben werden:

```
Befehl: SCHIEBEN
Objekte wählen: G oder Gruppe
Gruppenname eingeben: BAUTEIL1
```

■ Bei wählbaren Gruppen reicht es, wenn ein Objekt der Gruppe bei der Objektwahl angeklickt wird, wenn im Abrollmenü HILFEN die Zeile Gruppenwahl angewählt ist (markiert mit Häkchen).

■ Ist dies nicht der Fall, können wählbare Gruppen trotzdem per Namen angesprochen werden.

■ Der Befehl GRUPPE kann auch ohne Dialogfenster im Befehlszeilenfenster ausgeführt werden. Dazu muß er mit einem vorangestellten »-« gestartet werden: -GRUPPE.

Gruppen

7.4

8 Bilddateien und Zusatzfunktionen

8.1 Bilddateien

In AutoCAD 14 können Bilddateien in die Zeichnung übernommen und dort plaziert werden. Damit lassen sich:

- ◆ Firmenlogos, Markenzeichen, spezielle Schriftzüge usw. im Zeichnungskopf oder in der Zeichnung plazieren,
- ◆ Zeichnungen scannen und als Hintergrund zum Nachzeichnen in eine neue Zeichnung legen,
- ◆ Produktfotos in eine technische Zeichnung, eine Präsentationsfolie oder eine Druckvorlage übernehmen,
- ◆ Bilder oder Fotos als Zeichnungshintergrund verwenden,
- ◆ Ansichten von 3D-Modellen mit gerenderten Bildern in einer Zeichnung anordnen.

Welche Bilddateien Sie übernehmen können, ist in Tabelle 8.1 zusammengestellt.

Tabelle 8.1: Mögliche Bildformate

Format	Beschreibung und Dateierweiterung
BMP	Windows oder OS2 Bitmap, *.bmp, *.dib, *.rle, *.rst
CALS-1	Mil R-Raster I, *.cal, *.cg4, *.gp4, .mil
FLIC	Animationsdateien. *.flc, *.fli
GIF	CompuServe Graphic Format, *.gif
JPEG	JPEG Bildformat, *.jpg
PICT	MACIntosh Bildformat, *.pct
PCX	PC Paintbrush Bildformat, *.pcx
PNG	Portable Network Graphics, *.png
TARGA	Truevision Bildformat, *.tga
TIFF	Tagged Image File Format, *.tif

Ausführung: Befehl BILD

Bilddateien lassen sich mit dem Befehl **BILD** laden und ändern.

1. **Befehl BILD auswählen**
   - ◆ Abrollmenü EINFÜGEN, PIXELBILD...
   - ◆ Tablettfeld **T3**
   - ◆ Symbol im Werkzeugkasten EINFÜGEN und REFERENZ

   In einem Dialogfenster werden Bilddateien verwaltet
   (→ Abbildung 8.1).

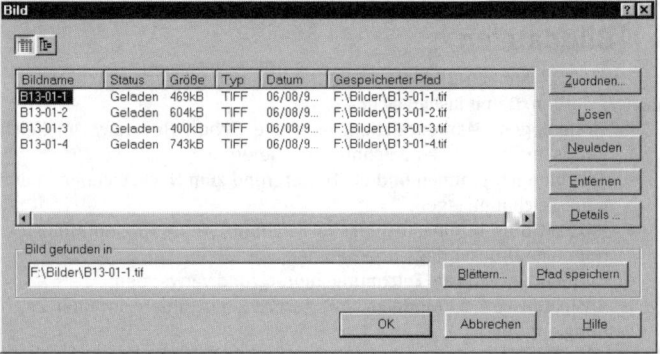

Abbildung 8.1: Dialogfeld zur Verwaltung von Rasterdateien

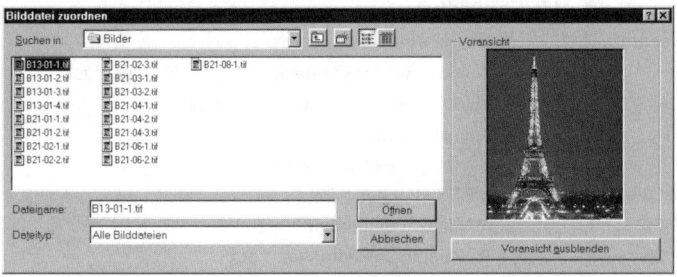

Abbildung 8.2: Dateiwähler mit Voransicht für Bilddateien

Rasterdatei zuordnen:

Schalter **ZUORDNEN...** anklicken. Wenn der Befehl das erste Mal in einer Zeichnung aufgerufen wird, erscheint der Dateiwähler, mit dem eine Bilddatei mit einem Voransichtbild ausgesucht werden kann (➜ Abbildung 8.2).

Mit der Schaltfläche **VORANSICHT AUSBLENDEN** kann die Voransicht ausgeblendet und mit **VORANSICHT ANZEIGEN** wieder eingeblendet werden. In einem weiteren Dialogfenster werden die Parameter für das Bild eingestellt (➜ Abbildung 8.3). Wurde in der Zeichnung schon einmal ein Bild eingefügt, wird gleich dieses Dialogfenster angezeigt.

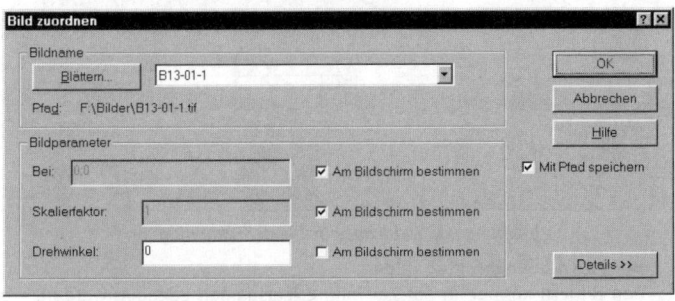

Abbildung 8.3: Parameter für die Einfügung von Bildern

■ Abrollmenü **Bildname:** Geladenes Bild zur Plazierung in der Zeichnung auswählen.

BLÄTTERN...: Auswahl eines neuen Bildes mit dem Dateiwähler (➜ Abbildung 8.2).

Mit Pfad speichern: Pfad der Rasterdatei wird in der Zeichnung gespeichert. Bilddateien werden beim Laden immer im Originalordner gesucht.

■ **Bildparameter:** Einfügepunkt, den Skalierfaktor und den Drehwinkel eintragen. Ist der Schalter *Am Bildschirm bestimmen* ein, wird der entsprechende Wert im Dialog abgefragt.

DETAILS >>: Das Dialogfenster wird um das Feld **Bildinformationen** vergrößert (➜ Abbildung 8.4).

Bildauflösung, Bildgröße in Bildpunkten und Bildgröße in Zeichnungseinheiten lassen sich dort ablesen. Im Abrollmenü *Aktuelle AutoCAD-Einheit* wird eingestellt, in welchen Maßeinheiten die Bildgröße angezeigt werden soll. Mit der Schaltfläche **DETAILS <<** wird das Dialogfenster wieder verkleinert.

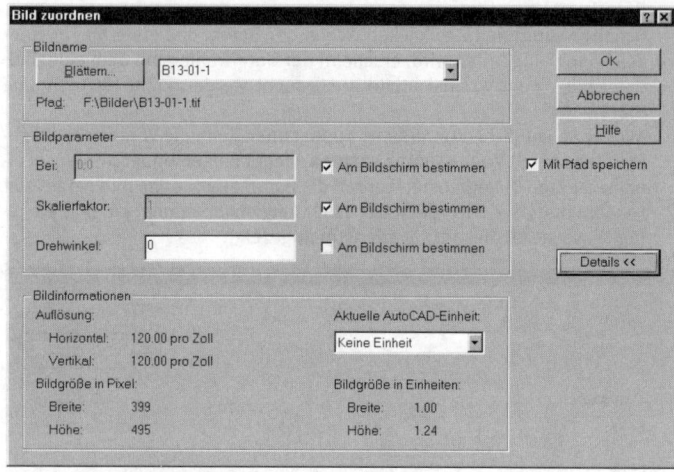

Abbildung 8.4: Detailanzeige bei der Bildeinfügung

◆ Liste der eingefügten Bilder:

Den Bildern können in der Zeichnung Aliasnamen gegeben werden, die dann nicht mehr den Namen der ursprünglichen Bilddateien entsprechen. Dazu ist nur der Name in der Liste zu ändern. Wie in allen Windows-Fenstern kann die Sortierung und die Spaltenbreite der Anzeige geändert werden.

Mit den Schaltern links oberhalb der Liste wird der Anzeigemodus umgeschaltet. Wählbar ist die Anzeige in Form der Liste (→ Abbildung 8.1) und eine Baumanzeige (→ Abbildung 8.5).

◆ Änderung von eingefügten Bildern:

In der Liste (→ Abbildung 8.1) markierte Bilddateien können mit den Schaltflächen geändert werden:

Lösen: Die Verbindung zur Bilddatei wird gelöst, das Bild verschwindet aus der Zeichnung.

Entfernen: Bilddatei wird ausgeblendet, ein Rahmen bleibt in der Zeichnung, und die Verbindung zur Bilddatei bleibt erhalten.

Neuladen: Bild wird wieder eingeblendet.

Bild gefunden in: Im Abrollmenü wird der Pfad und der Dateiname der Bilddatei angezeigt.

BLÄTTERN...: Mit dem Dateiwähler kann eine neue Bilddatei gewählt werden, und das markierte Bild wird durch das neu gewählte ersetzt.

PFAD SPEICHERN: Der Pfad der Bilddatei wird in der Zeichnung gespeichert.

DETAILS...: Weitere Informationen zum Bild werden in einem weiteren Dialogfenster angezeigt.

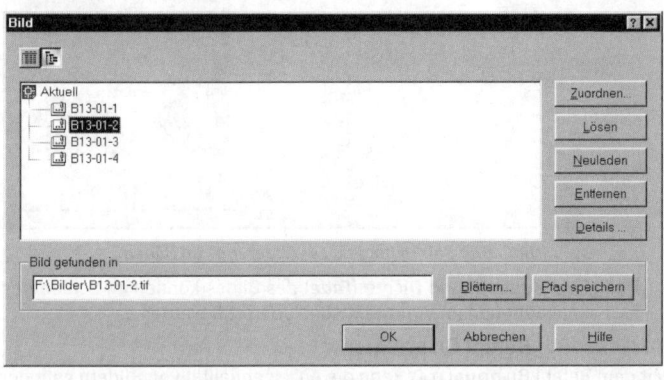

Abbildung 8.5: Eingefügte Bilder als Baumstruktur

Ausführung: Befehl BILDZUORDNEN

Soll ein Bild neu geladen werden, kann das Dialogfenster mit den zugeordneten Bildern übersprungen werden und direkt der Dateiwähler für Bilddateien (→ Abbildung 8.2) gestartet werden.

1. **Befehl BILDZUORDNEN auswählen**
   ◆ Symbol im Werkzeugkasten **REFERENZ**
   Die Bilddatei kann direkt im Dateiwähler (→ Abbildung 8.2) ausgewählt werden. Danach erscheint das Dialogfenster zur Einstellung der Parameter für die Einfügung (→ Abbildung 8.3).

Ausführung: Befehl BILDANPASSEN

Bilder können mit dem Befehl **BILDANPASSEN** geändert werden.

1. **Befehl BILDANPASSEN auswählen**
   ◆ Abrollmenü **ÄNDERN, OBJEKT >, BILD >, ANPASSEN...**

Bilddateien

8.1

◆ Tablettfeld **X19**
◆ Symbol im Werkzeugkasten **REFERENZ**

In einem Dialogfenster werden die Änderungen ausgeführt (→ Abbildung 8.6).

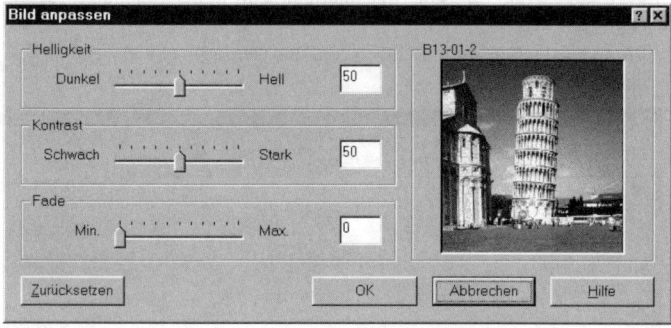

Abbildung 8.6: Dialogfeld zur Änderung von Bildern

Helligkeit, Kontrast und Dichte (*Fade*) des Bildes können an Schiebereglern eingestellt und im Voransichtsbild überprüft werden.

Ausführung: Befehl BILDQUALITÄT

Mit dem Befehl **BILDQUALITÄT** kann die Anzeigequalität von Bildern geändert werden.

1. **Befehl BILDQUALITÄT auswählen**
   ◆ Abrollmenü **ÄNDERN, OBJEKT >, BILD >, QUALITÄT**
   ◆ Tablettfeld **X19**
   ◆ Symbol im Werkzeugkasten **REFERENZ**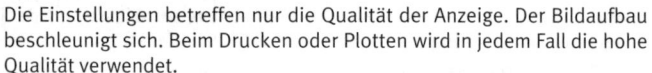

2. **Befehlsanfrage:**
```
Befehl: BILDQUALITÄT
Hoch/Entwurf <Hoch>:
```

Die Einstellungen betreffen nur die Qualität der Anzeige. Der Bildaufbau beschleunigt sich. Beim Drucken oder Plotten wird in jedem Fall die hohe Qualität verwendet.

Ausführung: Befehl TRANSPARENZ

Manche Bildformate verwenden transparente Pixel im Bild. Bilder in solchen Formaten lassen sich mit dem Befehl **TRANSPARENZ** transparent schalten.

1. Befehl **BILDQUALITÄT** auswählen
   - ◆ Abrollmenü **ÄNDERN, OBJEKT ›, BILD ›, TRANSPARENZ**
   - ◆ Tablettfeld **X21**
   - ◆ Symbol im Werkzeugkasten **REFERENZ**

2. Befehlsanfrage:
```
Befehl: TRANSPARENZ
Bild wählen:
EIN/AUS <Ein>:
```

Ausführung: Befehl BILDRAHMEN

Ausgeblendete Bilder (→ Befehl **BILD**) werden durch einen Rahmen in der Zeichnung markiert. Mit dem Befehl **BILDRAHMEN** kann der Rahmen aus und eingeblendet werden.

1. Befehl **BILDRAHMEN** auswählen
   - ◆ Abrollmenü **ÄNDERN, OBJEKT ›, BILD ›, RAHMEN**
   - ◆ Symbol im Werkzeugkasten **REFERENZ**

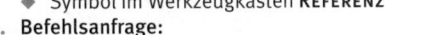

2. Befehlsanfrage:
```
Befehl: BILDRAHMEN
EIN/AUS <Ein>:
```

Anmerkungen

■ Überlappen sich Bilder in der Zeichnung, können sie mit dem Befehl **ZEICHREIHENF** (→ 6.8) übereinander angeordnet werden.

■ Eingefügte Bilder können an den Griffen bearbeiten werden. Beim Anklicken am Bildrand bekommt das Bild an den Eckpunkten Griffe. Damit kann das Bild größer oder kleiner gezogen werden. Das Seitenverhältnis bleibt erhalten und das Bild wird skaliert.

Ausführung: Befehl BILDZUSCHNEIDEN

Mit dem Befehl **BILDZUSCHNEIDEN** lassen sich Ausschnitte von Bildern in der Zeichnung bilden.

1. Befehl **BILDZUSCHNNEIDEN** auswählen
   - ◆ Abrollmenü **ÄNDERN, OBJEKT ›, BILD ZUSCHNEIDEN**
   - ◆ Tablettfeld **X22**
   - ◆ Symbol im Werkzeugkasten **REFERENZ**

2. Befehlsanfrage
```
Befehl: BILDZUSCHNEIDEN
Zuzuschneidende(s) Bild(er):
EIN/AUS/Löschen/<Neue Umgrenzung>:
```

Bilddateien

8.1

Optionen:

⏎: Vorgabeoption zur Erstellung einer neuen Umgrenzung. Bildteile, die außerhalb der Umgrenzung liegen, werden ausgeblendet. Existiert schon eine Umgrenzung, wird angefragt, ob diese gelöscht werden soll.

`Alte Umgrenzung löschen? Nein/<Ja>:`

Wird die alte Umgrenzung nicht gelöscht, bricht der Befehl ab. Sonst wird angefragt, wie die Umgrenzung aussehen soll.

`Polygonal/<Rechteckig>:`

Die Umgrenzung kann mit einem Rechteck oder einem Polygon aufgezogen werden.

Aus: Umgrenzung ausschalten und ganzes Bild sichtbar machen.
Ein: Umgrenzung einschalten und Bild zuschneiden.

8.2 Zeichnungsstatus

Mit verschiedenen Befehlen kann der Status der Zeichnung geprüft und die Struktur der Zeichnung verändert werden.

Ausführung: Befehl ZEIT

AutoCAD verwendet die Datums- und Zeitinformationen des Betriebssystems für eine eigene Zeitverwaltung. Mit dem Befehl **ZEIT** können die Zeitinformationen angezeigt und eine Stoppuhr bedient werden.

1. Befehl ZEIT auswählen
   - Abrollmenü **WERKZEUGE, ABFRAGE >, ZEIT**
2. Befehlsanfrage:
```
Befehl: Zeit
Aktuelle Zeit: 01 Okt 1997 um 16:58:22.260
Zeichnung erzeugt: 25 Sept 1997 um 10:02:10.100
Zeichnung zuletzt nachgef.: 01 Okt 1997 um 09:10:40.435
Zeit im Zeichnungseditor: 0 Tage 04:22:15.110
Abgelaufene Stoppuhr: 0 Tage 00:28:55.300
Stoppuhr ein.
Darstellung/Ein/Aus/Zurückstellen:
```

Neben dem aktuellen Datum und der aktuellen Zeit, dem Datum und der Zeit des Zeichnungsbeginns und der letzten Änderung wird die Bearbeitungszeit angezeigt. Zusätzlich kann eine Stoppuhr benützt werden.

Optionen:

D (DARSTELLUNG): Die Datums- und Zeitangaben werden nochmal angezeigt mit nachgeführten Zeiten.

E (EIN): Start der Stoppuhr.

A (AUS): Anhalten der Stoppuhr, die Zwischenzeit bleibt gespeichert.

Z (ZURÜCKSTELLEN): Zurückstellen der Stoppuhr.

Ausführung: Befehl DDRENAME bzw. UMBENNEN

Mit dem Befehl **DDRENAME** können Blöcke, Layer, Linientypen, Textstile, Bemaßungsstile, Ausschnitte, Benutzerkoordinatensysteme und Ansichtsfenster in einem Dialogfenster umbenannt werden. Der Befehl **UMBENENN** führt dieselben Funktionen ohne Dialogfenster aus.

1. Befehl DDRENAME auswählen
   - Abrollmenü **FORMAT, UMBENENNEN**

8.2

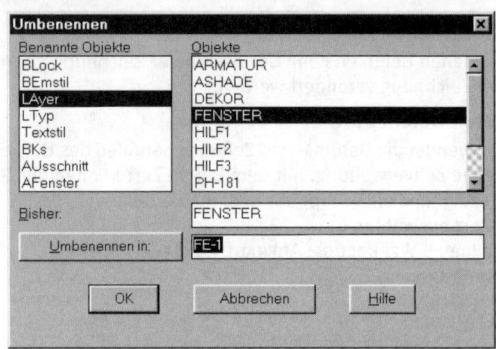

Abbildung 8.7: Dialogfenster zum Umbenennen von benannten Objekten

Ausführung: Befehl URSPRUNG

Eingefügte Blöcke, Bemaßungen, 2D- und 3D-Polylinien (auch Polygone und Ringe) sowie 3D-Netze oder P-Netze werden als zusammenhängende Elemente behandelt. Mit dem Befehl **URSPRUNG** können sie in elementare Elemente (Linien, Bögen, Kreise) zerlegt und dann auch einzeln editiert werden.

1. **Befehl URSPRUNG auswählen**
   ◆ Abrollmenü **ÄNDERN**, **URSPRUNG**
   ◆ Tablettfeld **Y22**
   ◆ Symbol im Werkzeugkasten **ÄNDERN**

2. **Befehlsanfrage:**
   ```
   Befehl: URSPRUNG
   Objekte wählen:
   ```

   Mit der Objektwahl können ein oder mehrere Objekte gewählt werden.

8.2

Anmerkungen

■ Wird ein Block zerlegt, kann er anschließend editiert werden. Attributwerte gehen verloren.

■ Wird eine 2D-Polylinie zerlegt, haben die resultierenden Linien- und Bogensegmente die Breite 0.

■ Der Befehl wirkt nur auf die letzte Verschachtelungsebene. Enthält ein Block wieder Blöcke oder Polylinien usw., so werden diese nicht zerlegt. Der Befehl kann aber mehrfach angewendet werden.

Ausführung: Befehl BEREINIG

Wenn Zeichnungen erstellt werden, kommt es immer wieder vor, daß Layer erstellt, Textstile kreiert und Blöcke definiert werden, die nachher doch nicht benötigt werden. Diese Elemente werden aber mitgeführt und sie setzen unter Umständen die Verarbeitungsgeschwindigkeit der Zeichnung herunter. Mit dem Befehl **BEREINIG** lassen sich nicht benutzte Elemente entfernen.

1. **Befehl BEREINIG auswählen**
   - ◆ Abrollmenü **DATEI, DIENSTPROGRAMME >, BEREINIGEN >**, Untermenü für die Optionen
2. **Befehlsanfrage:**
   ```
   Befehl: BEREINIG
   BLöcke/BEmstile/LAyer/LTypen/Symbole/Textstile/
   Mlinienstile/ALles:
   ```

   Mit der entsprechenden Option kann die Zeichnung von den unbenutzten Elementen bereinigt werden.

Ausführung: Befehl PRÜFUNG

Mit dem Befehl **PRÜFUNG** kann eine Zeichnungsdatei auf Fehler untersucht werden. Gefundene Fehler werden gemeldet und können auf Wunsch und soweit möglich, behoben werden.

1. **Befehl PRÜFUNG auswählen**
   - ◆ Abrollmenü **DATEI, DIENSTPROGRAMME >, PRÜFUNG**
2. **Befehlsanfrage:**
   ```
   Befehl: PRÜFUNG
   Gefundene Fehler beheben? <N>
   ```

8.2

8.3 Veränderung von Systemvariablen

Verschiedene Modi zur Zeichnungserstellung werden in Systemvariablen gespeichert. Ob zum Beispiel mit dem Befehl **RASTER** (➜ 2.2) der Punktabstand verändert wird oder die Systemvariablen **GRIDUNIT** verändert werden, bewirkt dasselbe.

Ausführung: Befehl SETVAR

Mit dem Befehl **SETVAR** werden Systemvariablen verändert.

1. **Befehl SETVAR auswählen**
    ◆ Abrollmenü **WERKZEUGE, ABFRAGE ›, VARIABLE DEFINIEREN**
2. **Befehlsanfrage:**
    Befehl: SETVAR
    Variablenname oder ?:

?: Zeigt alle Systemvariablen mit ihren aktuellen Werten an.
Variablenname eingeben: Wird ein Variablenname eingegeben, wird der aktuelle Wert der Variablen angezeigt:

Neuer Wert für "Variable" <aktuell>:

Anstelle von "Variable" steht der gewählte Variablenname und in <> der Wert, der überschrieben werden kann.

Anmerkung

■ Der Variablenname kann auch direkt über die Tastatur eingegeben werden. Im folgenden Beispiel wird der Fangabstand mit beiden Varianten eingestellt.

    Befehl: SETVAR
    Variablenname oder ?: SNAPUNIT
    Neuer Wert für SNAPUNIT <10.00,10.00>: 5,5

Oder:

    Befehl: SNAPUNIT
    Neuer Wert für SNAPUNIT <10.00,10.00>: 5,5

■ Auch die direkte Eingabe des Variablennamens kann transparent ausgeführt werden. In diesem Fall muß dem Variablennamen ein »'« vorgestellt werden.

8.3

8.4 Befehlsdateien

- Oft benötigte Befehlsfolgen können als Befehlsmakros in sogenannten Script-Dateien gespeichert werden.
- Script-Dateien werden mit einem Texteditor erstellt.
- Script-Dateien können während der Zeichenarbeit abgearbeitet werden.
- Script-Dateien können Befehlsmakros zur Rationalisierung der Zeichenarbeit enthalten.
- Script-Dateien eignen sich aber auch zur Gestaltung von Demos.
- Script-Dateien müssen die Dateierweiterung *.SCR* erhalten.
- Script-Dateien enthalten alle Eingaben, die gemacht werden müßten, wenn der Befehl über Tastatur eingegeben würde.
- $\boxed{\text{Leertaste}}$ und $\boxed{\hookleftarrow}$ haben im AutoCAD Befehlsdialog die gleiche Wirkung. Script-Dateien dürfen deshalb keine überflüssigen Leerzeichen und Leerzeilen enthalten.
- Die Bearbeitung einer Script-Datei kann durch Eingabe von $\boxed{\hookleftarrow}$ oder $\boxed{\text{Strg}}$+$\boxed{\text{C}}$ unterbrochen und die Bearbeitung später fortgesetzt werden.

Beispiel für eine Script-Datei:

```
Raster Ein
Layer Setzen 0 Farbe rot 0
Linie 0,0 0,100 60,100 60,0 s
Kreis 50,50 D 20
```

Ausführung: Befehl SCRIPT

Der Befehl SCRIPT startet eine gespeicherte Script-Datei.

1. **Befehl SCRIPT auswählen**
   - Abrollmenü WERKZEUGE, SCRIPT AUSFÜHREN...

   Der Dateiname der Script-Datei kann im Dateiwähler ausgesucht werden.

Ausführung: Befehl PAUSE

Werden Script-Dateien für Demos verwendet, kann es sinnvoll sein, Pausen in den Ablauf einzubauen. Der Befehl PAUSE wird dazu in die Script-Datei eingefügt. In einer Script-Datei würde der Eintrag:

```
Pause 2000
```

zu einer Pause von 2 Sekunden führen.

Ausführung: Befehl RESUME

Wird der Befehl RESUME eingegeben, wird eine abgebrochene Script-Datei fortgesetzt. Der Befehl kann nur eingetippt werden. Er wird ohne weitere Anfrage ausgeführt.

8.4

Ausführung: Befehl GRAPHBLD bzw. TEXTBLD

Soll in Script-Dateien das Texffenster in den Vordergrund geholt werden, kann dafür der Befehl **TEXTBLD** eingesetzt werden. Mit dem Befehl **GRAPHBLD** wird der Grafikbildschirm in den Vordergrund gebracht. Die Befehle werden nur in Script-Dateien benötigt, können aber auch bei der Befehlsanfrage eingetippt werden. Beim Arbeiten mit AutoCAD kann schneller mit der Taste [F2] gewechselt werden.

Ausführung: Befehl RSCRIPT

Der Befehl **RSCRIPT** am Ende einer Befehlsdatei startet die Datei neu. Endlosvorführungen für Demos werden so realisiert.

8.5 Dias

Dias in AutoCAD sind »Schnappschüsse« vom aktuellen Ansichtsfenster, die in einer Dia-Datei abgespeichert werden.

Ausführung: Befehl MACHDIA

Der Befehl **MACHDIA** speichert den momentanen Zeichnungsausschnitt des aktuellen Ansichtsfensters in einer Dia-Datei.

Ausführung: Befehl ZEIGDIA

Der Befehl **ZEIGDIA** bringt einen »Schnappschuß«, der in einer Dia-Datei gespeichert wurde, ins aktuelle Ansichtsfenster.

1. **Befehl MACHDIA bzw. ZEIGDIA auswählen**
   - Auf der Tastatur eingeben

   Der Dia-Dateiname kann mit dem Dateiwähler bestimmt werden. Der Zeichnungsname ist dabei Vorgabe, die Dateierweiterung *.SLD* ist festgelegt.

Anmerkungen

- Im Modellbereich wird ein Dia des aktuellen Ansichtsfensters erstellt, im Papierbereich ein Dia des Papierbereichs mit allen Ansichtsfenstern.

- Befehle zur Anzeige von Dia-Dateien können in Script-Dateien (→ 8.4) zusammengefaßt und damit zu kompletten Vorführungen zusammengestellt werden.

- Wird beim Befehl **ZEIGDIA** vor den Dateinamen ein * gesetzt, wird die Dia-Datei in einen Pufferspeicher geladen und nicht sofort angezeigt. Erst beim nächsten Befehl **ZEIGDIA** ohne Dateinamen wird es angezeigt. Dadurch erhöht sich die Geschwindigkeit des Bildaufbaus (schneller Diawechsel). Beispiel:

```
Zeigdia BILD1
Zeigdia *BILD2
Pause 5000
Zeigdia
```

8.6 Internet-Browser

Direkt aus AutoCAD kann ein Internet-Browser aufgerufen werden.

Ausführung: Befehl BROWSER

Mit dem Befehl **BROWSER** wird der auf dem PC konfigurierte Internet-Browser aufgerufen.

1. **Befehl BROWSER auswählen**
   ◆ Symbol in der *Standard-Funktionsleiste*

2. **Befehlsanfrage:**
   ```
   Befehl: BROWSER
   Position <http://www.sommer.com>
   ```

   ⏎, um zur Standard-Adresse zu kommen oder eine neue Adresse einzugeben. Es ist nicht notwendig, vor der Adresse *http://* einzugeben. Der Internet-Browser startet, und die Verbindung mit der angegebenen Adresse wird hergestellt (→ Abbildung 8.8).

Abbildung 8.8: Start des Internet-Browsers aus AutoCAD

Anmerkung

■ Mit dem Befehl **VOREINSTELLUNGEN**, Registerkarte *Dateien*, kann die Standard-Internetadresse eingestellt werden.

9 Ausgabe- und Austauschbefehle

9.1 Zeichnung auf dem Plotter oder Drucker ausgeben

Bevor eine Zeichnung geplottet werden kann, muß der Plotter bzw. Drucker konfiguriert werden, mit dem gearbeitet werden soll. Sollte dies noch nicht der Fall sein, kann es jederzeit mit dem Befehl VOREINSTELLUNGEN erfolgen (→ 10.7). Es lassen sich bis zu 32 Plotter bzw. Drucker konfigurieren und zusätzlich die in Windows installierten Drucker verwenden.

Ausführung: Befehl PLOT

Die Zeichnung wird mit dem Befehl PLOT ausgegeben.

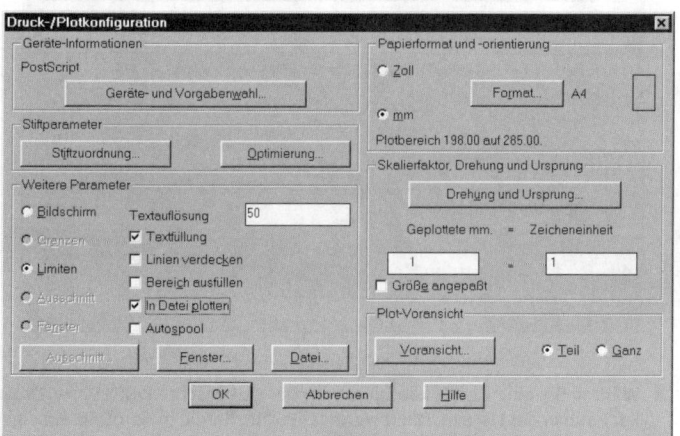

Abbildung 9.1: Dialogfenster zum Plotten

1. **Befehl Plot auswählen**
   - ◆ Abrollmenü **Datei, Druck/Plot...**
   - ◆ Tablettfeld **W24**
   - ◆ Werkzeugsymbol, **Standard-Funktionsleiste**

Anmerkung

■ Ist die Systemvariable **Cmddia** auf 1 gesetzt, lassen sich alle Parameter in Dialogfenstern einstellen (Standardeinstellung).

   Bei **Cmddia** = 0 werden die Einstellungen im Befehlsanfragebereich bzw. auf dem Textbildschirm vorgenommen.

Aus dem ersten Dialogfenster (→ Abbildung 9.1) lassen sich über die entsprechenden Schaltflächen weitere Dialogfenster auswählen.

Ausführung: Geräte-Informationen

Wird das Schaltfeld **Geräte- und Vorgabenwahl...** gewählt, läßt sich der gewünschte Plotter oder Drucker wieder in einem Dialogfenster auswählen (→ Abbildung 9.2).

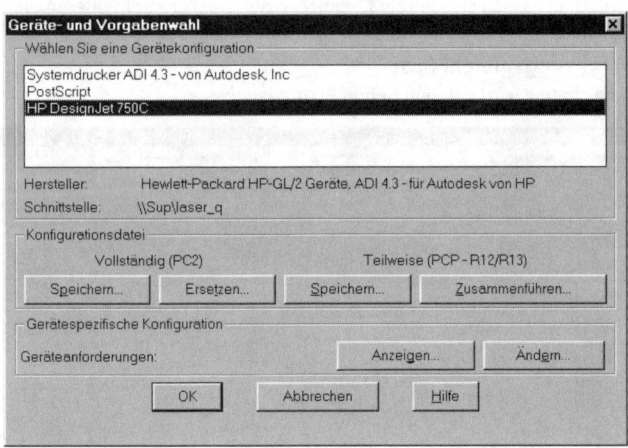

Abbildung 9.2: Dialogfenster zur Plotterauswahl

■ **Wählen Sie eine Gerätekonfiguration:** Der gewünschte Plotter bzw. Drucker kann in der Liste markiert werden. Geräte, für die in AutoCAD ein eigener ADI-Treiber zur Verfügung steht, sind mit ihrem Namen aufgeführt.

Alle in Windows konfigurierten Drucker können mit dem Eintrag *System-drucker* angesprochen werden.

In den Zeilen unter der Liste wird der Hersteller des Druckertreibers und die Schnittstelle des markierten Druckers angezeigt. Schnittstelle kann auch eine Druckerwarteschlange im Netzwerk sein.

■ **Konfigurationsdatei:** In AutoCAD 14 lassen sich alle Einstellungen des Plotters, die mit dem Befehl **PLOT** gemacht wurden, in einer Konfigurationsdatei speichern (Dateierweiterung *.PC2*). Weitere Plots können so mit den gleichen Einstellungen ausgegeben werden. Mit diesen Einstellungen arbeitet das Programm **STAPELPLOTTEN** (→ unten), mit dem eine ganze Serie von Zeichnungen automatisch geplottet werden kann. Konfigurationsdateien lassen sich für jede Zeichnung erstellen, für die verschiedenen Formate oder für verschiedene Geräte. Mit der Schaltfläche **SPEICHERN...** unter der Anzeige *Vollständig (PC2)* können die Einstellungen gespeichert werden. Wählen Sie mit dem Dateiwähler Laufwerk, Ordner und Dateiname. Vorgabe ist der Zeichnungsname. Mit der Schaltfläche **ERSETZEN...** kann eine Konfigurationsdatei gewählt werden, die die aktuellen Einstellungen ersetzt.

In Version 12 und 13 von AutoCAD konnten nur Stiftzuordnungen und Linienbreiten (→ unten) in einer Konfigurationsdatei gespeichert werden (Dateierweiterung *.PCP*). Mit der Schaltfläche **SPEICHERN...** lassen sich diese Einstellungen in einer einfachen Konfigurationsdatei speichern. Mit der Schaltfläche **ZUSAMMENFÜHREN...** lassen sich Konfigurationsdateien aus Version 12 bzw. 13 laden.

■ **Gerätespezifische Konfiguration:** Für manche Geräte lassen sich spezielle Einstellungen vornehmen. Mit der Schaltfläche **ANZEIGEN...** werden die Einstellungen für den oben gewählten Drucker bzw. Plotter angezeigt, und mit der Schaltfläche **ÄNDERN...** können sie geändert werden.

Wurde der Windows-Systemdrucker ausgewählt, kann mit der Schaltfläche **ÄNDERN...** das Dialogfenster der Windows-Druckersteuerung eingeblendet werden (→ Abbildung 9.3). Dort kann der Drucker, die Papiergröße und das Format gewählt werden. Mit der Schaltfläche **EIGENSCHAFTEN...** können die druckerspezifischen Einstellungen in weiteren Dialogfenstern vorgenommen werden.

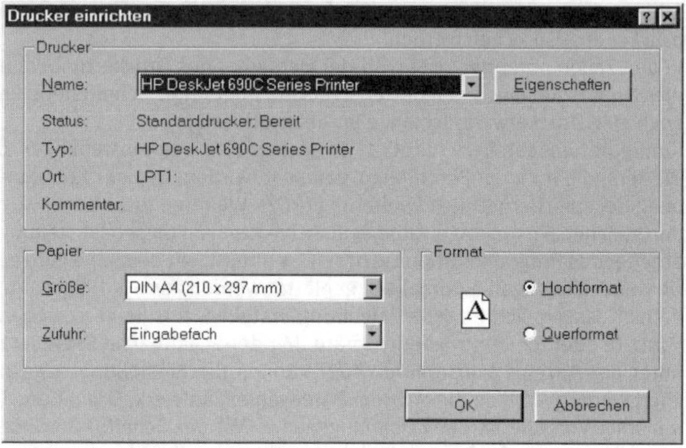

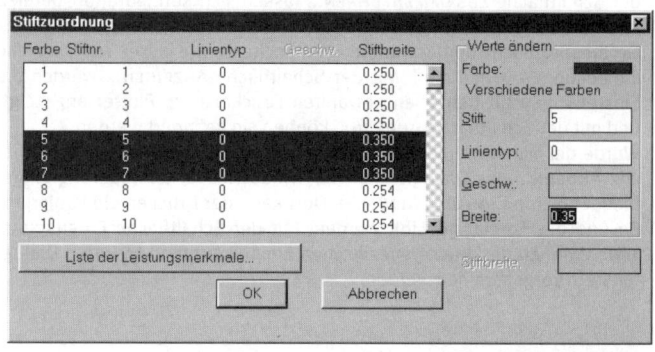

Abbildung 9.3: Dialogfenster zur Auswahl eines Windows-Druckers

Ausführung: STIFTZUORDNUNG

Wird das Schaltfeld **STIFTZUORDNUNG...** im ersten Dialogfenster gewählt (→ Abbildung 9,1), lassen sich die 255 Farben, 255 Stifte, Linienarten und Strichstärken zuordnen (→ Abbildung 9.4).

Abbildung 9.4: Dialogfenster zur Stiftzuordnung

■ **Stiftzuordnungsliste:** Für markierte Farben lassen sich Stift, Linientyp (nur bei Plottern), Geschwindigkeit (nur bei Stiftplottern) und Strichstärke einstellen. Mehrere Farben können markiert werden. Die Tasten ⌨ und ⌨ Strg können dabei zu Hilfe genommen werden. Bei Stiftplottern kann der Linientyp mit der Schaltfläche LISTE DER LEISTUNGSMERKMALE... ausgewählt werden. **Wichtig:** Da in AutoCAD schon mit Linientypen gezeichnet wird, muß der Linientyp für den Plotter nicht umgestellt werden.

Ausführung: OPTIMIERUNG

Wird das Schaltfeld OPTIMIERUNG... im ersten Dialogfenster gewählt, kann die Optimierung der Stiftbewegungen des Plotters eingestellt werden.

Ausführung: WEITERE PARAMETER

Zur Festlegung des Plotbereiches und der Ploteigenschaften lassen sich im ersten Dialogfenster (→ Abbildung 9.1) weitere Parameter mit Schaltern einstellen.

- *Bildschirm:* Im Papierbereich wird der zur Zeit auf dem Bildschirm sichtbare Ausschnitt geplottet, im Modellbereich die Ansicht im aktuellen Ansichtsfenster.
- *Grenzen:* Der Teil der Zeichnung, der Zeichnungselemente enthält, wird geplottet.
- *Limiten:* Der Bereich innerhalb der Limiten (→ 2.9) wird geplottet.
- *Ausschnitt:* Ein vorher mit dem Befehl AUSSCHNITT festgelegter Ausschnitt (→ 6.3) wird geplottet. Dazu muß zuerst der Ausschnitt gewählt werden. Klickt man auf die Schaltfläche AUSSCHNITT... kann der gewünschte Ausschnitt aus einem Dialogfenster gewählt werden. Ist kein Ausschnitt in der Zeichnung definiert, kann die Schaltfläche nicht gewählt werden.
- *Fenster:* Der Inhalt eines Fensters wird geplottet. Die Grenzen des Fensters werden zuerst mit der Schaltfläche FENSTER... bestimmt (→ Abbildung 9.5).
- *Textauflösung:* Bestimmt die Ausgabequalität von Texten mit True-Type-Schriften. Der Wert muß zwischen 0 und 100 liegen. Höhere Werte verbessern die Qualität.
- *Textfüllung:* Ist der Schalter eingeschaltet, werden True-Type-Schriften gefüllt ausgegeben, ansonsten nur die Kontur.
- *Linien verdecken:* Entfernen der verdeckten Linien bei der Ausgabe.
- *Bereich ausfüllen:* Ist dieses Schaltfeld gewählt, wird beim Zeichnen gefüllter Flächen die Stiftbreite berücksichtigt. Die äußere Randlinie ist um die halbe Stiftbreite nach innen versetzt. Ist es nicht angewählt, wird die äußere Kontur der Fläche mit dem Stift nachgezeichnet. Damit ist die Fläche um die halbe Stiftbreite größer.

9.1

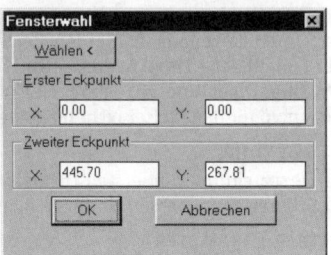

Abbildung 9.5: Dialogfenster zur Bestimmung des Plotfensters

■ *In Datei plotten:* Plotausgabe nicht an den angeschlossenen Drucker oder Plotter, sondern Umleitung in eine Datei, die später an den Drucker oder Plotter ausgegeben werden kannn. Der Dateiname kann mit der Schaltfläche **DATEI...** bestimmt werden.

■ *Autospool:* Sendet die Plotdatei an ein Hintergrundprogramm, das diese dann an den Plotter schickt.

Ausführung: Papierformat und -orientierung

Im oberen rechten Bereich des ersten Dialogfensters (➔ Abbildung 9.1) kann das Papierformat und die -orientierung gewählt werden. Eingestellt werden kann:

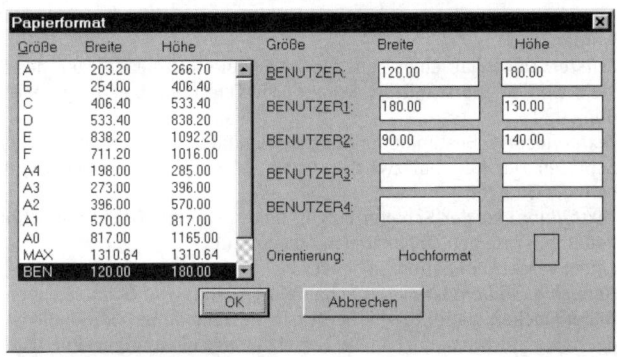

Abbildung 9.6: Dialogfenster zur Bestimmung des Papierformats

- ■ *Zoll*: Papiermaße in Zoll.
- ■ *mm*: Papiermaße in mm.
- ■ **Format...**: Bei Anwahl dieser Schaltfläche erscheint ein weiteres Dialog-fenster (→ Abbildung 9.6). Aus einer Liste kann das Papierformat gewählt werden. Angeboten werden die Formate, die für das gewählte Gerät mög-lich sind. Zusätzlich lassen sich bis zu fünf benutzerspezifische Formate eingeben, die ebenfalls gespeichert werden.

Ausführung: Skalierfaktor, Drehung und Ursprung

Weiterhin wird im ersten Dialogfenster (→ Abbildung 9.1) der Skalierfaktor, die Drehung und die Ursprungsverschiebung eingestellt.

- ■ **Drehung und Ursprung...**: Bei Anwahl dieses Schaltfeldes erscheint ein weiteres Dialogfenster, in dem vier verschiedene Drehungen (0, 90, 180 und 270 Grad) eingestellt werden können. Zusätzlich kann eine Verschie-bung des Plotursprungs eingegeben werden.

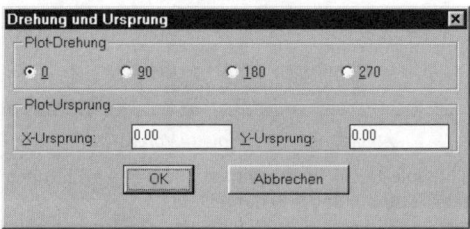

Abbildung 9.7: Dialogfenster für Drehung und Ursprungsverschiebung

- ■ *Geplottete mm = Zeichnungseinheiten:* Mit dieser Einstellung wird der Plotmaßstab bestimmt. Man legt fest, wieviel Zeichnungseinheiten einem geplotteten mm entsprechen oder wieviel mm auf dem Papier einer Zeich-nungseinheit entspricht.
- ■ *Größe angepaßt:* Ist dieses Schaltfeld aktiviert, wird die Zeichnung dem verfügbaren Papierbereich angepaßt. Der Maßstab wird dann in den dar-überliegenden Feldern angezeigt.

Ausführung: Voransicht

Bevor endgültig geplottet wird, können in einer Voransicht die Parameter überprüft werden:

■ *Teilweise:* Bei der teilweisen Voransicht werden nur Zeichnungsgrenzen und Papiermaße in einem Fenster (→ Abbildung 9.8) angezeigt. Falls der Plotbereich nicht ausreicht, wird eine Warnung im Fenster angezeigt.

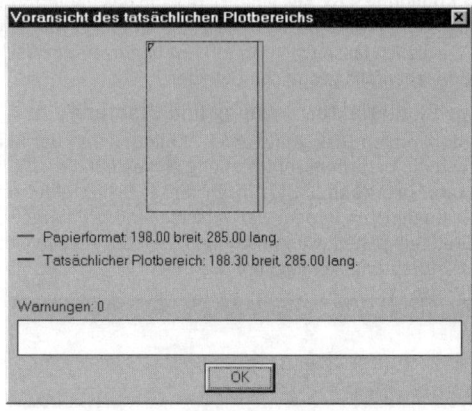

Abbildung 9.8: Komplette Voransicht

■ *Ganz:* Die komplette Zeichnung wird auf dem Papierblatt in einem speziellen Fenster (→ Abbildung 9.9) dargestellt.

■ **Voransicht...:** Mit dieser Schaltfläche wird die Voransicht im gewählten Modus angezeigt. Wurde die komplette Voransicht gewählt, zeigt ein Verlaufsmelder den Stand der Bearbeitung in % an. Die Zeichnung wird dann auf dem Papierblatt angezeigt. Mit der rechten Maustaste kann ein Pop-Up-Menü aktiviert werden. Dort stehen wie beim Befehl **Zoom** (→ 6.1) Funktionen zur Veränderung der Anzeige zur Verfügung. Mit **Beenden** kommt wieder die normale Zeichenfläche mit dem Plot-Dialogfenster auf den Bildschirm.

Nachdem alle Einstellungen vorgenommen wurden, kann der Plotvorgang mit der Schaltfläche **OK** gestartet werden. Alle gemachten Einstellungen bleiben als Vorgabewerte für den nächsten Plot gespeichert.

Mit dem Schaltfeld **Abbruch** wird der Vorgang abgebrochen und alle Einstellungen in den Dialogfenstern verworfen.

Ausführung: Befehl Voransicht

Soll die Zeichnung nur überprüft werden, kann sie mit dem Befehl **Voransicht** auf dem Papier dargestellt werden.

9.1

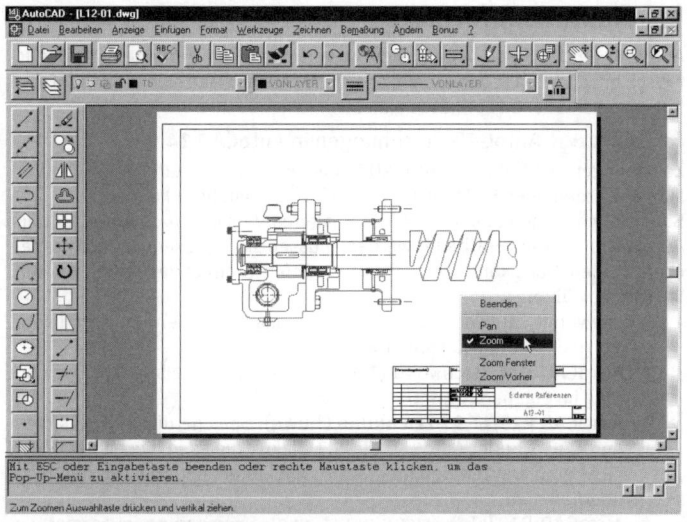

Abbildung 9.9: Dialogfenster mit der teilweisen Voransicht

1. **Befehl VORANSICHT auswählen**
   - ◆ Abrollmenü **DATEI, VORANSICHT**
   - ◆ Tablettfeld **X24**
   - ◆ Werkzeugsymbol, **STANDARD-FUNKTIONSLEISTE**

   Die Zeichnung wird wie bei der kompletten Voransicht auf dem Bildschirm dargestellt (→ Abbildung 9.9). Die Einstellungen werden von der letzten Plotausgabe mit dem gewählten Plotter übernommen.

Ausführung: Drucker einrichten

Soll ein anderer Drucker oder Plotter verwendet werden, muß er zunächst konfiguriert werden.

1. **Druckereinrichtung wählen**
   - ◆ Abrollmenü **DATEI, DRUCKER EINRICHTEN...**
   - ◆ Tablettfeld **V25**

   Die Funktion verzweigt zum Befehl **VOREINSTELLUNGEN** bzw. **KONFIG** (→ 10.7). Dort können Drucker bzw. Plotter konfiguriert werden.

9.2 **Austauschformate**

AutoCAD-Zeichnungen lassen sich in verschiedenen Formaten, zum Austausch mit anderen Programmen, speichern. Auch lassen sich in AutoCAD Daten in verschiedenen Formaten einlesen.

Ausführung: AutoCAD-Zeichnungen in AutoCAD 14

Zeichnungen aus früheren AutoCAD-Versionen oder aus AutoCAD LT 95 (Version 3) werden beim Einladen in AutoCAD 14 automatisch konvertiert.

Sollen Zeichnungen aus AutoCAD 14 in älteren Versionen von AutoCAD oder AutoCAD LT weiter verarbeitet werden, müssen sie in diesem Format gespeichert werden. Dazu kann wie gewohnt der Befehl **SICHALS** verwendet werden.

■ Format wählen

Wie gewohnt Laufwerk, Ordner und Dateiname wählen. Im Abrollmenü **DATEITYP** das AutoCAD Format wählen:

◆ **AUTOCAD R14-ZEICHNUNG (*.DWG):** Standardeinstellung zur Speicherung im eigenen Format.

◆ **AUTOCAD R13/LT 95-ZEICHNUNG (*.DWG):** Speicherung im Format von AutoCAD 13 oder AutoCAD LT 95. Objekte, die es in diesen Versionen nicht gibt, werden durch ähnliche Objekte ersetzt oder werden nicht übernommen.

◆ **AUTOCAD R12/LT 2-ZEICHNUNG (*.DWG):** Speicherung im Format von AutoCAD 12 oder AutoCAD LT 2. Da AutoCAD 11 dasselbe Zeichnungsformat hat wie AutoCAD 12, kann dieses Format auch in AutoCAD 11 übernommen werden. Auch hier werden Objekte, die in diesen Versionen nicht bekannt sind, ersetzt oder sie werden nicht übernommen.

Ausführung: Zeichnung mit fremden Zeichensätzen

Zeichensätze, die in einer Zeichnung verwendet werden, müssen auf dem System vorhanden sein, auf dem die Zeichnung geladen wird. Enthält eine Zeichnung Zeichensätze, die in der aktuellen AutoCAD-Version nicht enthalten sind, werden diese Schriften durch die Schrift ersetzt, die in der Systemvariablen **FONTALT** definiert ist. Ist in der Systemvariablen keine Ersatzschrift definiert, wird angefragt, durch welche Schriftart diese ersetzt werden soll.

Sind mehrere fremde Schriften in der Zeichnung, kann in der Datei *ACAD.FMP* definiert werden, wie die Schriften ersetzt werden sollen. Folgendes Verfahren gilt bei fremden Schriften:

◆ Ersetzen der Schriften durch die in *ACAD.FMP* definierten Schriften. Falls die Schrift dort nicht aufgeführt ist,

◆ Ersetzen durch die in der Systemvariablen **FONTALT** definierte Schrift. Falls dort keine definiert ist,

♦ Dialogfenster für Ersatzschrift wird aktiviert.

Ausführung: Einlesen von Daten im DXF-Format

Mit anderen CAD-Programmen können Zeichnungsdateien im DXF-Format (Data Exchange Format) ausgetauscht werden.

1. DXF-Datei einlesen
   ♦ Den Befehl Öffnen auswählen
   ♦ Im Abrollmenü Dateityp die Einstellung DXF (*.dxf) wählen
   ♦ Laufwerk, Ordner und Datei wie üblich auswählen

Ausführung: Befehl Erstellen

Alle Funktionen zum Erzeugen von Austauschdateien aus der Zeichnung lassen sich mit dem Befehl Erstellen anwählen. Zu jedem Austauschformat existiert auch ein eigener Befehl.

1. Befehl Erstellen auswählen
   ♦ Abrollmenü Datei, Erstellen
   Die Auswahl erfolgt mit dem Dateiwähler. Im Abrollmenü Dateityp: kann bestimmt werden, welches Dateiformat erzeugt werden soll (➜ Tabelle 9.1).

Tabelle 9.1: Dateitypen beim Befehl Erstellen

Dateityp	Befehl
Metadatei (*.WMF)	Wmfout
ACIS (*.SAT)	Acisout
Stereolitographie (*.stl)	Stlout
Encapsulatet PS (*.EPS)	Psout
DXX Extract (*.DXX)	Attext in DXF
Bitmap (*.BMP)	Bmpsich
AutoCAD R14 DXF (*.dxf) AutoCAD R13/LT 95 DXF (*.dxf) AutoCAD T12/LT 2.0 DXF (*.dxf)	Dxfout
3D Studio (*.3DS)	3Dsout
Zeichnung (*.DWG)	Wblock
Web-Zeichnungsformat (*.dwf)	Dwfout

Anmerkungen

■ Die entsprechenden Einzelbefehle sind nicht in den Menüs zu finden. Sie lassen sich nur auf der Tastatur eingeben.

Austauschformate

9.2

■ Mit der Schaltfläche **OPTIONEN** lassen sich weitere Einstellungen für die Ausgabe wählen.

Ausführung: Befehl EINLESEN

Alle Funktionen zum Einlesen von Dateien in einem fremden Format lassen sich mit dem Befehl **EINLESEN** anwählen. Auch hier gibt es zu jedem Austauschformat einen eigenen Befehl.

1. Befehl **EINLESEN** auswählen
   ◆ Auf der Tastatur eingeben

   Die Auswahl erfolgt mit dem Dateiwähler. Im Abrollmenü **DATEITYP:** kann bestimmt werden, welches Dateiformat eingelesen werden soll (→ Tabelle 9.2).

   Tabelle 9.2: Dateitypen beim Befehl Einlesen

Dateityp	Befehl
Metadatei (*.WMF)	Wmfin
DXF (*.dxf)	Dxfin
ACIS (*.SAT)	Acisin
Encapsulatet PS (*.EPS)	Psin
3D Studio (*.3DS)	3Dsin

Anmerkungen

■ Die entsprechenden Einzelbefehle sind auch im Abrollmenü **EINFÜGEN** wählbar.

■ Mit der Schaltfläche **OPTIONEN** lassen sich weitere Einstellungen für die Übernahme wählen.

Ausführung: Befehl DXBIN

Das DXB-Format (»Drawing Interchange Binary«) ist ein kompakteres Format als das DXF-Format. Es können jedoch nur geometrische Grundelemente übertragen werden. AutoCAD kann dieses Format aber mit direkten Befehlen nur lesen. Mit einem Plottertreiber (AutoCAD Dateiausgabeformate) und dem Plotten in eine Datei, läßt sich jedoch eine DXB-Datei aus der AutoCAD-Zeichnung erstellen. Soll eine DXB-Datei in AutoCAD geladen werden, ist der Befehl **DXBIN** zu verwenden.

1. Befehl **DXBIN** wählen
   ◆ Auf der Tastatur eingeben

   Die Dateiauswahl erfolgt mit dem Dateiwähler. Die Dateierweiterung *.DXB* ist vorgegeben.

9.3 Drag and Drop

AutoCAD 14 arbeitet unter der Windows-Oberfläche. Eine wichtige Eigenschaft ist, daß mehrere Programme gleichzeitig gestartet und benutzt werden können.

Ausführung: »Drag and Drop«

In AutoCAD 14 kann man verschiedene Befehle einfacher ausführen, wenn man neben dem AutoCAD Anwendungsfenster auch noch den Windows-Explorer in einem Fenster auf dem Bildschirm hat. Mit den »Drag and Drop«-Funktionen lassen sich Dateien aus dem Explorer in die Zeichnung ziehen und die damit verbundenen Befehle ausführen.

»Drag and Drop« ausführen

1. **AutoCAD starten:** Das Programm kommt normalerweise als Vollbild, an der rechten oberen Ecke kann es heruntergeschaltet werden. Danach das Fenster auf einen Teilbereich des Bildschirms verkleinern.
2. **Explorer starten:** Aus dem Windows-Startmenü den Explorer starten und auf der restlichen Bildschirmfläche plazieren (➜ Abbildung 9.10).

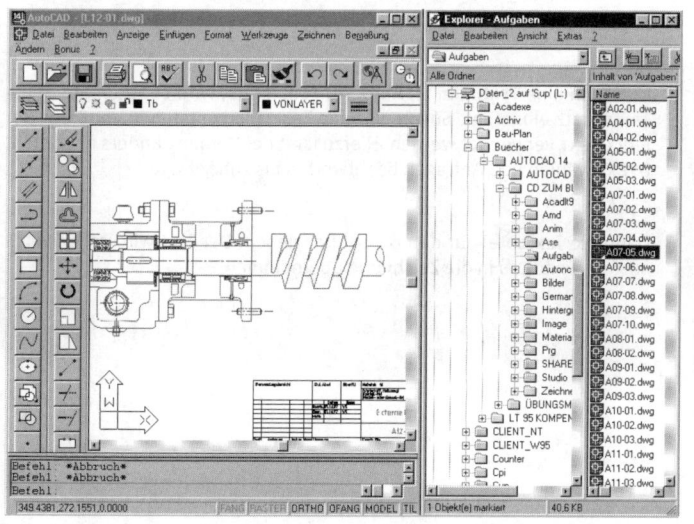

Abbildung 9.10: Zeichnungen per Drag and Drop in AutoCAD einfügen

385

3. **Datei markieren und ziehen:** Gewünschte Datei im Explorer anklicken, Maustaste gedrückt halten und auf die AutoCAD-Zeichenfläche ziehen.
4. **Datei in AutoCAD ablegen:** Maustaste im AutoCAD Fenster loslassen und die restlichen Anfragen zu dem Befehl in AutoCAD beantworten.
   ◆ Welche Befehle mit den einzelnen Dateitypen verknüpft sind, ist in Tabelle 9.3 aufgelistet.

Tabelle 9.3: Befehle, die per »Drag and Drop« ausgeführt werden können

Funktion	Dateityp	Befehl
Zeichnung einfügen	*.DWG	Einfüge
DXF-Datei importieren	*.DXF	Dxfin
Linientyp laden	*.LIN	Linientyp, Laden
Script Datei ausführen	*.SCR	Script
Diadatei anzeigen	*.SLD	Zeigdia
ASCII-Text einfügen	*.TXT	Mtext oder Dtext
Bilddateien	div.	Bild
Programmdatei	*.LPS, *.ARX	Lisp oder ARX laden

Anmerkung

■ Legt man eine Textdatei im AutoCAD-Fenster ab, wird er automatisch als Textabsatz eingefügt. Sollen einzelne Textzeilen entstehen, muß der Befehl **DTEXT** verwendet werden. Hierzu läuft der Vorgang anders ab: Befehl **DTEXT** wählen und Anfragen beantworten bis zur Anfrage:

```
Text:
```

Dann die Textdatei auf den Bildschirm ziehen. Der Text wird zeilenweise aus der Textdatei in die Zeichnung übernommen.

Drag and Drop

9.3

9.4 Austausch über die Zwischenablage

Die Zwischenablage (auch Clipboard genannt) ist ein Hintergrundspeicher, auf den alle Windows-Anwendungen zugreifen können. Allen Windows-Anwendungen gemeinsam ist das Abrollmenü **BEARBEITEN**. Dort können Objekte in die Zwischenablage kopiert und daraus übernommen werden. Über die Zwischenablage lassen sich:

- Objekte aus AutoCAD in die Zwischenablage kopieren oder
- Objekte aus der Zwischenablage in AutoCAD einfügen.
- Damit lassen sich AutoCAD-Objekte von einer AutoCAD-Sitzung in die anderen kopieren oder verschieben und mit anderen Windows-Anwendungen austauschen.

Mit dem Befehl **COPYCLIP** bzw. **KOPIEVERKNÜPFEN** lassen sich Objekte aus der AutoCAD-Zeichenfläche in die Windows Zwischenablage kopieren. Die Zeichnung bleibt unverändert. Mit dem Befehl **AUSSCHNEIDEN** werden die gewählten Objekte in die Zwischenablage verschoben. Sie verschwinden von der Zeichenfläche. Die Objekte aus der Zwischenablage können mit dem Befehl **CLIPEINFÜG** in die AutoCAD-Zeichnung kopiert werden.

Ausführung: Befehl **COPYCLIP**

Mit dem Befehl **COPYCLIP** werden AutoCAD-Objekte in die Zwischenablage kopiert.

1. Befehl **COPYCLIP** wählen
   - Abrollmenü **BEARBEITEN**, **KOPIEREN**
   - Tablettfeld **T14**
   - Symbol in der **STANDARD-FUNKTIONSLEISTE**
   - Tastenkombination ⌈Strg⌉+⌈C⌉
2. Befehlsanfrage:
   Befehl: COPYCLIP
   Objekte wählen:

Anmerkung

■ Die gewählten Objekte werden im WMF-Format (Windows-Metafile) in die Zwischenablage kopiert. Dieses Format kann von fast allen Text- und Grafikprogrammen übernommen werden. Dabei handelt es sich um ein vektororientiertes Format, in dem die Objekte mit ihren geometrischen Daten gespeichert sind.

Ausführung: Befehl **AUSSCHNEIDEN**

Mit dem Befehl **AUSSCHNEIDEN** werden AutoCAD-Objekte aus der aktuellen Zeichnung ausgeschnitten und in die Zwischenablage übernommen.

1. **Befehl AUSSCHNEIDEN wählen**
   - ◆ Abrollmenü **BEARBEITEN, AUSSCHNEIDEN**
   - ◆ Tablettfeld **T13**
   - ◆ Symbol in der **STANDARD-FUNKTIONSLEISTE**
   - ◆ Tastenkombination [Strg]+[X]

2. **Befehlsanfrage:**
   ```
   Befehl: AUSSCHNEIDEN
   Objekte wählen:
   ```

Wie Befehl **COPYCLIP**, nur daß die Objekte aus der AutoCAD-Zeichnung entfernt werden.

Ausführung: Befehl KOPIEVERKNÜPFEN

Mit dem Befehl **KOPIEVERKNÜPFEN** wird die aktuelle Ansicht der Zeichnung in die Zwischenablage kopiert.

1. **Befehl KOPIEVERKNÜPFEN wählen**
   - ◆ Abrollmenü **BEARBEITEN, KOPIE VERKNÜPFEN**

Anmerkungen

■ Der Befehl wird ohne weitere Anfragen ausgeführt. Eine Objektwahl ist nicht erforderlich.

■ Die Ansicht wird als Ausschnitt in der Zeichnung gespeichert, falls es nicht schon ein gespeicherter Ausschnitt war. Er erhält den Namen *OLE1* bzw *OLE2*, *OLE3* usw.

Ausführung: Befehl CLIPEINFÜG

Mit dem Befehl **CLIPEINFÜG** werden die Objekte aus der Zwischenablage in die AutoCAD-Zeichnung kopiert.

1. **Befehl CLIPEINFÜG wählen**
   - ◆ Abrollmenü **BEARBEITEN, EINFÜGEN**
   - ◆ Tablettfeld **U13**
   - ◆ Symbol in der **STANDARD-FUNKTIONSLEISTE**
   - ◆ Tastenkombination [Strg]+[v]

2. **Befehlsanfrage:**
   ```
   Befehl: CLIPEINFÜG
   Einfügepunkt: X Faktor <1> / Ecke/ XYZ:
   Y Faktor (Vorgabe=X):
   Drehwinkel <0>:
   ```

Anmerkung

■ Befinden sich AutoCAD-Objekte in der Zwischenablage, lassen sich diese wie ein Block in die Zeichnung einfügen. Objekte aus anderen Windows-Anwendungen werden ohne Anfrage eingefügt.

9.4

Ausführung: Verknüpfen und Einbetten (OLE)

Verknüpfen und Einbetten von Objekten (OLE = Objekt Linking and Embedding) sind Windows-Funktionen. Damit lassen sich Objekte aus mehreren Anwendungen in einem Dokument zusammenführen. Zum Beispiel lassen sich in einer AutoCAD-Zeichnung Tabellen, Diagramme oder Texte plazieren oder umgekehrt in einer Beschreibung Ausschnitte einer AutoCAD-Zeichnung plazieren. Um mit OLE arbeiten zu können, müssen beide Windows-Programme OLE unterstützen. In einem Programm, dem **OLE-Server**, werden die Objekte erstellt, die eingebettet bzw. verknüpft werden sollen. In einem anderen Programm, dem **Ole-Client**, werden die Objekte eingebettet bzw. verknüpft. AutoCAD 14 kann sowohl als OLE-Server als auch als OLE-Client agieren.

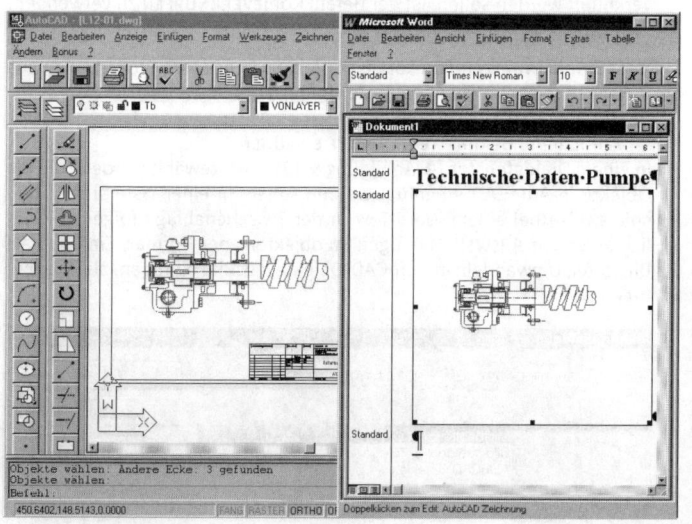

Abbildung 9.11: AutoCAD-Zeichnung in Microsoft Word

■ **Einbetten:**

Die Funktion EINBETTEN erzeugt eine Kopie der Objekte aus dem OLE-Server im OLE-Client. Diese Kopie ist danach unabhängig vom ursprünglichen Dokument. Wird dieses geändert, hat das keine Auswirkungen auf die eingebetteten Objekte. Sollen Änderungen an den eingebetteten Objekten vorgenommen werden, wird der OLE-Server automatisch gestartet und die Änderungen können ausgeführt werden. Danach kann das Zieldokument aktualisiert werden.

■ **Verknüpfen:**

Mit der Funktion **VERKNÜPFEN** wird eine Verbindung zwischen Server und Client hergestellt. Wurde ein Objekt aus einem OLE-Server mit einem OLE-Client verknüpft und das Server-Dokument wird nachträglich geändert, wird das Client-Dokument automatisch geändert.

Bei beiden Verfahren kann aus dem OLE-Client die Applikation gestartet werden, in der das Dokument erstellt wurde. Mit den Befehlen **COPYCLIP**, **AUSSCHNEIDEN** erzeugt man in AutoCAD Objekte, die in andere Programme eingebettet werden können. Wenn Objekte mit anderen Applikationen verknüpft werden sollen, ist der Befehl **KOPIEVERKNÜPFEN** zu verwenden.

Ausführung: Befehl INHALTEINFÜG

Mit dem Befehl **INHALTEINFÜG** können Objekte von anderen Programmen aus der Zwischenablage in die aktuelle Zeichnung kopiert werden.

1. **Befehl INHALTEINFÜG wählen**

   ◆ Abrollmenü **BEARBEITEN, INHALTE EINFÜGEN**

   In einem Dialogfenster (→ Abbildung 9.12) kann gewählt werden, wie die Objekte in AutoCAD eingefügt werden sollen. In einer Liste stehen beispielsweise bei einem Word-Text in der Zwischenablage folgende Möglichkeiten zur Auswahl: Einfügen im objekteigenen Format, Einfügen als Bilddatei, Umwandeln in AutoCAD-Objekte, als Bild einfügen, als Text einfügen.

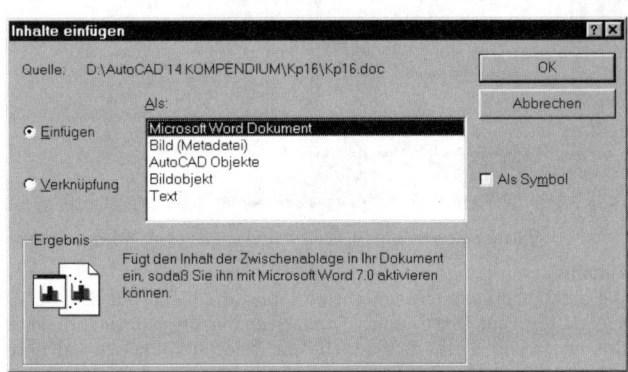

Abbildung 9.12: Dialogfenster des Befehls INHALTEINFÜG

Einfügen: Das Objekt wird in AutoCAD eingebettet.

Verknüpfung: Eine Verknüpfung mit dem Originalobjekt wird erstellt. Änderungen am Originalobjekt werden nachgeführt.

Als Symbol: Ist der Schalter ein, wird in der Zeichnung nur ein Symbol als Platzhalter angezeigt.

Ausführung: Befehl OBJEINFÜG

Mit dem Befehl **OBJEINFÜG** können Objekte aus anderen Programmen in AutoCAD eingebettet bzw. mit AutoCAD verknüpft werden.

1. Befehl OBJEINFÜG wählen
   ◆ Symbol im Werkzeugkasten **EINFÜGEN**

   Neu erstellen: Wenn im Dialogfenster (➔ Abbildung 9.13) dieser Schalter ein ist und in der Liste die Applikation gewählt wurde, wird die Applikation gestartet. Wird z.B. eine Excel-Tabelle erstellt und Excel beendet, wird die Tabelle in AutoCAD als OLE-Objekt eingebettet.

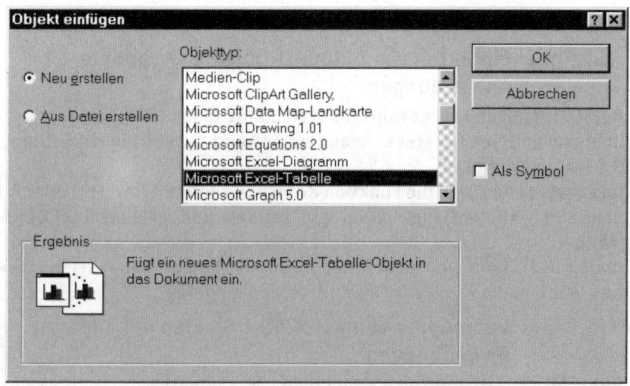

Abbildung 9.13: Dialogfeld des Befehls OBJEINFÜG, Neu erstellen

Aus Datei erstellen: Wenn im Dialogfenster (➔ Abbildung 9.14) dieser Schalter ein ist, kann die Datei gewählt werden, die als OLE-Objekt eingebettet werden soll. Ist der Schalter *Verknüpfen* eingeschaltet, wird das Objekt mit AutoCAD verknüpft.

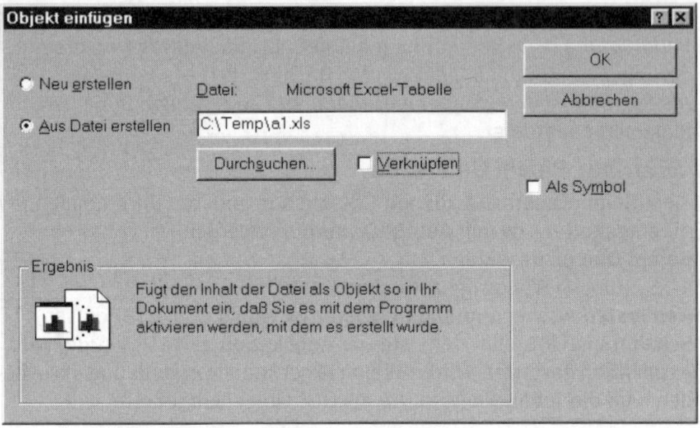

Abbildung 9.14: Dialogfeld des Befehls Objeinfüg, *Aus Datei erstellen*

Ausführung: Einbetten von AutoCAD-Objekten in andere Anwendungen

1. AutoCAD starten und gewünschte Zeichnung laden (OLE-Server).
2. In einem anderen Fenster eine andere Anwendung starten (OLE-Client, z. B.: Textverarbeitung).
3. Im Abrollmenü Datei die Funktion Kopieren (Befehl Copyclip) oder Ausschneiden (Befehl Ausschneiden) wählen und gewünschte Objekte wählen.
4. In den OLE-Client wechseln und dort im Abrollmenü Bearbeiten, Einfügen wählen, die AutoCAD-Objekte werden eingefügt.

Ausführung: Verknüpfen von AutoCAD-Objekten mit anderen Anwendungen

1. AutoCAD starten und Zeichnung laden (OLE-Server).
2. In einem anderen Fenster eine andere Anwendung starten (OLE-Client). Im Folgenden am Beispiel Microsoft Word beschrieben.
3. Ausschnitt in der AutoCAD-Zeichnung wählen und im Abrollmenü Bearbeiten die Funktion Kopie verknüpfen (Befehl Kopieverknüpfen) wählen. Die aktuelle Ansicht wird ohne Anfragen in die Zwischenablage kopiert.
4. In Microsoft Word wechseln und aus dem Abrollmenü Bearbeiten die Funktion Inhalte einfügen... wählen. Im Dialogfeld die Funktion *Verknüpfen* wählen.

Ausführung: Einbetten von Objekten aus anderen Anwendungen in eine AutoCAD-Zeichnung

1. In AutoCAD eine Zeichnung öffnen, in die Objekte übernommen werden sollen (OLE-Client). In einem anderen Fenster eine weitere Windows-Anwendung öffnen (OLE-Server).
2. Markieren Sie die einzubettenden Objekte im OLE-Server und wählen im Abrollmenü BEARBEITEN die Funktion KOPIEREN. Der markierte Text wird in die Zwischenablage kopiert.
3. In die AutoCAD-Zeichnung wechseln und im Abrollmenü BEARBEITEN die Funktion EINFÜGEN (Befehl CLIPEINFÜG) wählen. Die Objekte werden eingefügt.

Ausführung: Verknüpfen von Objekten aus anderen Anwendungen mit AutoCAD-Zeichnungen

1. Anwendung starten, aus der Objekte in die AutoCAD 14 Zeichnung übernommen werden sollen (OLE-Server).
2. In einem anderen Fenster AutoCAD starten (OLE-Client).
3. Objekte in der anderen Anwendung markieren und im Abrollmenü BEARBEITEN die Funktion KOPIE VERKNÜPFEN wählen. Objekte werden in die Zwischenablage kopiert.
4. Zu AutoCAD wechseln und im Abrollmenü BEARBEITEN die Funktion INHALTE EINFÜGEN... (Befehl INHALTEINFÜG) wählen. Im Dialogfeld Funktion Verknüpfung einschalten.

Ausführung: Änderungen an einem OLE-Objekt

1. OLE-Objekt in AutoCAD doppelt anklicken. Die Anwendung wird gestartet, z.B. Excel wird geöffnet und die Tabelle in Excel übernommen.
2. Bearbeiten und Anwendung beenden. Das Objekt wird in AutoCAD aktualisiert. Dabei ist es ohne Bedeutung, ob das Objekt eingebettet oder verknüpft ist. Der Unterschied besteht darin, daß bei einem verknüpften Objekt die Originaldatei geöffnet wird und die Änderungen an der Originaldatei vorgenommen werden und bei einem eingebetteten Objekt das Objekt aus der Zeichnung in das ursprüngliche Programm kopiert wird und dort geändert werden kann.

Ausführung: Griffe an OLE-Objekten

OLE-Objekte bekommen Griffe, wenn sie angeklickt werden, die sich jedoch von den AutoCAD-Griffen unterscheiden.

■ Seitenmittelpunkt anklicken, Maustaste festhalten und ziehen. Das Objekt wird in dieser Richtung gestreckt.

9.4

- **Eckpunkt anklicken, Maustaste festhalten und ziehen.** Das Objekt wird diagonal auseinandergezogen. Die Proportionen bleiben erhalten.
- **Mitte des Objekts anklicken, Maustaste festhalten und an die gewünschte Stelle schieben.**
- **Die Griffe verschwinden, wenn an einer anderen Stelle in die Zeichnung geklickt wird.** Mit der AutoCAD-Objektwahl können eingefügte Objekte nicht gewählt werden.

Ausführung: Rechte Maustaste bei markierten OLE-Objekten

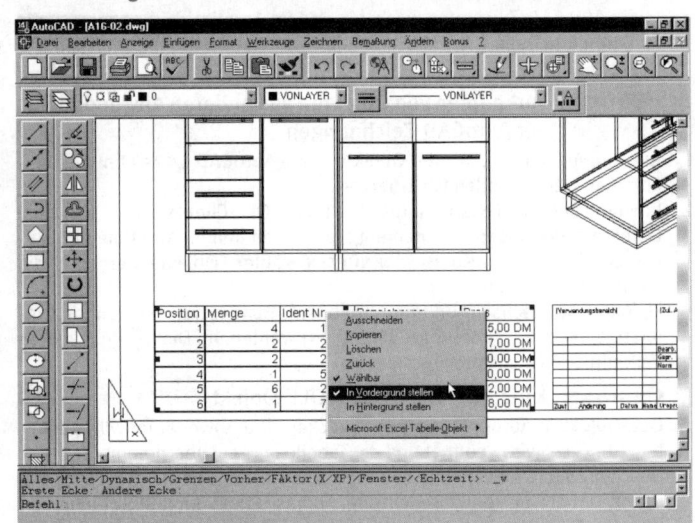

Abbildung 9.15: Bearbeitung von OLE-Objekten

Wenn ein eingefügtes Objekt markiert ist, kann mit der rechten Maustaste ein Pop-Up-Menü am Fadenkreuz eingeblendet werden.

Daraus kann gewählt werden: Ausschneiden, Kopieren, Löschen, Bearbeitungen zurücknehmen, das Objekt wählbar oder nicht wählbar schalten, in den Vordergrund oder den Hintergrund stellen und in einem Untermenü die Bearbeitung des Objekts starten (→ Abbildung 9.15).

Austausch über die Zwischenablage

9.4

Ausführung: Befehl OLEVERKN

Mit dem Befehl **OLEVERKN** können die Verknüpfungen in der Zeichnung bearbeitet werden.

1. **Befehl OLEVERKN wählen**
   - ◆ Abrollmenü **BEARBEITEN, VERKNÜPFEN**

   In einem Dialogfeld können die Verknüpfungen bearbeitet werden (→ Abbildung 9.16).

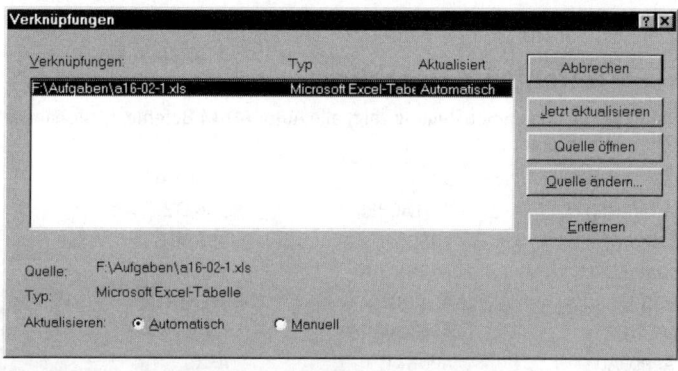

Abbildung 9.16: Verknüpfung bearbeiten

Anmerkungen

- ■ In der Liste sind alle Verknüpfungen der Zeichnung enthalten. Der Pfad der Originaldatei, der Dateityp und die Art der Aktualisierung.
- ■ Wenn eine Verknüpfung markiert ist, kann mit der Schaltfläche **JETZT AKTUALISIEREN** der aktuelle Stand geladen werden. Die Schaltfläche **QUELLE ÖFFNEN** startet das Programm, mit dem die Datei erstellt wurde und lädt die Datei. Mit der Schaltfläche **QUELLE ÄNDERN...** kann eine neue Datei gewählt werden. Das Objekt wird durch die neue Datei ersetzt. Mit der Schaltfläche **ENTFERNEN** verschwindet es aus der Zeichnung.
- ■ In der untersten Zeile kann gewählt werden, ob die AutoCAD-Zeichnung beim Laden automatisch aktualisiert werden soll, wenn die Ausgangsdatei verändert wurde. Ist *Manuell* gewählt, wird bei Änderungen angefragt, ob aktualisiert werden soll.

10 Überblick

10.1 Befehle im Überblick

Die folgende Zusammenstellung zeigt alle AutoCAD 14 Befehle, in alphabetischer Reihenfolge.

'?	3D	3DARRAY
3DDREHEN	3DFLÄCHE	3DNETZ
3DPOLY	3DSIN	3DSOUT
3DSPIEGELN	ABRUNDEN	'ABSTAND
ACISIN	ACISOUT	AFENSTER
AFLAYER	AMEKONVERT	ÄNDERN
'APPLOAD	APUNKT	ARX
ASEADMIN	ASEEXPORT	ASELINKS
ASEROWS	ASESELECT	ATTDEF
ATTEDIT	ATTEXT	ATTREDEF
ATTZEIG	AUFLöS	AUSRICHTEN
AUSSCHNEIDEN	'AUSSCHNT	BAND
BASIS	BEM	BEMAUSG
BEMBASISL	BEMDURCHM	BEMEDIT
BEMLINEAR	BEMMITTELP	BEMORDINATE
BEMRADIUS	BEMSTIL	BEMTEDIT
BEMÜBERSCHR	BEMWEITER	BEMWINKEL
BEREINIG	BFLöSCH	BFRÜCK
BILD	BILDANPASSEN	BILDQUALITÄT
BILDRAHMEN	BILDSICH	BILDZUORDNEN
BILDZUSCHNEIDEN	BKS	BKSYMBOL

BLOCK	BMAKE	BMPSICH
BOGEN	BROWSER	BRUCH
CLIPEINFÜG	COPYCLIP	DANSICHT
DBEM	DBLISTE	DDATTDEF
DDATTE	DDATEXT	DDBKS
DDCHPROP	DDCOLOR	DDEDIT
'DDGRIPS	DDINSERT	DDMODIFY
DDPTYPE	DDRENAME	DDRMODI
DDSELECT	DDUCSP	DDUNITS
DDVIEW	DDVPOINT	DEHNEN
DIFFERENZ	DREHEN	DRSICHT
DTEXT	DWFOUT	DXBIN
DXFIN	DXFOUT	EDGE
EIGÄNDR	EIGANPASS	EINFÜGE
'EINHEIT	EINLESEN	ELLIPSE
'ERHEBUNG	ERSTELLEN	EXTRUSION
'FANG	'FARBE	FASE
'FILTER	FLÄCHE	FÜHRUNG
FÜLLEN	'GRAPHBLD	GRUPPE
GSCHRAFF	'HILFE (←)	HINTERGRUND
HOPPLA	'ID	'INFO
INHALTEINFÜG	'ISOEBENE	'KAL
KANTOB	KAPPEN	KEGEL
KEIL	KLINIE	KMPILIER
KONVERT	KOPIEBISHER	KOPIEREN
KOPIEVERKNÜPFEN	'KPMODUS	KREIS
KSICH	KUGEL	LADEN
LÄNGE	'LAYER	LICHT
LIMITEN	'LINIENTP	LINIE
LISTE	LOGFILEOFF	LOGFILEON
LöSCHEN	LSBEARB	LSBIBL
LSNEU	'LTFAKTOR	MACHDIA
MANSFEN	MAPPING	MASSEIG

MAT	MATBIBL	MBEREICH
MEINFÜG	MENÜ	MENÜENTF
MENÜLAD	MESSEN	MLEDIT
MLINIE	MLSTIL	MTEXT
MVSETUP	NEBEL	NEU
NEUINIT	'NEUZALL	'NEUZEICH
NOCHMAL	OBJEINF	OFANG
ÖFFNEN	'ÖFFNUNG	OLEVERKN
'ORTHO	'PAN	'PAUSE
PBEREICH	PEDIT	PLINIE
PLOT	PNETZ	POLYGON
PRÜFUNG	PSFÜLL	PSIN
PSOUT	PSZIEH	PUNKT
QUADER	QUERSCHNITT	'QTEXT
QUIT	'RASTER	RECHTECK
'RECHTSCHREIBUNG	REGELOB	REGEN
REGENALL	'REGENAUTO	REGION
REIHE	REINST	RENDER
'RESUME	RING	ROTATION
ROTOB	RSCRIPT	SCHIEBEN
SCHNITTMENGE	SCHRAFF	SCHRAFFEDIT
'SCRIPT	'SETVAR	SHADE
SHELL	SICHALS	SICHERN
SKIZZE	SOLANS	SOLID
SOLPROFIL	SOLZEICH	SPIEGELN
SPLINE	SPLINEDIT	STAT
'STATUS	'STIL	STLOUT
STRAHL	STRECKEN	STUTZEN
SYMBOL	SYSFENSTER	SZENE
TABLETT	TABOB	TEILEN
TEXT	'TEXTBLD	TOLERANZ
TORUS	TRANSPARENZ	'TREESTAT
ÜBERLAG	ÜFENSTER	UMBENENN

UMGRENZUNG	URSPRUNG	VARIA
VERDECKT	VEREINIG	VERSETZ
VORANSICHT	VOREINSTELLUNGEN	WAHL
WBLOCK	WERKZEUGKASTEN	WHERST
WIEDERGABE	WMFIN	WMFOPT
WMFOUT	XBINDEN	XREF
XZUORDNEN	XZUSCHNEIDEN	Z
ZEICHREIHENF	ZEIGDIA	ZEIGMAT
'ZEIT	ZLöSCH	'ZOOM
'ZUGMODUS	ZURÜCK	ZYLINDER

Bis zur Version 12 von AutoCAD waren alle Bemaßungsfunktionen Unteroptionen des Befehls **BEM**. Die vorherigen Unterbefehle stehen aber aus Kompatibilitätsgründen weiterhin zur Verfügung.

AUSGERICHTET	BASISLINIE	DREHEN
DURCHMESSER	EXIT	FÜHRUNG
HOLEN	HOMETEXT	HORIZONTAL
MITTELPUNKT	NEUTEXT	NEUZEICHNEN
ORDINATE	RADIUS	SCHRÄG
SICHERN	STATUS	STIL
TEDIT	TDREHEN	ÜBERSCHR
UPDATE	VARIABLEN	VERTIKAL
WEITER	WINKEL	ZURÜCK

Befehle im Überblick

10.1

10.2 Menüdateien

Alle Menüs können vom Anwender nach eigenen Anforderungen frei gestaltet werden. Die Belegung der Menüs sind in der Menüdatei gespeichert.

Ausführung: Befehl Menü

Mit dem Befehl **MENÜ** kann die aktuelle Menüdatei gewechselt werden.

1. **Befehl MENÜ auswählen**
   ◆ Auf der Tastatur eingeben

   Die gewünschte Menüdatei kann mit dem Dateiwähler ausgesucht werden.

Anmerkungen

■ Die Standard-Menüdatei kann auch mit dem Befehl **VOREINSTELLUNGEN** gewählt werden.

■ Mit AutoCAD wird eine Menüdatei geliefert, die alle Befehle und Befehlsoptionen enthält. In ihr sind die Knopfmenüs des Zeigegeräts, die Pop-Up-Menüs, die Abrollmenüs, die Bildmenüs, das Bildschirmseitenmenü, die Tablettmenüs, die Standard-Werkzeugkästen und die Tastaturkürzel definiert.

■ Die Standard-Menüdatei hat den Namen *ACAD.MNU* (Quelldatei). Sie kann mit einem Texteditor bearbeitet und verändert werden.

■ Wird eine eigene Menüdatei erstellt, muß diese ebenfalls die Dateierweiterung *.MNU* erhalten.

■ In der Datei *.MNS* ist die Menüdatei enthalten. Zusätzlich werden die Definitionen der Werkzeugkästen dazugeladen. Diese Datei ist ebenfalls eine editierbare Textdatei, die von AutoCAD in eine kompilierte Menüdatei (Dateierweiterung *.MNC)* umgewandelt wird .

10.3 Tablettmenü

Wird in AutoCAD mit einem Grafik-Tablett gearbeitet, kann das Tablett in maximal 4 Menübereiche und einen Bildschirmzeigebereich aufgeteilt werden. Die AutoCAD 14 Standard-Menüdatei **ACAD.MNU** enthält in 3 Menübereichen die wesentlichen Befehle für die Arbeit mit dem Programm. Ein weiterer Menübereich kann vom Anwender frei belegt werden.

Anmerkung

■ Mit AutoCAD wird eine Zeichnungsdatei **TABLET14.DWG** geliefert. In dieser Zeichnung sind alle Menüfelder mit Symbolen und Text gekennzeichnet. Diese Datei kann in den Maßen des verwendeten Grafik-Tabletts ausgeplottet werden und auf das Grafik-Tablett gelegt werden.

Ausführung: Konfiguration des Grafik-Tabletts

Das Grafik-Tablett muß für die Menüdatei und die verwendete Tablettauflage konfiguriert werden.

Ausführung: Befehl Tablett

Mit einer Option des Befehls TABLETT wird die Tablettauflage konfiguriert.

1. **Befehl TABLETT auswählen**
   ◆ Abrollmenü WERKZEUGE, TABLETT >, Option KONFIGURIEREN

Anmerkungen

■ Abgefragt wird die Zahl der Menübereiche und deren Lage. Jeder Menübereich wird durch Eingabe von drei Punkten auf dem Tablett definiert (Punkt links oben, links unten und rechts unten).

■ Der Bildschirmzeigebereich wird mit dem linken unteren und dem rechten oberen Punkt festgelegt.

■ Die Punkte sind auf der Tablettauflage durch Ringe gekennzeichnet.

■ Die Zahl der Zeilen und Spalten für jeden Menübereich sind in Abbildung 10.1 dargestellt.

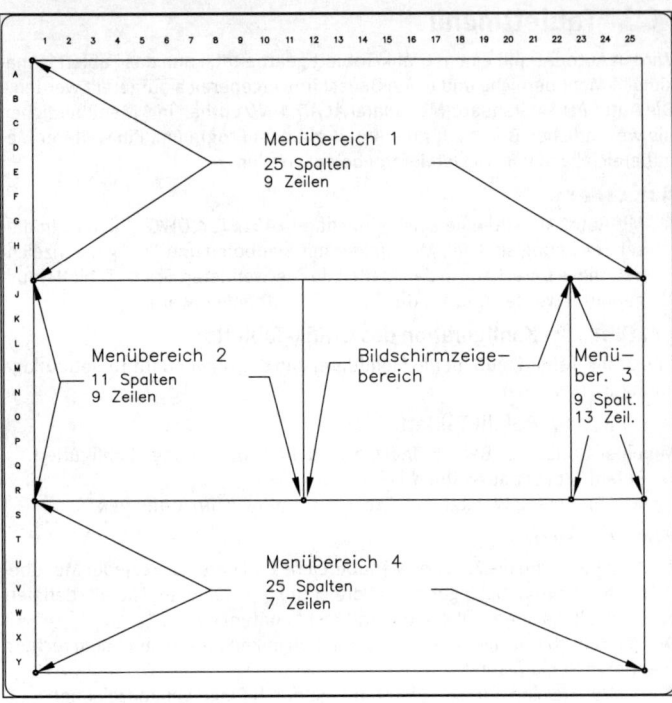

Abbildung 10.1: Aufteilung des Tabletts in Menübereiche

10.4 Installation des Programms

Die Installation von AutoCAD 14 wird mit dem Installationsprogramm **SET-UP.EXE** weitgehend automatisch ausgeführt. Auf der AutoCAD-14-CD befindet sich eine Autorun-Datei, die nach dem Einlegen der CD das Installationsprogramm automatisch startet. Falls dies nicht der Fall sein sollte, kann das Installationsprogramm **SETUP.EXE** manuell gestartet werden.

Ausführung: Installation

1. **Im Menü START von Windows 95 bzw. Windows NT die Funktion AUSFÜH-REN wählen.** Im Dialogfeld, das dann erscheint, X:\Setup.exe eintragen. Anstelle von X steht der Laufwerkbuchstabe des CD-ROM-Laufwerks. Danach wird die Funktion gestartet.

2. **Nach kurzer Zeit erscheint der Startbildschirm für die Installation (→ Abbildung 10.2). Mit der Schaltfläche WEITER › wird der Vorgang fortgesetzt.**

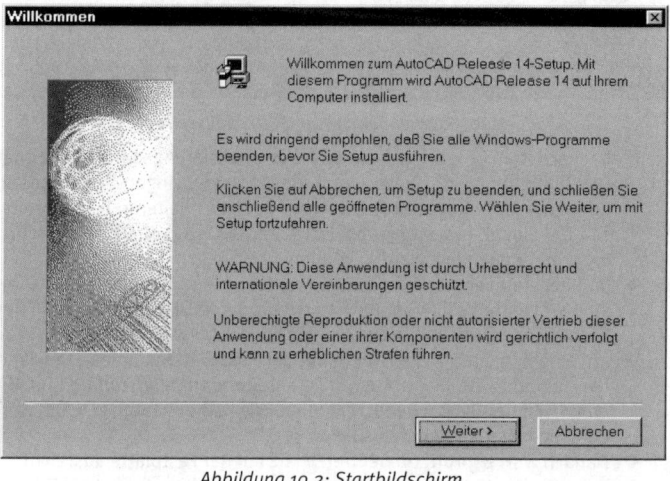

Abbildung 10.2: Startbildschirm

◆ Danach erscheint in einem weiteren Fenster ein Auszug aus dem Lizenzvertrag. Mit der Schaltfläche **JA** werden die Bedingungen angenommen.

◆ Im nächsten Fenster werden die Seriennummer der AutoCAD-Version und ein CD-Schlüssel abgefragt, die auf einem Aufkleber auf der CD-Hülle aufgedruckt sind (→ Abbildung 10.3).

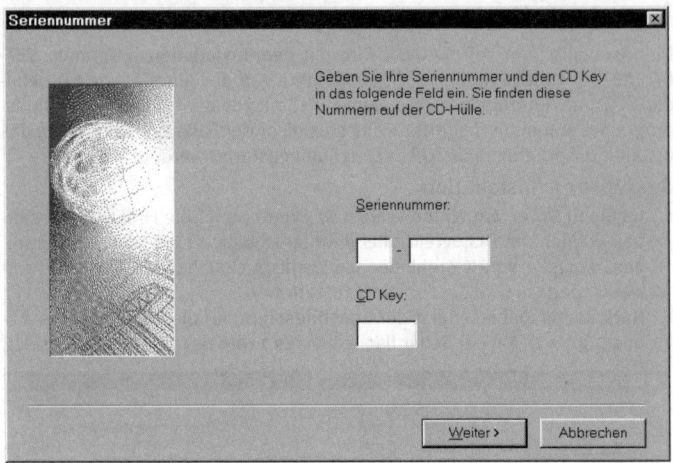

Abbildung 10.3: Seriennummer und CD-Schlüssel eintragen

◆ Im nächsten Fenster werden die Personalisierungsdaten abgefragt (→ Abbildung 10.4). Diese Eintragungen sind zwingend erforderlich, erst dann kann fortgefahren werden. In einem weiteren Fenster müssen die Eingaben nochmal bestätigt werden, so daß sie nachträglich nicht mehr geändert werden können.

◆ Im nächsten Fenster wird der Ordner festgelegt, in dem AutoCAD installiert werden soll. Vorgabe ist *C:\Programme\AutoCAD R14*. Mit der Schaltfläche DURCHSUCHEN kann ein anderer gewählt werden.

◆ Im einem weiteren Fenster wird der Installationsumfang gewählt (→ Abbildung 10.5). Zur Auswahl steht *Standard, Vollständig* und *Minimal*. Mit der Option *Benutzer* können die Komponenten gewählt werden, die installiert werden sollen.

◆ Danach wird geprüft, ob der freie Platz auf der Festplatte ausreicht.

◆ Zuletzt wird der Programmordner gewählt, in dem die AutoCAD Symbole erscheinen sollen. Vorgabe ist *AutoCAD R14.0 - Deutsch* .

◆ Nach einer weiteren Bestätigung wird die Installation gestartet. Nach der Installation ist AutoCAD 14 sofort lauffähig. Eine Konfiguration wie in früheren Versionen von AutoCAD ist nicht mehr erforderlich. Das Programm startet mit seinen Grundeinstellungen. Diese können mit dem Befehl VOREINSTELLUNGEN geändert werden (→ 10.5).

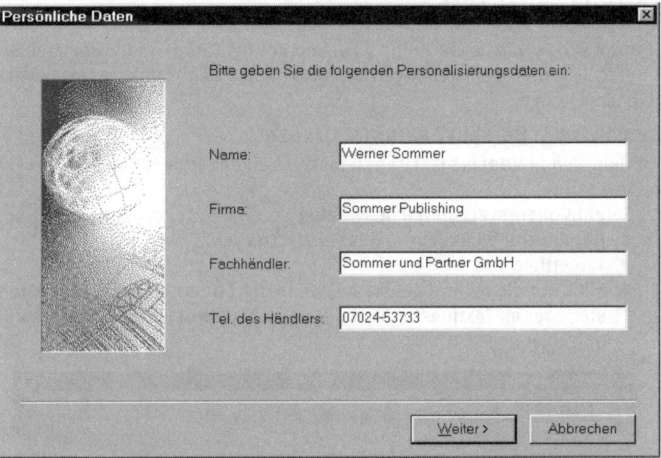

Abbildung 10.4: Personalisierungsdaten eingeben

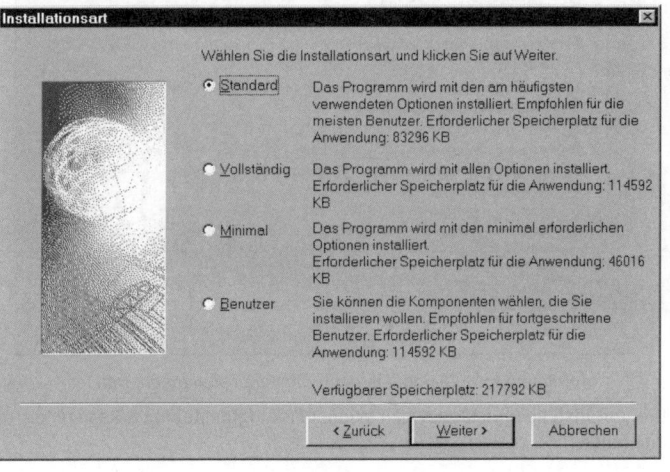

Abbildung 10.5: Wahl des Installationsumfangs

10.5 Voreinstellungen

In AutoCAD 14 wird nicht mehr zwischen Konfiguration und Voreinstellung unterschieden. Alle Einstellungen können mit dem Befehl **VOREINSTELLUNGEN** gemacht werden.

Ausführung: Befehl VOREINSTELLUNGEN

Mit dem Befehl **VOREINSTELLUNGEN** lassen sich alle Programmeinstellungen ändern.

1. **Befehl VOREINSTELLUNGEN auswählen**
   - ◆ Abrollmenü **WERKZEUGE, VOREINSTELLUNGEN...**
   - ◆ Tablettfeld **Y10**
   - ◆ Klick auf die rechte Maustaste, wenn der Cursor im Befehlszeilenfenster oder im Textfenster steht, **VOREINSTELLUNGEN...** im Pop-Up-Menü anwählen.

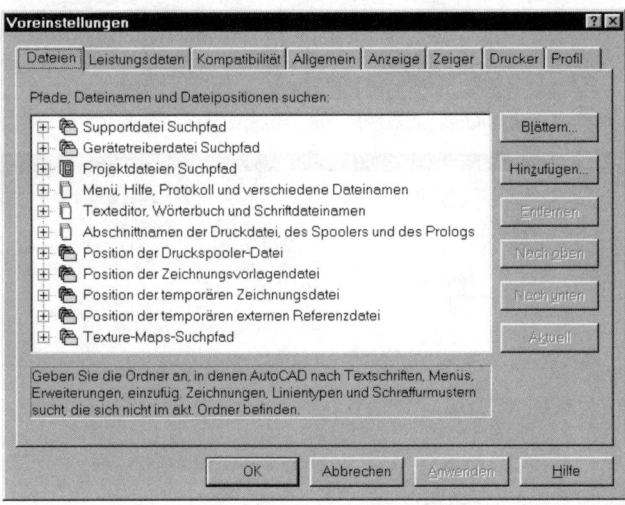

Abbildung 10.6: Dialogfenster für die Voreinstellungen, Dateien

Die Voreinstellungen lassen sich in einem Dialogfenster mit 8 Registerkarten einstellen.

Registerkarte *Dateien*:

In der Registerkarte *Dateien* wird festgelegt, mit welchen Dateien Auto-CAD arbeitet, bzw. in welchen Ordnern AutoCAD nach Dateien sucht. Im Dialogfenster befindet sich ein Fenster, in dem alle Einträge aufgelistet sind (→ Abbildung 10.6). Klickt man auf ⊞ vor einen Eintrag, werden die Elemente dieses Eintrags angezeigt. Damit die Liste übersichtlich bleibt, werden sie eingerückt angezeigt. Jetzt steht ⊟ vor dem Eintrag, wenn darauf geklickt wird, werden die Elemente dieses Eintrags wieder ausgeblendet. Manche Einträge verzweigen sich weiter.

Um eine Datei oder einen Pfad hinzufügen, ⊞ vor einem Eintrag anklicken. Ein Eintrag ist entweder mit einem Ordnersymbol oder einem Dateisymbol gekennzeichnet. Für manche Einträge kann nur ein Ordner oder eine Datei aufgenommen werden. Abhängig davon werden die Schaltflächen an der rechten Seite freigegeben:

BLÄTTERN...: Zum Blättern im Verzeichnisbaum nach einem Ordner oder einer Datei. Zur Auswahl bekommen Sie den Dateiwähler.

HINZUFÜGEN...: Hinzufügen eines Eintrags. Der Eintrag ist zunächst ohne Namen. Auf **BLÄTTERN...** klicken und einen Ordner oder eine Datei wählen. Wenn nur ein Eintrag möglich ist, ist die Schaltfläche deaktivert.

ENTFERNEN: Entfernt den markierten Eintrag aus der Liste.

NACH OBEN bzw. **NACH UNTEN:** Verschiebung der Markierung in der Liste.

AKTUELL: Macht den markierten Eintrag in der Liste zum aktuellen Eintrag.

Die Funktionen der Einträge sind in Tabelle 10.1 aufgelistet.

Tabelle 10.1: Suchpfade und Ordner für AutoCAD

Eintrag	Funktion
Supportdatei Suchpfad	Ordner in denen AutoCAD Schriften, einzufügende Blöcke, Linientypen, Schraffuren und Menüs sucht, wenn sie nicht im aktuellen Ordner sind.
Gerätetreiber Suchpfad	Ordner, in denen sich die Treiberdateien für Tabletts, Drucker oder Plotter befinden, soweit sie nicht direkt in Windows installiert sind.
Projektdateien Suchpfad	Ordner, in dem AutoCAD nach Xrefs sucht.
Menü, Hilfe, Protokoll und verschiedene Dateien	Menüdatei Hilfedatei Datei für die autom. Speicherung Protokolldatei Vorgabe Internetadresse Konfigurationsdatei Lizenzserver

Tabelle 10.1: Suchpfade und Ordner für AutoCAD

Eintrag	Funktion
Texteditor, Wörterbuch und Schriftdateiname	Texteditoranwendung Hauptwörterbuch Benutzerwörterbuch Alternative Schriftdatei Schriftzuordnungsdatei
Abschnittsname der Druck-datei, des Spoolers und des Prologs	Druckdateiname Ausführbare Druckspooldatei Abschnittname des PostScript Prologs
Pos. d. Druckspoolerdatei	Ordner für die Druckspooldateien
Position der Zeichnungs-vorlagendatei	Ordner, in dem die Zeichnungsvorlagen gesucht und angezeigt werden.
Position der temporären Zeichnungsdatei	Ordner, in dem temporäre Dateien, die beim Zeichnen enstehen, gespeichert werden.
Position der temporären ext. Referenzdatei	Ordner, in dem temporäre Dateien, die beim Arbeiten mit externen Referenzen angelegt werden, gespeichert werden.
Texture Maps Suchpfad	Ordner, in denen der Renderer nach Textur-dateien sucht.

Registerkarte *Leistungsdaten*:

In der Registerkarte *Leistungsdaten* werden Grundeinstellungen für das Laden und die Anzeige der Zeichnung auf dem Bildschirm eingestellt. Durch Optimierung der Werte kann das Laden der Zeichnung und der Bildaufbau beschleunigt werden. Die meisten Einstellmöglichkeiten beeinflussen AutoCAD Systemvariablen (➔ Abbildung 10.7).

■ **Anzeige von Volumenmodellen:** Einstellung der Glättung von gerenderten Objekten (Systemvariable FACETRES), der Konturlinien (Systemvariable ISOLINES) und Einstellung, ob die Umrißlinien von Volumen angezeigt werden sollen (Systemvariable DISPSILH).

■ **Objekte beim Ziehen anzeigen:** Legt fest, ob Objekte beim Editieren dynamisch mitgezogen werden sollen. Das kann automatisch erfolgen (Standardeinstellung), ausgeschaltet werden oder nur dann erfolgen, wenn bei der entsprechenden Aktion ZUG eingegeben wird (Systemvariable DRAGMODE).

Nur Textbegrenzungsrahmen anzeigen: Text wird nur mit einem Begrenzungsrahmen angezeigt, wenn der Schalter ein ist (Systemvariable QTEXTMODE bzw. Befehl QTEXT).

Inhalt von Rasterbildern anzeigen: In die Zeichnung geladene Rasterbilder anzeigen (Systemvariable **RTDISPLAY**).

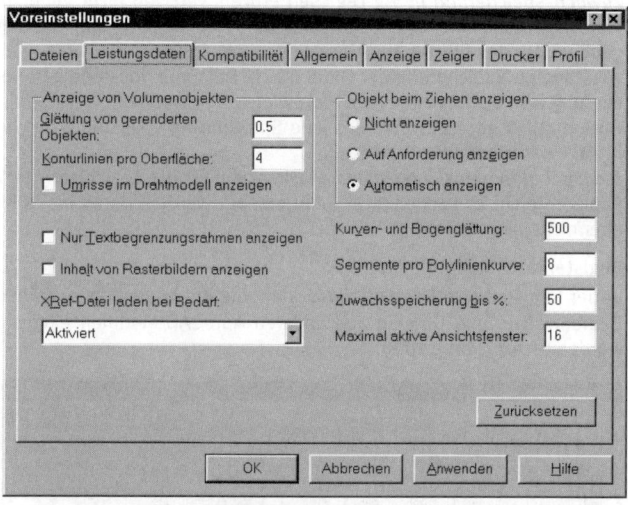

Abbildung 10.7: Voreinstellungen, Registerkarte Leistungsdaten

XRef-datei laden bei Bedarf: Steuert das bedarfsgerechte Laden von externen Referenzen. Da dabei jeweils nur die Teile der referenzierten Zeichnung geladen werden, die für das Regenerieren der aktuellen Zeichnung erforderlich sind, läßt sich die Leistung durch diese Option erhöhen. Deaktiviert oder aktiviert die Funktion zum Laden nach Bedarf. Die Einstellung *Mit Kopie aktiviert* aktiviert die Funktion zum Laden bei Bedarf, verwendet aber lediglich eine Kopie der referenzierten Zeichnung. Damit kann die Originalzeichnung weiterhin durch andere Benutzer bearbeitet werden (Systemvariable **XLOADCTL**).

Kurven- und Bogenglättung: Steuert die Glättung von Kreisen, Bogen und Ellipsen. Je größer der Wert, desto glatter werden die Objekte dargestellt. Allerdings verlängert sich damit auch die zum Regenerieren der Objekte erforderliche Zeit. Um eine optimale Leistung zu gewährleisten, kann der Wert für Kurven- und Bogenglättung beim Zeichnen niedrig gewählt und beim Rendern erhöht werden. Gültige Werte liegen im Bereich von 1 bis 20.000 (Systemvariable **VIEWRES** bzw. Befehl **AUFLÖS**).

Voreinstellungen

10.5

Segmente pro Polylinienkurve: Bestimmt die Anzahl der Liniensegmente, die für jede Polylinienkurve erzeugt werden (Systemvariable **SLINESEGS**).

Zuwachsspeicherung in %: Legt den Prozentwert von nicht genutztem Platz fest, der in einer Zeichendatei toleriert wird. Bei Erreichen des angegebenen Wertes führt AutoCAD anstelle einer Zuwachsspeicherung eine vollständige Speicherung der Datei durch. Bei einer vollständigen Speicherung wird der nicht genutzte Platz wieder frei. Wenn der Wert für diese Option auf 0 gesetzt wird, wird jede Speicherung vollständig durchgeführt. (Systemvariable IsAVEPERCENT).

Maximal aktive Ansichtsfenster: Maximalzahl für die Ansichtsfenster im Papierbereich. Es können zwar mehr erzeugt werden, deren Inhalt wird aber nicht mehr angezeigt.

Registerkarte *Kompatibilität*:

In der Registerkarte *Kompatibilität* kann die Kompatibilität zu früheren Bedienweisen und Dateien aus anderen AutoCAD-Modulen eingestellt werden (→ Abbildung 10.8).

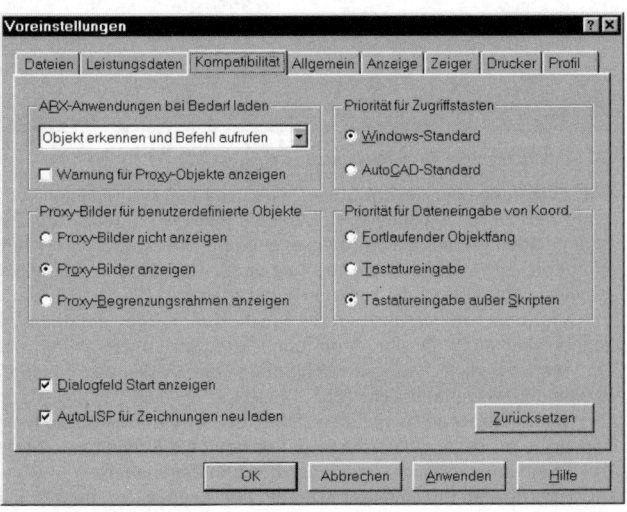

Abbildung 10.8: Voreinstellungen, Registerkarte Kompatibilität

- **Arx-Anwendungen bei Bedarf laden:** Legt fest, ob und wann AutoCAD eine Anwendung eines anderen Anbieters lädt, wenn die Zeichnung ein in dieser Anwendung erstelltes benutzerdefiniertes Objekt enthält (Systemvariable **DEMANDLOAD**).
- **Proxy-Bilder für benutzerdefinierte Objekte:** Steuert die Anzeige von Zeichnungsobjekten, die in einer Anwendung eines anderen Anbieters erstellt wurden (Systemvariable PROXYSHOW).

  Dialogfeld Start anzeigen: Legt fest, ob das Dialogfeld START beim Starten von AutoCAD angezeigt wird.

  Autolisp für Zeichnungen neu laden: Legt fest, ob AutoLISP-definierte Funktionen und Variablen beim öffnen einer neuen Zeichnung erhalten bleiben oder jeweils nur für die aktuelle Zeichnung gelten (Systemvariable LISPINIT).
- **Priorität für Zugriffstasten:** Steuert, wie AutoCAD Tastenkürzel interpretiert: Windows-Standard oder AutoCAD-Standard (⟨Strg⟩+⟨C⟩: Befehlsabbruch).
- **Priorität für Dateneingabe von Koordinaten:** Steuert, wie AutoCAD auf die Eingabe von Koordinaten reagiert. Sie können einstellen, daß die Tastatureingabe Vorrang vor dem Objektfang hat (Systemvariable **OSNAP-COORD**).

  Registerkarte *Allgemein*:
  In der Registerkarte ***Allgemein*** können allgemeine Vorgaben fürs Zeichnen eingestellt werden (➜ Abbildung 10.9).
- **Sicherheitseinstellungen für Zeichnungssitzungen:** Einstellung, ob automatisch gesichert werden soll und in welchem Zeitintervall, ob eine Backup-Datei angelegt werden soll, ob Prüfungen beim Speichern und öffnen durchgeführt werden sollen und ob der Inhalt des Textfensters in eine Protokolldatei übernommen werden soll.

  Stark verkleinerte Voransicht speichern: Legt fest, ob im Voransichtsbereich des Dialogfelds öffnen ein Bild der Datei angezeigt werden soll (Systemvariable Rasterpreview).

  Akustisches Signal bei fehlerhafter Benutzereingabe: Legt fest, ob AutoCAD bei einer ungültigen Eingabe ein akustisches Signal ausgeben soll.

  Dateinamenerweiterung für temporäre Dateien: In diesem Feld kann der aktuelle Benutzer eine eindeutige Erweiterung angeben, durch die seine Plotdateien in einer Netzwerksumgebung identifizierbar sind.

  Maximale Zahl sortierter Einträge: Legt fest, wie viele Einträge in Listen maximal sortiert werden (Systemvariable **MAXSORT**).

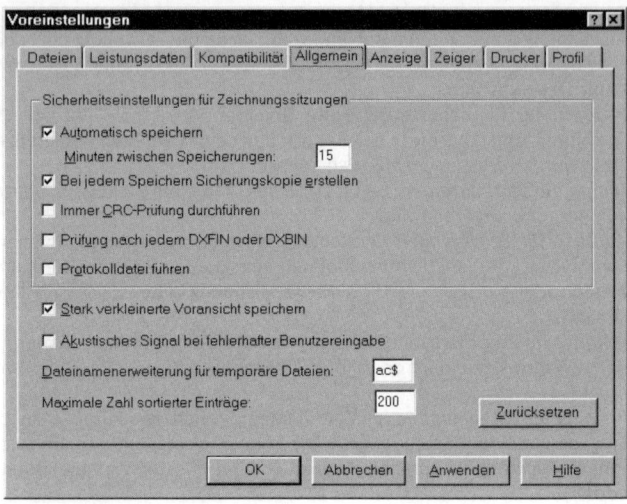

Abbildung 10.9: Voreinstellungen, Registerkarte Allgemein

Registerkarte *Anzeige*:

In der Registerkarte ***Anzeige*** können Vorgaben für den AutoCAD Bild-schirm eingestellt werden (➔ Abbildung 10.10).

■ **Zeichenfensterparameter:** Einstellung, ob mit dem Bildschirmseitenmenü gearbeitet wird, ob Bildlaufleisten an der rechten und unteren Seite des Bildschirms angezeigt werden sollen und ob AutoCAD beim Start als Voll-bild erscheinen soll.

■ **Textfensterparameter:** Einstellung, wieviel Zeilen das Befehlszeilenfen-ster enthalten soll und um wie viele Zeilen im Textfenster maximal zurück-geblättert werden kann.

■ **AutoCAD-Fensterformat:** Mit zwei Schaltflächen kommen weitere Dialog-fenster zur Einstellung der Bildschirmfarben und der Schriften für Bild-schirmmenü, Befehlszeile und Textfenster (➔ Abbildung 10.11 und 10.12).

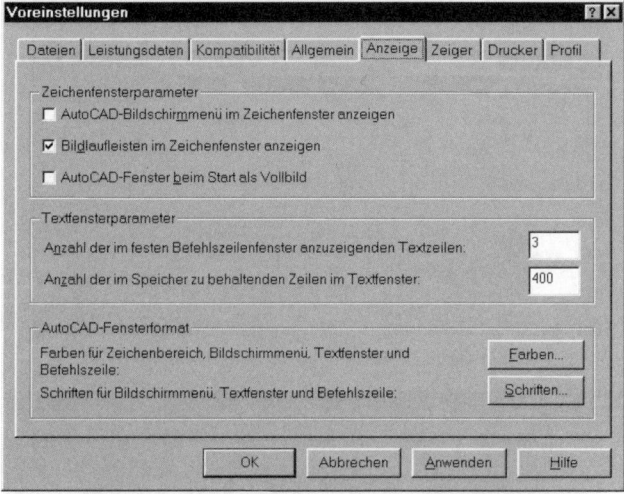

Abbildung 10.10: Voreinstellungen, Registerkarte Anzeige

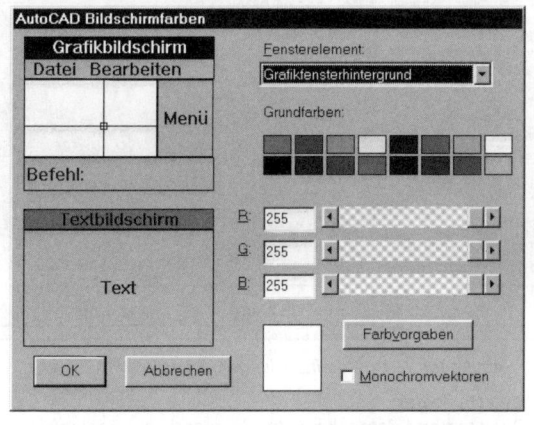

Abbildung 10.11: Einstellung der Bildschirmfarben

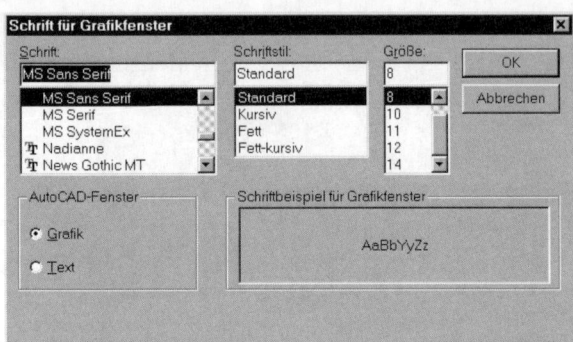

Abbildung 10.12: Einstellung der Bildschirmschriften

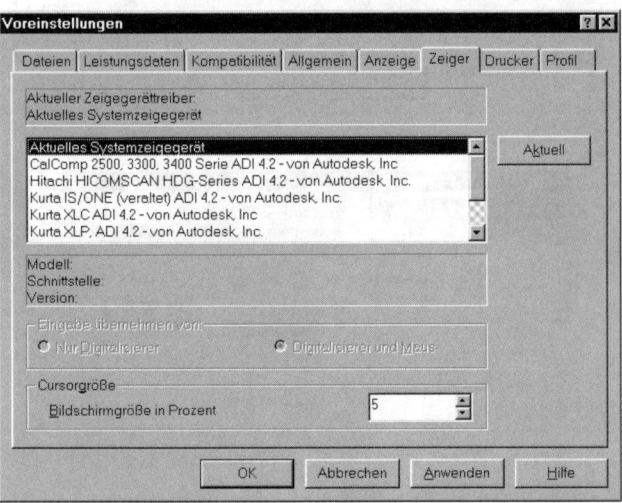

Abbildung 10.13: Voreinstellungen, Registerkarte Zeiger

Registerkarte *Zeiger*:

In der Registerkarte *Zeiger* kann das Zeigegerät zur Bedienung von Auto-CAD konfiguriert werden (➜ Abbildung 10.13).

AutoCAD läßt sich mit Maus oder Grafik-Tablett bedienen. Standardmäßig ist AutoCAD auf das Systemzeigegerät konfiguriert. Das Systemzeigegerät ist das Gerät, das in Windows konfiguriert ist, also normalerweise die Maus oder bei einem tragbaren Computer ein Trackball. Ist ein Grafik-Tablett angeschlossen, muß es in AutoCAD konfiguriert werden:

◆ Gerät in der Liste markieren.
◆ Schaltfläche **AKTUELL** anklicken.
◆ Im folgenden Textfenster das Modell und die Parameter für das entsprechende Modell wählen.

Ist für das Tablett ein Wintab-Treiber vorhanden, sollte dieser in Windows installiert werden. Das Tablett kann dann in Windows immer parallel zur Maus betrieben werden. Dann sollte der letzte Eintrag in der Liste verwendet werden: *Wintab kompatibler Digitalisierer.*

■ **Eingabe übernehmen von:** Legt fest, ob über die Maus vorgenommene Eingaben bei eingerichtetem Digitalisierer ignoriert werden sollen.

■ **Cursorgröße:** Steuert die Größe des Fadenkreuzes. Es kann ein beliebiger Wert zwischen 1 und 100 % des Gesamtbildschirms angegeben werden. Bei einem Wert von 100 % wird das Fadenkreuz über den ganzen Zeichenbildschirm angezeigt. Der Vorgabewert ist 5 %.

Registerkarte *Drucker*:

In der Registerkarte *Drucker* können Drucker und Plotter konfiguriert werden, mit denen die AutoCAD-Zeichnung ausgegeben werden soll (➜ Abbildung 10.14).

In der Liste sind die bereits konfigurierten Drucker oder Plotter aufgelistet. 32 Drucker oder Plotter lassen sich konfigurieren. Zwei Möglichkeiten stehen zur Verfügung:

■ **ADI-Treiber:** Für den verwendeten Drucker ist ein ADI-Treiber (Autodesk Device Interface) in AutoCAD vorhanden oder er wird vom Gerätehersteller mitgeliefert. Dann kann das Gerät in AutoCAD konfiguriert werden. Vorher sollte der Treiber in den Ordner *\Programme\AutoCAD R14\Drv* kopiert werden.

■ **Systemdrucker:** Gibt es für den Drucker in AutoCAD keinen Treiber und vom Hersteller wird auch kein AutoCAD-Treiber geliefert, besteht eine andere Möglichkeit. Da jeder Drucker über einen Treiber für Windows verfügt, kann der Drucker in Windows konfiguriert werden. In AutoCAD wird dann der Systemdrucker konfiguriert. Damit lassen sich in AutoCAD alle Drucker verwenden, die in Windows konfiguriert sind.

Voreinstellungen

10.5

AKTUELL: Markieren des Druckers in der Liste und auf diese Schaltfläche klicken. Der Drucker wird beim nächsten Drucken verwendet, kann aber im Dialogfenster des Befehls **PLOT** umgestellt werden.

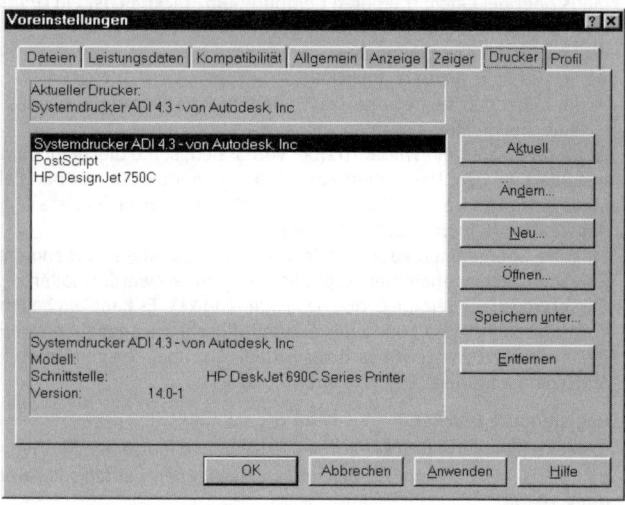

Abbildung 10.14: Voreinstellungen, Registerkarte Drucker

ÄNDERN...: Ändert die Konfiguration des markierten Druckers. In einem weiteren Dialogfenster kann die Bezeichnung des Druckers geändert werden und mit der Schaltfläche **REKONFIGURIEREN** die Konfiguration (➔ unten, Schaltfläche **NEU**).

NEU: Neukonfiguration eines Druckers, dazu erscheint zunächst die Liste der verfügbaren Geräte (➔ Abbildung 10.15).

Das Gerät kann ausgewählt und eine Bezeichnung eingegeben werden. Klickt man dann auf **OK**, kann im Textfenster die Konfiguration durchgeführt werden. Der Dialog ist abhängig vom gewählten Gerät.

ÖFFNEN...: Alle Einstellungen des Druckers, wie Stiftzuordnung, Papierformate, Drehung und Ursprungsverschiebung usw., lassen sich in Druckervorgabedateien speichern. Mit dieser Schaltfläche kann eine solche Datei mit dem Dateiwähler geladen werden. Die Vorgabedateien haben die Dateierweiterung **.PC2*.

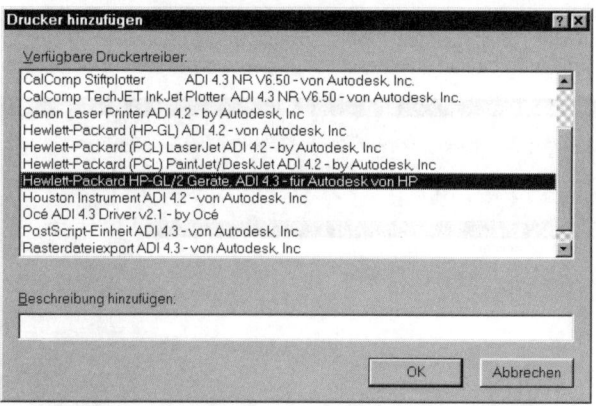

Abbildung 10.15: Liste der verfügbaren Geräte

SPEICHERN UNTER: Speichern der aktuellen Druckereinstellungen in einer Druckervorgabedatei **.PC2*.

ENTFERNEN: Löschen der markierten Druckerkonfiguration.

Registerkarte *Profile*:

In AutoCAD 14 ist es möglich, alle Einstellungen der Konfiguration in sogenannten Benutzerprofilen zu speichern. Jeder Benutzer der installierten AutoCAD-Version hat damit die Möglichkeit, sich seine Bildschirmfarben einzustellen, seine Schriften zu wählen, seine Anzeigeoptionen zu wählen usw., kurz alles das, was in diesem Kapitel behandelt wurde, auf seine Vorstellungen hin einzustellen. Ein anderer Anwender speichert seine Einstellungen in seinem Benutzerprofil. Natürlich ist es auch möglich, unterschiedliche Menüdateien, Supportverzeichnisse, Bibliotheken, Hilfedateien, Zusatzprogramme usw. in den Profilen zu hinterlegen. Damit lassen sich unterschiedliche Zusatzapplikationen in einem Profil speichern. Lediglich die konfigurierten Drucker gelten für alle Benutzerprofile. Ein Profil kann also für verschiedene Benutzer oder verschiedene Anwendungen von AutoCAD stehen. In dieser Registerkarte (→ Abbildung 10.16) können Sie Profile anlegen, wechseln, löschen usw.

AKTUELL: Markiertes Profil zum aktuellen Profil machen. Die Einstellungen des Profils werden übernommen.

Voreinstellungen

10.5

417

KOPIEREN: Das aktuelle Profil wird kopiert. Damit können ähnliche Varianten eines bestehenden Profils erzeugt werden. In einem Dialogfenster wird der Name und eine Beschreibung für das neue Profil eingegeben.

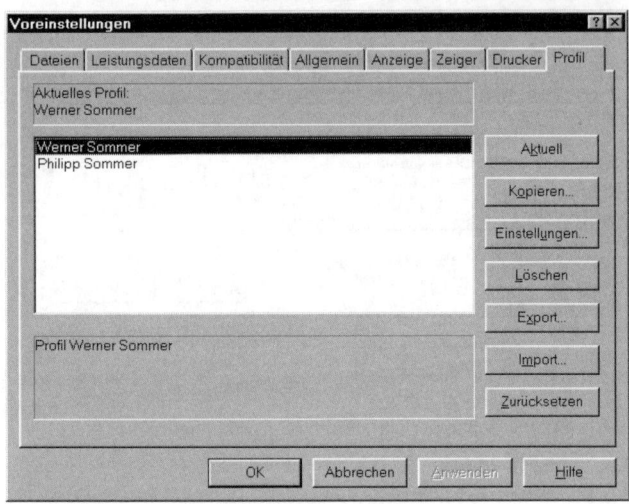

Abbildung 10.16: Voreinstellungen, Registerkarte Profile

EINSTELLUNGEN: Ruft das Dialogfenster *Profil ändern* auf, in dem der Name und die Beschreibung des markierten Profils geändert werden kann. Diese Option kann verwendet werden, wenn ein vorhandenes Profil umbenannt werden soll, dessen aktuelle Einstellungen aber erhalten bleiben sollen.

LÖSCHEN: Löscht das markierte Profil.

EXPORT...: Exportiert das markierte Profil in eine REG-Datei. Diese REG-Datei kann auf demselben oder einem anderen Computer wieder importiert werden.

IMPORT...: Importiert eine mit **EXPORT** erstellte Profil-Datei.

ZURÜCKSETZEN: Setzt die Werte im markierten Profil auf die Vorgabeeinstellungen zurück.

Voreinstellungen

10.5

418

10.6 Anpassung der Werkzeugkästen

Sowohl die Symbole in der **STANDARD-FUNKTIONSLEISTE** als auch in den Werkzeugkästen lassen sich auf einfache Art ändern. Außerdem läßt sich der Inhalt der Werkzeugkästen ändern und komplett neue Werkzeugkästen zusammenstellen. Alle Änderungen werden gespeichert und sind beim nächsten Start wieder vorhanden.

Ausführung: Belegung der Symbole in den Werkzeugkästen ändern

Die Belegung der Symbole in den Werkzeugkästen kann geändert werden, sowohl die hinterlegten Befehle als auch die angezeigten Symbole.

1. **Doppelter Rechtsklick auf das Symbol, das geändert werden soll.** Handelt es sich um ein Flyoutmenü, dann muß dieses zuerst ausgeklappt werden und der doppelte Rechtsklick auf dem ausgeklappten Symbol vorgenommen werden.
   Zwei Dialogfenster kommen auf den Bildschirm. Im zweiten kann die Belegung geändert werden (→ Abbildung 10.17).

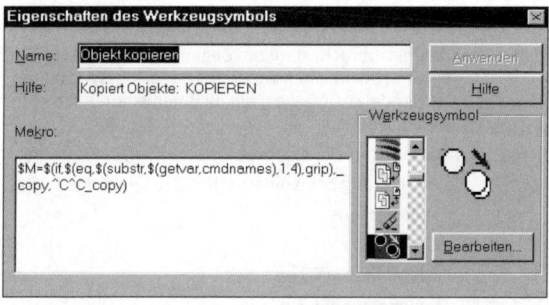

Abbildung 10.17: Dialogfenster für die Belegung der Symbole

Namen: In diesem Feld den Text eintragen, der in den Tooltips angezeigt werden soll. Hier sollte ein möglichst kurzer und prägnanter Begriff eingetragen werden.

Hilfe: In diesem Feld den Hilfetext eintragen, der in der Statuszeile angezeigt wird, wenn mit dem Mauszeiger auf das Feld gezeigt wird.

■ Werkzeugsymbol: In diesem Feld ein neues Symbol wählen oder mit **BEARBEITEN...** das Symbol in einem weiteren Dialogfenster, dem *Werkzeugeditor*, bearbeiten.

Makro: In diesem Feld den AutoCAD LT 14 Befehl eintragen, so wie er auf der Tastatur eingegeben wird. Es können auch Optionen, Befehle mit vorgewählten Optionen und Befehlsfolgen eingegeben werden. Außerdem lassen sich hier Befehlsmakros der Makrosprache *DIESEL* oder *AutoLISP*-Befehle eintragen. Weitere Informationen sind im Benutzerhandbuch und in der Online-Hilfe zu finden. In Tabelle 10.2 die Sonderzeichen für Befehle und Makros:

Tabelle 10.2: Sonderzeichen in Befehlsmakros

Eintrag	Funktion
;	Steht für die Eingabe von ⏎.
Leerzeichen	Steht für die Eingabe von ⏎.
\	Warten auf Benutzereingabe
_	Befehle und Optionen in englischer Sprache.
*	* am Beginn einer Menüfunktion
	bewirkt, daß die Menüfunktion im Wiederholmodus läuft
'	Ausführung eines transparenten Befehls
^B	Fang ein/aus
^C	Befehlsabbruch, steht am Beginn der meisten Menüfunktionen und bricht einen laufenden Befehl ab. Wird immer zweimal verwendet, ^C^C, da manche Befehle nur durch zweimaligen Abbruch beendet werden.
^D	Koordinaten ein/aus bzw. Umschaltung der Anzeigeart.
^E	Umschaltung der isometrischen Zeichenebene
^G	Raster ein/aus
^H	Rücktaste
^O	Orthomodus ein/aus
^P	Menümeldungen ein/aus
^V	Umschaltung des aktuellen Ansichtsfensters.
^Z	Null-Zeichen, unterdrückt, daß am Ende einer Menüfunktion ein Leerzeichen ausgegeben wird

Ausführung: Inhalt eines Werkzeugkastens ändern

Der Inhalt der Werkzeugkästen kann geändert werden. Dazu steht der Befehl KONFIGWK mit zur Verfügung.

1. Befehl KONFIGWK auswählen
   ◆ Abrollmenü ANZEIGE, WERKZEUGKÄSTEN...

10.6

◆ Rechtsklick auf ein beliebiges Symbol

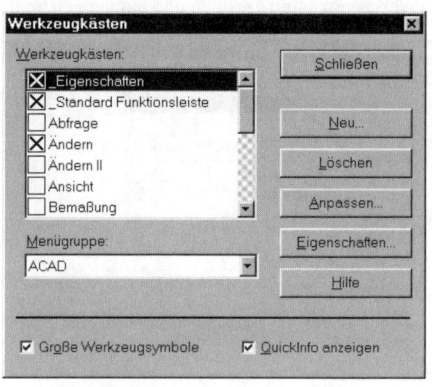

Abbildung 10.18: Werkzeugkästen ändern

SCHLIESSEN: Dialogfenster schließen.

NEU: Erstellung eines neuen Werkzeugkastens durch Vorgabe eines Namens und des Menüs, zu dem er gehören soll (➔ Abbildung 10.19). Der Werkzeugkasten wird erstellt und erscheint noch leer auf der Zeichenfläche.

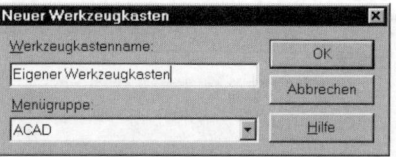

Abbildung 10.19: Werkzeugkästen neu anlegen

LÖSCHEN: Löschen des markierten Werkzeugkastens.

ÄNDERN: Auswahl von Werkzeugen und den zugehörigen AutoCAD-Befehlen aus einem Dialogfenster (➔ Abbildung 10.20). Ein Symbol kann aus verschiedenen Kategorien gewählt, aus dem Fenster gezogen und auf einem Werkzeugkasten abgelegt werden. Es ist damit Bestandteil des Werkzeugkastens. Um ein Werkzeug eines anderen Werkzeugkastens zu kopieren, wird das Symbol mit gedrückter [Strg]-Taste auf den Werkzeugkasten gezogen. Soll ein Symbol aus dem Werkzeugkasten entfernt werden, wird es aus dem Werkzeugkasten gezogen und auf der Zeichenfläche abgelegt.

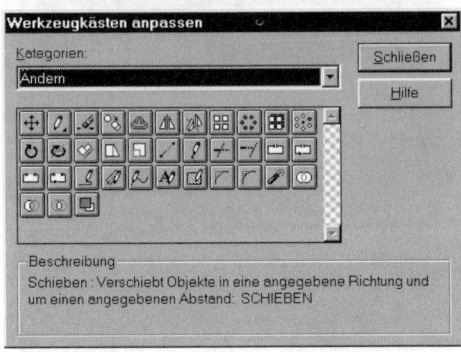

Abbildung 10.20: Auswahl der Symbole für einen neuen Werkzeugkasten

EIGENSCHAFTEN: In einem weiteren Dialogfenster (➔ Abbildung 10.21) kann der Name des Werkzeugkastens und der Hilfetext geändert werden, der beim Zeigen auf den Werkzeugkasten in der Statuszeile angezeigt wird. Der Werkzeugkastenname aus der Menüdatei wird im Feld *Alias* angezeigt.

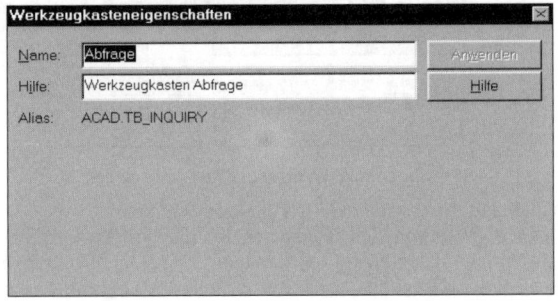

Abbildung 10.21: Eigenschaften des Werkzeugkastens

10.7 Anpassung der Menüdatei

Sind mehrere Menüdateien vorhanden, kann die Zeile mit den Abrollmenüs aus mehreren Menüdateien zusammengestellt werden.

Ausführung: Änderung der Abrollmenüs

Die Abrollmenüs lassen sich mit den Befehlen **MENÜLAD** oder **MENÜENTF** neu zusammenstellen und neu anordnen.

1. Befehl **MENÜLAD** auswählen
   ◆ Abrollmenü **WERKZEUGE, MENÜS ANPASSEN...**
   Das Dialogfenster hat zwei Registerkarten.

   Registerkarte *Menügruppe*:

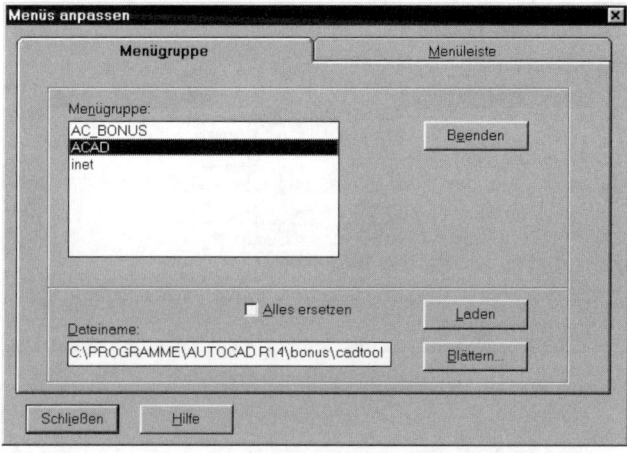

Abbildung 10.22: Menügruppe laden

In der Registerkarte *Menügruppe* kann eine Menüdatei geladen werden. Dazu wird die Schaltfläche **BLÄTTERN**... angeklickt, die Menüdatei im Dateiwähler ausgesucht und die Schaltfläche **LADEN** angeklickt. Die Menüdatei wird geladen und erscheint in der Liste. Enthält sie Werkzeugkästen, werden diese eingeblendet. Beim Anklicken der Schaltfläche **BEENDEN** wird die markierte Menüdatei entladen.

Registerkarte *Menüleiste*:

Aus der im Abrollmenü ***Menügruppe*** gewählten Menüdatei lassen sich Abrollmenüs in die Menüleiste der aktuellen Anzeige einfügen und entfernen.

Vorgehen: Auswahl der Menügruppe, Eintrag in der linken Liste markieren und auf **EINFÜGEN >>** klicken, der Eintrag wird in die Menüleiste eingefügt. Eintrag in der rechten Liste markieren und **<< ENTFERNEN** klicken, der Eintrag wird aus der Menüleiste entfernt.

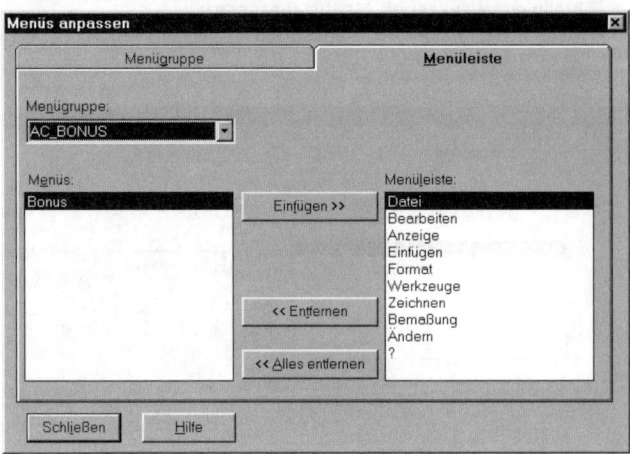

Abbildung 10.23: Menüleiste ändern

Stichwortverzeichnis

427

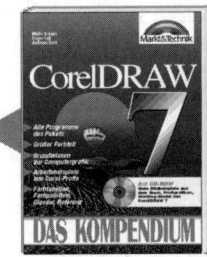

Ausklappbares Inhaltsverzeichnis